实战供应链

业务梳理、系统设计与项目实战

罗静　编著

电子工业出版社·
Publishing House of Electronics Industry
北京·BEIJING

内 容 简 介

我国社会化供应链成本的优化空间巨大，在以信息化主导的产业互联网时代来临之际，供应链领域在未来几年必然会迎来飞速发展，每一位供应链人都应该具备业务思维、系统思维和项目思维，我们要学会利用业务思维指导系统建设，利用系统思维实现业务目标，通过项目思维管理好业务和系统预期。

市面上与供应链相关的书籍很多，但从业务结合系统视角出发来编写的很少，本书从实战角度出发，以作者十多年的工作经验为基础，将理论与实际结合，致力于帮助每一位读者朋友成为懂系统的业务人和懂业务的系统人。

通过本书，读者可以看到供应链的宏观全貌，掌握必备的供应链常识、电商新零售供应链的业务流程及系统交互、中台化的供应链系统规划、核心供应链系统搭建，以及完整的供应链项目实施流程。愿诸君都能成为"实战"型供应链人才！

图书在版编目（CIP）数据

实战供应链：业务梳理、系统设计与项目实战 / 罗静编著. —北京：电子工业出版社，2022.1（2025.8重印）
ISBN 978-7-121-42276-8

Ⅰ．①实⋯ Ⅱ．①罗⋯ Ⅲ．①供应链管理 Ⅳ．①F252

中国版本图书馆 CIP 数据核字（2021）第 225355 号

责任编辑：林瑞和　　　特约编辑：田学清
印　　刷：固安县铭成印刷有限公司
装　　订：固安县铭成印刷有限公司
出版发行：电子工业出版社
　　　　　北京市海淀区万寿路 173 信箱　　　邮编：100036
开　　本：787×1092　　1/16　　印张：25　　　字数：560 千字
版　　次：2022 年 1 月第 1 版
印　　次：2025 年 8 月第 11 次印刷
定　　价：89.00 元

凡所购买电子工业出版社图书有缺损问题，请向购买书店调换。若书店售缺，请与本社发行部联系，联系及邮购电话：（010）88254888，88258888。

质量投诉请发邮件至 zlts@phei.com.cn，盗版侵权举报请发邮件至 dbqq@phei.com.cn。

本书咨询联系方式：010-51260888-819，faq@phei.com.cn。

推 荐 语

《实战供应链》系统地展示了商业供应链业务和产品体系，是业内难得的实践型佳作。作者罗静长期在供应链领域的头部企业实践，又善于总结思考，其作品可以帮助企业供应链领域的产品经理和业务人员持续提升！

——罗戈研究院长　潘永刚

作为一个有十多年供应链实践经验的管理人员，我第一次看到这本书时，不禁眼前一亮，这应该是目前国内供应链实践领域最系统、最全面的一本书，对企业的供应链管理有非常强的指导价值。作者立足电商和新零售这一前沿战场，结合自己多年的供应链实战经验，由浅入深、循序渐进，对供应链规划、系统设计、采购、仓配、库存、订单履约等进行深入解读，有入门宽度，有思维高度，有实践深度，有管理厚度，无论你是供应链理论研究人员、企业供应链管理与操作人员，还是想进入供应链领域的小白，这本书都会给你带来丰富的营养，我向同行朋友强烈推荐。

——九州通医药集团股份有限公司副总经理，九州通医药集团物流有限公司总经理　张青松

作者在供应链系统建设方面深耕多年，有着非常丰富的实践经验，为转转搭建的 OMS、WMS、采销、中央库存等供应链系统，在转转找靓机合并的过程中，经受住了考验，发挥了重要作用。本书中的内容多是一线实践的结晶，干货十足，书中分享了很多实操经验，具有很强的借鉴意义。有兴趣深入学习供应链业务系统的朋友们，阅读本书定会从中收获良多。

——转转集团 CTO　吴廷鹏

作者拥有 10 多年的供应链项目实战经验，作者在本书中系统地讲解了供应链业务、供应链系统设计和供应链项目流程，条理清晰、文笔流畅，如果您想成为懂系统的业务人，强烈建议您阅读本书。

——人人都是产品经理、起点学院 创始人＆CEO　老曹

我们都能感觉到，自己处在一个变化越来越快的世界，这使得很多知识技能的保鲜期越来越短，从业者的焦虑也与日俱增，"吃青春饭""中年危机"等话题总是挂在嘴边。好在在供应链领域中，相关人员需要长时间的沉淀，相信每位从业者都能从本书中得到启发。

——产品创新顾问，《人人都是产品经理》系列图书作者　苏杰

供应链管理在现代商业中具有举足轻重的作用，无论是传统制造业，亦或是电商和新零售，供应链能力的强弱都决定了企业的核心竞争力和竞争壁垒。供应链是一个专业性极强的领域，且和交易履约关系紧密，因此大多数从事企业管理软件开发的产品经理，不论是专门负责这个方向，还是工作相关，都应该具备相关知识。相信此书一定会让读者大呼过瘾，收获满满！

——《决胜 B 端—产品经理升级之路》作者　杨堃

供应链伴随商业的整个生命周期，涉及非常多的领域，随着科学技术的发展，供应链也朝着智能化的方向演进。本书作者罗静有着丰富的实战经验和坚实的理论基础，本书全面地，系统地，由浅入深地介绍了供应链及其相关业务，如果您是供应链相关工作的从业者，我强烈建议您阅读本书。

——NetRain 董事长&CEO　曲毅

持续提升和优化供应链能力是与国家经济发展息息相关的。无论是新零售兴起还是供应链的数字化变革，供应链信息化建设的升级，无疑是重要且迫在眉睫的。我非常欣喜地看到作者能够全面且深入浅出地将供应链信息化的理念和案例娓娓道来，本书兼具时代性和实战性，实在是不可多得的一本好书，强烈建议供应链和信息化从业者好好研读。

——通天晓软件创始人 CEO　吴煜

罗静参与了在国内以至于全球范围内都很先进的供应链项目的建设，这种经历实属难得，这本书就是他十多年的经验总结。《实战供应链》是目前市场上少有的从系统角度写的实操性很强的供应链领域的书籍，非常适合从事与供应链相关工作的专业人士，全书结构框架完整，且文笔流畅，具有很强的操作落地性，强烈推荐！

——盛森教育创始人&CEO　周建森

作为和罗静共事多年的伙伴，我深刻体会到电商公司要想以更低的成本为用户提供更好的服务体验，就必须打造一套匹配完善的供应链系统，其中找到专业的供应链产品专家是供应链系统成功落地的关键。很高兴为产业研究的同学推荐这本书。书中从宏观到微观，详细阐述了供应链的前景、场景规划和落地细节，干货不断、引人入胜，还穿插了很多幽默易懂的示例，一口气读完倍感充实，意犹未尽。

——转转集团 VP　李金城

这本书将供应链业务和供应链系统进行了通俗易懂的讲解，值得一看。

——叮当快药集团产品 VP　赵云鹏

作者拥有丰富的供应链产品和业务经验。不管你是产品经理，还是做供应链管理，或者做零售、做品牌，这本书都值得一读。

——前每日优鲜产品运营副总裁　陈爱军

我与罗静相识多年，他在互联网大厂从事产品经理工作多年，积累了丰富的供应链经验，这本书通过大量的实例，生动形象地把供应链体系讲解得非常透彻，无论你是已经从事与供应链相关的工作多年，还是即将从事与供应链相关的工作，这本书都非常值得一读！

——滴滴高级产品专家　高永虎

从京东供应链早期产品经理，到后续操刀若干电商平台的供应链搭建，老罗已然在这个行业摸爬滚打了10多年。而我作为一个与老罗相识了6年多的朋友，也看到了他的努力与付出。在老罗写书的两年时间里，他放弃了很多陪伴家人的时间，只为能尽早将自己十载的沉淀凝聚成书，与众人分享。

本书的前半部分介绍了关于供应链的框架性内容，后半部分将供应链体系的主要模块逐一展开详述，再加上作者故事化的写作风格，使本书可读性很强，对与供应链相关的各领域的产品经理、业务运营人员、技术人员等同，非常具有指导意义。

——转转中台产品负责人　张亚辉

罗静一直深耕供应链领域，并且有着丰富的实践经历。他的文字幽默风趣，把供应链中的流转过程清晰地呈现出来。本书从实际应用的角度出发，梳理了采购、仓储、订单等主要模块，相信它可以很好地帮助供应链从业者。

——《电商产品经理宝典》作者　刘志远

罗兄的文章总是干货满满，市面上与供应链相关的好书并不多，罗兄的这本无疑是其中之一。

——公众号《ToB老人家》主理人　王戴明

提起供应链大家感觉都懂，但是真正把供应链做好是需要时间的沉淀的。罗静作为一个深耕供应链领域10余年的老将，将自己的经验及所学浓缩成一本书，这是令作为朋友的我们非常欣喜的。能够将自己的知识和经验以书的形式传播，让更多的人获益，是一件非常有价值的事情。本书既有供应链理论的讲述，又通过生动的故事来阐释这些理论如何应用于实践。作为一名供应链领域的初学者，这本书可以作为启蒙之作；作为一名在供应链领域中有一定经验的人，本书亦可作为参考书。

——高级供应链产品专家　张渊源

读 者 服 务

微信扫码回复：42276

• 加入本书读者交流群，与作者互动

• 获取【百场业界大咖直播合集】(持续更新)，仅需 1 元

前　言

十年一剑终成稿，散尽心血呈君阅。

当林瑞和老师第一次向我邀稿的时候，我欣喜又忐忑，身为一名在供应链一线摸爬滚打多年的老产品经理，虽然偶尔写写公众号文章，但总觉得离出书还有些遥远，于是就拒绝了，但从此我的心里埋下了一颗出书的种子，直到思考和准备了两年以后，终于迈出了第一步，之后，便有了她——《实战供应链》。

一、她是一本什么样的书

供应链领域是一个很广的领域，涉及我们生活的方方面面，而且发展空间巨大，相关资料显示，我国社会化供应链成本占到 GDP 的 18%左右，远高于欧美国家的 7%～8%，可优化空间巨大。另外，从国家的各项政策支持、工业信息化、产业信息化的逐渐渗透趋势来看，未来 5～10 年，供应链领域必定会迎来飞速发展，对于每一位想涉足供应链领域的人来说，这无疑都是千载难逢的机会，不愁前途无路。

然而我发现身边有很多朋友，他们聪明好学，但是想深入学习供应链却难上加难，网络上的资料很多，却零散琐碎，不成体系，很多专业的供应链教程书籍又过于理论化、不接地气，他们很迷茫又很无奈，走了很多弯路，和当初的我一样。所以，借此机会，我想从实践角度写一本"纯干货"的书，希望这本书能够通俗易懂，直通底层不变的规律，让想深入了解供应链领域的朋友们有所收获。

在本书中，你看不到天马行空般的"蓝图"和奇幻的"海洋"，更多的是与供应链的业务讲解、流程梳理、系统规划和项目实施相关的"地面工作"，这是我和我的朋友们学习和工作的结晶，不完美，但足够真实。

二、她讲了什么内容

本书共 12 章，分为四个部分展开。

第 1 章和第 2 章是供应链理论知识普及，带你了解什么是供应链、供应链的范围、供应链管理的目标和原则、供应链业务与供应链系统的关系，以及理解供应链必须要掌握的一些常识等，这些都是我们理解供应链的基础。在这两章里，为了让那些晦涩的理论更加易懂，我穿插了一些故事来辅助理解，相信你不会像读理论书籍一样那么吃力了。另外，这两章里还加了一些我个人对供应链前景的分析、供应链入门的指导建议，方便你更加客观全面地认识供应链，多思考自己的定位。

第 3 章和第 4 章聚焦电商新零售供应链业务和系统流程。从传统零售发展到电商，再到O2O、新零售，几十年间，概念在变、模式在升级，但零售的本质并未改变，仍然是"人-货-场"三要素，同时，供应链的本质也不曾改变。通过这两章的学习，你会了解到那些变化背后不变的供应链思想、供应链业务，以及为辅助这些业务而生的供应链系统。你还会了解到电商新零售包含哪些业务和系统，系统的规划和分工该如何做，什么是供应链中台，供应链中台设计有哪些"秘籍"。

第 5 章到第 11 章详细介绍供应链系统的规划和设计。每个系统的诞生都有其使命，好的系统一定是贴合业务的，在这几章里，我会尽我所能，教你从 0 到 1 搭建核心的供应链系统，包括供应链基础数据中心、采购管理系统、中央库存系统、仓储管理系统、订单履约中心、配送管理系统、门店管理系统、供应商关系管理、商家发货系统、售后系统、统一权限系统等。为了方便理解，我以个人的理解加了一些原型示例，但只是为了达到理解本书的效果，并不保证实用性，授人以渔而非授人以鱼，大家可参考但不要照搬哈。

第 12 章带你了解一个大型的供应链项目的实施历程。想要成为实战型供应链人才，我们一定要参与到实战中，供应链项目不比普通的只有软件功能的开发类项目，而是需要与基建、硬件、现场运营等相关人员一起协同，任何一方失控都会导致项目的失败或延期。通过阅读本书的最后一个章节，你会了解到一个兼具基建、硬件和系统建设的大型供应链项目所经历的完整历程及各个环节的投入和产出。

本书起于供应链，但不止于供应链，还有一些多年的工作经验和产品规划设计方法论，也希望与你一并分享。

三、你需要她吗

市面上有很多经典的供应链书籍，但大多是以理论视角为出发点的，以系统视角为出发点的很少，如果你只想了解供应链理论，而且需要比较严谨的概念，那么这本书一定不适合你，但如果你是想系统地学习供应链业务及系统设计和实施的产品经理，或者是对业务已经相对了解，但苦于没有系统化思维，想要进一步了解供应链信息流业务的同学，抑或是只对供应链某一块比较熟悉，但对供应链的业务、流程、系统有整体了解诉求的做产品、技术、运营的同学们，相信我，这本书一定会对你有所帮助。

总之，如果你想成为懂业务的产品人，或者懂产品的业务人，这本书不会让你失望。

四、写在最后

纸上得来终觉浅，绝知此事要躬行。我希望这本书是一位好的老师，而不是一个好的工具，因为好的老师并不一定要比学生强，但能带学生开启知识的大门，让学生自己去探索未知的世界，而工具多是适用"拿来主义"的。实践是最好的学习捷径，我希望你带着所学在工作中感受、实操、挖坑、受挫、填坑，继而成长，无往不前。

这是一本偏白话的书，是我在供应链领域中的学习和总结，所以请不要当作专业教材来读。供应链领域是一个非常广的领域，即使深耕多年，我也只是对其中的某些领域相对熟悉，个人水平和修为极为有限，在写作过程中难免有不足之处，欢迎各位读者指正。在我的公众号"供应链产品笔记"中有个人微信，时刻欢迎新老朋友添加交流，期待在成长的路上与你结伴而行。

在写作过程中，我也得到了很多朋友的支持，感谢林瑞和老师的建议和指导，感谢高永虎、张亚辉、何文忠、胡学武、郜克彬、乐志华、于超、高鑫鹏、毛周欣、鲍进等一众老铁提供的帮助和支持，感谢《决胜B端》的作者杨堃老师，以及《电商产品经理宝典》的作者刘志远老师给予的宝贵意见，还要感谢通过公众号结交的朋友们，每每在我懒惰懈怠的时候给了我写作的动力，让我继续坚持。

最后，谨以此书献给我美丽贤惠的妻子潇老板和活泼可爱的女儿Anky，以及永远视我为孩子的父母，感谢他们在写作过程中给予我最大的支持和理解，让我可以安心完成此书。

罗　静

目　　录

第 1 章　解君之惑：供应链全貌大揭秘

每一段历史的荣辱兴衰，都有着其独特的历史背景，有偶然也有必然。大到朝代变更，小至一首唐诗宋词，都有着时代赋予的历史使命。学习供应链也是一样的，每一个体系的迭代升级，每一个管理思想的进步也都有着它的历史渊源和意义。知古而鉴今，知数而识文，本章节，木笔先从一个比较宏观的视角带你看一看供应链的全貌及其前世今生，让朋友们对供应链有个宏观层面的认知，以便后续更深入地学习。

准备好了吗？请系好安全带，准备起航！

1.1　神奇的供应链到底是什么

"王总，这次采购的货，怎么推迟了一周才到，你们供应链的效率也太低了吧？"

"×××公司供应链出现了严重问题，上一批订货的质量完全不达标！"

"哎，今年'618'又爆仓了，供应链管得稀烂！"

"×××公司的成功得益于他们强大的供应链体系。"

"京东的供应链优势，在这次疫情期间体现得淋漓尽致！"

……

公司里、地铁上、办公室里、交流会上是不是总能听到一些这样的或者那样的吐槽或者赞赏？我们的生活起居、衣食住行似乎都和供应链有关，但它却又像空气一样让人捉摸不透，看不见，也摸不着。那么供应链到底是什么，和我们有什么关系呢？

1.1.1　供应链的定义与解析

马士华教授在《供应链管理》一书中将供应链定义为，供应链是围绕核心企业，通过对信息流、物流、资金流的控制，从采购原材料开始，制成中间产品及最终产品，最后通过销售网络把产品送到消费者手中，并将供应商、制造商、分销商、零售商直到最终用户连成一个整体的网链结构和模式。

这个定义非常贴切，为了加强理解，我们来拆解一下这个定义，便会对供应链的认识更加清晰了。

① 供应链涉及的角色有：原料供应商、制造商、分销商、零售商和终端用户。

② 供应链有 3 个核心因素：信息流、物流、资金流。

③ 供应链是从原材料到中间产品（半成品），再到成品的一个全周期。一般在制造商的生产加工中心内完成转换。

④ 供应链的产品流向是从原料供应商→制造商→分销商→零售商→终端用户的正向过程，逆向过程则反之。

⑤ 供应链涉及采购、生产制造、销售、运输等几个环节，当然在任何一个环节中都会涉及产品的存储。

⑥ 供应链是一个以核心企业为中心，将上下游企业/客户连接成一个整体网链的形态，它是一条彼此相连的链，而不是一个个孤立的点。

图 1-1 可以更直观地表达供应链的定义。

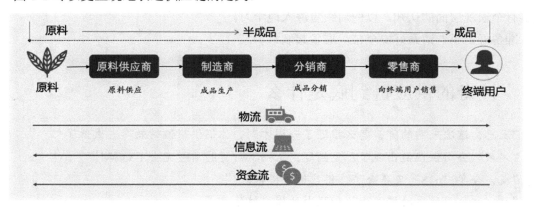

图 1-1　供应链的定义

从这个定义来看，供应链几乎关系着我们生活的方方面面，作为终端用户，我们每个人本就是供应链上很重要的一环，作为供应链的最末端，我们是最终的消费者，我们的生活起居，衣食住行，无时无刻不和供应链紧密相连。

同样，我们生活品质的高低，自然也和供应链有着直接的关系。我们来看一个故事。

一碗牛肉面的故事

深夜时分，小 Q 正躺在床上玩着某排位游戏，激战正酣，大招一放，以一敌百。突然身旁的女朋友推了推小 Q，说自己肚子饿了，想吃牛肉面。这时家里的冰箱空空如也，下厨是不可能了；外出去买也不现实，因为外面正下着倾盆大雨，楼下最近的一家面馆已经关门了；同时，游戏激战到紧要关头，此时退出游戏一定会被队友们骂惨，不退的话，女朋友这边肯定是无法交代了。正在小 Q 左右为难、心急如焚时，女朋友贴心地说了一句："我已经在美团上下单了，30 分钟就送达了，给你也定了一份。"短短 10 秒钟的时间，小 Q 的心情从低谷到高峰，仿佛经历了一个世纪，一场危机就地化解，小 Q 悬着的心也落地了，瞬间感觉生活那么美好。

而此刻，美团平台中的商家已经接到订单，迅速将备好的食材下锅了，这些食材都是商家提前在食材批发市场订购的，也是从 App 上直接下单，每天由专门的送货员定时送货到店里的，商家再也不用像几年前一样凌晨去批发市场的各个摊位挑选食材了。不出意外，5 分钟后，帅气的身穿黄色制服的美团外卖小哥会冒雨前来取餐，然后以最快的速度，按照系统指定的路线，按时将外卖送到小 Q 家门口，让小两口能吃一口热腾腾的牛肉面。

试想，如果放在 10 年前，没有如今这么发达的信息网络、精准的订单匹配、高效的食材制作、便捷的订单配送，我们的生活又会怎样？而我们今天享受的这一切，都和供应链有着密不可分的关系，在线下单、订单匹配、食材采购、菜品制作、配送到家，都是供应链里很重要的环节，正是科技让这些环节不断优化，才让我们的生活品质不断提升。

1.1.2　供应链的五大角色与分工

从供应链的定义中，我们了解到，整个供应链中包含 5 个角色：原料供应商、制造商、分销商、零售商和终端用户。下面，我们重点来说说这 5 个角色是如何分工协作，让整个供应链顺畅地流转的？

（1）原料供应商

原料供应商主要负责原料的收集、整理、加工，然后将原料转卖给下游的制造商。原料供应商可以从原产地直接收购原料，也可以从下游原料供应商处收购原料，还可以自己自行种植/养殖原料。

（2）制造商

制造商也叫生产厂商。主要负责将采购回来的原料加工为半成品/成品，再将半成品/成品销售给下游客户。下游客户一般是分销商。当然，随着互联网的普及，很多制造商也可以直接面对终端用户进行产品销售，这样可以省去中间环节，让产品的成本更低。

（3）分销商

分销商主要负责将制造商生产的成品批发过来，再通过自己建立的分销渠道将产品销售给客户。

在批发市场上，还有两个类似的角色：经销商和代理商。三者的业务在供应链的流通角色上是一样的，都是负责将制造商制造的成品销售给下一级客户。不过三者在业务开展方式上略有不同，从与制作商的合作方式上区别如下。

分销商一般与制造商建立了长期、稳定的合作关系，具备从制造商处采购独家的产品和全线产品的资格。

经销商与制造商的合作关系没有分销商与制造商的合作关系密切，一般从不同的制造商处采购不同的产品进行售卖，不具备产品的独家销售资格。

代理商一般只负责产品的推广，提取相应的佣金，和制造商不存在真正的买卖关系。

（4）零售商

零售商主要负责从分销商（或者直接从制造商）处采购产品，并向终端用户进行销售。我们日常购物的家乐福、沃尔玛、物美等大型超市，全家、7-11、美宜佳等便利店，以及线上的京东、天猫等都属于零售商。

（5）终端用户

供应链最末端使用产品的个人/企业，是产品的最终用户，为产品和服务买单。产品的需求是由终端用户发起的，产品的质量和服务的好坏，也是由终端用户来评价和反馈的。

一言以蔽之，在供应链上，原料供应商负责原料供应，制造商负责将原料生产为半成品/成品，分销商负责产品销售渠道的建立，零售商负责面向终端用户销售产品，终端用户负责产品的消费使用。每个角色是上游角色的下游客户，又是下游角色的上游供应商，上下游之间是采购与销售的关系，上游角色负责销，下游角色负责采，各个角色相互协作，便形成了一条完整而通畅的链路。

图 1-2 是由各角色组成的一个简单的供应链正向流通模型。

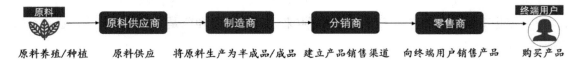

图 1-2 供应链流通模型

在实际的商业运作中，每个环节都会有多个上游供应节点，也会存在多个下游客户节点，供应商还有上游供应商，分销商还有下游分销商，同时，供应商、制造商、分销商、零售商的角色也不是固定的，如一些企业既是分销商，又是零售商，各方形成多个链条组成的错综复杂的供应网络，如图 1-3 所示。

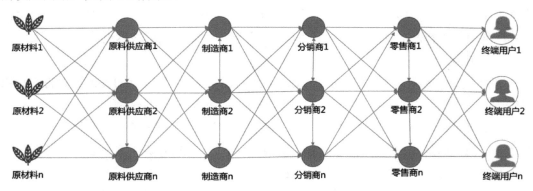

图 1-3 供应链流通网络

1.1.3　供应链管理的范围：五大流程管理

关于供应链管理的范畴，仁者见仁智者见智。目前比较权威的是国际供应链协会发布的供应链运作参考模型（SCOR）。在这个模型中，将供应链划分为 5 个流程管理：计划、采购、生产制造、交付、退货/回收，如图 1-4 所示。

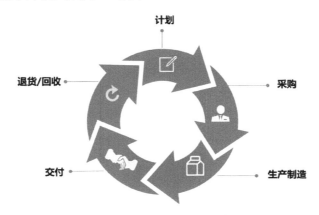

图 1-4　SCOR 供应链五大流程

① 计划。凡事预则立，不预则废。计划是驱动供应链的重要因子，贯穿产品的制造、采购、销售、存储、配送等全生命周期，各个环节都需要有计划，才能做到有的放矢，有条不紊。就像我们上班一样，公司有公司的年度计划和目标，各部门有季度计划和目标，每位员工，都会有自己每周和每一天的工作计划，大家一起基于计划推进工作，才能做到整体目标一致。

② 采购。为满足业务目标而从事的采购活动，是基于计划的拆解和落地执行，我们需要在合适的时间，选择合适的供应商，以合适的价格，购买合适质量和合适数量的商品，并将其送到指定的地点。这也是经典的供应链 7R 原则——恰当的时间（Right Time）、恰当的地点（Right Place），恰当的来源（Right Source），恰当的价格（Right Price），恰当的数量（Right Quantity）、恰当的质量（Right Quality）、恰当的商品（Right Goods）。

③ 生产制造。在传统视角里，人们普遍认为生产制造就是制造的过程。但随着供应链从制造行业延伸到下游分销、零售行业以后，生产制造则更多地表现为为满足客户需要而从事的供应链行为，故其含义也被延伸为两层。

第一，成品制造。制造商将原料生产为成品或半成品的过程，如工业设计、生产加工、产品组装等。这层含义只适用于生产制造行业。

第二，订单生产。按照客户订单中的要求从仓库拣货、发出，完成订单履约。这层含义适用于所有行业。当以后我们再听到"订单生产"这个词时，请不要再大惊小怪了，其实就是把仓库对标成了一个生产加工中心，将订单的出库操作对标成了生产制造的过程，仅此而已。

④ 交付。供应链的上游供应商，将产品送达下游客户的过程，称之为交付。交付包含了

订单的下单处理、仓库作业、物流及配送等环节。例如，我们在京东上下单买了一台手机，京东承诺第二天早上 11 点前送达，订单经过京东内部系统调度、仓库作业、物流运输、快递员配送，在第二天 10:30 的时候准时送货上门，这个过程就是一次完整的交付。

⑤ 退货/回收。退货/回收是逆向物流的过程，是产品经下游客户返回上游供应商的过程，如产品的售后、退货、检修、维护等。

还是不太懂？我们再来讲个故事加强一下理解。

30 多岁的老王，今年好不容易交了一个女朋友，老王将其视如珍宝，对女朋友的关心无微不至。马上要过七夕了，老王心里盘算着要送女朋友一件特别的礼物。想来想去，决定自己动手为女朋友拼装一个东方明珠塔的模型，以纪念两人第一次约会的地方（**计划**）。于是很快付诸行动，从淘宝上购买了各种积木块、颜料、画笔、电机、小灯泡等（**采购**），然后自己按照网上的教程设计了图纸、拼装、上色，经过两周的准备，一个像模像样的东方明珠塔终于完工了（**生产制造**）。在七夕当天，老王带着精心制作的礼物准时出现在了女朋友公司楼下，将礼物亲手送给了心爱的女朋友（**交付**），女朋友感动至极，给了老王一个大大的拥抱。

好景不长，两人在一起时间长了以后，甜蜜期一过，双方的矛盾便产生了，这一天因为一件小事，两人大吵一架，老王的火暴脾气上来了，直接甩了女朋友一巴掌，女朋友当即提出分手，并把东方明珠模型还给了老王（**退货/回收**），表示一刀两断，永不相见。老王后悔莫及……

我们日常从事的供应链相关行为，都可以归纳到供应链的五大流程中。图 1-5 分别从计划、采购、生产制造、交付、退货/回收等方面展开供应链的相关子流程。其中的一些核心流程，我们会在后面的章节中逐一展开。

计划	采购	生产制造	交付	退货/回收
· 主生产计划	· 采购申请	· 工艺设计	· 订单调度	· 客户退货
· 物料需求计划	· 采购审核	· 新品开发	· 订单波次	· 售后管理
· 需求预测	· 供应商评估	· 制造能力	· 订单拣货	· 退供应商
· 采购计划	· 供应商选择	· 生产调度	· 订单复核	· 产品维修
· 紧急计划	· 采购询价及比价	· 波次安排	· 仓库发货	· 以旧换新
· 库存计划	· 采购议价	· 过程控制	· 配送路线规划	· 次品召回
· 排产计划	· 签订合同	· 生产工序	· 物流运输	
· 销售运作计划	· 采购维价	· 质量管理	· 订单签收	
· 物流网络规划	· 采购订单			
· 配送计划	· 采购跟进			
· 财务计划	· 供应商送货			
· 风险计划	· 仓库采购收货			
	· 供应商结算			

图 1-5　SCOR 供应链五大流程对应的子流程

以上五大供应链流程在实施过程中，是环环相扣、循环往复的，并不是一个简单的线性流转过程，而是随时根据情况动态调整的。例如，在交付过程中，我们发现某商品库存不足了，这时就需要立即启动计划流程，启动应急计划，紧急补货，以最快的速度调整交付方案，以满足客户的需求。

当然，由于我们身处的行业不同、公司不同，这 5 个流程的实施也会千差万别。例如，如果我们身处零售行业，自然就不会涉及成品的制造流程了，对于我们来讲，重点是怎么做好本公司的计划、采购、订单生产、交付和退货/回收，成品制造的过程让上游厂商去考虑就行了。

又如，同样是制订计划，生产企业的计划和分销企业的计划自然也是不一样的，生产企业可能会更关注生产计划和物料计划，而分销企业更关注需求计划、销售计划和库存计划。

我们回到供应链上，引申出一个哲学问题：以始为终、以终为始，因果循环。链条前端流程的结束，也是下一个流程节点的开始，如果这两个节点衔接不好，链条就会断掉。例如，上游供应商的交付流程，其实是下游客户发起的采购计划引发的；而下游客户采购入库流程的开始，恰恰源于上游供应商的成功交付。如果没有很好的衔接，那么这个采购过程就会非常不顺。这也是供应链的魅力所在，这个过程涉及企业内外部组织、流程、系统、人等多方面的因素，我们永远不可能也不要期望一蹴而就，而是需要一代一代供应链人不断地努力，日拱一卒，才能慢慢靠近终点，实现我们认为的比较理想的供应链目标。无论我们是做规划、运营，还是生产产品、贡献技术，大家的目标都是一致的，即如何从自身工作出发，让整个链条更顺畅，链条顺了，供应链效率自然就提高了，成本也就随之下降了。

1.1.4 供应链的定位：跨行业的垂直领域

一直以来，业内对"行业"和"领域"没有严格的划分界限，有人说供应链是个行业，也有人说供应链是个领域，还有人搞不清楚供应链和行业、领域的关系。作为一位专业的供应链人，我们还是有必要对自己所从事的工作有个清晰的定位。

来看一段很常见的对话，来自两位很久没联系的好友，老 A 和小 Q。

老 A："好久不见，老弟最近在什么公司呀？"

小 Q："我在×××公司做产品经理，这是一家创业公司。"

老 A："哦，这家公司属于什么行业？"

小 Q："生鲜行业，主要为市面上那些小饭店提供食材的加工和运输服务。"

老 A："那你在公司里主要负责哪部分？"

小 Q："我主要负责供应链相关的系统搭建。"

通过以上对话，我们了解到行业、公司和领域三者之间的关系。一般来说，一个行业中有很多个公司，每个公司里又有很多职能部门，每个部门负责一个领域，而供应链则属于其中的一个领域。同时，在不同的行业中都有供应链领域，行业和供应链领域是多对多的关系，如图 1-6 所示。

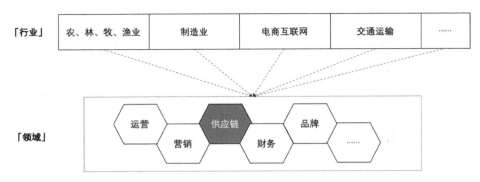

图 1-6　行业与供应链：跨行业的职能领域

供应链是一个垂直的领域，只要是实体行业，都需要有供应链管理职能部门，专门处理供应链相关的工作，如采购、仓储、配送等。

供应链和运营、营销、财务等其他领域一样，都是每个行业里不可或缺的一个职能领域。我们在招聘网站上经常看到的生鲜行业供应链、汽车行业供应链、医药行业供应链等，和×××行业运营、××行业营销、××行业财务一样，都是跨行业的细分领域。

都说隔行如隔山，对于供应链相关从业者的我们来说，跨行业反倒不难，难的是跨领域。不同行业的供应链虽然具有不同的行业特色，但供应链管理的核心思想是相通的，我们拥有了供应链管理的核心思想，就可以在不同行业里举一反三，发挥我们的特长。但跨领域就难了，意味着要改变赛道，从 0 开始了。就像产品经理转行干产品研发一样，尽管有一定的关联性（如产品设计的思维、文档能力、行业认知等），但需要掌握的技能和考评的标准已经完全不一样了，几乎是一个全新的领域，之前积累的产品技能能用到 20%就不错了。

1.1.5　企业内部供应链和外部供应链

每个企业都是供应链上的一个节点，不同的节点组合到一起便形成了一条完整的供应链。在企业内部，产品设计、采购、生产制造、仓储、物流、销售、售后等部门都是属于供应链上的一环，这些部门的高效连接便构成了企业内部供应链。

在企业内部，采购部门负责计划和采购，设计和生产部门负责生产制造，销售部门负责销售，仓储和物流部门负责交付，客服售后部门负责退货/回收，各部门要追求内部协同，打破部门孤岛，站在企业高度保证企业整体的成本和效益最优，而不是追求以损人利己为手段的局部成本和效益。例如，销售部门提前将营销计划告知采购部门和物流部门，以便采购部门提前进行备货，物流部门提前安排配送计划，避免因临时的订单需求波动导致库存不足、仓库爆仓、配送能力不足等情况出现。

当计划、采购、生产制造、交付和退货/回收工作延伸到企业上下游，从供应商的供应商，到客户的客户，便形成了以企业为中心的外部供应链，如图 1-7 所示，企业外部供应链是通过上下游企业之间的协同，追求整条供应链条上所有企业的成本和效益最优的供需网络，是比企业内部供应链更高维度的供应链全链路的优化管理。例如,沃尔玛将 POS 销售数据通过 EDI（电子数据交换）系统传给上游供应商,以便供应商及时获取销售数据,及时调整生产计划和物料采购计划,一方面因为信息的互通,让供应商的预测和计划更准确,另一方面因为供应商的服务水平更高了,也使沃尔玛的库存成本更低了。

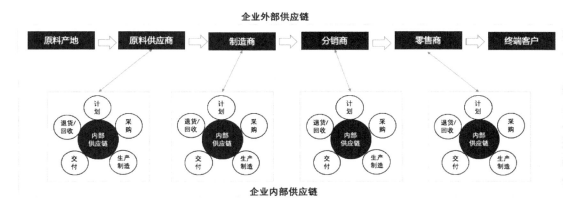

图 1-7　企业内部供应链与外部供应链

　　无论是企业内部供应链,还是企业外部供应链,都是围绕着计划、采购、生产制造、交付和退货/回收来开展工作,追求成本更低和效率更高。企业内部供应链的高效协同,可以有效地传导到外部供应链上,使整条供应链更通畅。相反,如果链条上的某个企业的内部管理混乱,经常发生缺货、超时等现象,也会影响供应链全域的流畅性,增加整体的供应链成本。就像火车,只有所有车厢都正常高效地运转,整列火车才能平稳地高速前行,任何一节车厢出现故障,都会导致整列火车运行速度下降,甚至停摆。

　　表 1-1 罗列了一些企业从事的内部供应链活动和外部供应链活动,供参考。

表 1-1　企业内部供应链活动与外部供应链活动

供应链流程	内部供应链活动	外部供应链活动
计划	制订企业内部主生产计划、销售计划、生产计划等	制订外购计划、三方仓储物流计划、风险分担计划等外部相关计划
采购	企业内部供应商评估、采购计划、跟进采购过程、供应商对账与结算等	采购询价、供应商谈判、签订合同、付款等
生产制造	企业内部制造过程管理、质量管理等	协助供应商优化产品设计结构,改进产品流程、减少供应商库存等
交付	企业内部订单处理、仓储发货、配送运输作业等	三方仓储、三方配送等
退货/回收	企业内部退货处理、换货处理、回收处理等	下游客户回寄及赔付处理、逆向物流、在线回收等

1.2　供应链管理与供应链系统

供应链管理离不开供应链系统的支持，二者相辅相成又各司其职，我们简单了解一下两者之间的关系。

1.2.1　相辅相成：供应链管理与供应链系统

供应链管理的发展，与科技的进步和信息技术的发展是密不可分的。时代促进了供应链的发展，供应链催生了供应链系统的完善，供应链系统又使供应链管理的效率大幅提升。

供应链管理的核心思想就是协同，让上下游企业，上下游流程能够通畅，而协同的前提是信息的共享和互通，这就必然需要系统的支持。当我们在开展计划、采购、生产制造、交付和退货/回收等供应链业务时，其实大多数的时候是在完成对供应链系统的操作，通过信息系统为业务做计算、跟进、校验、预警、信息传输等，降低人工处理的差错率、滞后性和重复操作。例如，做计划会用到 MRP II（制造资源计划），采购和供应商管理会用到采购管理系统，生产制造过程的控制会用到生产管理系统，交付流程需要用到订单履约中心，退货/回收会用到售后系统等，如图 1-8 所示。

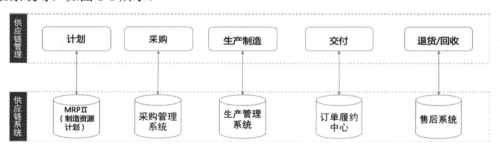

图 1-8　供应链管理与供应链系统

业务完成是目标，系统操作是过程，系统建设是基石。在供应链管理中，关于系统的设计和完善是非常重要的一环，没有信息系统的支持，也很难高效准确地实现供应链目标，在一家以供应链为核心的企业中，供应链系统太落后，企业规模和效率也很难提升，经营目标自然也就很难完成了。这也是为什么大企业都会投入大量的人力物力做供应链系统建设，如京东、阿里巴巴这些大型互联网公司，每年在供应链系统的建设方面投入的人力数以千计，也正是为了完善其供应链系统。为供应链持续赋能，才给消费者带来了非常好的购物体验。

1.2.2　供应链管理的 4 个阶段

根据美国生产与库存管理协会（American Production and Inventory Control Society，APICS）的研究，无论是国内企业还是国外企业，在企业不断发展的过程中，供应链的发展不可避免地会经历 4 个阶段，如图 1-9 所示。

图 1-9　APICS 供应链发展的 4 个阶段

第一阶段：供应链孤岛阶段。

这个阶段一般是企业早期的阶段，公司的相关人员以实现销售目标为主，没有供应链管理的意识。主要体现在以下几个方面。

① 员工较少，内部管理比较原始，各部门之间的责任划分不够清晰，有事大家一起干。

② 以库存换服务，一般会积压大量的库存，用以应对突发情况，没有销售预测和计划。

③ 仓库管理比较粗放，效率比较低，差错率较高。

④ 使用的系统比较原始，一般是单机管理系统，或者 Excel 表、纸质账本。

第二阶段：内部供应环阶段。

这个阶段的企业业务基本成型，有一定的管理手段，有基本的成本效益意识，但更多是站在部门的角度，而不是公司的角度考虑问题，主要表现如下。

① 有明确的部门职责分工，各部门各司其职，各部门内部运作良好，但与其他职能部门之间没有形成闭环，没有公司维度的成本意识。

② 对待客户和供应商还是原始的买卖思维，没有合作意识。

③ 采购、仓储、物流等部门在自己的领域里能充分考虑降本增效，不太关注其他部门的情况。

④ 有系统对各部门的业务进行辅助管理，但没有实现信息的横向关联，单据流转以纸质单据流转为主。

第三阶段：内部供应链集成阶段。

这个阶段，企业业务已经相当稳定，企业开始关注业务流程的整体成本和效率，主要表现如下。

① 企业开始关注整体目标，打破内部各部门之间的壁垒，使内部流程更加顺畅。

② 以客户服务体验为目标，引进一些供应链管理手段来降低供应链成本，提升供应链的效率。

③ 各部门共用统一的供应链系统（如 ERP 系统），基础数据、业务单据实现横向联通，系统流程顺畅、无阻碍。

第四阶段：扩展供应链阶段。

这个阶段是供应链的最理想阶段，企业不仅实现了自己内部供应链的管理，还将供应链能力延伸到企业上下游，打破企业边界，为整条供应链的协同发展做出贡献，主要表现如下。

① 企业与其上下游客户和供应商由竞争关系变为合作共赢关系，通过协同作业，保证整体目标最优。

② 供应链上下游共享资源、共享库存，通过技术手段实现信息共享，减少供应链流通过程中的浪费。

③ 系统建设从企业内部优化延伸到企业上下游，一般以核心企业为中心，辅助上下游企业一起实现协同目标。

因为供应链体系的建设需要投入大量的人力、物力、财力，国内只有为数不多的大型企业有实力投入重资本进行供应链体系建设，所以从整体来看，国内的供应链发展还处于初期，很多小型企业的供应链发展仍然处于第一、二阶段。

1.2.3　供应链系统：ERP 与 SCM

全球经营管理理念的更新、互联网和信息技术的进步、全球经济一体化的发展和客户的个性化和柔性需求的承接等外部因素的刺激，促进了供应链持续不断的发展，为之服务的供应链系统也经历了四个大的演化阶段，如图 1-10 所示。

① 20 世纪 60 年代：MRP（物料需求计划，Material Requirement Planning）。

② 20 世纪 80 年代：MRP Ⅱ（制造资源计划，Manufacturing Resource Planning）。

③ 20 世纪 90 年代：ERP（企业资源计划，Enterprise Resource Planning）。

④ 2000 年前后：SCM（供应链管理，Supply Chain Management）。

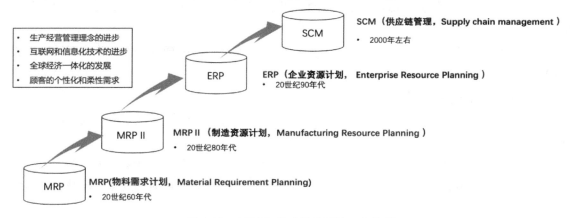

图 1-10　APICS 供应链发展的 4 个阶段

供应链系统源于制造企业内部的生产控制，随着供应链的逐渐成熟，供应链系统也逐步从制造业扩展到全行业，由企业内部管理扩展到企业的上下游。4 个阶段的系统对比，如表 1-2 所示。

表 1-2　供应链系统发展的 4 个阶段

	MRP 物料需求计划	MRPⅡ 制造资源计划	ERP 企业资源计划	SCM 供应链管理
提出时间	20 世纪 60 年代	20 世纪 80 年代	20 世纪 90 年代	2000 年左右
行业	制造业	制造业	全行业	全行业
系统参与方	企业内部	企业内部	企业内部	企业上下游
核心功能	内部管理系统，解决制造企业的库存管理问题，保证生产、采购和销售部门的供需平衡，按计划生产。MRP 主要包括主生产计划和物料需求计划	以生产计划为中心，把与物料管理有关的生产、供应、销售、财务等各个环节的活动有机地联系起来，进行协调，使它们在生产经营管理中发挥最大的作用。其最终的目标是使生产保持连续和均衡，最大限度地降低库存与资金的消耗，减少浪费，提高经济效益	ERP 对 MRPⅡ的功能进行了扩展，重点在于企业内部功能的集成。 （1）功能的增加：①除管理生产、销售、计划以外，增加了企业内部管理相关的功能（如人事、资产、财务、质量、项目）；②增加了对上游供应商、下游客户的管理。 （2）行业的扩展，从传统的制造业扩展到全行业	将 ERP 中的供需管理功能由企业内部管理延伸到上下游企业的协同，以核心企业为中心，借助信息技术，优化供需链上下游各个环节，保证整体成本最低，弥补了 ERP 在供应链管理方面的不足

很多朋友搞不清楚 ERP 系统和 SCM 系统之间的区别与联系。我们围绕供应链的发展史来详细说明一下。

从供应链发展的 4 个阶段中，我们知道企业的发展会经历供应链孤岛、内部供应环、内部供应链集成和扩展供应链 4 个阶段。当企业发展到内部供应链集成阶段时，如何实现企业内部各部门之间的信息充分共享？这个时候 ERP 系统就发挥巨大作用了，ERP 系统能够为全公司提供统一的商品、供应商等数据，各供应链相关部门（如采购、营销、仓储、物流、财务）同时使用此系统完成供应链的相关作业，保证信息在公司各部门之间都具有一致性。然而使用此 ERP 的不光是供应链相关部门，还有人力、质检、行政等职能部门，他们也有使用 ERP 系统的诉求，所以 ERP 系统除了包含供应链功能，还会包含企业内部管理需要用到的其他相关功能（如人事、资产、质量、项目）等，但都以企业内部管理为主。

随着供应链的进一步发展，企业的供应链管理需要从内部向外部扩展，供应链的个性化需求也越来越多，导致 ERP 系统中提供的供应链管理功能已经无法完全满足业务需求了，加上互联网技术、条形码等技术的发展，使得连接变得更加简单，这便催生了 SCM 系统的发展。从功能上看，SCM 系统更加聚焦于供应链领域，而不再考虑其他领域的需求，同时增加了一些 ERP 系统不具备的功能，如与供应链协同相关的功能、与运营相关的功能等。从边界方面看，SCM 系统从供应链内部管理扩展到企业上下游，提供了很多上下游环节协同的功能。一些技术实力比较雄厚的公司会将 SCM 系统拆解为一个个的子系统，如商品系统、采购管理系统、订单履约中心、库存系统等，用不同的子系统满足不同部门的供应链需求，以降低系统之间的耦合度。

ERP 系统和 SCM 系统的关系如图 1-11 所示。

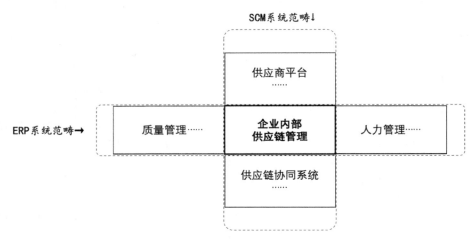

图 1-11　ERP 系统和 SCM 系统的关系

当然，不同的行业，不同的企业，不同的业务形态，对 ERP 系统和 SCM 系统的诉求是不同的，所以 ERP 系统和 SCM 系统并没有严格的执行标准，在做系统设计时，相关人员需要根据企业的实际情况"量体裁衣"。

1.3　学习供应链，该如何进阶

想转行做供应链，以及初入行的朋友，是不是经常会有如下的问题冒出来？

"供应链的前景到底怎么样？"

"我想转行做供应链产品经理，有什么好方法吗？"

答案是肯定的，且听木笔细细道来。

1.3.1　供应链的前景分析

在供应链的发展史中，我们知道中国的供应链领域还处于发展初期，只有少数的大型企业能够走到外部协同阶段，大部分的中小型公司由于相关人员的认知和资金实力有限，还停留在内部供应环和内部供应链集成阶段。我们来看两组数据。

① 研究与咨询机构 Gartner 在 2020 年 5 月 19 日公布的全球供应链实力 25 强及供应链大师企业排行榜中，只有阿里巴巴和联想两家国内企业上榜，而在 2018 年，仅阿里巴巴一家国内企业上榜。

② 相关资料显示，我国社会化供应链成本占到 GDP 的 18% 左右，远高于欧美国家的

7%～8%，优化空间巨大。

另外，从国家近年来发布的种种供应链政策来看，供应链发展建设已经不只是企业自身的事情，而是已经上升到国家战略层面了，其未来的投入和发展空间，自然不言而喻。

说完宏观层面，我们再看一组微观层面的调查数据。这是关于供应链从业者年龄和薪资的一组调查数据。2018 年美国 APICS 协会对美国供应链的从业人员做了一次薪酬调查，如图 1-12 所示。

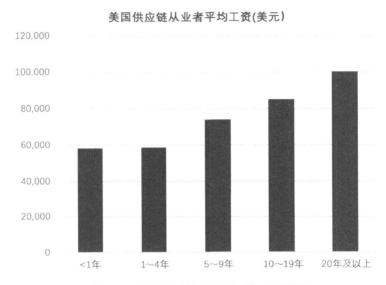

图 1-12　美国供应链从业者平均工资调研

从调查结果可以看到，在美国，随着年龄的增长，供应链从业者的薪资呈持续上升趋势，但工作年限在 5 年以下的供应链从业者的薪资几乎变化不大，有 20 年以上工作经验的供应链从业者反而薪资更高，说明供应链领域并不是吃青春饭的。当然由于国情不同，具体情况可能会有所差异，但供应链的发展规律和发展路径都是一样的，对人才的需求也一定如此。

如果你认为以上理由比较牵强，我们再从国内某招聘网站上摘取一些供应链产品经理的招聘信息，如图 1-13 所示（为了避嫌，对薪资和公司信息做了模糊处理），供应链领域的产品经理对经验的要求偏高，一般拥有 5 年以上工作经验为佳，薪资水平在同类 B 端产品领域中也略有优势。木笔反观身边的朋友、同事，那些资深的供应链产品经理们大多都过了 35 岁危机了仍然奋战在各一线互联网公司，并没有出现失业的情况，所以想转行做供应链产品经理的朋友们不用太过于介意年龄。

种一棵树最好的时机是十年前，其次是现在。与其在犹豫不决中任时光流逝，何不纵身一试博取更广阔的天地？

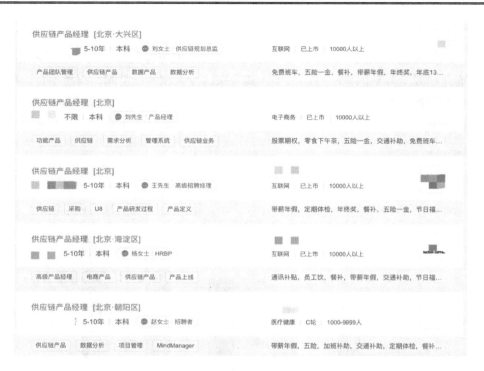

图 1-13　供应链产品经理的招聘信息

1.3.2　供应链的发展趋势

供应链的需求是旺盛的,那供应链的前景如何?随着近几年信息技术的快速发展、大数据分析技术和人工智能的发展、环境问题日益突出,以及国家相关政策的发布,必然会影响到供应链的发展,我们一起来大胆预测一下未来可能的几个发展趋势,希望和大家一起未雨绸缪,提前做好规划。

① 数字化供应链。万物皆数据,在信息时代中,数据变得越来越有价值,服务的云端管理、系统的 SaaS 化部署,让数据的收集和分析变得更加容易,而供应链协同发展使企业内部数据与外部数据深度融合,从而产生更多的价值,实现多方共赢。例如,京东的商智、阿里巴巴的生意参谋都是基于大数据为商家赋能的数据产品,每逢"618""双 11",都可以为商家做销量预测、提供采购补货建议、进行库存管理、提供效率分析和决策支持,通过数据分析让商家的供应链管理更加游刃有余。

② 智能化供应链。随着移动互联网的渗透,近几年迎来技术大爆发,5G、区块链、人工智能、大数据分析、VR、物联网等技术的普及和商业化,必然会将供应链带向一个更广阔的天地,使其作业模式更加多元、商品流通更加顺畅、信息获取更加容易、数据分析更加智能,这一切都会使供应链协同更简单、成本低、效率更高。如何使新技术服务于供应链,例如,通过大数据分析做供应链策略指导、通过 VR 辅助仓储和物流作业、基于区块链管理供应链网络等,并不再是天方夜谭,这是值得我们每个人去思考和探索的未来。

③ 绿色供应链。20 世纪工业的飞速发展带来的环境问题日益严重，随着国家层面和民众的环保意识不断提升，绿色理念和可持续发展将会是未来经济发展的重点战略，低碳出行、绿色产品、绿色采购、绿色回收这些理念将会从国家政策层面，传导到企业生产过程中，最终传递给每一个终端用户，形成一个全社会的供应链闭环。如何将绿色理念渗透到供应链中，放弃短期利益来追求可持续发展的长期价值，将是一个很长远的课题。例如，UPS 通过 GIS+信息传感器的应用，通过无线设备在运输过程中实现了无纸化操作，不仅能实时根据天气、风速、路况及时调整最优路线，节省时间和油料，每年还能节约 5900 万张纸张，可谓一举多得。

④ 供应链全球互通。纵观那些跨国大公司，如苹果、麦当劳、亚马逊等，都在全球布局了供应链，吸收各地的优势资源（供应商资源、原料成本、人力成本等），并通过强大的供应链整合能力将全球资源统一调配。而国内，随着一带一路倡议的提出，进出口贸易额将持续增长，企业的国际化时代已经来临，如何布局全球物流网络、配送网络、采购外包、分销体系、离岸生产，如何适应不同国家的文化、习俗等，都是企业在供应链全球互通过程中面临的机遇和挑战。

⑤ 生态化供应链。供应链具备天然的连接属性，这和信息化时代的万物互联的理念高度吻合，供应链的发展也势必会带来其上下游产业的联合发展，逐步建立起以供应链为核心的生态圈。供应链的生态化有三个方向的发展可以探讨，一是供应链网络持续下沉，横向拓展到源头的源头和终端的终端，纵深到三四线城市直到农村，二是全球供应链的互通使供应链网络横向扩展到全球各地，形成全球供应链大网络，三是供应链衍生领域，如供应链金融、3PL、4PL、冷链、供应链溯源等领域都会迎来更大的发展机遇。

1.3.3　供应链从业方向建议

供应链的涉及范围很广，以实体为经营主体的企业，基本上就是围绕着供应链的进销存开展日常工作，包括计划、采购、物流等方向，找准一个方向就够我们深入研究一辈子了。图 1-14 推荐一些供应链的从业方向，希望你能从中找到自己感兴趣且愿意深扎的方向。

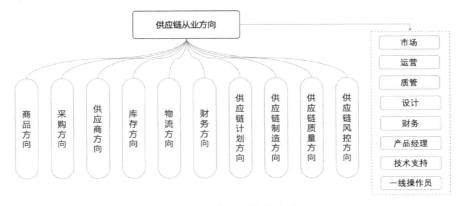

图 1-14　供应链从业方向

从工作岗位性质来划分，供应链可分为市场、运营、质管、设计、财务、产品经理、技术支持、一线操作员等方向，每个岗位负责各自不同的工作职责，如表 1-3 所示。

表 1-3　供应链相关岗位

方　　向	工 作 内 容
市场	负责供应链相关市场推广、商务谈判、业务洽谈、采购与销售等工作
运营	负责供应链商品、库存、仓储、配送等日常管理和运营工作
质管	负责产品和流程的质量管控、风险控制等
设计	负责制造业产品的工艺设计，也可以是软件的 UI 设计
财务	负责供应链的核算、对账、结算、付款等工作
产品经理	负责供应链相关软硬件系统的市场调研、需求分析、系统设计等，也可以是制造业的某个产品的主导者
技术支持	日常对供应链相关系统的维护、功能开发等
一线操作员	工作在仓库、工厂、配送中心的一线操作员工

在供应链的纵深方向，可分为商品、采购、供应商、库存、物流、财务、计划、制造、质量、风控等方向，每个方向都是一个垂直的供应链领域，如表 1-4 所示。而我们的运营、产研、系统就是为支持这些纵深业务而存在的，每种业务都需要专业的产品、技术和运营支持。

表 1-4　供应链纵深方向

方　　向	工 作 内 容
商品方向	品类管理、商品建档、商品运营、商品推广、商品陈列、商品分发、商品调拨等
采购方向	新品引进、采购谈判、采购计划、智能补货、采购策略、合同管理、需求预测、采购返利等；
供应商方向	供应商分类、供应商开发、供应商质量评估、供应商选择、供应商绩效管理、供应商协同、供应链对账与结算等
库存方向	库存成本分析、库存计划、安全库存设定、智能调拨、库存健康分析、滞销库存处理等
物流方向	物流园区规划、厂房仓库内部规划、动线规划、仓储管理、配送管理、干线运输、物流策略制定、物流设备自动化、逆向物流、物流开放、海关物流等
财务方向	财务计划优化、资产负债优化、成本分析、利润分析、总账管理、资产管理、发票开票、应收应付、对账与结算等
供应链计划方向	需求预测、销售运营计划、主生产计划、物料需求计划、财务绩效计划、应急计划、生产计划、供应计划、门店请货计划、采购计划等
供应链制造方向	生产计划、工艺设计、产品开发、质量控制、制造/组装设计、生产平衡、生产过程控制等
供应链质量方向	质量计划、质量控制、质量设计、质量审计等
供应链风控方向	供应链风控评估、风险模型设定、合规规范制定、合同内审、流程合规管控、业务合规建议等

1.3.4　教你供应链入门三板斧

前面聊了这么多，供应链的前景和未来想必已经讲解得够清晰了，但奉劝朋友们在想入行或转行之前，还是得想清楚自己是不是真心想进入这个领域并且深耕，还是一时心血来潮，抑或是短期找个工作过渡一下？毕竟黄金岁月有限，经不起太多的挥霍。

凡事看两面，有优亦有劣，我们还是有必要客观公正地分析一下扎根供应链领域的几个劣势，愿君多斟酌。

① 难。由于供应链的各个环节是以链状相连，环环相扣，加上含有很多专业术语和策略，如果没有机会实操，很难上手。加上供应链领域广泛，要深入了解全域就更难了，很多人只能在一两个领域里深扎，精通供应链全域的人少之又少。

② 苦。与供应链相关的工作是个苦差事，一般身居幕后，往往能被人惦记的时候就是在出现问题的时候。而且供应链建设见效慢，不像做前端业务那样立竿见影。如果做与仓配相关业务，特别是新建物流中心，工作地点一般都在偏远地区、荒无人烟，周边设备设施不全，也许连厕所都没有。所以，想从事供应链领域中的相关工作，相关人员必须要有一个苦中作乐的好心态才行。

③ 累。做供应链项目，经常需要等半夜业务停止作业以后才能进行上线联调，熬夜加班是常事。如果现场业务操作出现问题，往往要随叫随到，及时处理，否则就会导致业务停摆、损失重大。所以，做供应链会经常面临身心俱累的情况，相关人员也需要有一个好心态。

总结一句话：吃苦耐劳心态好。具备这几个品质就可以进入供应链领域了，是不是很简单？

如果之前没有相关经验，又想要深入学习供应链，有绝招吗？有，送你 8 个字："仰望星空，脚踏实地"。怀揣梦想和初衷，但不要想着能够立马成为行业专家，放低姿态从底层开始学习。

下面，教你受用终生的供应链学习三板斧（此三板斧从产品经理的视角展开，同样适用于其他岗位和领域）。

（1）第一板斧：深入一线，业务为先

满足任何需求的产品，都不能闭门造车，一定要基于真实场景来实现，这是作为产品经理的入门法则，在供应链领域中尤为适用。作为供应链新人，深入到一线去学习业务是最好的方式。

首先，供应链的需求大部分来源于业务部门和一线岗位，只有深入一线，才能更好地体会需求的价值。例如，仓库要增加一个批量打单的需求，那批量打单的价值在哪里呢？了解以后才知道现在一单一单打印的方式效率低下，成了出库环节的瓶颈，每天早上第一批拣货员要等待 20 分钟，才能领到拣货任务并开始作业。当然这个现象你通过仓储经理的描述也能了解到，但当你去现场看到一批拣货员站在打单员身后等待，就会有更深的体会了。

其次，供应链领域和其他业务领域相比，有一个得天独厚的优势，其他很多业务系统只需要关注信息流，而供应链系统要同时关注信息流和物流。当你深入一线以后，能够通过实物在眼前的流动更好地了解业务，更深入地理解信息流。例如，你能实地感受商品是如何进出仓库的，还能亲自去仓库看看拣货员如何拣货，也能够实地扫描商品条码完成订单复核，这种实际操作对视觉和感官的冲击，和单纯靠想象得来的理解是完全不一样的。

最后，即便你已经有了供应链领域的相关经验了，还是建议你入职以后先深入一线学习一段时间。虽然每个行业的供应链大体上一样，但因为行业特色、公司特色和管理特色不同，细节方面的差异还是很大的，只有了解实际业务以后才能更好地开展工作。

以上说明了一线学习的重要性。那么，到一线以后，该怎么学呢？最直接有效的方式就是多看、多问、多思考。

例如，想了解仓库的入库流程，可以分为三步。

① 了解正常流程：多看。从你见到的第一个操作开始（如供应商到货），一直到入库的最后一个操作（如仓库上架），了解每一个环节所在的场地、涉及的角色、操作步骤和时间、用到的工具、有没有系统支持等。然后把各个环节串起来，形成完整的闭环。

② 了解异常流程：多问。异常流程不是经常发生的，所以在现场不一定能随时碰到，这时就需要和现场的相关人员多聊了，当然不是尬聊，而且应该带着思考和问题去聊。例如，看到收货扫码操作，就扩展性地思考一下如果商品编码不对，或者码扫不上应该如何处理。

③ 了解系统逻辑：多思考。对正常操作流程和异常的操作流程了解清楚以后，就需要剖析一下系统逻辑了，对着系统操作，用自己理解的方式反推系统内部处理逻辑，然后和对应的产品、技术人员验证一下自己的思考是否正确。注意，不要问过于小白的问题，否则会被相关人员鄙视哦！

（2）第二板斧：由浅入深，循序渐进

供应链的学习也讲究循序渐进，没有捷径可走，但掌握了方法以后，也能达到事半功倍的效果，下面给几个建议，仅供参考。

① 以某一业务为原点，按业务流向拓展知识面。大部分人都是先负责某一块业务，等到对自己负责的业务足够熟悉了，才有机会涉足其他业务。所以，可以以自己负责的业务为起点，顺着业务流程的正向或反向逐步去延伸学习其他业务，直到到达这一业务的起点或终点。如果你负责的是采购管理系统，就可以以采购为起点，延展学习仓储入库、库存管理、财务核算等业务；如果你负责的是财务系统，则可以反向延伸学习到仓储、采购等业务。

② 多总结，以点成线，终成面。作为供应链新人，可以先从最基础的术语、资料、操作开始学习，等到有一定基础以后，再横向学习系统流程、纵向学习供应链相关策略，等到对某一个流程足够熟悉了，再向前或向后延伸到更高、更广的维度。例如，如果要学习订单履约流程，先弄清楚"波次""批拣""分播""复核""打包"等专业术语以后，再系统地学习出库流程，继而深入研究波次策略、拣货路径、分播规则等算法。

③ 要输入，更要输出。纸上得来终觉浅，绝知此事要躬行。系统地学习以后，一定要学以致用，才能得到最好的效果。比较好的方式是能够将自己学到的知识整理成文，在整理的过程中会发现很多遗漏点，继而继续学习，继续补充，直到全部融会贯通为止；另一个好方式是将自己学到的知识分享出来，分享的过程就是将输入变为输出的过程，如果能完整地将

自己对某个流程的理解分享出来，说明这些碎片化的知识已经在你的脑海形成体系了。

对于零经验想进入供应链领域的朋友，千万不要急功近利，通过跳槽或者转岗的方式强行进入。即便运气好面试通过了，你在工作中也会处处受挫，别人会认为你拿着与能力不匹配的薪水，干着水平与你的年龄不相符的事情，这样就会特别痛苦。这里给两个建议：一是以自身已有优势进行转换，待站稳脚跟以后，再以本职工作为起点逐步渗入供应链领域；二是在工作中找机会和供应链领域的相关同事多接触，多看、多问、多思考，等到有机会时，让别人第一时间能想到你。

（3）第三板斧：抓住重点，掌握核心

学习供应链和评估需求优先级一样，也讲究"二八法则"，用有限的精力，重点突击核心知识。这里，也提供几个学习思路，供大家参考。

① 结合实际业务掌握供应链领域中与进销存相关的概念和常识。

② 结合供应链范畴，了解组织内部供应链涉及的范围、系统、角色、流程。

③ 以物流和资金流为两个主要方向，学习供应链的主要业务和系统流程。

④ 以"降本增效"为目标，了解供应链领域常关注的指标和常用的策略算法。

以上就是深入学习供应链的三板斧了，生也有涯，而知也无涯，我们要时刻保持谦卑和学习心态，除了在日常工作中接触到的知识，还可以通过看书、公众号学习、向前辈请教、参观学习、行业交流等其他方式拓展自己的视野。

1.4　本章结语

供应链是一个广阔的领域，涉及我们生活中的方方面面，时代的飞速发展，必将赋予它更强的生命力，未来，一定会比现在更加美好，值得期待。同时，供应链又是一个"慢热"的领域，它的每一步前行都背负着时代的变迁和无数行业的兴衰，所以注定不可能像某些风口行业一样来去匆匆，历史责任使然，深处时代中的我们每一个人，都将是其前行的助力者。如果想要学习供应链的相关知识，任何时候都不晚，因为我们还处于浪潮早期，未来会怎样，我们一无所知，唯有不断奔跑，才能跟上时代。

第 2 章　精华浓缩：你一定要懂的供应链常识

经过上一章的介绍，相信你已经对供应链有了全面的了解，对供应链管理的角色、使命和愿景、供应链领域的发展前景等都有了整体认知，同时也知道了我们每个人都身处社会供应链大网络中，供应链对我们的重要性也不言而喻。作为消费者的我们，是供应链的终端服务享受者，而作为从业者的我们，又是供应链体系的建设者。作为从业者的我们需要不断地贡献自己的力量去完善供应链，才能为消费者提供能够更加美好的生活。

本章，我们一起去了解一些供应链领域中重要的常识，同时学以致用，了解一下这些常识在生活中及在供应链系统设计中的应用，那些曾经离我们很遥远的概念和词汇，从此将不再陌生。Let's go！

2.1　供应链的经典三流：物流、信息流与资金流

原料在从原产地经供应商采购、由制造商加工为半成品/成品、再由分销商推广，最终通过零售商流转到终端用户的过程中，发生了位置的移动、信息的流动和资金的流动，这便是供应链的经典三流：物流、信息流和资金流（有的书中提出价值流、商流、业务流等，但本质上还是由物流、信息流和资金流演变而来的）。

不管是供应商、制造商，还是分销商、零售商，都围绕着物流、信息流、资金流展开工作，以降本增效为目标，各自在供应链的上下游扮演着重要的角色，完成供应链流通链条上必要的使命，共存共生，缺一不可。供应链的运转源自信息（如用户端的需求），信息流催生了物流和资金流，同时物流和资金流又反向填充了信息流。物流是实物的流通，资金流是资金的流转，物流的流通影响着资金的流转，资金的流转控制着物流的流通。

2.1.1　物流：流通产生价值

物流，就是物品的流动。根据物品的流向，我们可以将供应链中的物流分为两种类型：正

向物流和逆向物流。正向物流指原料从原产地被采购，经制造商、分销商、零售商到终端用户的过程，是产品从供应链上游到下游的流通过程。逆向物流则刚好相反，是产品从终端用户向上游流动，一般在回收和售后等业务中发生。

在供应链中，产品必须流动起来，才会产生流通价值，如果产品固定不动了，便会产生库存积压，导致成本的增加。另外，时间也是成本，流通的效率越高，中间经手的环节越少，产品的隐形成本就越低，这就是物流价值所在。作为供应方，我们期望产品尽量高效流通、少积压；作为需求方，我们期望晚下单，产品尽早送达，双方的共同需求都是期望流通周期尽可能短。作为供应链从业者的我们，无论从事产品、技术，还是采购、运营等方面的工作，都应该具备降本增效的意识，尽可能地提升物流的效率，让产品在中间环节停留的时间尽可能缩短。

商品的物流包含仓内流转和配送运输两大环节，仓内流转指商品在仓库内部的流转，配送运输指商品在运送路途中的流转。仓、配是物流领域中的两大核心体系，衍生出了物流规划、物流软件集成、三方仓储、三方物流配送、干线运输等多个以物流服务为中心的分支商业模式。

图 2-1 是从原料向终端用户流转的物流全过程，详细介绍了一个产品是如何从原料产地开始，经过原料供应商的进销存，转到制造商处进行加工制造，再将成品发给分销商/零售商（因为物流处理方式相同，图中将分销商和零售商合并看待），最终由零售商将产品送达到终端用户的手中的完整过程。抽象一下，无论在供应链的哪一环节中，都会涉及产品的进销存管理。

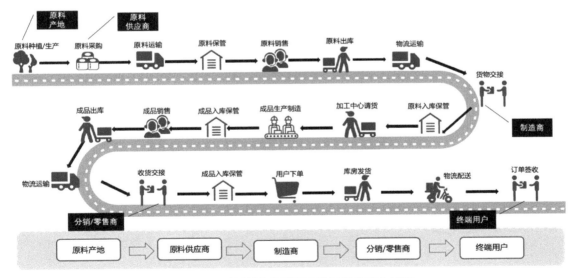

图 2-1　从原材料向终端用户流转的物流全过程

在业务层面，一般先进行采购，由分销商/制造商/供应商先根据自身需求提报采购计划给上游供应商，上游供应商会根据采购计划安排生产并送货，待货物到达仓库以后进行收货入库，入库完成以后，即产生了可销售库存，营销部门便可以通过各种渠道将产品售出，售出的产品以订单的方式流转到仓库，仓库进行出库拣货、打包、发货，然后交由配送公司（或自营配送物流）将产品送到客户手中完成交接。

2.1.2 资金流：成本创造效益

资金流是供应链得以持续和企业得以良性运作的关键因素。产品在流通的过程中会产生各种成本，资金流就是成本的体现。我们看一个最简单的公式：产品毛利润=销售价-成本价，如果想提升产品毛利润，要么提升销售价格，要么降低成本，当然最好的方式就是降低成本，因为销售价格的提升必然会影响下游客户及下游客户的下游客户采购成本的波动，从而带来需求的波动，反向影响了产品的销售。所以，对资金流进行管理，控制好成本，可以提升整个企业供应链的价值。

前面我们聊到产品的正向物流是从原料到终端用户的流通过程，而产品的资金流则是反向的：由终端用户到分销商，到生产制造商，再到原料供应商，最后到原料产地，而且由于物流流通过程中的成本递增，所以资金是逐级递减的（见图 2-2）。例如，用户购买某商品支付了 10 块钱，最终落到原料产地的农民伯伯手里可能只有 1 块钱。请问：另外 9 块钱去哪了？答曰：被分销商、制造商、原料供应商各拿了一部分利润，其余被用于支付包装耗材费用、人力成本费用、物流运输费用、仓库保管费用及生产过程的损耗等，如果这些中间成本降低了，那么各环节的利润就会提升，由此可见，在供应链业务活动中，有效地控制资金支出，合理地控制成本，对整个供应链的正面影响是巨大的。

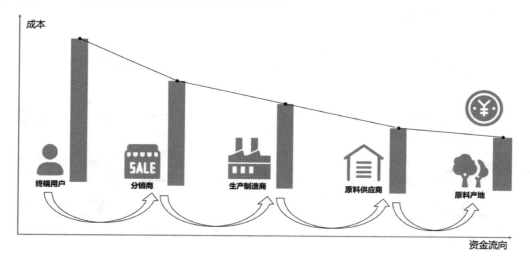

图 2-2　供应链中的资金流

聊到资金，顺便介绍几个相关的财务概念。

① 应收账款：企业在经营过程中因销售商品或提供服务，应向服务对象收取的款项，体现为企业的收入。

② 应付账款：企业因采购或购买服务应支付但还未支付的采购费用、手续费和佣金等，体现为企业支出。

③ 账期：企业应收/应付账款的周期，从产生账款开始到最终收到或支出款项的时间。

当产品被销售给下游客户以后，财务根据订单销售金额产生应收账款。当企业采购的产品入库以后，财务会核算需要支付给上游供应商的账款，即应付账款。在一个账期里，企业的应收款要大于应付款，这样企业才能拥有良好的现金流，保证企业能够更好地运作。如果企业的应收款小于应付款，如果没有持续的资金投入，就存在资金链断裂的可能性，那么企业是相当危险的。

2.1.3　信息流：连接发生质变

供应链流转源于信息，也止于信息，信息流是整个供应链运转的纽带。如果说物流是从原料产地到终端用户的正向流转过程，资金流是从终端用户向原料产地反向流转的过程，那么信息流则是物流和资金流的集成，是一个双向传导的过程，它将需求信息从终端用户传导到供应链上游，逐级传导到原料产地，同时将供应信息由原料产地传导到终端用户。信息的本质是连接，只有足够的连接，才能产生足够的价值，这和供应链的思想是一致的，我们举个例子来说明。

江西盛产赣南脐橙，年产量达百万吨，原产地江西省赣州市已经成为脐橙种植面积世界第一、年产量世界第三、全国最大的脐橙主产区。

我们思考一个问题，作为脐橙的原产地，果农为什么愿意放弃其他种植业务只种脐橙？

回答：因为脐橙有很好的销路。

再问：销路是怎么来的？

回答：信息的互通，销路从终端用户的需求而来。因为很多人都对脐橙有需求，而刚好赣南地区适合种植脐橙，当地的政府、商贩能够分析人们对脐橙的需求量，所以不担心脐橙滞销，所以鼓励果农大量种植脐橙。

同时，作为产地，因为赣南地区脐橙产量大、味道甜，也作为一种供应信息从原产地传导到世界各地，使赣南脐橙享誉海内外。

因为信息的双向传导，让更多的终端消费者吃上了赣南脐橙，也使更多的果农致富，这便是信息联通的价值。

作为信息的传输载体，信息系统在信息流中扮演的角色是至关重要的。图 2-3 是一个典型的产品从原产地到终端用户的流转过程中涉及的系统及信息流向，我们来逐一进行说明。

① 原产地。供应信息从原产地发出，发布渠道可以是电商平台、广告、口口相传等，目的是将供应信息传达到下游需求方。

② 原料供应商。原料供应商接到信息后，根据采购计划到原产地进行采购（采购管理系统支持），将采购的原料存入仓库（仓储管理系统支持）。当有下游客户下单时，在订单履约

中心中创建销售订单（订单履约中心支持），仓库根据订单进行拣货、发货（仓储管理系统支持），然后交由配送部门将商品配送至下游客户（配送管理系统支持）。

③ 制造商。制造商根据需求计划制订采购计划（采购管理系统支持），并从供应商处将原料采购入库（仓储管理系统支持），并根据主生产计划和物流需求计划将原料生产加工为成品（生产制造 ERP 系统支持），然后将成品存入成品仓库（仓储管理系统支持）。出库过程和原料供应商的出库过程类似，当有下游客户下单时，在订单履约中心中创建销售订单（订单履约中心支持），仓库根据订单进行拣货、发货（仓储管理系统支持），然后交由配送部门将产品配送至下游客户（配送管理系统支持）。

④ 分销商/零售商。分销商和零售商的信息流向和原料供应商相同，不同之处是对产品的管理：原料供应链管理原料，而分销商和零售商管理成品。

⑤ 终端用户。终端用户有购买需求时，会通过电商平台、超市、便利店等渠道下单（下单系统支持），并支付（支付中心支持），最终通过快递送货或者自提的方式获得产品（订单履约中心支持）。

一般原料供应商、分销商和零售商不涉及加工环节，只涉及货物的进销存，所以系统流转相对会简单一些，而制造商既要考虑原料的出入库管理，也涉及加工制造过程，同时还要对加工的半成品/成品进行出入库管理，所以流程和系统会复杂很多；另外，因为涉及资金的流向，各个企业会在出入库环节中产生财务结算（财务系统支持）。

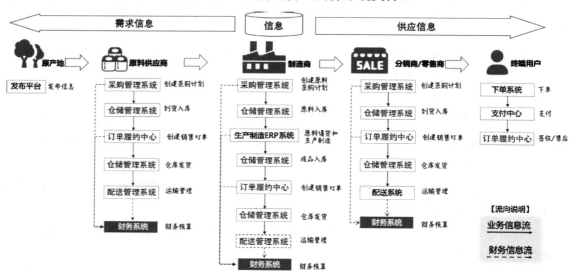

图 2-3　供应链里的信息流

总体来讲，供应链的信息流都是围绕着货物从采购（采购管理系统）→入库（仓储管理系统）→销售（订单履约中心）→出库（仓储管理系统）→运输（配送管理系统）等业务活动进行流转；再搭配各个环节中涉及财务结算的地方，将数据提取至财务系统中进行核算并产生应收账款和应付账款的过程。

　　读到这里，一定有朋友会问："呀，这么多的系统，那得需要投入多少人力、物力、财力啊？我们是一个小公司，肯定负担不起。"针对这样的问题，身边很多资深的产品和技术同学在经过无数次摸爬滚打以后，得出的一致结论是：关于供应链系统的定位，我们的目标是服务于业务，让业务更顺畅，所以合适的才是最好的（记住这句话很重要哦，后面的章节我们也会经常提到。在供应链这类业务导向的领域里，我们的系统设计一定要贴合业务发展，千万不能闭门造车）。如果实力允许，我们尽量将系统设计得耦合性低一些，这样便于维护和扩展。如果预算不允许，那么购买一套标准的 ERP 系统，甚至一些环节通过人工操作也是可以的，最终目标是保证信息流的完整和通畅。

2.1.4　供应链、物流与采购

　　"你看我们公司既有物流部、也有采购部，但就是没有供应链部门，但大家在一起聊的最多的就是供应链应该如何如何。"那么问题来了，供应链管理、物流管理和采购管理到底是什么关系？

　　相信很多朋友都会有以上的疑问，说起供应链、物流和采购，有很多重合的地方，但它们不是完全对等的，否则很多公司也不用设置单独的部门了。我们一起来看看供应链管理、采购管理和物流管理之间的关系。

　　供应链管理是一个比较抽象的概念，并不是指某些具体的事务，而是整个公司各部门及上下游企业协作以达到整体利益最大化的一种管理方式，需要从事的工作也是分散在各相关部门中的，这也可以解释为什么很多公司里并没有单独设立供应链部门，即便有的公司中有供应链部门，但也是做与采购、物流、计划相关的事情。而物流管理和采购管理则是偏执行层面，相关人员负责的工作要具体很多。

　　站在供应链全域来看，三者的关系如图 2-4 所示，供应链：突出"链"的概念，偏向于管理公司内部和公司外部整条供应链，偏重于全链路的库存周转、服务水平和成本的核算等；物流：突出物品的"流"动，主要侧重于仓储、配送、运输等环节的效率提升和成本控制；采购：突出物品的"购"，相关人员重点负责采购寻源、供应商管理、价格的管控、采购计划的制订和补货预测等。

图 2-4　供应链、物流与采购的关系

物流和采购都是供应链管理中很重要的环节，共同保证供应链的顺畅，但各自的侧重点是不同的，所以相关人员在做业务和系统规划时，需要分开对待。

2.2 划重点：供应链的目标及核心思想

在日常工作中，我们经常会遇到一些"程序猿"小哥，写得一手好代码，需求提过去，一通操作猛如虎，一个 bug 都没有，自认为相当厉害了。产品验收时，发现各种需求理解偏差，找小哥理论时，小哥还各种不服，于是扯皮就此开始。这件事是谁的问题？"程序猿"小哥当然有问题，但问题不在于其理直气壮地不服气，而是其没有基本的供应链常识，也许对于他来讲，追求的仅仅是程序功能无 bug 而已，根本不知道对与错，更别提好与坏了。

从事任何工作，我们一定要找到一个衡量工作质量的标准。例如，我们做销售，要追求销售额和盈利，做客服，要追求客户服务至上。从事供应链，就要追求降本增效，精简协同。把这些理念当作工作中的指导方针，常记于心，至少可以保证你在星辰大海中不迷失航向，不至于像上面的程序员小哥哥一样茫然。

2.2.1 供应链的目标：降本增效

在商品的流通过程中，流动会产生运输成本，停滞又会产生库存滞压成本，走走停停间，无形中就增加了成本，控制好成本，是供应链管理的目标之一。据统计，供应链成本占据了整个销售成本的 50%～80%，在现在信息如此透明的时代，市场竞争激烈，产品毛利被大大压缩，所以降本比增收更能实现盈利，每降本 1 块钱，利润就实实在在地增加 1 块钱，但增收 1 块钱，再去除 80% 的成本以后，利润只剩下两毛了。如果把这些中间成本节省下来让利一部分给用户，再对服务做一些提升，产品的竞争优势会大幅提升，这笔账算下来，是不是相当划算？

除了降本，增效是供应链管理的第二大目标，在供应链领域中，时间就是金钱。效率的提升可以带来更好的客户服务体验，同时可以有效减少库存的积压成本。举个例子，如果某商品的采购周期是 5 天，则仓库最低需要准备 5 天的安全库存，以应对采购过程中的订单需求。但如果采购周期能缩短为两天，仓库就只需要准备两天的安全库存就够了，在节省下来了 3 天安全库存的同时减少了库存资金、物流运输成本、仓储使用面积和仓储运作成本。

我们可以将供应链的成本和效率归纳为七大成本与七大效率（见图 2-5），在降本增效的路上"对症下药"。

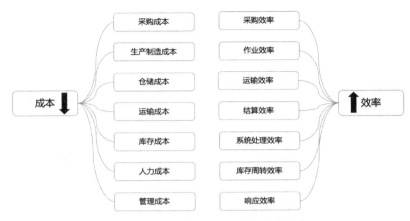

图 2-5　供应链的七大成本与七大效率

（1）供应链成本

供应链成本主要包含采购成本、生产制造成本、仓储成本、运输成本、库存成本、人力成本、管理成本。

① 采购成本。采购过程中产生的成本，包含订货成本、供应商管理成本、谈判成本、采购物流费用等。

② 生产制造成本。产品生产制造过程中产生的各项费用，包含工艺设计成本、制造成本、设备设施成本、耗材成本、折旧费用、维修费用、损耗费用等。

③ 仓储成本。货物在仓库里进行收发、存储过程中产生的与仓储相关的费用，包含仓储设施的租金、库内作业成本、设备设施成本、耗材成本、折旧费用、维修费用、损耗费用等。

④ 运输成本。产品在运输配送过程中产生的费用，包含租车费、油费、过路费、养护费、车辆折旧费、维修费、损耗费等。

⑤ 库存成本。由于产生库存而增加的成本，包含库存积压成本、运营成本（商品在库内搬运、保养过程中产生的成本）、浪费成本（因为产品破损、过期、损耗而产生的浪费成本）、缺货成本（因为产品缺货导致的订单损失、客户损失等隐性成本）、机会成本（因为库存的积压导致资金无法流通损失的投资收益）。

⑥ 人力成本。人力成本包含采购、仓储、配送、计划等部门的招聘成本、员工工资、加班补助等支出费用。

⑦ 管理成本。供应链管理过程中产生的培训成本、质量管理成本、行政后勤成本、软件费用等。

以上成本不是孤立存在的，而是彼此关联，甚至是此消彼长的，所以相关人员在考虑降本方案的时候，需要站在全局的角度进行思考，而不能管中窥豹。例如，采购成本降低了，可能会增加管理成本，因为降低了采购成本，就意味着供应商的利润降低了，而供应商为了保证自己的利益，可能会从产品品质、送货方式、送货频率等方面做文章，如此一来，企业就需要在质量把控方面投入更多的成本了。又如，库存成本降低了，仓库的存货就会减少，带来的是仓储成本、人力成本和管理成本的整体下降，但一旦产生缺货，就会增加采购成本和运输成本，因为仓库没有足够的库存了，只能增加采购频次，采购频次增加了，运输成本也会随之上升。

（2）供应链效率

供应链效率主要包括采购效率、作业效率、运输效率、系统处理效率、库存周转效率、响应效率等。供应链从源头的计划开始，到最末端的终端客户，任何一个环节效率的提升都有助于提升整条供应链的效率。

① 采购效率，从发起采购到采购到货的时效。采购效率越高，对需求的处理越及时，缺货风险就会越低。

② 作业效率，主要指商品在物流流通过程中的搬运、装车、上下架、拣货、库内移动的时效。作业效率越高，物流效率自然就会越高，需求的响应速度和服务质量就会越高。

③ 运输效率，指商品从发出到签收，路途中运输的时效。运输时效主要取决于运输方式（空运、陆运、海运等）、运输路线等因素。

④ 结算效率，主要指财务对账、应收账款和应付账款的核算、收款打款等操作的时效。结算效率的提升，有利于提升企业的资金周转率。

⑤ 系统处理效率，指信息系统对业务数据的处理时效。系统处理速度可以衡量企业供应链信息化的程度，系统处理越及时，越能有效避免各系统间信息不一致、超卖等问题的发生，继而提升客户服务水平。

⑥ 库存周转效率，指在某一时间段内库存货物周转的次数。周转次数越多，资金回笼越快，库存的积压成本越低。

⑦ 响应效率，指对客户需求、问题、售后的响应和处理时效。响应效率越高，代表供应链的柔性越好，灵活性越高，服务水平越高。

效率和成本一样，也不是孤立存在的，增效的时候同样要考虑全局因素，保证整体效率最优。同时，效率的提升可能会带来成本的增加，所以也要考虑效率和成本的均衡。例如，采购部门为了提升采购效率，将原本由一个采购人员做所有商品的采购计划，按照商品品类拆分为由多个采购人员负责，每个人跟进一个品类，如此一来，分工更精细，采购效率大幅提升。然而当下游客户需要多个品类时，就需要多个采购人员一起响应，任何一人响应不及时，都会导致响应效率大幅降低。同时，由于采购计划被拆分了，每个采购人员只负责自己采购的商品，导致送货频次增加，运输成本和仓库操作成本也就随之提升了。

降本增效是一个长期坚持的过程，需要从组织的重视，流程的完善和系统的支持等多个方面来展开。当然，在降本增效过程中，我们还是要放眼全局，达到整体最优，而不是自己降本增效了而他人却增本降效了。例如，仓储部门负责人为达到降本的目的，计划取消打包耗材，这样做的结果是，配送过程中的包裹破损率增加了，站在企业层面来看，得不偿失。

我们在做供应链系统设计时，可以将降本增效当作我们处理需求和做系统设计的一个基本方针，如果符合此方针，那么需求是可以承接的，否则就要仔细评估一下需求的价值了。

2.2.2　供应链的核心思想：精简

在设计领域中，有一个准则叫 "less is more"，在供应链领域里一样适用，通过不断地优化供应网络，整合资源，简化流程节点，以达到最大收益的效果，这便是精简。通过精简供应链可以将核心业务进行整合，集中力量形成规模效应，以获取更大的议价空间、更大的生产量、更少的浪费，从而实现降本增效的目标。

我们可以从以下几个方面对供应链进行精简，但不限于以下方面。

① 精简供应商。减少供应商的数量，提高供应商的质量，与供应商进行战略合作、信息共享，减少采购过程中的浪费，以获取更低的采购成本和更高的采购效率。最经典的是戴尔与供应商合作，实现 JIT（准时制生产方式）的案例。戴尔并不直接采购电脑的零部件，而是让少数的供应商在戴尔工厂附近建立物流园区和分销仓库，双方信息互通，供应商根据戴尔的订单将零部件准时送达工厂进行组装。这样的策略使得戴尔能够在 24 小时内完成从客户下单到电脑组装、运输交付的全过程，同时让戴尔的库存周转高达 90 多次/年，是同行的两倍以上。

② 精简物流。通过对物流路线进行优化，对合作的物流服务提供商进行整合，与更优质的物流服务提供商合作，通过输送更多的订单来提升物流的满载率，从而降低物流成本。

③ 精简流程。对流程进行优化，减少不必要的停留和多余的操作，达到提高效率的目的，效率提高了，人力成本就随之下降了，因为每个人在单位时间内可以干更多的工作了。例如，应营销部门的要求，某产品在验收以后需要拍照，之前的流程是先入库，再从库内将相应的产品找出来拍照，再还回仓库上架，其实第一次入库操作是多余的。仓库主管方发现这个问题以后，对流程和系统进行了优化，之后，产品验收以后直接入拍照区进行拍照，再送到仓库上架。如此一来，就省去了一次入库作业和出库作业，作业效率提升 50%。

④ 精简网络。对供应网络进行精简，主要包括以下几个方面。第一，通过去除供应链的中间环节，让供应链流通的节点更少。例如小米，借助互联网的力量直接触达终端用户，让终端用户参与到产品的设计中，将中间环节通通砍掉，将省下的成本让利于用户，形成价格优势，成功提升了自身竞争力并获得巨大成功。第二，优化物流网络，对仓储和配送网络进行精简，集中人力、物力、财力进行管控，减少分散管理造成的浪费。

⑤ 精简设计。通过对工艺进行标准化设计，合并多个不同规格的产品，以减少 SKU 的数量。SKU 数量的减少，可以释放大量的存储空间，大幅提升仓储效率。因为原本每个规格的 SKU 需要占用不同的货位，以免拿错，合并以后，所有的库存可以放到一起，批量出库，以前拣货员需要从不同货位拣选的商品，现在只需要到一个货位拣选即可，这样既不用担心拣错，作业效率也提升了。

⑥ 精简耗材。在物流环节，耗材费是一笔很大的开支，包括包装箱、防震气垫、透明胶等。通过精简包装规格，统一型号和材质，批量采购，可有效减少耗材成本。

2.2.3　供应链的原则：全局最优，整体均衡

无论是降本增效，还是精简优化，都需要遵循两个基本原则：一是全局最优，二是整体均衡。

① 全局最优。我们追求的是整体成本和效率的最优解，而不是单个节点的成本和效率的最优解，如果单个节点的成本降了、效率升了，但是牺牲了其他节点的成本和效率，这种做法是不可取的。这也是传统供应链管理与现代供应链管理的区别。

在传统供应链管理模式下，企业往往以自我为中心，瞒上欺下，靠打压上游供应商以降低采购成本，对待下游客户则偷工减料以换取更高的利润。从短期来看，企业确实很快盈利了，但随之而来的是供应商供应的产品质量下降、下游客户流失等一系列问题。因为供应商的价格被打压了，只能以质量的降低来换取利润空间，而下游客户也因为产品质量的降低、服务质量的降低而严重流失，如此便形成了企业不停地与供应商斗智斗勇和寻找新客户的恶性循环，最终带来的结果是短期采购成本的下降，但长期整条供应链的成本却提高了数倍。

而在供应链管理思想中，无论企业上下游，还是企业内部各部门之间，考虑的是多方共赢，而不是损人利己；通过大家的协同，对整条供应链进行精简、优化，达到整体的成本和效率最优。在前面的章节中，我们提到过的沃尔玛将 POS 销售数据通过 EDI 系统传给上游供应商，通过双方数据共享，让供应商及时补货，既降低了供应商的需求预测偏差，也降低了沃尔玛的库存成本，这是一个很好的协同双赢的例子。

② 整体均衡。整体均衡是一种 ROI 思维，我们追求的是各方面投入产出比的优化，讲求不多不少、不早不晚。为了达到均衡，我们允许供应链中的矛盾长期并存。

高水平服务和低运作成本的均衡。站在产出角度，一方面，我们需要为用户提供更优质的服务；另一方面，站在投入角度，我们需要控制成本。例如，库存备货，一般以 96%～97% 的服务水平为目标，即库存对客户需求的满足率达到 96%～97%，而不是 100%，因为商品的长尾需求存在，想把服务水平从 97% 提升到 100%，投入的库存成本可能是呈指数级增加的，而收益的增长却不明显，所以我们允许少量非畅销商品的缺货以降低库存，是非常合理的。

规模效应和柔性的均衡。一边是供应商对规模的要求，规模效应要求供应链品种尽量少、订单量尽量大、生产周期尽量长。另一边是需求方对柔性的要求，柔性供应链要求产品种类尽量丰富、订单批次尽量小、响应效率尽量高以应对不同客户的需求，这就需要相关人员在供应链设计时除了追求规模效应，还得考虑对柔性需求的应对，在二者之间找到一个平衡点。

供应链不是一个零和游戏，也不是非黑即白的双色世界，而是一个由供应与需求、投入与产出、服务与成本等多方矛盾并存的生态，它更像是一部现实题材的纪录片，而不是一部理想主义的偶像剧。

2.3　牛鞭效应：信息扭曲产生的巨额代价

最理想的供应链状态是非常符合中庸之道的，讲究不多不少、不早不迟，但在实际运营过程中，我们总会遭遇一些多余的库存，这部分库存被称为滞销库存。滞销库存销不掉、动不了，空占着仓库面积而产生了库存积压和资金周转问题。要分析滞销库存产生的原因，就一定要提到供应链里的一个重要概念：牛鞭效应。

2.3.1　什么是牛鞭效应

牛鞭效应，指供应链上的信息流从终端用户向原始供应商端传递时候，由于无法有效地实现信息共享，使得信息失真的程度被逐渐提高。信息失真的放大作用像一根挥舞的牛鞭，因为力的传导，越往鞭尾振动的幅度越大，因此被形象地称为牛鞭效应，如图 2-6 所示。

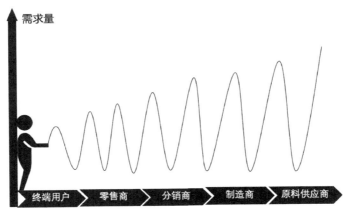

图 2-6　牛鞭效应

例如，产品 A，当前终端用户市场的平均需求是 10 个，但由于市场的波动，到了零售商备货环节，为了避免产品短缺的情况发生，一定会向上级分销商多采购一些（如 12 个）；同理，分销商会以 12 个产品 A 作为零售商的真实需求，为了保证服务质量，会向上级制造商采购 16 个产品 A。依次类推，因为制造商无法知晓真实的需求情况，只能以分销商提报的需求进行生产，为了保证成品的数量，必然会向原料供应商采购更多的原料。如此一来，当需求信息从终端用户，到最终的原料产地的传导过程中，便可能产生了数倍的差异。多余的部分库存，因为供需不平衡，便产生了严重的库存浪费，同时增加了运营成本，这便是牛鞭效应的威力。

只要用心观察，牛鞭效应存在于我们工作中的方方面面，不仅在外部企业之间存在，在企业内部一样存在，我们来看一个故事。

一次合理但失败的备货经历

某公司开"双 11"动员大会。老板："马上要到'双 11'了，各部门一定要提前做好准备，去年我们的××产品卖了 1 万台，成绩相当不错，今年我们要再接再厉，目标是在去年销售额的基础上增长 40%，辛苦大家！"。

销售副总王总接到指令后，对手下负责销售运营的老 A 安排任务："今年'双 11'，我们××产品的销售目标是比去年至少增长 40%，只能多不能少，老 A 你做个数据分析，分析一下今年需要备多少货，提前跟采购部报备，让他们提前备货。"

老 A 对××产品去年"双 11"的销售数据及今年每个月的销售数据做了分析，发现每个月的需求波动很大，如果按至少增长 40% 的目标来看，为了保证万无一失，需要比去年多备 60% 的货，也就是 16000 台。老 A 转眼一想，如果今年卖得特别好，而自己报少了，岂不是自己的工作失误？这个责任自己可承担不起。于是，索性向采购部报了 2 万台的需求计划，理由是需求波动比较大，为保证更好的服务水平，需要多备安全库存。这个理由，王总也认为很合理。

最终，采购人员大 B 向供应商下了 3 万台的采购订单，原因：①供应商承诺满 3 万台会返利，成本更低；②今年原材料紧张，预测年底会涨价，不如提前先备一批货，以备年底促销。

供应商发现今年接到的多个零售商的订单普遍比去年高 50% 以上，于是加大投入生产，为了防止更多的下游客户下单订购，又多追加了一部分生产计划，整体比之前规划的产量翻了一番。大家都期待着该产品在今年"双 11"再创佳绩。

到了"双 11"当天，由于××产品的各家零售商今年都备了很多货，出现了严重的供大于求的局面，各零售商只能大力促销，打起了价格战，结果市场总需求相比去年没有增加多少，而零售商和供应商都积压了大量的库存，各方都损失惨重，哀声连连。

从故事中的每个角色本身来看，老板、王总、老 A、大 B、供应商都有合理的理由加大采购备货量，但由于需求信息的层层放大，便产生了非常严重的牛鞭效应，最终所有人都成了受害者。

2.3.2　牛鞭效应的成因及危害

牛鞭效应的产生主要是需求的变动性增大，一般有以下几个原因。

① 缺乏信任，信息不共享。企业内部各部门之间，以及上下游企业之间信息不透明，彼此相互不信任，导致各方无法获取最原始、最真实的需求，信息失真的程度越来越大。另外，有些公司的信息化程度偏低，无法有效地识别牛鞭效应，也会导致牛鞭效应的不断增大。

② 需求预测不准确。由于市场需求的波动太大，不确定性因素太多，无法准确预测真实的需求，导致预测需求量比实际需求量相差太大，从而产生了过量采购。

③ 安全库存的设定。为了避免缺货情况的发生，企业都会设定一定的安全库存，以应对需求的波动，这样上下游层层的安全库存设定，便加大了牛鞭效应。

④ 价格、促销的刺激。当供应商有降价、返利、促销、补贴等政策激励时，下游企业会

倾向于多订货，从而加大了采购量。

⑤ 大批量订货。为了节省采购成本、包装成本、运输成本和人力成本，供需双方都会倾向于大批量、低频次采购，从而导致了需求的波动性。同时，有些产品有包装要求，必须以整包进行采购，这也会加大订货量。

⑥ 临时性与恐慌性订货。客户可能会临时增加订单量，导致需求量临时变大，当遭遇意外情况（如原材料紧缺）时，为了避免缺货情况的发生，企业也会倾向于提前备货，从而形成了牛鞭效应。

⑦ 提前期的延长。每个产品从下单到采购入库，都有一定的周期，这个周期称为提前期，包括采购时间、供应商备货时间、运输时间、入库操作时间等。为了保证提前期内的订单库存满足率，企业必须要保证提前期内的产品库存数量（也叫订货点），提前期越长，备货自然就会越多了。

牛鞭效应的危害如下。

① 加大了企业之间和部门之间的信任危机。由于上下游企业及同企业部门之间的信息不透明，彼此之间缺乏信任，久而久之，便会加大牛鞭效应，从而带来更多的信任危机，形成恶性循环。

② 导致了成本的增加。牛鞭效应会产生大量的不确定性库存，直接增加了库存成本、生产制造成本、运输成本、劳动力成本。

③ 资金周转率降低。由于库存积压，资金周转周期也会延长，导致企业丧失了更多的机会成本和投资收益。

2.3.3 如何用系统监控牛鞭效应

牛鞭效应最直接的后果就是库存增多了，积压的商品长期销售不出去，体现在系统里，就是滞销库存。既然了解了牛鞭效应的成因和危害，在做系统设计时，我们自然要学会用系统来辅助监控牛鞭效应，避免牛鞭效应的进一步扩大。

在系统中识别牛鞭效应的最有效方式就是监控滞销库存，滞销库存的在库天数能有效地反映牛鞭效应问题。图 2-7 是一个简单的示例，我们来看看如何设计商品 A 的库存分析报表来监控牛鞭效应。

商品A 库存库龄分析　　　　　　　　　　当前日期：2021-03-09

商品	入库批次	入库时间	库存数量	库龄（天）	平均库存周转天数	结论
A	20201001	2020-10-01 10:10	100	159	30	严重滞销库存，超过平均周转天数129天
A	20210212	2021-02-12 08:00	80	25	30	正常周转库存

图 2-7　用系统监控牛鞭库存（示例）

为了加强理解，先普及几个系统概念。

① 入库批次。为了便于仓库管理，每一批商品在入库时，我们可以为之赋一个批次号，并记录其对应的入库时间，这个批次号便是入库批次。例如，本例中入库批次 20201001 对应的入库时间为 2020-10-01 10:10。

② 库龄。当前批次的商品在仓库里存放的时间，库龄=当前日期−入库日期。本例中当前日期是 2021-03-09，系统显示入库批次为 20201001 的商品的库龄为 159 天，入库批次为 20210212 的商品的库龄为 25 天。

③ 平均库存周转天数，指该商品在仓库里的平均存放天数，从商品入库时间到销售出库的时间。最简单的公式为：平均库存周转天数=日均存货金额/日均销售金额。例如，某商品平均每天的存货金额为 40 万元，每天的销售金额为 20 万元，则该商品的平均周转天数为 2 天。

在实际业务中，由于库存的动态变化，一般用全年（按每个月 30 天，全年 360 天比较好计算）的平均库存周转天数来计算。公式如下。

库存周转天数=360/全年存货周转次数=（日均存货金额×360）/产品年销售成本金额。

本例中，我们通过系统监控可以得出 3 个结论。

① 商品 A 平均库存周转天数为 30 天，批次号为 20201001 的商品库龄高达 159 天，远超平均周期天数 30 天，很明显产生了严重的积压，排除其他特殊原因，便是牛鞭效应导致的，需要尽早处理。而批次号为 20210212 的商品的库龄才 25 天，属于正常周转库存，可暂时不用处理。

② A 商品当前已经产生了积压，在滞销库存未消耗完之前，就不能再继续采购了。

③ 横向对比同行其他企业里商品 A 的平均周转天数，如果低于同行平均水平，说明本企业在处理牛鞭效应方面做得还不错，如果高于同行平均水平，说明本企业的库存管理还有提升空间。

2.3.4　如何有效避免牛鞭效应

牛鞭效应会一直存在，不可能完全消失，但我们可以采取一些措施来减小牛鞭效应，以减少其带来的经济损失。

① 相互信任。同一条供应链上的上下游企业及企业内各部门之间要相互信任，减少因为不信任导致的信息失真。企业与企业之间、部门与部门之间充分信任，不虚报、不隐瞒，共同保证信息的平稳传导。

② 战略合作，信息共享。通过深度合作和技术手段的支持，下游客户可以与上游供应商共享销售数据，让供应商能够及时知晓真实的市场需求，以减少需求的不确定性；上游供应商可以与下游客户共享库存等信息，通过 JIT、VMI（供应商管理库存）等方式减少下游客户的无效库存。

③ 缩短提前期。通过流程的优化、硬件支持和系统辅助缩短提前期，可以有效地降低提

前期内的库存量，同时由于提前期的缩短，可以减少需求的变动，从而让需求预测更准确，波动更小。

④ 降低需求的波动。相关人员可以采取一些措施来降低需求的波动，从而降低牛鞭效应的影响。例如，企业可以通过综合各地的需求进行集中预测、集中采购，通过地区间的需求差异互抵来减少误差，还可以通过天天平价的策略，通过平稳的价格减少用户需求的不确定性等。

⑤ 减少订货批量。减少批量可以有效降低"牛鞭"的波动幅度，使需求的波动更小，预测更准确。但减少批量会导致运输成本、人力操作成本的增加，所以在实施时需要考虑到成本的均衡解决方案，如尽量以整车多品种运输的方式进行运输，降低空车率，用系统辅助人力作业，减少重复操作等。

⑥ 及时补救。除了避免和减少牛鞭效应，还需要有事后的补救机制，如果牛鞭效应已经产生，我们需要定期识别因牛鞭效应带来的库存积压，及时促销处理，释放占用资金和空间，减少呆滞库存产生的库存成本。

减少牛鞭效应的影响，并不是某一个企业或某一个部门的责任，而是需要供应链中的所有参与方充分发挥供应链协同的作用，群策群力才能达到最佳效果。

2.4　供应链协同：伟大的思想进步

在传统商业思想中，商场如战场，上下游企业之间各自为政，几乎是一种零和式的交易方式，靠着损失上下游企业的利益来获取企业自身的利益，因为过多的浪费产生在了商品流通过程中，使得商品的成本居高不下，商品的品质无法得到保证，城门失火殃及池鱼，最终的受害者是终端用户。随着企业对成本意识的逐渐重视，供应链也越来越受到重视，想要降本增效，想要精简，就必然少不了上下游企业及企业内部各部门之间的协同。毫不夸张地说，供应链协同是供应链发展过程中最伟大的思想进步，因为它提供了一种多方共赢的解决思路，把各参与方的视角拔高到整条供应链上下游，而企业不再只盯着自己的一亩三分地，生意的模式也从对抗变成了合作，颠覆了以往敌对的局面。

2.4.1　何为供应链协同

供应链是一种合作的思维，协同是合作的桥梁。供应链的协同就是供应链的上下游成员彼此合作，以降本增效为目标，共同实现整条供需链条的通畅，以此达到多方和合共赢的局面。如果把整条供应链当作一个完整的工件来做的话，那么每个链条的上下游企业就是流水线上的一个岗位，如果各个岗位衔接不好，就会出现工件组装流程不顺的情况；如果想有效避免工件组装不顺的情况发生，就需要各岗位很好地协同。

由此，我们可以得出三个结论。

① 供应链的协同一定不是某一方的行为，而是基于链条上下游多方共同努力的结果。

② 供应链的协同一定是建立在共赢的基础之上，任何一方利益失衡就会导致协同失败。

③ 供应链的协同需要透明化。彼此信息共享，才能保证上下游的需求及时获得响应，有力地推动供应链的协同。

2.4.2　供应链协同的好处

供应链上下游企业和部门之间相互协作会有诸多好处。

① 优势互补。上下游企业之间优势互补，彼此扬长避短。例如，上游供应商的生产能力强，但下游批发企业的仓配能力强。那么在协作过程中，批发企业就可以充分利用供应商的生产力，保证自己的采购成本最低，而供应商可以利用批发商的仓配能力，以更快地为下游客户提供服务，提升自身的服务质量。

② 资源共享。通过供应链协同，可以使上下游企业或者企业内部不同部门之间信息互通，资源共享，减少不必要的浪费。例如，一般情况下，上游生产企业很难知晓市场需求的变化以及时对自身产品策略做出调整，若需要获取，需要耗费很多人力、财力。而这部分数据在零售市场是很容易得到的。如果协作到位，零售商可以将市场需求的信息共享给生产厂商，使其提前做生产计划，反向也可以更好地为零售商服务。

③ 风险共担。协同的过程一方面是创造更多的价值互惠互赢，另一方面也可以降低风险，毕竟是一个整体，当然有福同享有难同当了。例如，某供应商与下游电商企业合作，由供应商管理库存，供应商就能及时看到电商终端市场的需求变化，及时对产品做补货、调配。同时，因为有了协同，电商企业再也不用担心采购不及时而影响客户履约时效了。如果因为电商的错误预判导致供应商生产了过多的产品，也可以由双方共同来承担库存积压的风险。

④ 整体利益最大化。协同的目标和利益一定是基于长期考虑的，局部环节的取舍不以影响整体利益的最大化为代价。如果上下游企业协同得很好，彼此沟通合作越来越顺畅，信息传递及时，这样也增强了彼此更加长远稳定的合作信心。企业内部各部门之间如果协同得很好，整个供应链流程也会越来越顺畅，可以减少诸多不必要的浪费。例如，销售部门要做大促活动，可以提前告知采购部门备货，同时通知仓储部门加派人手，这样各部门都会提前做好准备，而不至于出现大促期间补货不到位、仓储爆仓等情况了。

2.4.3　供应链系统在协同中的关键应用

要做到深度协同，信息的及时互通是前提，而这也是供应链系统存在的意义。通过系统设计，我们可以更好地连接企业内部各部门及企业上下游。

企业内部，各部门之间需要共享数据，最高效便捷的方式就是共用一套彼此互通的系统，这样就可以实现系统之间的互通，让企业内部各部门之间的运转更加高效。站在系统的视角，如果把企业业务比作一棵树，则各业务部门是树枝，企业日常开展的业务是树干，各部门围绕着供应链业务分工协作，开展日常工作，共同努力让企业之树茁壮成长，而高效协同的供应链系统则是树根，负责为各部门输送营养和水分，保证各部门营养均衡，目标一致，如图 2-8 所示。系统看似无形，却是协同工作最重要的工具。

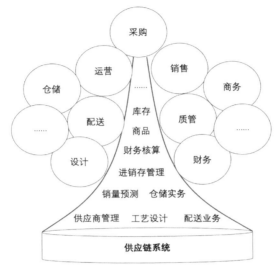

图 2-8　系统辅助企业内部协同

在企业外部，供应链上下游企业之间想要很好地协同，同样少不了信息系统的支持。上游企业将产品通过物流送往下游企业，下游企业将资金反向流向上游企业，上下游企业间的信息流则需要借助系统来实现，如图 2-9 所示。通过供应链协同系统，可以将上下游企业的交易数据、采购计划、商品、库存等信息实时共享，更好地达成协同目标。例如，想要实现 VMI，前提条件是上游供应商能够第一时间知道下游客户的需求，及时补货，下游客户也需要第一时间知道供应商的库存信息，以便及时调整销售策略，这种实时的互动，只有通过双方系统互通才能实现，传统的纸单、电话沟通等形式几乎不可能达到理想的效果。

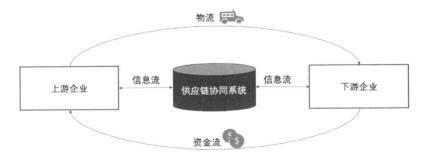

图 2-9　供应链系统辅助上下游企业协同

综上所述，想要实现协同目标，供应链系统的建设是必不可少的，作为供应链系统的建设者，我们只有了解了协同的重要性，才能设计出更加符合协同规则的供应链系统。

常见的供应链系统协作方式有两种：①由一方提供完整的协作系统供另一方使用，如供应商管理系统、商家发货系统等；②一方提供协作接口，供另一方的系统对接。图 2-10 是一个简易的零售商和供应商的接口协同系统的架构设计。

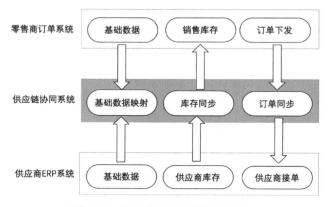

图 2-10　简易供应链协同系统架构

图 2-10 所示的供应链协同系统主要起到零售商和供应商双方系统衔接的作用，通过协同，实现零售商直接获取供应商库存进行售卖，并将订单直接下达供应商仓库发货的业务模式，避免了传统采购带来的周期长、成本高等问题。系统主要分为三个模块。

① 双方基础数据（如商品主数据、地址库等）映射，便于业务数据在流转过程中的互认。

② 库存同步。供应商及时将库存信息通过协同系统同步到零售商系统中，零售商基于库存信息调整销售策略。

③ 订单同步。零售商产生的订单，及时通过协同系统下发给供应商，由供应商的仓库协助发货。发货过程中的状态、物流等信息再通过协同系统及时回传零售商。

做系统设计时，我们应该遵循一个理念：系统设计源于业务，并反哺于业务，唇齿相依。

2.4.4　如何做好供应链协同

想要做好供应链协同，我们可以从以下 4 个方面着手。

- 供应链上下游协同
- 组织内部协同
- 流程协同
- 信息系统协同

（1）供应链上下游协同

上下游企业的相关人员保持开放心态，彼此信任，摒弃短期利益，从长远出发，以共赢心态共建协同链路，减少计划、采购、制造、交付、回收等环节的孤岛阻碍，保证物流、信息流、资金流的高效通畅。通过资源共享、战略合作、系统对接等方式使整体绩效最优。企业之间的协同，可以从以下几个方面开展。

①　资源共享。协同合作的上下游企业应该发挥各自的企业优势，相互赋能、资源互补。例如，供应商资源、商品资源、仓储资源、配送资源等。几年前京东与海尔开展协同业务，利用京东的电商平台引流和海尔的三四线城市的网点布局，客户直接在京东平台下单，海尔仓库发货，不仅增加了海尔的销量，也成功地将京东大家电的渠道下沉到了三四线城市，同时也减少了采购过程中实物的物流浪费。

②　长期深度合作。通过长期合作来建立更稳定的协同关系，而不仅仅追求短期利益。例如，戴尔可以在 24 小时内完成从客户下单到产品组装、运输的全过程，并且其库存周转次数达到 90 多次/年。原因是戴尔仅与少数几个核心供应商建立长期稳定的合作，这几个供应商在戴尔工厂周围建立仓库，可及时将零部件送到戴尔工厂。

③　系统对接。上下游企业通过 SDK、API 等方式将系统打通，可以实现信息的实时交互。例如，供应商在送货之前，先通过预约系统向下游企业告知送货时间和货物品种及数量，下游企业就可以提前对仓库内的人员及设施进行安排。同时，通过系统的对接，也可以减少收货环节的很多录入工作，可谓一举多得。

当然，企业之间的实力有强有弱，其目标和认知各有不同，在以逐利为基础的合作中，大家都不希望因为协同损害自身利益。例如，因为要实现与下游企业的协同而需要自身在短期内投入更多，以进行信息化建设，这势必会给资本薄弱的企业带来额外的预算支出，这时就需要上下游共同协作了。如果从长远来看大家都是受益者，那么短期的合理性投入是值得的，可以采取信息共建，或者大型企业为小微企业搭建商家系统等方式达到协同的目的。

（2）组织内部协同

企业内部因为采购部、销售部、质管部、技术部、物流部、财务部等多个部门的责任和立场不同，经常会出现企业内部沟通比外部沟通更困难的情况，所以企业内部各部门之间的协同，比企业间的协同更加复杂和重要。组织内部的协同，可以从以下几个方面开展。

①　建立沟通机制。要想在企业内部建立起良好的沟通机制，需要自上而下的战略同步、自下而上的执行汇报，以及横向跨部门沟通的标准化流程。在大目标步调一致的前提下，打破组织内部壁垒，遇事不推诿，及时沟通，群策群力，解决问题。同时，在标准流程之外，需要有灵活应变的方式来应对紧急情况。

②　明确职责边界。各部门应该有明确的职责分工，不要相互推诿，更不能越俎代庖。只有这样，在执行供应链流程的过程中，相关人员才能做到各司其职，及时完成分内之事，遇到问题也能在最短的时间内找到对应的责任人。

③　完善系统建设。线下沟通难免会出现遗漏，借助系统处理流程是不二选择。在内部协同过程中，应该打通采购、销售、库存、物流、财务等核心供应链系统，保证信息的及时同步，各部门使用对应权限的操作角色完成自己的工作，尽量避免口头上的交流。同时，建立工单体系，有协同问题及时发起工单和处理工单，阻塞节点清晰可见，超时问题及时预警，

让协同工作透明化、数字化，避免不必要的纷争。

一切的工具和方式只是辅助，协同的最终目的是打破组织内部的壁垒，让供应链更高效通畅。而打破壁垒最重要的是需要各部门建立起对组织目标的认知一致性，以及齐心协力达成目标的开放合作心态。

（3）流程协同

供应链中涉及的流程很多，包括商品建档、采购入库、销售出库、商品存储、客户退货、退供应商、调拨、库内移库、盘点等，每个流程之间也不是孤立存在的，而是相互依存的。所以在设计业务流程时，也需要考虑到协同。流程的协同，最好遵循如下原则。

① 统一性。在设计一个新的业务流程的时候，要从全局考虑，符合统一性原则。新的流程应该与已有流程相融合，且不能破坏现有的流程规则。例如，某公司新来了一个组套加工业务，在规划新业务的时候，相关人员要考虑到商品建档、仓库存储、销售出库等其他相关业务的影响，能复用尽量复用，而不是摒弃现有的、已经运行良好的机制，重新建立一套机制增加浪费。

② 通用性。企业内部的供应链流程从整体上来看就像是一台高速运转的机器，每个子流程就是机器中的一个零部件，就像一台电脑，键盘负责输入，显示器负责输出。新的流程要考虑通用性，能够兼容未来的业务场景，就像主板上的螺母一样，在丰富电脑配置的同时，未来还能用作他用，不至于因为业务调整而废弃。

③ 开放性。业务是动态变化和发展的，业务流程的设计也要具备开放性，如在设计自营业务的同时，需要考虑到兼容三方业务的需求。

（4）信息系统协同

信息系统是辅助协同的强有力工具，没有信息系统的支持的供应链协调是很难建立起来的。如何借助信息化建设提高协同性，是企业内外部供应链流程均需要思考的。信息系统的协同可以从以下方面来思考。

① 基础数据规范统一。站在组织内部的系统建设角度，所有的基础数据（如商品、供应商、物流公司、仓储数据、配送数据等）应该统一管理，统一出入口，以免各业务系统各自为政，形成孤岛；站在企业间协同的角度，上下游企业协同的基础数据需要有唯一的对应关系，以免出现信息匹配出错的乱象。

② 微服务思想。无论从需求设计，还是从系统架构设计来讲，都要具备微服务的思想，将某些可以共用的功能独立出来变为公共组件供其他系统调用。例如，订单取消服务，可以变为一个单独的服务，任何需要取消订单的业务都可以来调用，不用再为不同场景设计不同的取消逻辑。

③ 业务数据互补。不同业务部门可能会使用不同的业务系统和系统权限（如采购部门操作采购管理系统，销售部门操作订单履约中心），但站在公司层面，底层业务数据应该共享，相互流动，及时同步，不应该受到系统的制约。例如，采购需要提取销售出库数据来分析订

货点和订货量；销售上架商品和下单时需要及时加减库存；采购入库和销售出库都需要及时变更可销售库存数量。

总之，供应链协同是一个靠上下游企业相互协作，企业内部彼此互通，从全局考虑，以追求长远利益、深度合作和共赢为目标，构建良性运转体系的方法论，用以清除供应链条中的阻碍，保证各方的投入产出比最优。

2.5　供应链战略：推式、拉式与推拉结合式

在日常生活中，我们在购物时通常会遇到如下几种情况：①当我们去超市买食品、日用品时，往往可以直接从货架上拿了就走；②当我们需要在宜家订购一套家具时，往往是先下订单，报尺寸和需求，几天以后由厂家送货上门；③当我们想买一套足球球衣时，可以去商场直接拿一套普通标准款型，也可以根据我们的身高体型和个性化需求量身定做。

为什么会有以上三种不同的方式呢，有些商品能够提供现货，有些商品只能提前下单，还有些商品既可以提供现货又可以提供个性化订制。我们可以通过学习供应链的三种战略来解答这个问题。

2.5.1　推式供应链战略、拉式供应链战略与推拉结合式供应链战略

我们先来了解三种供应链战略的定义。

① 推式供应链战略。推式供应链战略是以生产为中心，制造商以提高生产率、降低单件产品成本来获利为驱动源进行生产决策，产品生产出来后从分销商逐级推向用户的供应链战略。在这一供应链战略中，分销商和零售商处于被动接受地位，各企业之间的集成度较低，对需求变动的响应能力较差。

② 拉式供应链战略。拉式供应链战略是以用户为中心，通过对实际需求较为精确的预测来拉动产品生产和服务的供应链战略。这种供应链战略集成度较高，信息交换迅速，可以根据用户需求实现定制化服务，供应链系统库存量较低。

③ 推拉结合式供应链战略。推拉结合式供应链战略是结合推式供应链战略和拉式供应链战略的优点，扬长避短。在供应链的部分链路上采用推式策略实现集中预测、规模经济，而在另外部分链路上采用拉式策略快速响应用户需求。

推拉结合式供应链战略可分为前推后拉式供应链战略和前拉后推式供应链战略两种。

前推后拉式供应链战略。大部分业务是前推后拉式，先将标准化的部分通过预测生产出来半成品（推式），待接到用户需求后，再基于半成品组装成最终成品提供给用户（拉式）。

前拉后推式供应链战略。有些业务如定制家具，在生产环节基于用户订单需求（拉式），但在运输环节采用规模经济，定期集中配送（推式）。

　　图 2-11 展示了推式供应链战略和拉式供应链战略的原理。推式供应链战略是制造商基于对市场需求的预测，按照库存计划进行生产，然后将成品库存逐级分销，最终将成品送到终端用户手中。拉式供应链战略是基于用户需求，需求信息从终端用户逐级向上传导到制造商，制造商再根据用户的订单进行设计、生产，其中没有多余的积压库存。拉式供应链战略的极端情况是商家完全按照订单生产、加工、组装、配送，不需要存储任何一件商品。

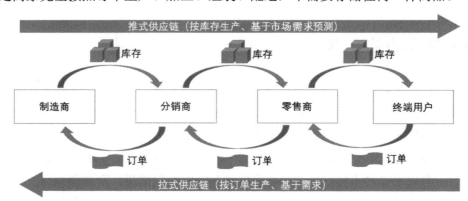

图 2-11　推式供应链战略与拉式供应链战略

　　图 2-12 展示了推拉结合式供应链战略的原理，在推拉结合式供应链战略中，以前推后拉式供应链战略为例，在推式阶段，产品形态一般以半成品、零部件的库存存在，这些产品具有通用性，可以基于对市场需求预测做生产计划，并将半成品库存逐级分发到供应链中的某一个节点，这个节点作为推拉边界，可以是制造商、分销商和零售商中的一个。当终端用户下单以后，再从推拉边界的节点上对客户订单进行最终加工组装，将最终形成的成品配送给终端客户，这便是拉式阶段，拉式阶段基于订单和用户需求进行生产。

　　推拉边界便是从需求预测转为实际需求，从半成品转换为成品的环节。

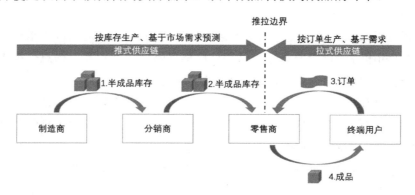

图 2-12　推拉结合式供应链战略

　　学习了三种供应链战略以后，我们再回看本节开头的三个日常场景，就很好解释了：超市里的食品、日用品等因为需求比较稳定，采用的是推式战略；家具需要根据客户要求的尺寸、颜色等进行个性化订制，很难提前预测，所以采用的是拉式战略；足球球衣的普通款型是通用的，没有印刷姓名、公司等信息，是可以提前批量生产的，当需要订制时，再基于客户需求，对标准品进行改良，满足客户的个性化需求，这是典型的推拉结合式战略。

2.5.2　三种战略的优劣及适用范围分析

拉式供应链战略和推拉结合式供应链战略一定优于推式供应链战略吗？不见得，供应链经过这么多年的发展，三种战略依然都存在，充分证明：存在即合理，无所谓好坏。下面我们来分别分析一下三种战略的优势和劣势，以及适用的范围。

（1）推式供应链战略

战略特色如下。

- 基于需求预测生产备货。
- 以制造商为核心，根据产品的生产和库存情况层层分销，最终将产品送到终端客户手中。
- 属卖方市场下的供应链战略。

战略优势如下。

- 可以规模化生产、运输，降低生产和运输成本。
- 现货库存，可更快地满足用户需求。
- 对供应链的流程管理、系统的能力要求相对偏低。

战略劣势如下。

- 对市场需求的变化灵敏度不足，无法及时响应。
- 当需求发生变化时，产生大量积压库存。
- 容易产生牛鞭效应。

适用范围如下。

- 需求稳定、市场波动小、需求量大、可预测且可规模化生产的产品。
- 适用于追求成本更低的经济型供应链。

（2）拉式供应链战略

战略特色如下。

- 基于客户订单生产备货。
- 以客户为核心，以客户需求为导向，基于客户需求采购、生产。
- 属于买方市场下的供应链战略。

战略优势如下。

- 不需要持有过多的库存。
- 由于是客户自己提的需求，临时变化的可能性低，可有效减少牛鞭效应。
- 因为节省了库存成本，可以降低供应链的整体成本。

战略劣势如下。

- 需求的不确定性大，常为定制化服务，难成规模。

- 由于没有现货库存，无法立即满足客户需求。
- 对信息及时性要求高，否则无法快速响应用户需求。
- 无法形成生产和运输的规模效应优势。

适用范围如下。

- 需求不确定性大、订货量小，且货源稳定的产品，能保证订单及时响应的产品。
- 适用于追求快速响应的响应型供应链。

（3）推拉结合式供应链战略

战略特色如下。

- 可预测的环节用推式供应链战略，不可预测的环节用拉式供应链战略。
- 将差异化的需求尽量延迟，尽可能减少需求变化；越靠近终端用户端，其优势越明显。

战略优势如下。

- 基于推式供应链战略对通用性的产品做集中预测，准确性更高，可减少安全库存。
- 基于拉式供应链战略满足终端客户的个性化需求，响应更快。

战略劣势如下。

- 虽然降低了成品库存，但仍需要大量的半成品、物料库存，牛鞭效应依然存在。
- 推拉结合式供应链的环节相对推式供应链、拉式供应链都要复杂，增加了供应链的复杂程度。

适用范围如下。

- 能够将供应链分割成两段（一半推式一半拉式），且推式供应链部分能形成规模效应的产品。

供应链战略的选择不能一刀切，也不能一成不变，应该根据企业环境、产品属性、时期的不同灵活选择。例如，同一家企业，可以针对需求稳定、可预测的产品适用推式供应链战略，而针对需求变化大、不稳定的产品则采用拉式供应链战略。

下面我们讲一个发生在木笔身边的烧饼小店的故事，看看小小烧饼摊如何在运营过程中灵活利用供应链战略进行自救。

烧饼小店的供应链战略升级之路

小区里有家卖烧饼的小店，因为烧饼的口感好，生意很不错。老板老王说，刚开业时也遇到不少困难和危机，好在自己爱思考，总共进行了三次供应策略的调整，这三次调整刚好符合供应链的三大战略。

第一阶段：推式供应链战略。刚开业时，因为是新店，进店尝鲜的顾客较多，加上对流程还不熟悉，老王一个人忙不过来，于是把三鲜馅、豆皮馅、胡萝卜馅、肉馅等各种口味的烧饼都提前烙了不少，等着顾客进店挑选喜欢的口味。

一周以后，老王发现有些馅因为畅销而缺货，同时有些馅卖不动又浪费了，而且有顾客反馈提前做好的饼口感不好，还有一些顾客嫌馅的花样太少，总之是众口难调。于是，老王决定不再做成品烧饼了，提前准备好食材、面团，以及更多的馅，等着用户进店以后现烙现包，这便到了第二阶段：拉式供应链战略。

如此一来，完美解决了饼的新鲜度问题、花样少的问题及一些烧饼卖不动的问题，但随之而来的新问题更严重了：每次都现烙，顾客等的时间太长了，烧饼最畅销的时间是早上班高峰期间，很多顾客因为赶时间就放弃排队了，整体收入不升反降。

于是老王冥思苦想，终于研究出一个两全其美的解决方案，一直沿用至今，这便是：推拉结合式供应链战略。烧饼的口感主要在馅，而不是饼，自己何不先把饼用烤箱批量烙好，把各种馅也先做好用保鲜盒盛起来加热保鲜，畅销的馅多备一下，不畅销的少备一点。等顾客进店以后再根据顾客口味将馅包进饼里即可，这样可以尽量缩短顾客等待的时间，既可以快速满足顾客的多口味需求，也不影响馅的口味，而且烧饼都是一样的，可以在闲暇的时候就批量烙好。

如今烧饼店开了三年了，周围的小店换了几波了，唯独老王门前生意兴隆。老王说，卖烧饼也是一门学问，也要跟上时代发展，要不是不停地学习、思考，及时调整供应策略，估计自己的生意也早就做不下去了……

2.5.3　供应链系统如何辅助供应链战略执行

我们来分析一下三种战略在供应链系统设计时如何应用。

为了简单易懂，我们把推式供应链战略抽象为"先采后卖"，即先进行采购，有库存以后再进行售卖；而把拉式供应链战略抽象为"先卖后采"，即先进行售卖，有订单以后再进行采购，然后按订单发货。推拉式供应链战略则是前两种模式的结合，半成品为"先采后卖"，成品为"先卖再采"。

在推式供应链战略里，业务流程为采购→入库→售卖→发货 4 步。

① 采购人员在采购管理系统中依据需求预测进行采购下单，将采购订单上传到仓储管理系统中。

② 供应商接到采购订单后对采购订单进行履约送货，仓库收货以后在仓储管理系统中提取采购订单信息进行收货入库，货物入库以后会产生库存信息，系统会将库存信息同步到销售平台。

③ 运营部门对商品进行定价、消息信息维护后，将商品上架到销售平台售卖。

④ 用户下单以后，销售平台将订单发货信息上传到仓储管理系统，仓库依据订单信息依次完成拣货、复核、打包、发货等操作，将订单发出。

在拉式供应链战略里，业务流程和推式供应链战略有所不同。其流程为售卖→采购→入库→发货 4 步。

① 运营部门先对商品进行定价、设置虚拟库存后将商品上架到销售平台售卖（也称预售）。

② 用户下单以后，销售平台将订单信息定期同步到采购管理系统中，采购人员依据订单信息向供应商下采购订单。因为此时没有实物库存，故订单不会下发仓库发货，一般会存在订单履约中心中，待商品入库以后再下发。

③ 供应商接到采购订单后进行履约送货，仓库收货以后在仓储管理系统中提取采购订单信息进行收货入库。

④ 入库以后产生商品库存并同步到订单履约中心中，系统自动触发预售订单下发仓储管理系统，仓库的相关人员依据订单信息依次完成拣货、复核、打包、发货等操作，将订单发出。

推式供应链战略与拉式供应链战略的业务及系统流程，如图 2-13 所示。

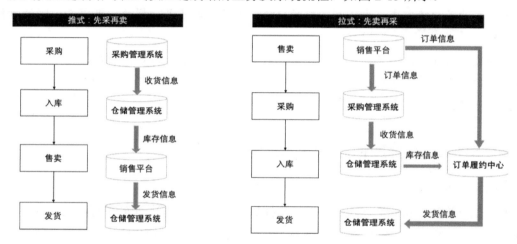

图 2-13　推式供应链系统流程与拉式供应链系统流程

推式供应链战略、拉式供应链战略和推拉式供应链战略在系统设计时，最大的差异在库存的处理时机，但基本原则是一致的，都是基于库存上架售卖（推式供应链战略是基于真实库存，拉式供应链战略是基于虚拟库存），基于真实库存进行发货（仓库有实物以后，才能对订单进行发货），关于订单和库存的设计，会在后续章节中详述，此处不做过多展开。

2.6　深入浅出：供应链里的重要常识与实践

供应链里有一些重要的概念，当我们不了解它们时，它们是那么高冷，而当我们走进它们时，它们会以最真实的姿态回应我们，让我们知道它们并不是那么晦涩和不可捉摸。让我们走进它们的世界去看看吧！

2.6.1　物料清单（BOM）

在电商平台上买过餐桌、衣柜等大件的朋友都知道，我们收到的商品一般都是用包装箱和泡沫包装好的零件，很少有商家直接发成品的，因为成品体积大，不方便运输，运输成本高，所以此类产品都是我们买到家后按照商家提供的产品安装说明书一步步地将其安装成最终的成品。这些说明书上对应的零部件、数量和安装顺序，就是一个简单的产品物料清单。

物料清单（Bill of Materials，BOM），是描述企业产品组成的技术文件。它表明了产品的总装件、分装件、组件、部件、零件，直到原材料之间的结构关系，以及所需的数量。通俗地说，物料清单就是产品的结构清单。

以餐桌为例，一张餐桌由一张桌面和 4 根桌腿组成，桌面又由一张桌面板和 4 个预埋螺栓构成，每根桌腿又可拆解为 2 个螺丝和 1 根木质桌腿，如此层层往下拆解可以看到此张餐桌的所有零部件信息，我们为每个零部件编号（餐桌 X、桌面 A、桌腿 B……），如图 2-14所示。

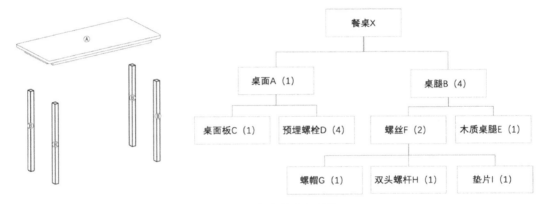

图 2-14 餐桌的产品结构

按照上图，我们编制一个简单的餐桌 BOM，如表 2-1 所示。

表 2-1 餐桌的简易 BOM

层 级	物料编号	物料名称	上级物料	数 量	单 位
0	X	餐桌	–	1	张
-1	A	桌面	X	1	块
--2	C	桌面板	A	1	块
--2	D	预埋螺栓	A	4	个
-1	B	桌腿	X	4	根
--2	F	螺丝	B	2	个
--2	E	木质桌腿	B	1	根
---3	G	螺帽	F	1	个
---3	H	双头螺杆	F	1	个
---3	I	垫片	F	1	个

以上描述只是狭义上的 BOM，仅仅展示的是产品的结构，在实际生产中，BOM 需要与物料信息、工艺流程、工作中心等关联到一起，通过 BOM，我们能够很清晰地了解到产品的

加工顺序、架构周期、零件价格、自制还是外购、是否有虚拟件、偏置期（不是所有零配件都是同一天装配的，前后零配件装配的时间差称为偏置期）等。图 2-15 是一个更为完整的 BOM。

层级	物料编码	上级物料代码	物料名称	物料模板	BOM序号	数量	单位	清单供应类型
0	10021	无	车厢可卸垃圾车	车类成品（批次）	0	1	辆	整件
1	10021001	10021	底盘	车类标准采购价（无批次）	1	1	件	零部件
1	10021002	10021	取力器安装	虚拟物件	1	2	件	虚拟件
2	10021002001	10021002	取力器	车类标准采购件（无批次）	1	2	件	零部件
1	10021003	10021	取力器及阀组气路安装	虚拟物件	1	1	件	虚拟件
2	10021003001	10021003	手动换向阀支架	车类子装配件	1	1	件	零部件
3	10021003001-1	10021003001	热轧碳结钢板	车类标准采购件	1	1	千克	零部件

图 2-15　某产品的制造物料清单

BOM 在生产制造行业里是一个非常重要的控制文件，供应链相关各部门都需要依赖它。采购部门依据 BOM 进行原料和零部件的采购；生产部门依据 BOM 来制订生产计划、安排生产和过程监控；销售部门依据 BOM 进行商务洽谈和产品报价；仓库按照 BOM 进行收发货物、物料追溯；财务部门要依据 BOM 中的零部件成本来核算成品成本。可见，建立清晰的 BOM 在制造行业中是非常有意义的（在分销、零售行业中使用得相对较少），感兴趣的朋友可以更加深入地研究一下 BOM 的编制、产品层次、替换件、虚拟件、成本计算等知识。

2.6.2　提前期

"佳佳，上周我们采购的那批货，现在什么进展了？"采购部总监王总问采购人员佳佳。

"王总，早上我刚看过了，系统里提示提前期是 5 天，今天已经是第 3 天了，不出意外，后天就到了。"

以上是一段针对商品采购到货周期的一段日常对话，里面有一个叫作"提前期"的专业术语。这是供应链领域中的一个很重要的概念，我们有必要系统地学习一下。

提前期，又称为前置时间（lead time），是一个从作业开始到作业结束所需的阶段性时间。提前期在生产行业中使用得比较广泛，是设计生产装配件工艺路线和制订生产计划的重要基础数据之一，而在分销、零售行业中使用较少，常用于采购部门的相关人员做定期采购补货的安全库存计算（后续章节会重点说明）。

以生产过程最复杂的制造业为例，从接受订单开始，到将最终产品交付到客户手中，整个供应过程包括产品设计、生产准备、原料采购、生产加工、产品装配、试验与测试、发货运输几个阶段，如图 2-16 所示。

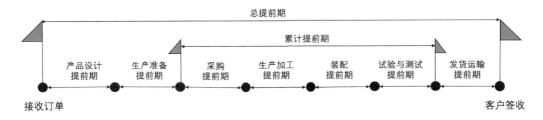

图 2-16　供应链提前期

按照供应过程的阶段，提前期也可以分为以下几个阶段。

① 产品设计提前期：从接受订单开始到产品设计、工艺设计完成所需要的时间。

② 生产准备提前期：从生产计划开始到生产准备工作完成所需的时间。

③ 采购提前期：从下达采购订单到所采购的物料入库完成的全部时间。

④ 生产加工提前期：从生产加工投入开始到产品入库的全部时间。

⑤ 装配提前期：从装配投入开始到装配完工的全部时间。

⑥ 试验和测试提前期：产品装配完成之后进行试验、测试所需要花费的时间。

⑦ 发货运输提前期：产品测试之后开始包装、出库、装箱和运输，直到客户收到产品所需要的时间。

除以上分类外，还有两个常用的汇总提前期，总提前期和累计提前期，也需要了解一下。

① 总提前期：从签订销售订单到完成交货的总时长，是以上所有提前期的时间总和。

② 累计提前期：从开始采购到产品入库的总时长，也就是采购、生产加工、装配、试验与测试总共所需的时间。

在实际运作过程中，并不是每一个订单都会有这么多提前期，如我们有现货库存，就可以直接进入发货运输环节了，这时总提前期和发货运输提前期是一样的。另外，企业所处的行业不同，提前期的应用也不同。例如，在沃尔玛、家乐福、711 这些零售企业中，不涉及产品工艺设计和生产加工环节，只会在采购时考虑采购提前期，在发货时考虑发货运输提前期。

好了，概念我们理解了，但是提前期到底有什么作用呢？

用户下单以后，都会有一个预期的交货时间，这个时间一般是买卖双方商定的时间，如最多 10 天。因为从接受订单到最终将产品送到客户手中涉及很多工序，所以我们必须根据交货时间来反推每个工序的完成时间，只有每道工序都按照既定计划完成，才能保证订单按时履约。提前期就是用来推算每个环节的开始时间和结束时间的，以便控制和调整每个环节的过程。就像我们做 IT 项目管理一样，老板定了个上线日期，只能通过倒排期来推算需求分析、开发、测试各个环节的时间，任何一个时间出现了延期，就需要采取措施及时调整。

另外，如果要提升供应链的整体效率，缩短提前期是一个重要的环节，通过提前期对各个环节进行量化、拆解，可以有效发现其中的等待时长和浪费的时间，做出优化调整，让整条供应链更加顺畅，这不正是供应链管理的目标吗？

2.6.3　需求响应策略：MTS、ATO、MTO、ETO

你知道为什么我们在网上买的商品，有的发货很快（如大宗百货），而有的发货很慢（如家居用品）？因为有的商品可以直接发货，有的商品需要组装以后才能发货，还有的商品需要重新设计，这便是不同商品的需求响应策略。

在介绍提前期时，我们讲到，从接受一个订单开始，到最终将产品交付客户，会经历产品设计、生产准备、原料采购、生产加工、产品装配、试验与测试、发货运输几个环节中的一个或多个提前期，产品的特性和当前市场环境不同，对订单需求的响应时效也不同。按照需求响应时长从短到长，可以分为：按库存生产（Make To Stock，MTS）、按订单装配（Assemble To Order，ATO）、按订单生产（Make To Order，MTO）和按订单设计（Engineer To Order，ETO），如图 2-17 所示。

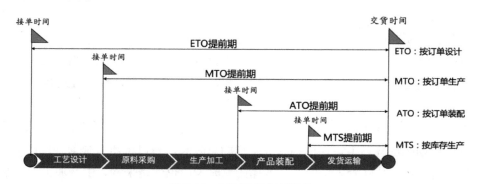

图 2-17　4 种需求响应策略

我们来逐一介绍这四种需求响应策略。

① 按库存生产（MTS）：也叫作现货生产。企业在接到订单之前，成品就已经有现货库存了，直接拣货、发货即可。在这种模式下，需求提前期=发运时间。

② 按订单装配（ATO）：企业提前生产零部件（半成品），待接到订单以后，按照订单要求进行成品组装，然后将成员发运给客户。在这种模式下，需求提前期=装配时间+发运时间。

③ 按订单生产（MTO）：企业没有成品库存，在接到订单后再开始生产（如果没有原料，先采购原料）、装配、发运，不需要重新设计和编制工艺。在这种模式下，需求提前期=原料采购时间（若无原料）+生产加工时间+装配时间+发运时间。

④ 按订单设计（ETO）：企业无法提前预测成品和半成品的需求，只能在接到订单以后再根据客户需求进行产品的工艺设计、原料采购、生产加工、产品装配、发货运输等。在这种模式下，需求提前期=工艺设计时间+原料采购时间（若无原料）+生产加工时间+装配时间+发运时间。

简而言之，接受订单时，用现货库存发货的，叫作 MTS；用零部件直接装配的，叫作 ATO；需要重新生产的，叫作 MTO，需要从零开始设计的，叫作 ETO。

MTS 是典型的推式供应链模式，适用于市场相对稳定、需求量大的产品，此类产品已经处于成熟期，可以基于需求预测提前生产。

ATO 是推拉结合式供应链模式，适用于有一系列的标准 BOM 和通用零部件的产品，此类产品的市场比较成熟了，可以提前根据市场需求预测并生产通用的零部件，然后根据客户的个性化需求将零部件组装成不同形态的成品。

MTO 是拉式供应链模式，适用于产品形态稳定，不需要重新做工艺设计，但需求和最终产品形态不确定的产品，此类产品一般处于早期的市场探索阶段，企业无法提前预测市场需求，只能根据用户需求进行原料采购、生产。

ETO 也是拉式供应链模式，适用于没有稳定的产品形态，个性化定制非常强的产品。此类产品完全按照每个用户的个性化需求，从设计开始便是定制化的，一般只生产一次，无法复用和提前预测。

除了考虑产品形态，产品的规模效应和需求变化的不同，企业也需要采取不同的需求响应策略。能够形成规模生产的、需求变化较小的产品，其需求量一般可提前预测，比较适合按库存生产；规模效应较小、需求变化较大的产品，适合按订单生产和按订单设计，如图 2-18 所示。

图 2-18　需求响应策略的应用

2.6.4　规模经济与边际成本

规模经济是经济学中的一个重要理论，是指在特定时期内，企业产品的绝对量增加时，其单位成本下降，即扩大经营规模可以降低产品的平均成本，从而提高利润水平。

在供应链领域中，规模经济效应特别明显，无论是采购、生产、运输，还是库内作业，大批量处理都要比小批量处理节省成本。道理都懂，但为什么呢？我们从成本的角度来分析一下，有一个最简单的公式：

供应链总成本=固定成本+变动成本

固定成本是成本总额在一定时期和一定业务量范围内，不受业务量增减变动影响而能保持不变的成本，而变动成本是指成本的总额在相关范围内随着业务量的变动而呈线性变动的成本。以采购为例，每一次采购，都需要经过制订采购计划、运输货物、对账核算、付款这些流程，从而产生成本。采购 1 件商品和采购 1000 件商品的成本差别不大，所以它们是固定成本，但采购的商品的成本=采购单价×采购数量，在采购单价固定时，采购数量越多，付出的成本自然也越多，这部分成本就是变动成本。

假设每次采购的固定成本是 100 元，采购单价是 10 元，我们分别来算一下采购 10 件商品、100 件商品和 1000 件商品的总成本和平均单位成本。

总成本=固定成本+变动成本=固定成本+采购单价×采购数量

平均单位成本=总成本/采购数量

① 采购 10 件商品时：总成本=100+10×10=200 元，每一件商品的平均单位成本=200/10=20 元。

② 采购 100 件商品时，总成本=100+10×100=1100 元，每一件商品的平均单位成本=1100/100=11 元。

③ 采购 1000 件商品时：总成本=100+10×1000=10100 元，每一件商品的平均单位成本=10100/100=10.1 元。

很明显，采购 1000 件商品比采购 100 件商品的单位成本要低，采购 100 件商品比采购 10 件商品的单位成本要低，这还不算采购 1000 件商品可以从供应商处获得更低的采购折扣的因素，因为供应商供应产品的成本也是一样的，采购数量越多，单位成本越低。随着采购数量的增加，会分摊固定成本，使商品的单位成本更低，从而产生更大的利润，这就是规模经济的威力。在供应链的降本策略里，规模经济策略是非常受欢迎的。

只要我们仔细观察，在日常工作中，会发现很多采用规模经济的例子。

例如，在采购时，我们会一次性采购半个月或者一个月的用量，并且尽可能在更少的供应商处进行采购，以获取更大的议价空间，并降低固定成本；做促销时，我们希望用户尽量在一个订单内里购买多件商品，而不是一单一件，如果用户下了多个订单，我们也希望能够合并拣货和运输，以便工厂能够批量生产、仓库能够统一拣货、包装、合并配送，减少人力、包装和物流运输成本；在进行库内操作时，我们把不同客户的订单合并到一个波次中，按照顺序拣货，而不是一单拣一次，这样可以节省相关人员来回走动的时间；在配送运输时，我们会把相同配送方向的订单合并配送，以提高配送车辆的满载率，节约车辆配送成本；在进行系统需求梳理和开发时，我们也希望多个需求方能够一次性将需求提交过来，统一梳理和实现，节省沟通和实现成本。

不过规模经济虽好，可不能贪杯哦！因为规模经济效应是有限的，一味地追求规模，过度了反而会导致成本不降反升。为什么？我们再来聊聊另外一个概念：边际成本。**边际成本指的是每一单位新增生产的产品（或者购买的产品）带来的总成本的增量。**

边际成本的曲线如图 2-19 所示，在一定的范围内，随着数量的增加，边际成本呈递减趋势，但超过了一定的数量以后，边际成本会呈上升趋势。

还是拿上面采购的例子来看。

如果我们采购 10000 件商品，总成本=100+10×10000=100100 元，每一件商品的平均单位成本=100100/10000=10.01 元，相比采购 1000 件商品（平均单位成本为 10.1 元），其边际成本降得并不多。

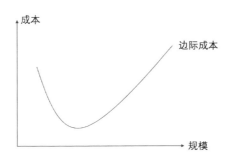

图 2-19　边际成本

我们再增加新的分析因素：需求量。如果市场对这种商品的需求是 1000 件，那么我们采购 1000 件刚好合适，采购 10000 件就会产生 9000 件的库存积压，这些积压的库存会产生很大的仓储成本、人力成本，所以边际成本反而会增加。

在供应链领域中，我们会通过规模经济来降低成本，但不能盲目追求规模，同时也要考虑边际成本，取得规模和边际成本的最优解。一味地追求规模而忽略边际成本，可能会产生库存积压，增大牛鞭效应，造成更大的成本浪费。

2.6.5　柔性供应链

在传统的、以推式为主的供应链体系中，产品的生产计划由生产商决定，但生产商离终端客户较远，无法知晓终端客户的真实需求，这就导致了很多终端需求被压抑。随着科技的发展，很多用户的个性化需求被释放，而这些需求在传统的供应链管理理念下并不能被满足，于是就出现了"柔性供应链"的说法。柔性供应链的定义为：快速而经济地处理企业生产经营活动中环境或由环境引起的不确定性的能力。

通俗地说，柔性供应链就是要求供应链有足够的灵活性，能应对突发的和非常规的情况。我们在满足大众需求的同时，还能及时响应个性化的需求；在追求大批量规模经济的同时，还能快速响应个性化的、小批量、多批次的需求；在处理计划中的事务的同时，还能快速应对突发的紧急情况。

一条合理的柔性供应链应该具备以下几个特点。

① 拥有足够的灵活性。灵活性体现在方方面面，组织的灵活、流程的灵活、系统的灵活等。最终目标是用更低的成本使供应链更高效地适应外界环境和需求的变化，让供应链不仅能满足常规需求，也能应对非常规情况，这需要企业内外部秉承协同的理念，彼此合作，减少内耗。

② 拥有快速的响应能力。柔性供应链不仅要灵活，还要能快速响应，能够对市场上无论是常规的还是变化的需求都做出及时地应对和调整，追求收益最大化。当遇到突发事件时，供应链也能够第一时间做出响应，将损失降到最低。

③ 不断地自我进化。市场和环境是在不断变化的，如果想要顺应市场和环境并及时地做出响应，自我进化能力必不可少，所以企业要不断地吸收先进的理念并引进先进的技术，不断更新迭代，优化组织、流程和系统，以使供应链保持更强的灵活性和响应能力。

知名服装品牌 ZARA 是柔性供应链的代表和指导者，我们一起来看看它在柔性供应链方面的一些做法。

① ZARA 在销售季节到来前一年左右就开始进行服装设计，设计师会设计比其他公司多 4 倍的服装款式，然后小批量地将新设计的服装生产出来，去测试市场的接受程度，然后根据市场反馈再决定是否调整样式或批量生产。

② 每年推出 12000 个款式，保持一周两次上新的频率；产品从设计到上架的时间不超过 3 周，这样可以更快地响应市场需求，降低缺货风险。

③ 销售旺季来临的前半年，ZARA 一般只执行 15%～25%的生产计划（而其他公司是 40%～60%），即便销售旺季到来时，也只执行 50%～60%的生产计划（其他公司则是 80%左右），剩余部分将在销售季节内生产，这样可以降低库存风险，并可以根据市场需求的变化做快速调整，一旦出现新的需求，ZARA 可以通过强大的供应链能力迅速投入生产。

④ ZARA 打通了内外部信息系统，通过条码和 RFID（射频识别系统）辅助识别，进行商品分类、分拣、运输、追溯，实现信息互通，减少了人工录入的工作量，使供应链效率大幅提升。一旦发生缺货，能够立即从分销中心发货到全球店铺，在 7 天内，商品可以到达缺货店铺，大大缩短了客户的等待时间。

⑤ 为适应不同的市场需求，ZARA 采取推式供应链战略和拉式供应链战略并存的方式：在拉式供应链战略中，每一位门店经理都可以直接向总部下订单，从设计、生产，到交付能够在 15 天内完成；而在推式供应链战略中，企业的相关人员通过对基本款式和流行趋势的预测，提前生产一部分商品并将其推给门店上架销售。

⑥ 所有的商品在连锁店里的时间都不会超过两周，如果销售不出去就会被调到其他店铺里，这样使得商品的周转周期非常短，很多产品一旦下架或者预测到市场趋近饱和，就停止生产了，这也向顾客传递"您最好今天就购买它，因为明天您可能就买不到了"的信号。

柔性供应链的建设是方方面面的，而且是个长期的过程，从企业内部的战略规划、生产流程、系统架构、组织建设、网络规划，到供应链上下游的合作方式、战略联盟、信息共享、系统互通等各方面都需要梳理和优化，它是供应链协同的产物，和供应链协同一样，需要参与各方的认知和步调一致，舍弃短期利益而追求长远利益，才能实现长久的合作共赢。

2.6.6　准时制生产方式

在供应链里，库存是把双刃剑，备货不足会导致库存不足，从而导致客户服务水平和企业的市场份额降低，而备货太多又会产生库存积压，造成库存成本的上升。所以最好的现状是库存不多不少，时机不早不晚，这便是 JIT 的理念。

JIT 是日本丰田汽车公司在 20 世纪 60 年代推行的一种生产管理制度，又称作无库存生产方式（Stockless Production）、零库存（Zero Inventories）。其基本思想是只在需要的时候，按照需要的量，生产所需要的产品，目的在于解决由于生产过剩产生的库存浪费，尽可能地减少库存（最理想的状况是零库存，没有任何多余的库存），并持续改进。现在这种思想已经从生产行业传递到供应链的上下游，分销商、零售商都在追求 JIT，力求消除供应链过程中的多余环节和多余库存，提高需求响应时间、降低供应链成本，以获得最大的经济效益。

JIT 是拉式供应链战略，前一个环节的生产备货数量取决于后一个环节的需求，这样从最终环节的需求开始，反向把前面各个环节连接起来，中间不存在任何库存缓冲环节，便形成了 JIT 管理。

举个现实中的例子以便加强我们的理解，我们经常在 "618" "双 11" 参与的电商预售活动就是 JIT 思想的体现。有些零售商由于无法预知市场需求，也不希望自己积压过多的库存，便采取预售模式，先把商品上架到销售平台进行售卖，用户可支付全款或者部分货款进行下单，商家根据用户下单的情况再进行采购备货，然后为用户发货，采购商品数量与用户下单数量一样，不必过量采购。此举的好处是不需要储备过多的库存，完全根据客户需求进行采购，避免浪费，缺点是没有现货，提前期比较长，会流失一部分急需使用商品的用户。

图 2-20 为京东商城的预售示例。

图 2-20　商品预售

从以上的例子中，我们得知 JIT 和传统的采购模式最大的区别在于：传统采购是先采购备货，再上架售卖，而 JIT 是一种 "先卖再采" 的模式，先进行上架售卖，再基于产生的订单进行商品采购。

一个典型的 JIT 业务，在系统设计方面的实现思路，如图 2-21 所示。

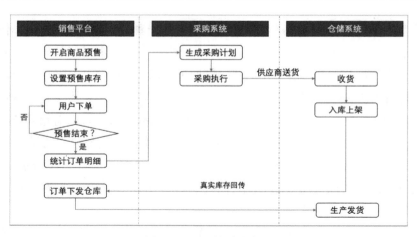

图 2-21　JIT 的系统实现

① 在销售平台上开启商品预售，设置预售库存、开始时间和结束时间。

② 在预售期间，用户可正常支付下单，但订单不会立即下发仓库进行发货（因为此时还没有采购到货，仓库还没有实物库存），而是将订单标记为预售订单，等待处理。

③ 预售结束以后，统计已下单的商品明细，将其转为采购管理系统中的采购计划，采购人员对采购计划进行修改、确认，然后实施采购。

④ 供应商送货到仓库，仓库在仓储管理系统中进行收货、入库，此时仓库中就有实物库存了，回传实物库存数量至销售平台。

⑤ 销售平台将预售订单下发仓库进行发货。

2.6.7　供应商管理库存

供应商管理库存（Vendor Managed Inventory，VMI）是一种全新的库存管理策略，其基本思想是在供应链协同机制下，采购不再由需求方（下游客户，如零售商）操作，而是由供应商操作，需求方只需要把自己的需求信息向供应商连续、及时地传递，由供应商根据需求方提供的需求信息，预测其未来的需求量，并根据这个预测需求量自行制订生产和配送计划。在VMI 模式下，需求方的库存量的大小不再由自己决定，而是转交由供应商主动补给，在商品未售出之前，供应商完全拥有库存的所属权和管理权。

图 2-22 是一个供应商–零售商之间实施 VMI 的业务流程图。

① 零售商将自身的销售数据通过系统对接的方式提供给供应商。

② 供应商根据零售商的销售数据，预测零售商的需求，并自主进行生产、配送，零售商的库存水准和补货策略全权由供应商决策，零售商只负责审核。

③ 零售商收货入库，因为其并未产生采购行为，此时物权仍然属于供应商。

④ 待零售商的客户下单以后，零售商按照订单信息从仓库发货，系统依据实际的销售数据生成从供应商处采购商品的采购记录，以便零售商与供应商进行结算。此时零售商才产生

真正的采购行为，物权从供应商转移到零售商。

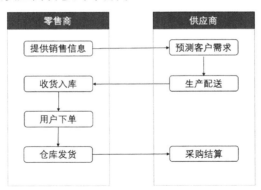

图 2-22　供应商−零售商 VMI 业务流程图

与传统的"先采再卖"的采购入库模式相比，VMI 模式是"先卖再采"的模式，二者的区别主要有两点。

① 传统采购的物权自入仓以后就变成了零售商的，而 VMI 的物权在商品销售出之前，一直是属于供应商的，只有在商品出售以后才与供应商进行采购结算与物权交割。

② 在传统采购模式下，由零售商自己管理库存和采购补货，而在 VMI 模式下，零售商仓库的库存水平和补货策略均由供应商决定，供应商有足够的自主权。

VMI 是一种典型的供应链协同模式，该模式对于供需双方都有很多好处。对于需求方来说，其不需要再提前备货了，采购人员无须再处理繁杂的采购事务，仓库也不需要积压库存了，可以大大降低采购成本、库存成本和运输成本；对于供应商来说，它可以及时掌握需求方的市场需求信息，第一时间获取真实的需求数据用于预测需求并进行生产备货，能够极大地提升市场响应灵敏度和自身服务水平，同时由于需求误差减少了，也能有效地降低牛鞭效应和自身的库存成本。

VMI在系统方面的实现思路，如图 2-23 所示。

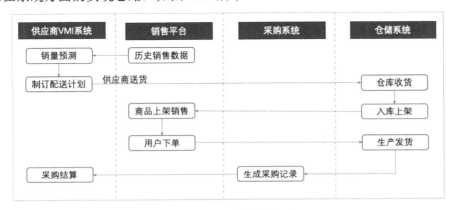

图 2-23　VMI 的系统实现

在一个简单的 VMI 业务模型中，会有供应商 VMI 系统、需求方销售平台、采购管理系统和仓储管理系统等。

① 需求方的销售数据定期传递到供应商的 VMI 系统中，以便供应商进行销量预测和制订配送计划。

② 供应商根据自己制订的配送计划为需求方送货，商品到达需求方仓库以后，经仓储管理系统收货入库，此时便产生了实物库存，但此库存的物权仍归供应商所有。

③ 仓库的实物库存同步到销售平台以后，便可以正常上架销售了，用户正常支付下单，订单流转到仓储管理系统中，仓库进行发货。

④ 发货以后，仓储管理系统将实际发货明细传到采购管理系统中，由采购管理系统生成采购订单，并以采购订单与供应商进行对账结算（因为商品已经从仓库发出了，故此类采购只需要模拟走完系统采购流程即可，不需要供应商再进行送货了）。此环节过后，商品的物权才从供应商转移到需求方。

VMI 看起来挺美好，但要实施，需要具备两个前提条件。

① 供需双方相互信任。供应商和需求方必须要有战略眼光，彼此长期合作、相互信任，才能做到开诚布公，需求方自愿将其最核心的商业数据共享给供应商，供应商也能够竭尽所能地为需求方提供高质高效的商品库存和服务。只有相互信任，才能在 VMI 模式下降低库存成本，实现合作共赢。

② 双方系统对接。实施 VMI 需要信息及时同步，供应商能及时地获取需求方的销售数据，这需要双方进行系统衔接，单靠电话、邮件等传统沟通协作方式很难实现。

了解了前面章节介绍的 JIT 模式的朋友一定会有一个疑问：老师，既然 VMI 和 JIT 都是"先卖再采"模式，二者有什么区别呢？

我们将这两个模式做个对比，如表 2-1 所示，你一看就明白了。

表 2-1　VMI 与 JIT 模式对比

模 式 对 比	VMI（供应商管理库存）	JIT（准时制生产）
库存管理	库存由供应商进行管理	在订单未产生前，没有实物库存，订单产生以后才进行采购，实物库存由需求方管理
销售库存形态	以实物库存进行销售（不过实物库存的物权属于供应商）	以虚拟库存进行销售
采购节点及流程	销售订单产生以后，再走虚拟采购流程完成采购结算	销售订单产生以后，再走真实的采购流程，向供应商采购商品
对系统的要求	高。需要双方进行系统对接，信息及时共享	低。对供应商的系统没有要求
关键词	协同、共赢	预售、减少库存浪费

2.7　本章结语

对供应链常识的理解，有助于我们透过现象看本质，更深入的理解供应链精神。例如，滞销库存是如何产生的，牛鞭效应如何规避，供应链协同是什么，BOM、提前期、规模经济、柔性供应链、JIT、VMI 这些晦涩难懂的词汇到底有何意义等，初学这些概念和常识并不能为我们带来立竿见影的效果，但要相信其能历经多年大浪淘沙般而流传至今，必然是无数前辈在无数次的实践后总结出的精华，是智慧和心血的结晶，需要我们在以后的实践中慢慢消化。

相信通过本章的学习，再见供应链，你就能看到一些不一样的东西了。

第 3 章　内行看门道：电商与新零售供应链解密

小时候，我们跟着父母逛集市，各式各样的手工制品琳琅满目，我们在各个商贩的摊位上窜来窜去，找寻着我们最喜欢的玩具。

慢慢长大后，火车通车了，泥泞的小路变成了沥青大道，交通便利了，物流运输更加方便了，于是城镇上有了商场，各种商品也有了包装，商品的品质和服务也因此更加优质，大众的眼光也从集市转移到了商场。

再后来，网络发达了，电商出现了，我们也越来越宅了，在手机和电脑中一键下单，便可以淘到我们跑遍整个商场可能也找不到的心仪商品，于是我们更加钟情于网购，似乎忘记了实体店的存在。

最近几年，电商红利见顶，线下实体店难以维系，消费者的需求越来越多了，为了寻找新的突破口，新零售出现了，通过线上和线下的完美结合，让我们能更加方便快捷地找到自己喜爱的东西，并在购买商品之前，拥有实物体验。

时代在变迁，科技飞速发展，然而，总有一些东西是历经时间沉淀而不那么轻易被改变的，如供需关系、买卖本质、供应链的核心思想。通过前面章节的学习，相信你已经对供应链有了一个较全面的认识了，本章开始，我们将进一步聚焦零售供应链领域，掀开电商和新零售华丽的盖头，梳理一下其供应链的核心流程与逻辑。

3.1　电商新零售供应链业务模型

从供应链的视角出发，电商新零售的供应链业务主要包含 6 个角色，分别是用户、销售方、发货方、采购方、供货方、配送方。这 6 个角色可以形成一个完整的业务闭环，各角色说明如表 3-1 所示。

表 3-1　电商新零售供应链角色

电商新零售供应链角色	角 色 说 明
用户	消费者，要买东西的人
销售方	零售商提供的可以卖东西的渠道，分线上渠道（自营电商平台或入驻京东、天猫等第三方平台）和线下渠道（线下门店、无人货架等）
采购方	根据需求实施商品采购的采购人员
供货方	为零售商提供商品供应的供应商
发货方	最终承接订单并发货的仓库、门店或者商家
配送方	将用户所购买的商品配送给客户的物流公司

我们来讲讲以上各角色之间是如何相互作用从而产生业务闭环的，图 3-1 是某新零售公司从采购到发货的供应链业务全貌图，从图中可知销售渠道有 3 个：自营电商平台、入驻的第三方平台及线下销售渠道；对应的发货实体也是 3 个：从仓库发货、进行店配（客户到店自提）、由合作商家发货。

图 3-1　电商新零售供应链业务模型

为了加强理解，我们围绕上图内容来讲个故事串一下各个角色和流程。

「采购人员」小张通过线上和线下各渠道提供的库存数据和销售数据发现某商品 A 即将缺货了，于是向「供应商」发起了采购补货，采购的数据源于以历史销售数据进行的销量预测。

「供应商」收到小张的采购订单后，立即组织发货，并将商品 A 按时送达小张指定的「仓库」；小张发现 A 商品在「线下门店」的库存也不多了，便通过仓库向门店调拨了一些产品作为补充。

商品 A 入库以后，便产生了可销售库存，系统自动将仓库、门店和商家仓的库存同步到各「销售平台」上。此时各平台均显示库存充裕。

平台「用户」小飞侠刚好需要购买商品 A，便在平台上下了单。下单时，他可以从两种收货方式中进行选择：由平台发物流配送到家，或者用户到离其最近的门店中进行自提，选择自提可以省 10 元运费。

① 若选择物流配送，订单会根据库存的分布情况匹配最近的「仓库」/「门店」/「商家仓」，并将订单下发到对应的仓库/门店或商家系统中，由商家对订单进行拣货、打包，然后交给「物流公司」进行配送，配送人员按照小飞侠的收货地址送货上门，完成订单签收。

② 若选择了自提，小飞侠可以选择一个合适的时间，根据系统指引的门店位置到店根据取货码进行取货，完成交易。

小飞侠想想自己离门店也不远，刚好下楼透个气的功夫就把商品取了，还能省 10 块钱，何乐而不为呢？于是选择了自提。此时，门店已经接到订单，并在紧锣密鼓地准备拣货了。由于系统提示小飞侠是本平台的优质客户，系统自动将小飞侠的订单优先级提升到最高，并给予了赠品，等着小飞侠的光临……

3.2　铁打的供应链，流水的"场"：供应链、电商与新零售

在科技飞速发展过程中，我们似乎一直在被时代推着往前走，但发展背后，有一些东西却从没有变过，如零售的本质和供应链的核心思想。抓住这些底层的核心逻辑，我们便能在浮华尘世中以不变应万变。

3.2.1　零售三要素：人、货、场

前面我们讨论过，供应链的 5 个角色从上游到下游依次是：原料供应商、制造商、分销商、零售商和终端用户。无论是线下的地摊经济、还是线上电商，抑或是最近几年的新零售，其本质都是"零售"，处于供应链的末端。

说到零售，离不开其三个核心要素：人-货-场，三者的关系如图 3-2 所示，"人"是终端用户，"货"是商品，零售商需要做的就是如何用最低的成本、最高的效率让货被人知晓并购买，这个将货发给人的途径，便是"场"。

从我们小时候的集市，到长大后的商场、再到现在的电商、O2O、新零售，零售的本质是没有改变的，那便是供需关系："人需要货"，所以"人"和"货"的关系是一直没有变化的，变化的只有"场"。无论是传统的纯线下渠道，还是线上的平台电商，以及从线上到线下的 O2O（Online To Offline）、"线上+线下"融合的新零售、社区电商、直播电商，都是零售商借助科技手段为终端用户提供的更便捷的购买渠道，仅仅是业务模式的不同，并没有改变零售的本质。总结一下，就是：铁打的"人货"流水的"场"。例如，买电视机，我们可以在线下的小店里购买，也可以去沃尔玛、家乐福这些大商场购买，还可以在京东、天猫、苏宁这些电商商城中购买后送货到家，也可以去小米、华为体验店里体验后，再从网上下单购买。

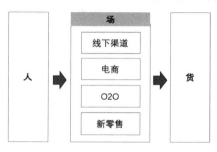

图 3-2　零售核心：人-货-场

3.2.2 铁打的供应链，流水的"场"

在人-货-场模型中，人货的交易本质是不变的，改变的只是"场"，同样，在零售业务中，供应链理念也是不变的。商品若要送到用户手中，必然离不开供应链，无论是线下的人到店自提，还是线上的商品送货到家，都离不开商品的采购、存储、物流运输等供应链环节。站在供应链的视角来审视，电商平台、O2O 和新零售的出现都是企业借助互联网延伸的一种销售渠道，无论哪种渠道，都需要有后端供应链的支撑，只有强有力的供应链支撑，才能更好地实现用户触达。

在传统的线下渠道中，商家通过地推、门店销售、展会、传单、广告、代理等方式，将自己的产品尽可能多地曝光给客户；电商平台产生以后，催生出 B2B、B2C、C2C、F2C 等一系列的细分领域，本质上都是将自己的产品通过互联网渠道销售给用户；在 O2O 模式下，商家提供团购、本地生活服务、到店和到家服务来将线上的客户吸引到线下进行消费，让自己的产品/服务的覆盖范围更大；最近几年的新零售模式下出现了体验店、前置仓、无人店、无人货架等线上和线下结合的方式，同样是抢占用户市场，为产品塑造更好的"场"，将产品展示给用户。这些"场"解决的是"货"如何触达"人"的问题，而供应链解决的则是货从哪里来，如何进销存、如何降本增效、又该去往哪里的问题，二者相辅相成却又各司其职。我们归纳一下供应链与电商新零售的关系，可以得出的结论是铁打的"供应链"流水的"场"，如图 3-3 所示。

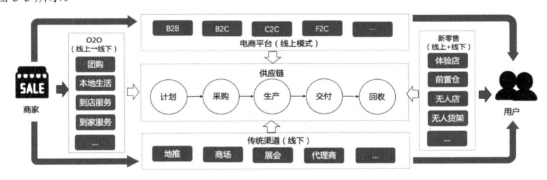

图 3-3 铁打的供应链流水的"场"

当然，我们说供应链不变，并不是说这么多年供应链没有任何的改进和进步，相反，随着互联网、大数据分析等技术的发展，供应链的表现形态上也出现了翻天覆地的变化，特别是仓储和配送领域，出现了一系列的自动化设备，但这些设备的使用都是为了更好地辅助达成供应链降本增效的目标，而供应链的本质，如供应链的范围、流程、目标、核心思想等是没有变化的。

理解了供应链与电商、新零售的关系以后，我们就能找到于万变之中不变的那些点，然后安心地钻研最本质的东西，而不会被高科技表象和新鲜的商业模式牵着鼻子走了，因为我们知道其底层逻辑是不会轻易改变的。

3.3　必然：从电商到 O2O，再到新零售

凯文凯利在《必然》这本书里提到一个观点：技术都会有一个前进的方向，我把它叫作必然，就是这个趋势，一定会出现。例如，有了芯片、电波等，必然会出现互联网，会出现手机。必然是一种总体趋势，我相信这些趋势是可以预测的，但是其具体表现形式是无法预测的，如电话一定会出现，但不一定出现 iPhone；网络一定会出现，但 Twitter 不一定会出现。

事情的发展总是线性的，我们经历了从传统的集市，到商场的出现，再到互联网时代的电商平台、O2O、新零售，最近两年大火的社交电商、社区团购、直播电商等，我们可以认为这是时代发展和科技进步的必然产物。

3.3.1　零售发展史的 4 个阶段

"70 后""80 后"是见证了互联网发展的第一批人，也是亲眼目睹了传统零售向电商转型的一代人。从传统零售到电商平台、再到 O2O、新零售，整体上经历了 4 个阶段，如图 3-4所示。

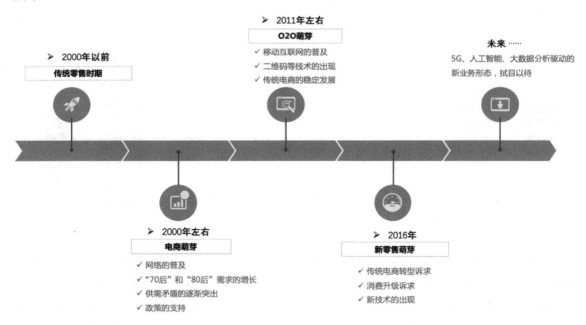

图 3-4　电商、O2O 与新零售发展阶段

① 传统零售时期。在 2000 年以前，还没有普及互联网，零售形式主要以线下实体店为主，用户在线下的门店、商超购买自己需要的商品。

② 电商时期。在 2000 年左右，主要以 B2C 模式电商为主（B2C 是 Business-to-Customer

的缩写，也就是通常说的商业零售，直接面向消费者销售产品和服务），用户可以在淘宝、天猫等电商平台上购物并支付，由商家通过物流将商品送到用户手中。

③ O2O（Online To Offline，线上到线下）时期。O2O 模式出现在 2011 年前后。由 TrialPay 公司创始人 Alex Rampell 提出，Alex Rampel 定义的 O2O 商务的核心是在网上寻找消费者，然后将他们带到现实的商店中。同年 O2O 模式从美国传入国内，在国内掀起一阵 O2O 热潮。

④ 新零售时期：2016 年至今。新零售是 2016 年杭州云栖大会上，马云针对传统电商的转型提出的。新零售是以互联网技术为基础，以大数据分析为导向，充分进行供应链整合，线上线下综合销售的商业模式。

从业务模式上看，传统零售主打线下市场，如国美电器、各大商超，一般都开在人流量比较密集的中心城区；电商主打线上服务，客户在线上下单支付后，商家通过物流将商品邮寄到家；O2O 更加强调的是本地化服务，借助互联网将线上流量引到本地的线下门店中，如美团、58 到家服务等；新零售突出的是线上线下的融合，线上和线下已经没有很明显的界限了，用户线上和线下的行为都会被记录分析，根据这些数据对用户进行画像分析，方便商家为用户提供专有服务，做到千店千策、千人千面。同样是便利店，但因为不同小区的居住人口的特点不同，其布局和商品陈列也会千差万别，针对不同会员提供的服务也会不同。

值得说明的是，近两年火起来的社交电商、社区团购、直播电商仍然属于电商范畴，只是在传统电商的基础上增加了一些更加新颖的玩法而已。

3.3.2　电商、O2O 与新零售的出现背景分析

在国内，电商、O2O 与新零售都是时代发展的必然产物，所以它们的出现与一些环境和政策因素相关。我们总结一下三者出现的背景。

（1）电商出现背景分析

电商出现的背景主要有以下几点。

① 网络的普及。在 2000 年以前，网络还是比较小众的，大多数人对电脑和互联网的使用频率和接受程度很低。但是随着网络费用的逐渐降低和电脑操作的逐步简化，很多家庭开始自己配备电脑和网络，这为电商的发展奠定了基础。

② "70 后""80 后"需求的增长。随着对网络的逐渐熟悉，"70 后""80 后"成了第一批接受 B2C 的主力军，他们更加愿意在互联网的世界里去找寻现实生活中无法满足的体验，如聊天、游戏、在线影院等。

③ 供需矛盾的逐渐突出。2000 年左右，随着科技的迅速发展，新的商品越来越多。随着网络的普及，为很多人打开了见识外面世界的天窗，年轻的消费者们对商品种类的需求和对性价比要求也越来越多，而他们的很多需求在本地商城根本无法被满足，所以使他萌生了向

网络求助的念头。最早期的阿里巴巴、当当网、易趣网、8848 等 B2C 商城就是在这个时期应运而生的。

④ 国家层面的支持。国家对新兴行业的扶持和各项政策的支持，也为电商的发展提供了强有力的保障。

（2）O2O 出现的背景分析

当互联网和电商发展到 2011 年左右，出现了移动互联网，这时开始，以 iPhone 为代表的大屏手机开始普及，人们已经不再局限于在 PC 端购物了，而是希望借助手机随时随地地进行消费。于是，O2O 就此诞生。

① 移动互联网的普及。随着大屏手机和移动网络的普及，消费者可以随时随地地进行消费和信息浏览，这就给了线下商品更多的曝光机会。例如，小明和女朋友逛街，溜达到某个主题餐厅，看到了自己想吃的点心，于是随手上网一搜，发现有优惠券，这就更加刺激了其消费的欲望。

② 二维码等技术的出现。伴随着支付宝、微信的移动支付技术的成熟，以及二维码、朋友圈、微店等推广模式的出现，随时随地、简单便捷地支付成了一种新的购物习惯，助推了O2O 模式的成功。

③ 传统电商的稳定发展。当线上电商的业务模式逐步趋于稳定，从线上商家的角度来说，其获客成本逐渐上升，需要继续寻找新的业务增长点，于是离用户最近的线下门店就成了新的业务突破口；以线下门店的角度来说，除了服务好周边顾客，其也需要通过网络将自身服务触达更多用户。从消费者的角度来说，其网上购物的习惯已经养成，而手机支付的便捷性，加上商家促销活动的刺激，在线上下单，在线下享受更优质的服务也成了消费新方式。以上三者的需求的融合，使 O2O 的出现就成了必然。

（3）新零售出现的背景分析

在互联网行业中，不进步就意味着退步，在电商高速发展 10 年以后，老牌电商在新型互联网公司眼中也变成了传统互联网公司，若不求变就只能等死了，加上各种新技术的出现，数据的价值越来越突出，于是新零售的出现也成了必然的结果。新零售出现的背景有以下几点。

① 传统电商转型。传统电商发展至今，将近 20 年，最初的红利期已过，商家的获客成本持续上升，其利润出现了负增长的局面。而随着互联网的热度逐步退却，线下的价值被重新评估，如何通过线上线下相互赋能，使销量和销售额持续稳定地增长，是电商巨头们急需突破的困境。

② 消费升级。身处信息爆炸的时代，消费者对时间成本和商品/服务品质的需求越来越高，谁能吸引消费者的注意力，谁就有盈利的机会。如何更加了解消费者，为消费者提供更精准和高品质的服务成了商家需要解决的难题，很明显，传统电商缺少实际体验，而线下门店缺少数据支撑，只有线上线下融合才能真正地满足消费者的需求。

③ 新技术的出现。随着大数据分析、人脸识别、人工智能等技术的井喷式发展，为线上线下的融合提供了必要条件。

时代发展催生了互联网，互联网成就了电商，O2O 和新零售，我们每个人都身处其中，同时，我们每个人又是时代发展的贡献者。

3.3.3　电商、O2O 与新零售供应链对比

从历史背景来看，从电商到 O2O，再到新零售，是一脉相承的，三者的本质都是零售，但既然三者到现在还能并存，必然也有各自的特色和优势，否则不符合时代的产物早就被淘汰了。我们从供应链的角度来对比一下电商、O2O 和新零售。

（1）商品形态对比

电商（主要指 B2C）主打对时效性要求不是特别高的大宗商品及一些虚拟服务，如手机、衣服等，次日送达或隔日送达就适用于 B2C，客户在淘宝或京东上下单，商品由商家邮寄到家。

O2O 主打本地服务和比较紧急的商品，如有人感冒了，需要感冒药，打开叮当快药，选择本地药店，28 分钟送达，绝不可能上淘宝下单，再等上两三天。

而新零售则是侧重融合，商品品类可以覆盖线上和线下的全品类，主流做法是线上做引流，线下做服务，网订店送、网订店退。紧急商品可以从门店发出，普通商品通过中央仓库发货。例如，小米之家，用户可以在小米之家体验各种产品，让用户对产品有触达感，但如果用户想购买体验过的商品，门店不一定有现货，用户可以在线上下单，由小米后方强大的供应链体系做支撑，将产品邮寄给用户。

（2）物流覆盖范围对比

电商的覆盖范围比较广，可以覆盖全国甚至全球。只要有网络，我们可以足不出户便在各大全球购平台上淘到全球各地的商品，商家通过跨国物流（空运或航运）将商品送到客户手中。

O2O 有地域和时效限制，一般只能覆盖本地区域，物流范围相对较小，一般覆盖半径为3～5 千米，使用同城配配送或自提比较多。

新零售结合了线上商城和线下门店的优点，线上商城可以覆盖全国或全球，线下门店可以覆盖本地区域。

（3）供应链流程对比

电商主要通过平台+仓库的模式开展供应链业务，主要流程如图 3-5 所示。

① 采购部门制订采购计划，实施采购，由供应商送货到指定的仓库。

② 仓库收货、验收、入库后产生实物库存，运营部门将商品上架到电商平台进行售卖。

③ 用户在平台下单后，订单下发到仓库，仓库的相关人员负责拣货、打包，然后将货物交给物流公司进行揽收。

④ 经过物流运输后，快递员将包裹配送到用户指定地址，完成签收。

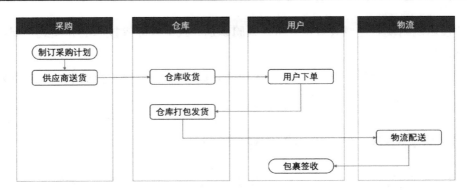

图 3-5　电商供应链流程

常规 O2O 有两种流程：一种是实物类订单，一种是服务类订单，我们分别进行说明。

实物类订单的供应链主要流程如图 3-6 所示。

① 采购部门提前制订采购计划，将商品送到门店（有中央仓库的企业，也可以先将商品送到仓库，再从仓库调拨到门店）。

② 门店收到货以后，清点商品数量、查验商品质量后收货入库，产生实物库存，便可以在 O2O 平台上进行上架售卖了，一般其覆盖范围为门店周边的客户。

③ 用户在 O2O 平台上搜索周边门店商品并下单。用户下单以后，门店实时接收订单并进行备货，若是自提类订单，会等待用户到店提货；若是配送类订单，会打包以后，交由配送员配送。O2O 类订单，一般要求时效，所以配送员仅接收本地区域的配送订单。

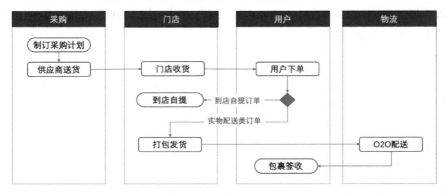

图 3-6　O2O 实物订单供应链主要流程

O2O 服务类订单的供应链主要流程相对更加简单，主要是虚拟商品，不涉及真正的进销存，如图 3-7 所示。

① 门店将提供的服务上架发布到 O2O 平台。

② 用户下单购买，可根据服务性质选择到店（如在线预约理发），还是上门（如家政服务）。

③ 到店订单，门店接单以后，等待用户到店，在门店内为其提供服务；上门订单，门店在接单以后，安排相关人员上门服务。

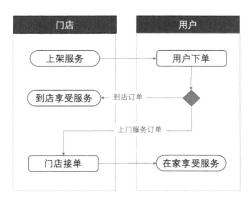

图 3-7　O2O 服务类订单供应链主要流程

新零售供应链相比电商供应链和 O2O 供应链，其结合了仓库和门店两方面的优势，用户既可以在线下门店购买商品，门店无货的商品，也可以通过中央仓库发货，如图 3-8 所示。

① 采购部门制订采购计划，实施采购，由供应商送货到仓库或门店，门店也可以直接从仓库请货。

② 仓库/门店收货、验收以后，入库上架到库内，有了实物库存后便可在平台上架销售。

③ 用户下单后可选择到店自提，或是门店配送，当然如果门店无货或无法配送，也可以由中央仓库发货，如此便弥补了门店面积小、品类少的劣势。

④ 到店自提和由门店发货的订单，会同步到门店管理系统中进行处理；由仓库发货的订单，则同步到仓库管理系统进行发货。

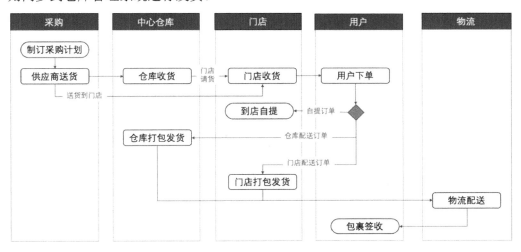

图 3-8　新零售供应链主要流程

3.4　电商新零售供应链业务流程详解

随着时代的发展，为了满足消费者日益增多的消费需求，电商新零售兴起。无论是传统零售行业，还是电商新零售，其供应链都可以用经典的"进销存"三个字来概括。"进"是指与入库相关的业务和流程，"销"是指与出库相关的业务和流程，"存"是指与库内存储相关的业务和流程。

图 3-9 是一张典型的电商新零售的供应链全貌图，供应链业务的开展基于供应链基础数据，基础数据是业务开展的基石，也是供应链系统的底层支撑，业务部门在基础数据的基础上通过人工或系统进行日常进销存业务的开展。虽然行业不同，业务形态不同，每个公司开展的供应链业务会有较大的差异，但万变不离其宗，所有的供应链业务形态最终都会落到库存和资金上，所有的供应链业务的开展都会体现在库存的变动和资金的借贷上，由财务部门收拢进行核销。

图 3-9　电商新零售供应链全貌图

下面，我们将详细介绍电商新零售的核心供应链业务流程。当然，企业在实际运作过程中，其供应链流程要比书中的描述复杂很多，也不尽相同，但这并不妨碍我们学习，只要掌握了供应链核心流程涉及的主要组织、角色和操作节点，就能够在日常工作中灵活变通，事半功倍。

3.4.1　基础数据建档流程

基础数据就是业务开展所必须的静态数据，这些数据一旦建立以后便不会轻易改变。基础数据是衔接各部门工作的桥梁，统一的基础数据可以让业务流转更顺畅，减少各部门之间的重复工作量，增加部门间的协同。供应链基础数据主要包含供应商资料、商品类目资料、商品资料、公司资料、仓库资料、门店资料、地址库资料、物流资料、销售渠道资料等，如表 3-2 所示。

表 3-2　供应链基础数据与用途

供应链基础数据	主 要 用 途
供应商资料	主要存储上游供应商的基础信息，用于企业对供应商进行管理
商品类目资料	主要存储商品的品牌、型号、商品分类等数据，是商品的重要构成元素，主要用于前台搜索、不同业务的区分、仓库的区分管理等
商品资料	管理公司售卖的所有产品，以及每一款产品的详细信息，包括基础信息、销售信息、物流信息等
公司资料	管理集团下所有发生业务的子公司信息。所有业务的发生都需要有主体，不同公司发生的业务应该分开结算
仓库资料	管理公司所有开展业务的仓库数据，此数据主要用于商品的库存管理、订单流程管理和财务结算
门店资料	管理新零售业务开展中所有的线下门店，可以是自营门店，也可以是外部合作门店
地址库资料	下单和订单流转过程中必不可少的省区市等区域数据，如客户下单、分配订单到库、物流配送等
物流资料	管理承接包裹配送的物流公司和承运商数据，主要用于订单下发过程中物流公司的调配和配送过程的管理
销售渠道资料	整合不同的订单来源渠道，如自营电商平台、淘宝、京东、百度推广、电视购物、外部合作平台等

我们一般把基础数据的初始化创建称为建档流程，在建档时，有一些资料，如供应商资料、商品资料需要比较烦琐的录入和严谨的审批流程，故在建档时需要有严格的审批；另外一些资料，如商品类目资料、公司资料、仓库资料、门店资料、物流资料、销售渠道资料等因为不常变化，由业务部门定期维护即可（流程严谨的公司也可以增加审批流程）；还有一些基础资料，如地址库资料等是纯做系统流转的，有国标可供参考，由技术部门的相关人员将其录入系统即可。

图 3-10 是商品和供应商的一般建档流程。

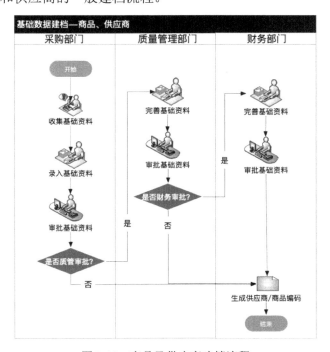

图 3-10　商品及供应商建档流程

在很多企业中，供应商和商品是需要准入条件的，如授信不好的供应商不在企业的合作供应商之列、三无产品不允许采购等，所以在引进一个新供应商和新商品之前，相关人员需要先进行必要的资料收集和审核，然后才能录入系统，在录入以后，还需要经相关部门审批，才能正式生效。

如在上图中的建档流程里，商品和供应商的建档涉及 3 个部门的流程联动。

① 采购部门的相关人员先收集供应商和商品的资料，按照相关资料在系统中录入供应商和商品的基本信息，然后提交给部门主管（或经理）审批。

② 经采购部主管审批，信息会流转至质量管理部（简称质管部），由质管部的相关人员继续完善并审核与质量管理相关的信息（如供应商和商品的生产批件、商品的禁忌属性等）。

③ 当质管部的工作完成时，信息会继续流转至财务部，由财务部的相关人员最后核实完善供应商和商品的财务信息（如供应商的银行信息、商品的税点等）。

走完以上所有流程以后，供应商和商品的相关信息才会正式在系统中生效，当然有些企业不需要这么复杂的流程，便可在某些环节完成后立即生效。

3.4.2　采购入库流程

基础数据建档完成以后，相当于建房子的地基已经打牢了，便可以在其上开展业务了，而采购则是在商品和供应商基础资料上开展的第一道业务。采购是指个人或单位在一定的条件下从供应商处获取产品或服务作为自己的资源，为满足自身需要或保证生产、经营活动正常开展的一项经营活动。

采购流程一般从采购申请发起，到财务结算结束，具体流程如图 3-11 所示。

① 采购人员提交采购申请，在部门主管审批通过以后，即可实施采购。采购申请是采购的前置，可以是口头协定、纸质单据或者系统功能。

② 采购人员根据需要采购的商品寻找合适的供应商进行询价（询价，通俗理解就是向供应商咨询商品价格），综合评估、对比，找到最合适的供应商。注意，采购并不是价格越低越好，还需要综合评估供应商的交货工期、产品质量、服务水平等；

③ 采购人员与供应商进行谈判议价，双方达成共识后签订采购合同，明确价格、交货方式、付款方式等事宜。

④ 采购人员创建本次采购订单（包含商品、数量、送货仓库等），并提交上级领导审批。审批的流程一般会根据采购订单的价格等因素逐级上升，如采购经理可以审批 5000 元以下的采购订单，超过 5000 元的采购订单就需要部门总监审批；审批通过以后，根据合同条款，若需要提前给供应商预付款，则需要请财务人员打款。

⑤ 供应商根据采购人员提供的采购订单将货物送到指定的仓库，一般会随车附带随货同行单，即供应商的出库货物清单。

⑥ 仓储收货组按照供应商的实际到货进行数量清点。

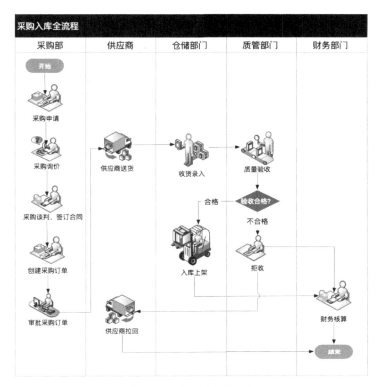

图 3-11　采购入库流程

⑦ 质管部对商品的质量进行验收（在很多行业，收货和验收是一起完成的，不需要设立两个岗位，但在医药等行业，根据药品经营质量管理规范的相关要求，验收和收货环节必须分开），验收方式为全部验收或者抽检，若验收结论为合格，货物则交由仓库的相关人员入库上架；若不合格，则拒收，由供应商将货物拉回。

⑧ 仓储上架组将已验收的货物上架到对应的货位上，系统会综合商品的品类、ABC 属性、重量体积等因素对上架货位进行推荐。

⑨ 财务部门的相关人员根据仓库实际入库明细生成应付账款，进行核算，并与供应商进行结算。

3.4.3　销售出库流程

采购入库以后，便产生了实物库存，有了库存就可以在线上平台和线下门店进行售卖了，我们重点说一下新零售的线上销售流程，如图 3-12 所示。

① 客户在销售平台（App、小程序、官网等渠道）上选购商品并下单支付。

② 客服对订单进行审核处理，对风险订单跟进处理，并按客户的个性化要求对订单（如修改地址、指定物流等）进行修改。当然，常规订单都可以由系统自动完成，人工只处理少量的特殊订单。

③ 订单履约中心根据订单中的收货地址、商品等信息匹配最合适的发货仓库或门店，将订单下发到仓库的 WMS 系统（仓储管理系统）或门店 ERP 系统中。

④ 订单下发到仓库或门店系统以后，由系统或人工找到所需商品和对应的出库货位，并将库存进行锁定，避免其他订单占用，这个过程称为任务分配。

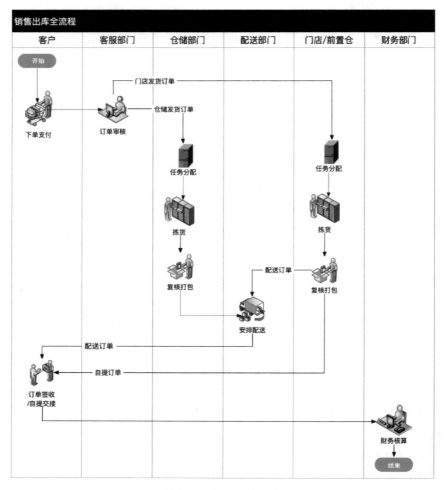

图 3-12　销售出库流程

⑤ 仓库和门店根据订单商品明细进行拣货、复核，然后由配送部门安排配送，可以找三方物流公司（顺丰、京东、"三通一达"等），也可以自行安排配送。门店相对于仓库，在销售出库流程上多了一个用户上门提货的场景，有些客户就近下单，便可以直接到门店自提，而仓库一般比较偏远，且是大批量作业，所以基本都是通过物流配送，很少提供自提服务。

⑥ 配送人员将商品送到客户指定地点，完成签收，或者客户到门店自提，完成商品的交接。

⑦ 财务部门的相关人员定期将已完成的订单进行核算，生成应收账款，与实际收到的金额进行对账，并根据销售额和商品的成本价计算商品毛利。

3.4.4　门店请货流程

在新零售业务中，门店主要承担着线下业务和部分线上业务的开展。由于地理位置、成本等因素，门店的面积一般不会很大，存储不了太多的商品，当商品库存不足时，便需要向其对应的中央仓库请货，完成缺货商品的库存补给。

中央仓库在新零售业务中扮演着两个角色：电商发货和门店补货。一个中央仓库负责周边一个或多个门店的库存补给（见图3-13），正常情况下，中央仓库一般按固定频率（每周一次到多次不等）定期向门店进行补货。

图 3-13　中央仓库与门店

门店请货的详细流程如图3-14所示。

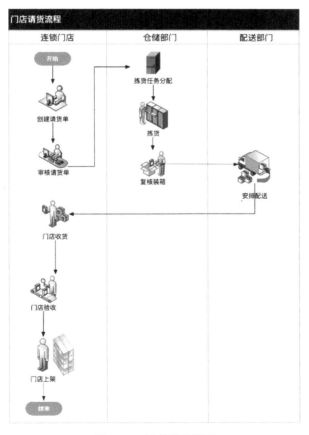

图 3-14　门店请货流程

①　门店店员定期或临时对缺货的商品提交请货单，由门店经理审批。请货单中包括请货门店、请货商品及请货数量等信息。

② 门店经理审批请货单后，会将请货单流转到中央仓库中，仓库的相关人员按照请货任务进行拣货、复核装箱，并将商品交给配送部门，由配送部门统一安排配送。

需要说明的是，门店请货出库的优先级一般低于客户订单配货的优先级，所以在门店请货过程中，如果有客户订单下发，一般会优先保证客户订单的配货，而给门店缺量发货，即实际发货数量比请货数量少。

③ 为了保证配送的成本最低，门店配送通常会一次性安排多个门店的配送任务，配送部门会根据门店的位置安排车辆配送路线，按照最优路线将货物配送到各门店。

④ 门店收货以后，对货物进行清点、验收，无误后可将货物上架到对应的门店货位上完成请货。如果在收货和验收环节发现货物短少或存在质量问题，门店的相关人员会与中央仓库和配送部门进行核实，确认三方责任，并以实收数量入库。

3.4.5 客户退货退款流程

和传统线下渠道的售后一样，电商和新零售的线上业务一样存在售后退货和退款流程，如图 3-15 所示。

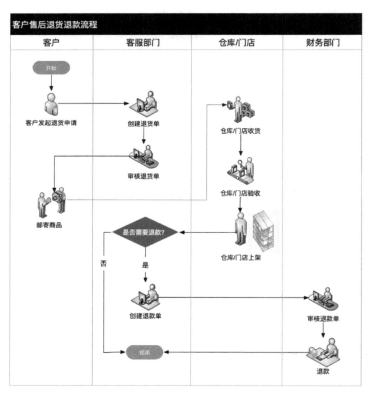

图 3-15 客户售后退货退款流程

① 客户从线上官网/App，或者通过联系客服人员发起售后退货申请。

② 售后申请由客服人员审核通过后，生成退货入库单（很多企业为了挽留客户，只开放用户发起售后退货申请的入口，由客服人员回访确认以后，再由客服人员创建退货单），经客服人员审核后下发仓储或门店。大多情况下，退货单下发到仓库，由售后人员统一负责处理售后退回件，少数情况下也可以由门店处理，此时将下发退货单到门店。

③ 客户将商品邮寄到平台指定的售后仓或门店，并在退货申请上填写物流公司和物流单号。

④ 负责售后的仓储/门店收到客户寄回的包裹后，找到系统中对应的退货单，对包裹进行收货、验收，无误后将商品上架到货位。

⑤ 客服人员接到仓储/门店入库上架完成的通知后，如果需要为客户退款，则创建退款单并提交给财务部门的相关人员，退款单一般由系统自动创建，在特殊情况下，如商品损坏折旧等原因协商不按原价退款，则由客服人工创建。

⑥ 财务部门的相关人员审核退款单，并完成退款单的打款，常规退款流程是将款项原路退还到客户的付款账户中。

3.4.6 门店退货流程

当在门店滞留很久的商品需要处理时，或者某些商品需要召回时，就需要用到门店退货流程，将门店中的商品反向退回中央仓库，如图 3-16 所示。

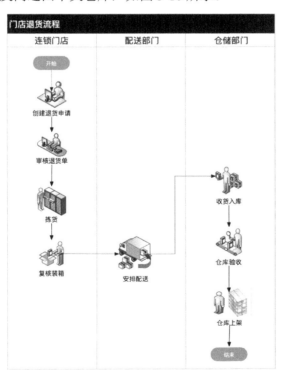

图 3-16 门店退货流程

① 门店创建退货申请单，提交主管或经理审批。

② 门店店员根据退货单中的商品进行拣货、复核装箱，并将商品交给配送部安排配送。

③ 配送部门安排配送人员将退货商品送到中央仓库。

④ 中央仓库按照退货流程进行收货、验收、入库上架，完成退货。

门店退货流程一般属于企业内部仓储和门店两个部门之间的商品转移，不涉及交易买卖，只涉及库存的转移，不涉及资金的往来，所以不需要财务部门做应收账款和应付账款的核算。

3.4.7　退供应商流程

在与供应商的深度合作中，很多供应商允许零售商将商品按照约定的条件退回，如此可以使双方建立更深远的合作关系。在供应链业务中，在下列情况下会出现退供应商的行为。

①与供应商合同约定允许退回；②因质量、有效期等问题，供应商主动召回商品；③由于其他原因，企业主动与供应商协商一致退货。

退供应商的整体流程如图 3-17 所示。

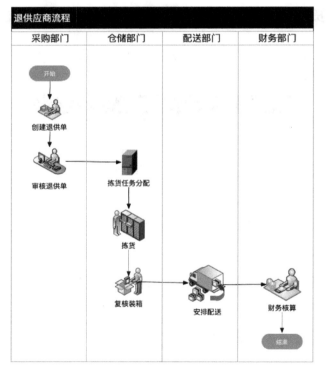

图 3-17　退供应商流程

① 采购部门的相关人员创建退供单，录入需要退供应商的商品、数量、退回供应商等信息，并提交部门主管或经理审批。

② 退供单审批通过后，下发到仓储部门，仓储部门的相关人员根据退供单中的商品进行

货位分配，拣货员根据系统分配的货位进行拣货、复核打包，并将商品交给配送部门安排配送；在退供应商的过程中，如果有订单出库，一般会优先满足订单配货，而退供应商允许缺量发货（即比计划出库数量少发）。

③ 配送部门安排配送人员将退供商品送至供应商处，完成签收交接。

④ 财务部门在与供应商进行对账核算时，将退供商品明细纳入核算范畴，在给供应商的应付账款中需扣除退供金额。

3.4.8　订单取消流程

客户下单以后，经常会因为地址、价格、商品等原因而取消订单，如果商家不支持此操作，势必会遭到投诉，从而增加更多的物流、沟通等成本。所以，订单取消是供应链里必不可少的逆向流程，涉及对待出库商品的拦截，以及客户退款等操作，如果处理不好，则可能存在商品发给客户了，同时钱也退还给客户了的情况。

订单取消整体流程如图 3-18 所示。

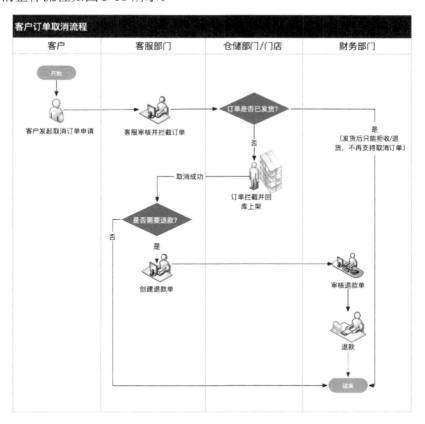

图 3-18　订单取消流程

① 客户在平台上发起订单取消申请。当然并不是随时都能发起订单取消申请的，需要有

一定的条件限制，如在订单商品出仓库前客户可以取消订单，而如果商品已经在配送途中了，客户就不能再取消订单了。

② 客服人工审核，或系统自动审核取消订单申请，审核通过后，便需要对正在出库的订单进行拦截。在一些风控规则比较严谨的公司，订单取消默认为系统自动审核，但当订单的取消金额超过限度，或者客户的取消频率、取消地点等出现异常时，便会转人工审核，客服人员向客户核实清楚后再将订单取消。人工审核订单取消申请还有一个好处，就是可以对客户适当加以挽留。

③ 已确定取消的订单，需要进行取消拦截，将商品拦截回库。仓储发货的订单，由仓储部门拦截，门店发货的订单，由门店拦截。拦截时机一般根据配送的物流方式来判断。靠第三方物流（顺丰、"三通一达"等）配送的公司，在仓储发货前都能保证把商品拦截下来，故在发货前，订单都能够取消成功。而要是已经将商品交给物流配送人员了，拦截成功的概率就比较小了，所以在发货以后，最好的方式就是让客户对包裹进行拒收，或走售后退货流程。

当然，如果是自营配送（如京东、天猫超市等），配送员和相关系统都是公司自己的，便可以做一些系统联动，就可以取消订单并拦截成功了，这样可以为客户提供更好的客户体验，同时降低一部分配送成本。

④ 已拦截成功的订单，由仓储/门店将商品重新返回仓库并上架到货位上，支持其他订单发货。

⑤ 订单取消成功以后，已在线支付的订单需要为客户退款，货到付款的订单则不需要进行退款。需要退款的订单，由系统或客服人员创建退款单，交由财务部门的相关人员进行审核。

⑥ 财务人员对退款单进行审核后，进行退款。

3.4.9　客户换货流程

由于客户主观或客观原因，需要对已购买的商品进行换货，换货的商品可以是原商品，也可以是一个同等价值的新商品。按照换货的时机不同，换货流程可以分为售前换货和售后换货，如图 3-19 所示。为了使客户换货流程更清晰，这里我们假设客户换的新商品和原商品的价值相同，这样就不涉及财务补差价的流程了。

售前换货是指商品还没有送到客户手中，客户便发起了换货，详细流程如下。

① 客户发起换货申请，选择换货原因。

② 客服人员对客户的换货申请进行审核确认，然后发起换货流程，由客户在前端自行选择需要换货的原商品及新商品，如果没有前端入口，可由客服人员在后台代为操作。

③ 仓储部门对已经下单的原订单进行拦截入库，避免原订单商品继续发货。

④ 原订单商品拦截成功以后，仓储部门会再下发一张新商品的出库单，由仓库正常拣货、复核打包后交由配送部门安排配送给客户。

⑤ 客户签收，完成换货。

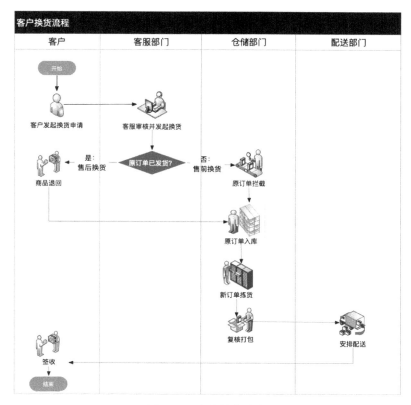

图 3-19　客户换货流程

售后换货是指原商品已经送到客户手中，客户对原商品不满意而发起的换货申请，相比售前换货在仓储环节就把原商品拦截入库，售后换货需要客户将原商品寄回仓库，详细流程如下。

① 客户发起售后换货申请，选择换货原因。

② 客服人员先对客户的换货申请进行审核确认，然后发起换货流程，由客户或客服人员选择需要换货的原商品及新商品，再由客服人员为仓储部门推送一张基于原商品生成的退货入库单。

③ 客户按照约定的售后地址将原商品寄回仓库，仓库收到商品后，对退货单操作退货入库。

④ 原商品入库以后，系统再触发一张新商品的出库单，由仓库正常拣货、复核打包后交由配送部安排配送给客户。

⑤ 客户签收，完成换货。

3.4.10　仓间调拨流程

当一个企业下设多个仓库时，经常会出现仓库之间相互调拨商品的情况，即将商品从发货仓库转运到收货仓库，完成库存的转移。常见的调拨场景有如下三种。

① 订单驱动调拨。由于某些原因，订单下发到 A 仓，但 A 仓的库存不足了，而 B 仓的库存充足，故由订单自动触发从 B 仓将商品调拨到 A 仓，调拨完成以后，继续由 A 仓对订单进行发货。

② 中央仓向区域仓补货调拨。商品在中央仓集中采购入库以后，由中央仓向其辐射的区域仓、前置仓补货从而生成从中央仓向区域仓补货的调拨单。

这里有一点需要重点说明：我们指的调拨是发生在同一财务主体下的仓库之间的，不涉及财务成本的变化；但如果是两个不同的财务主体之间的仓库互调，是需要缴税的。发生在两个公司之间的仓库调拨属于买卖关系，是由收货仓向发货仓发起的采购行为，而不是单纯的库存转移了。

从本质上来说，门店向中央仓请货和退货，都属于调拨。

③ 区域仓商品退回中央仓。由于区域仓的容积不足、商品的质量出现问题、滞销等原因，定期将区域仓的商品退回中央仓进行处理，从而产生从区域仓向中央仓的调拨单。

仓库间调拨业务流程如图 3-20 所示，通常由仓储部或采购部负责（主要看企业内哪个部门为库存负责）。

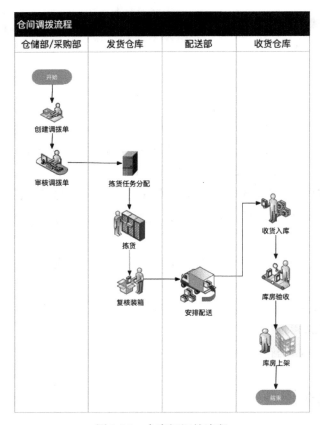

图 3-20　仓库间调拨流程

①　仓储部（采购部）的专员根据需要创建调拨单，确定需要调拨的发货仓、收货仓，以及商品、数量等信息。如果是由订单驱动的调拨，则由系统自动创建。

②　仓储经理（采购经理）审核调拨单，审核完成以后，调拨单会转换为发货仓库的发货单，下发到发货仓库。

③　发货仓库对调拨单分配发货货位，拣货员按照货位指引完成商品拣货、复核打包，并交由配送部门安排配送。

④　配送部门将调拨出库商品配送至收货仓库。

⑤　收货仓库对调拨入库的商品进行清点收货、验收无误后上架到仓库货位上。如果收货仓库发现实收商品与调拨单中的商品数量不符时，就涉及发货仓库、物流和收货仓库三方的责任了，三方需要共同核实产生差异的原因，如果商品破损或丢失，由责任方进行赔付。

3.5　本章结语

电商新零售是零售行业发展的必然趋势，科技的进步必然会带来更多的业务模式，我们在推动并享受着时代进步带来的红利的同时，不要被不断翻新的模式迷惑了心智而忘了本源。

零售有三要素：人、货、场。其本质是"人"通过"场"来获得所需要的"货"，而电商新零售只是科技进步和时代变迁带来的"场"的变化，是零售业发展的必然趋势，但无论如何发展，零售的本质并没有改变；同时，无论是电商还是新零售，其供应链的目标仍然是降本增效，其供应链的流程和核心思想也没有改变。

学习了电商新零售供应链的核心业务流程，我们对零售供应链的业务有了更深入的认识，也知道了我们日常的买卖行为背后的进销存管理，原来，之前看来相当复杂的供应链业务是可以拆解的，掌握了其精髓就不再迷茫了。

第4章 抽丝剥茧：中台化的 供应链系统规划

曾几何时，"我懂系统"成了业务部门的相关人员在产研（产品和研发）部门相关人员面前最洋洋得意的口号，就像产品经理自诩为"比业务方还懂业务"一样的自傲。

什么才叫"懂系统"？这是一个开放式的问题，并没有标准答案。有的人会 Excel，就觉得自己懂系统了；有的人会操作系统，能完整地描述操作的流程，也算懂系统；还有的人写过代码、玩过数据库，说自己懂系统更不过分。

窃以为"懂系统"有两层含义。第一层是懂系统本身，能够将复杂的业务场景化解为可实现的系统功能，形成完整的业务闭环，这是较低级别的系统能力；第二层是懂系统思维，是一种将复杂场景具象化的思维方式，这是一种抽象、解耦、内聚和举一反三的能力，不限于实现系统本身，如领导安排了一个很抽象的任务，如何一步步地拆解落地，最终按计划实施，这就是一种系统化思维。

信息系统源于业务又反哺于业务。作为供应链产品经理，我们都希望能遇到一位既懂业务又懂系统思维的业务方，这样我们在转换需求和设计系统时就会和业务更加贴合，少走弯路，但好的业务方可遇不可求，我们更加应该修炼自身，把自己塑造成既懂系统又懂业务的产品经理，为业务赋能。

在上一章熟悉了供应链核心业务以后，从本章开始，我们将进一步细化，来挖一挖支撑这些复杂的供应链业务流程背后的系统。同时，木笔还想分享一些如何用系统化思维设计稳定可靠的供应链系统的经验，希望授汝以渔而非鱼。

4.1 电商新零售供应链系统规划

每个产品经理和研发人员都有一个能够从 0 到 1 规划独立系统的梦想，如同自己亲手种下一棵树苗，并将其培育成参天大树，如果有幸能搭建起一整套系统群，那就更加有成就感了。在做系统规划时，免不了要设计系统整体规划蓝图，每每开始规划时，我们总会经历无从下手，灵感来袭，奋笔疾书，屡屡推翻重来，大功告成等几个阶段，最终成稿的那一瞬间，我们仿佛看到了"万丈高楼平地起"，内心难免激动。

在电商新零售里，供应链包含哪些系统？各系统之间是如何分工与协作的？系统设计应该追求大而全还是小而美？我们先提出几个问题，然后在后面的章节中寻找答案。

4.1.1　供应链系统规划与系统分工

供应链是电商新零售中非常重要的一个环节，它承接了实物商品的进、销、存、退等多个任务，为企业业务的开展提供支持。兵马未动粮草先行，在业务还没开展前，供应链需要先行（商品建档、采购），在业务开展过程中，供应链提供弹药支撑（库存），在业务开展以后，由供应链断后（发货、配送）。所以，在整个电商新零售体系中，供应链系统是非常重要的，它与其他系统通力协作，共同完成电商新零售业务运作，这也符合供应链领域中的协同理念。

同时，供应链系统又是一个自闭环的中台化体系，它不应该局限于某一个销售平台，而是将商品、订单、库存等能力提供给多个不同的销售平台共用。如图 4-1 所示，某企业有自营电商平台，同时还可以在京东、天猫等其他平台上开店，各方订单均可快速与供应链系统对接，达成业务目标。

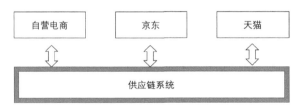

图 4-1　中台化的供应链体系

图 4-2 是站在供应链视角设计的一张典型的电商新零售整体规划图，为什么要强调是供应链视角呢？横看成岭侧成峰，站在不同的视角，我们所看到的事物的全貌是不一样的，而本图为了重点突出供应链相关系统和功能，所以供应链系统在图中占了较大比重，这点我们在后面介绍如何设计产品架构图时会重点说明。

在电商新零售全局视角下，最前端是电商前台，其直面用户，为用户提供浏览、搜索、下单、售后的工具，根据终端的不同，可以分为不同的展示形态：App、Web 网站、小程序、H5、SDK 等；中间是与前端直接交互的平台运营、交易、支付、促销、用户和搜索等系统，这些系统为前端用户搜索商品和购买商品提供后端服务支撑；后端才是与供应链相关的系统；而财务、风控、客服体系是属于全公司任何业务都会涉及的，会与各个相关系统进行对接从而获取其所需要的数据；如果需要与外部的平台进行对接，还可以建设开放平台，将内部各系统的接口对外封装成 API 供外部的 ISV（Independent Software Vendors，意为"独立软件开发商）或商家 ERP 系统调用。

图 4-2　供应链视角的电商零售整体规划图

我们回到供应链的问题上来，供应链系统到底包含哪些系统呢？

这个问题，相信很多想学习供应链的朋友都问过，在学习的时候，我们好像身处一个没有目标的赛道上，只知道往前冲，但不知道哪里是边界，何时到终点，因此倍感迷茫。

不用迷茫！因为这个问题本就没有标准答案。木笔也曾被这个问题困扰很久，查过很多资料，至今也没有找到一个标准的答案，分析一下，主要原因有三点。一是供应链与其他业务联系太紧密，在企业内部很难有明显的界线；二是每个公司根据业务需要的不同，对系统的规划和定位是不同的，如有的企业将采购和销售列为一个部门，自然与销售相关的系统也属于供应链范畴，而另外的企业以电商为主，那么销售系统主要就是 App 了，比较偏前端，这个就不能划为供应链范畴；三是每个公司的系统设计策略不同，对供应链系统的定位也会有所不同。

既然没有标准答案，那我们就从自己的理解出发，寻找属于我们自己的答案吧！让我们回到 SCOR 对供应链的 5 大流程上来：计划、采购、生产制造、交付、退货/回收，再用这个定义对标一下电商新零售的业务流程，以及每个流程关联的核心供应链系统，如表 4-1 所示。

表 4-1　电商新零售核心供应链系统

SCOR 流程	电商新零售供应链流程	核心供应链系统支持
计划	采购计划、库存计划、波次计划、配送计划等	采购管理系统、中央库存系统、仓储管理系统、配送管理系统等
采购	采购的执行、过程管理、供应商管理、供应商结算等	供应商管理系统、采购管理系统、基础数据平台、财务系统等
生产制造	零售行业不涉及生产制造，主要对标仓库对订单进行发货，可以是自营仓库、门店或合作商家，若涉及外部合作，还要计算物流费用	仓储管理系统、门店管理系统、商家发货系统、计费系统等
交付	订单下发、订单分仓、订单履约、库内生产、配送等	订单履约中心、仓储管理系统、门店管理系统、商家发货系统、配送管理系统、财务系统等
退货/回收	订单的逆向退货、退供应商	采购管理系统、财务系统、售后系统等

经过梳理，我们可以得出一个结论：核心的供应链系统包含了基础数据平台、采购管理系统、供应商管理系统、订单履约中心、计费系统、中央库存系统、仓储管理系统、门店管理系统、商家发货系统、配送管理系统、售后系统、财务系统等。

从产品结构上，我们可以将以上这些供应链系统分为供应链业务中心、仓配支持中心和财务中心三部分。

供应链业务中心主要提供一些与供应链业务相关的支持，主要处理信息流，偏供应链上游业务端，如供应商管理系统、中央库存系统、订单履约中心、采购管理系统、计费系统、售后系统。

仓配支持中心主要提供实物商品的实际收发操作，主要处理物流，偏供应链下游执行，包含仓储管理系统、门店管理系统、商家发货系统、配送管理系统。

财务中心主要处理与资金流相关的业务，所有与资金相关的应收、应付、发票、打款等业务，都需要最终在财务系统中完成最后的财务处理。

我们分别介绍一下以上这几个核心供应链系统的定位和分工。

① **基础数据中心**：主要进行与供应链相关的基础数据的创建和维护，并为公司其他系统提供唯一数据来源服务，这是所有业务沟通及业务子系统运行的基础。例如，商品和供应商的资料录入、商品分类、仓库、门店这些信息等，一个公司不应该有多个地方都在维护基础数据信息，否则容易出现信息混乱的情况。基础数据平台的业务需求方一般是采购部、质量管理部、商品部门等。

② **采购管理系统**：简称采购系统，主要用于对采购活动进行管理，协助采购部门更加高效地完成采购询价与建单、供应商管理、采购维价、调拨、退供应商等操作。此系统是为采购部门量身定做的。

③ **供应商管理系统**：为了加深与供应商的合作，为供应商开放的协作系统，主要用于供应商资质及商品资质的上传管理、采购询价、采购订单的下发（回告）、在线预约送货、对账与结算等。通过供应商管理系统，企业与供应商建立深度的协同，使企业与供应商的合作更加规范化，降低线下沟通的成本。供应商管理系统的使用对象主要是上游供应商。

④ **订单履约系统**：又叫订单履约中心，是处理订单出库履约的系统，对上承接销售平台，订单上下传输，对下对接各地仓库和门店，并在订单、退换货单流转过程中进行调度，完成订单履约。订单履约系统是整个订单上传和下传的调度中心，为各个部门提供订单的管理和查询功能。

⑤ **中央库存系统**：简称中央库存，是统一管理全国各仓、各门店、商家仓库存的中央处理器，对上管理电商平台的可销售库存，对下管理各地的实物库存，并根据业务规则为订单智能匹配最合理的发货仓/门店。中央库存系统是订单履约的核心系统，对外提供所有部门的库存查询功能。

⑥ **仓储管理系统**：简称仓储系统，处理商品在仓库内日常进销存作业的仓储管理系

统，用以提升仓库的作业效率和精益性，降低差错率。根据投入成本，仓储管理系统通常会搭配 PDA、电子标签、立体仓库、机器人等智能设备一起使用。仓储管理系统主要供仓储部门使用。

⑦ **门店管理系统**：简称门店系统，用于线下门店日常对商品、订单进行管理和售卖的系统。在新零售模式下，体现为两方面：一方面是传统线下的 POS 售卖；另一方面是线上订单导流到门店，由门店发货、配送或者用户上门提货。门店管理系统主要供线下门店使用。

⑧ **商家发货系统**：主要开放给发货商家，用于商家接收订单并处理订单，完成订单履约及售后相关处理的系统。当平台品类不全时，一般会引进商家，通过商家提供的商品来补充平台的品类，订单生成后，会按照规则将订单下发到商家发货系统中，由商家在此系统中完成发货等业务处理。

⑨ **配送管理系统**：简称配送系统，用于支持商品的配送，一般分为 3PL 和自营配送两种模式。在 3PL 模式下，商家主要依赖三方物流公司，如顺丰、圆通、韵达等，进行配送，系统功能体现为分配物流公司、获取物流单号、获取物流轨迹等；自营配送模式下主要涉及自有配送体系的收货、分拣、派车、配送等业务支持。配送管理系统主要供配送部门使用。

⑩ **售后系统**：主要处理订单售后问题，如错发、漏发的补寄，退换货及退款处理等。售后系统主要供客服部门使用。

⑪ **计费系统**：如果企业的供应链业务对外开放，通过提供采购、仓储、配送等供应链能力给上下游客户使用，则需要使用计费系统进行计费，如保管费、运输费、操作费等，基于计费系统产生收益账单向客户收费，计费系统主要供业务开放方和财务部门使用。

⑫ **财务系统**：主要提供成本核算、应收、应付等功能。但财务系统不仅涉及供应链相关的业务，还涉及其他方面的企业日常收支等与资金相关的业务，所以财务体系本身是一个庞大且独立的体系，不能完全归属于供应链范畴。

和供应链的业务边界没有国际标准一样，以上这些系统的边界和分工也没有特别固定的标准和非常清晰的界限，在很多企业中，一套 ERP 系统涵盖了所有的系统功能，而在另一些企业中，相关系统可能会被拆分得更细，这主要取决于企业的业务量、当前技术资源投入和对未来的预期等。所以我们在做供应链系统规划时，绝不能生搬硬套，而是要结合企业的实际情况和企业的实际业务去设计系统，不能邯郸学步。

4.1.2 供应链系统规划：大而全还是小而美

做系统规划，如同建房子时画设计图，未来交付的是联排别墅还是独家小院，在设计图出来的那一刻基本就定型了，后期要想变更房子的主体结构可谓难上加难。我们在做供应链系统规划时，是选择设计一套大系统囊括所有与供应链相关功能好呢，还是选择将把每个系统功能独立开来好呢？

为了回答这个问题，我们来一次角色扮演，化身为××集团系统规划总顾问，分别为某电商平台规划一套大而全的供应链系统架构，以及一套小而美的系统架构。

（1）大而全的系统设计方案

在大而全的系统设计中，一般是一个大的供应链系统囊括了所有与供应链相关的功能，这个系统，我们可以为它取一个专业的名字，叫作 SCM 系统，它的系统架构可以分为四层。

第一层是最底层的基础数据层，我们把所有基础数据都放在这一层，为整个供应链业务的开展提供最底层的支撑，因为完整的基础数据是业务良性运转的基础。

第二层是基础数据之上的供应链策略层，所有业务在开展过程中需要用到的策略都在这里实现，通过这些策略驱动业务的多样化发展。例如，采购策略、智能补货策略、送货预约策略、任务调度策略、订单分仓策略等。

第三层是策略之上的供应链的各个功能模块，基于基础数据和策略开展的各项供应链业务，如采购管理、订单履约管理、库存管理、仓储管理、门店管理、配送管理等。

以上三层的结构便能形成一个完整的供应链系统闭环了，我们可以基于此系统开展从采购到存储，再到销售，最终到财务结算的完整业务了。但是自闭环远不足以体现供应链系统的价值，我们设计的供应链系统还能对外开放，将我们的供应链能力对外输出，于是，第四层出现了，这是最顶层设计，我们将供应链的商品、订单、库存等能力与各个销售平台进行对接，用一套供应链系统支撑起企业的销售目标。

我们设计的大而全的供应链系统规划就出来了，如图 4-3 所示。

图 4-3　大而全的供应链系统规划

（2）小而美的系统设计方案

在小而美的系统设计思路里，我们将供应链业务细分为多个子业务，一般是根据部门职责来划分，如采购部门负责采购，仓储部门负责仓储，配送部门负责配送。然后将相关的功能类聚到一个子系统中，于是供应链便被解耦为一个个独立的子系统，每个子系统负责一个核心业务，有其自己的策略配置，如本书中的基础数据中心、采购管理系统、供应商管理系统、订单履约中心、中央库存系统等。

在小而美的系统架构中，每个系统独立运行，通过接口或服务与其他系统交互，如所有系统都需要基础数据，而其所需要的基础数据均从基础数据中心中获取。中央库存集中所有仓库和门店的库存，为其他各系统提供库存服务，所有仓库和门店的库存变化，均需要在中央库存系统中有所显现。我们为之产出的系统规划，如图4-4所示。

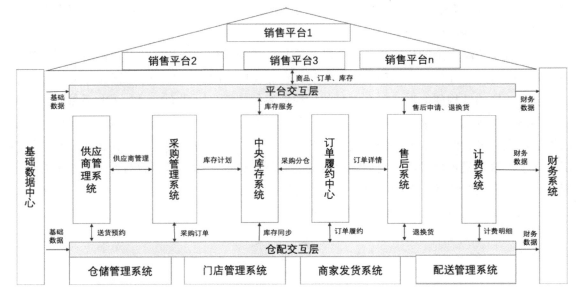

图4-4　小而美的供应链系统规划示例

在图4-4中，有必要重点说明一下平台交互层和仓配交互层这两个子系统，它们属于内部流转型系统，在业务开展过程中基本感知不到它们的存在，但在复杂的供应链形态下，它们又是如此重要。正是有了它们的存在，才能实现供应链的中台化和服务化。

① 平台交互层。如果我们的供应链系统需要对接多个销售平台，势必会存在多个销售平台之间的数据、规则不同的情况，如何将不同平台中的数据按照供应链体系的标准进行统一转换，以及按照统一的标准传送数据，这便是平台交互层的职责，它将差异化的外围数据和业务在这一层进行标准化，为供应链内部系统提供更为稳定的环境。

例如，我们的供应链系统对接了三个销售平台，三个平台上的同一商品的商品编码分别是A+、A++、A+++。而供应链系统内部的标准编码是A。这时用户在销售平台1下单了，下单的商品编码为A+，但是我们的供应链系统里只有A，没有A+，想要正常发货，就必须将A+转变为A，才能将订单流转到仓储管理系统中。同理，发货完成以后，相关人员需要告知销售平台1，A商品已发货，需同步库存，但销售平台1中只有商品A+，我们需要将A再转换为A+回传。这个转换的工作，便是平台交互层的职责所在，如图4-5所示。

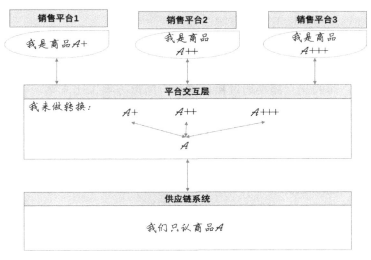

图 4-5　平台交互层的职责

② **仓配交互层**。如果我们的下游有很多个不同类型的仓储或配送中心，刚好在不同的仓储和配送中心中又部署的是不同的仓储管理系统，假如没有仓配交互层，那么上游的每个业务系统都需要与下游所有的仓储管理系统和配送管理系统针对所有有关联的业务进行对接，n 个业务系统+仓配系统+n 个业务，对接次数便是 n^3，如果企业后续又开了新仓，或者调整了仓配业务，系统对接的工作量会让程序员怀疑人生。所以，仓配交互层存在的目的就是让上游业务侧的对接难度降低，它的职责是按标准出入库方式与各个不同的仓配系统进行业务对接，并将标准化接口提供给上游的各个业务系统进行对接，这样，上游业务系统只要与仓配交互层对接即可完成数据的传送，下游仓配业务的调整也只需要在这一层完成同步，尽量降低对上游业务系统的影响，如图 4-6 所示。

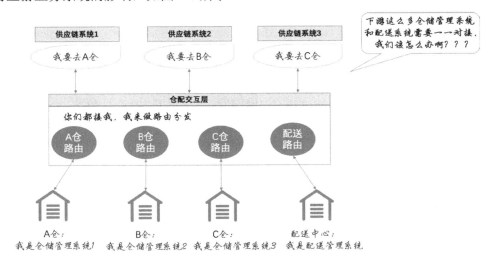

图 4-6　仓配交互层的职责

以上系统顾问的工作完成了，我们来对比一下大而全的系统规划思路（以下简称方案一）

和小而美的系统规划思路（以下简称方案二）。

首先，从系统实现的难易程度来看，方案一是基于底层数据进行开发，各功能之间共用一套代码功能，读写一套数据库；而方案二是需要为每个子系统都部署一套数据库和一个工程，而系统和系统之间的交互需要通过接口进行。所以方案二比方案一在实现方面要更难，整体耗费的人力、财力和时间成本会更高。由于方案二可以拆解为多个系统，每个系统的难度都会大幅降低，所以可以并行开发，也可以分期迭代，这一点是方案一无法比拟的。图 4-7 展示了二者在系统部署方式方面的区别。

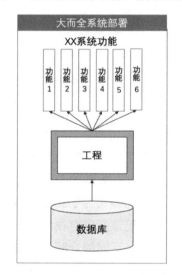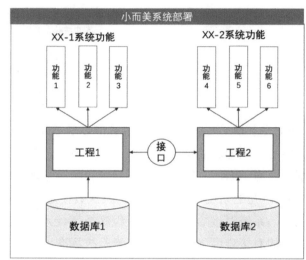

图 4-7　大而全系统部署与小而美系统部署

其次，从性能上看，当数据量较大时，由于方案一只有一套数据库，多个业务只能共用一套数据库，其性能会大幅下降，而方案二是多个系统分布式部署，各个业务相对独立，其性能较良好。

再次，从事故风险来看，如果出现了事故，则方案一基本上全局受挫，一损俱损，而方案二只会影响某一个系统，其他系统还可以独立运行。

最后，从扩展性上来看，方案一将所有功能都融到一起了，耦合性更高，但开发更快。方案二更加灵活，扩展性更好，但系统功能调整往往会涉及多个系统，开发周期会长很多。

总结下来，二者的优劣如表 4-2 所示。

表 4-2　大而全的系统规划与小而美的系统规划对比

	大　而　全	小　而　美
优势分析	• 基于一个数据库开发，交互较少，前期开发成本低 • 整体复杂度较低 • 新需求开发更快	• 业务耦合度低，系统风险性较低 • 分工明确，各司其职 • 各系统可并行开发，独立部署、独立上线，性能优化比较容易 • 可扩展性强

续表

	大 而 全	小 而 美
劣势分析	• 业务耦合度高，一旦某个业务调整了，会直接影响到其他业务 • 必须在所有模块均可用以后才能一起上线，风险性较高 • 因各个业务融到一起，扩展性较差 • 数据量过大时，其性能会明显下降	• 系统之间交互多，研发成本会比较高 • 业务量较小时投入产出比较低
总结	适用于业务量小，业务相对稳定的企业	适用于业务量大，业务相对复杂且经常变化的企业

现在，回到开始的那个问题上，在进行系统规划时，到底是选择大而全的系统，还是选择小而美的系统？相信每个人的答案都不一样，因为这个问题也是没有标准答案的，两个方案各有利弊，存在即合理，并没有谁更好、谁更坏。我们每个人都要结合公司当前的现状、业务形态、资源投入和未来的规划等因素，综合评估以后得出最终结论，这个结论不一定是最好的，但一定是最合适的。在系统规划方面，如果决策失误了，可能会给日后埋下巨大的隐患，不信请看下面这个故事。

一次惨痛的系统规划决策教训

K 公司最近融资到位，老板决定大力发展医药电商新零售业务，自建供应链体系，计划在全国各地开 5 个大型仓库和 100 家线下门店，仓库用以承接线上订单，门店用作线下销售和新零售到店服务订单的承接，实现线上、线下完美结合的目标。决策做出以后，公司各部门迅速响应，落实到人，产品部小 Q 被委以重任，承担了重构供应链体系的重要任务。

为什么要重构呢？因为此前公司只购买了一套 ERP 系统，各业务部门、仓库、线下门店都在这个系统中进行操作，一旦遇到大促等活动，数据量急剧上升，数据库满负荷，系统就卡得不行，很明显，这样的系统支持当前业务已属不易，更别提支持全国五仓和百家门店了；再加上新零售需要线上线下打通，没有源代码的 ERP 系统根本不具备扩展能力，所以系统重构势在必行。

如何进行系统重构呢？摆在小 Q 面前有两个方案：方案一，基于现有的生产研发能力，按照新零售的业务形态梳理出系统方案，再结合 ERP 系统中和业务相关的采购、订单、仓储能力打造一个完整的供应链 SCM 系统（大而全的方案）；方案二，按照互联网常用的 SOA 系统架构，将供应链系统拆分为多个独立的子系统，交由不同的小团队来实现（小而美的方案）。经评估，方案一的开发工作量更小，人力投入更少，更符合公司当前的现状；方案二的扩展性更好，更符合公司的未来规划，但投入会更多。

两个方案各有千秋，小 Q 也无法定夺，毕竟这一次重构至少会影响公司未来 5 年的系统架构，于是小 Q 找了个机会向 CTO 和各位技术 leader 汇报，大家听完汇报以后各执己见，无法达成共识，有些人认为要考虑成本和现状，应该采用方案一，而有些人则认为要放眼未来，应该采用方案二。

　　CTO 在一旁默不作声，沉思了两分钟后，说了一段一锤定音的话："以我们现阶段的情况来看，确实是方案一最适合。但我们是否要按方案一执行？ NO。两个原因：①老板的预期是明年 6 月份业务达到日均 10 万单，还有不到半年的时间了，试问方案一如何承接？ ②医药互联网行业风口已来，万亿级的市场一旦打开，订单量就会呈指数级增长，到时候我们哪里还有精力再重构系统呢？所以不如一步到位，按方案二执行，小步快跑。"

　　CTO 拍板了，于是小 Q 按照方案二将新供应链体系拆解为 10 多个子系统，其中基础数据中心、仓储管理系统、订单履约中心、中央库存系统、配送管理系统等 5 个系统在两个月以后如期上线，开始接受业务的洗礼，大家都期待着半年后的日均 10 万单。

　　如 CTO 所述，新业务刚开始时一切向好，系统也越来越完善，大家的信心越来越足，技术部从 30 人迅速扩充到了 160 人。然而老板终究是错估了市场形势，在烧了不少钱以后，订单一直在日均 5000 单上下徘徊，公司严重入不敷出。迫于无奈，公司在一年以后做了两个决定：①裁员，技术部被裁得只剩下 50 人，以最小规模支持业务运转；②寻求业务转型。

　　这两个决定直接将 K 公司的系统体系打向低谷，50 人维护原本 160 人维护的系统，基本只能保证日常运营和小需求迭代，任何需要优化多个系统的大需求，都只能放弃，而恰恰公司业务转型，又不得不对现有系统进行大调整。整个公司每每遇到系统需求改动，员工总是哀声连连。

　　就这样，当初设计的这一套完整的供应链体系，反而成了公司业务开展最大的阻碍，小 Q 眼看公司一天天衰落，却也爱莫能助，只能黯然离职。

4.1.3　供应链系统与 B 端产品：地球之于太阳系

　　近几年，随着互联网流量红利的消失，C 端产品的光环逐渐褪去，B 端产品渐渐兴起，这也为 B 端产品经理和技术人员带来了更多的机遇和挑战，而供应链，就是 B 端产品世界里极其重要的一个领域。供应链之于 B 端产品，犹如地球之于太阳系，是其中很重要的一颗行星，有自己的运转规律，但也同时遵守着太阳系的运转法则。B 端产品的设计风格、设计原则同样适用于供应链系统，反过来说，学会了供应链系统的规划和设计方法，一样可以将其复用到其他 B 端产品中。

　　我们一起来总结一下 B 端产品世界中的供应链领域的受众对象、实现目标、实现方式、系统定位、工作重心和设计原则，以便我们在做系统规划和落地时能够把握重点，不致偏离航向。

　　话不多说，先上一张 B 端产品的整体结构图（关于 B 端产品的结构和分类，仁者见仁，本图仅代表本书观点），如图 4-8 所示。

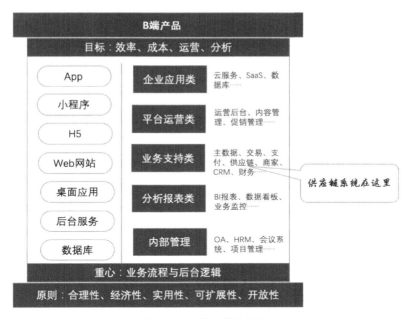

图 4-8　B 端产品的结构

首先，无论供应链系统，还是其他 B 端产品，我们的受众都是 B（Business），对标企业和业务。不同于 C 端产品以人性、欲望、痛点、爽点等维度为出发点，B 端产品更加关注的是企业的效率、成本、运营和数据分析。供应链系统服务于供应链的业务，降本增效自然是其首要目标，我们设计的供应链系统如果能有效优化业务的成本和效率，就是雪中送炭，如果在此基础上还能增加与运营和数据分析相关的工具，便是锦上添花了。

其次，技术不分国界，也不分前后端。App、小程序、H5 这些技术并不是 C 端产品独有的，这些技术在 B 端产品中一样有很大的应用空间。App、小程序、H5、Web 网站、桌面应用、后台服务、数据库这些技术和应用在 B 端产品和供应链中也是比较常见的，如在仓储和配送管理系统中，就经常会用到 PDA（掌上电脑）应用程序来辅助作业，所以 B 端产品和研发的相关人员有必要对以上技术有一定的了解。不过不同于 C 端产品对交互的严格要求，我们应该更加关注系统的逻辑性和与上下游的连贯性，当然交互细节也不能忽视。

再次，从 B 端产品的应用分类来看，我们大致可以把 B 端产品划分为企业应用类（为企业提供解决方案的应用，如云服务、SaaS、数据库应用等）、平台运营类（主要为平台提供运营相关的工具，如运营后台、内容管理、促销管理等）、业务支持类（主要提供各类后端业务开展所必需的支持类工具，如主数据系统、交易系统、支付系统、供应链系统、商家系统、CRM 系统、财务系统等）、分析报表类（主要提供各类数据报表、埋点统计、决策分析等工具，如 BI 报表、数据看板、业务监控等）、企业内部管理类（主要定位企业内部管理用的相关系统，如 OA 系统、HRM 系统、会议系统、项目管理系统等）。从分类上看，供应链系统从属于业务支持类系统，独立支持着与供应链相关的业务，和企业其他业务相互依存，共同构成完整的 B 端产品体系。

另外，从工作重心上，不同于 C 端产品的拉新、留存、转换，B 端产品更注重业务流程的优化、精简及复杂的业务逻辑的梳理，保证系统流程足够顺畅、业务逻辑足够清晰，才是 B 端产品经理的使命。当然，每个 B 端产品对应的业务是不同的，作为供应链系统，其重心是保证供应链相关业务的流畅性、稳定性和完整性。

最后，同所有的 B 端产品规划设计一样，供应链系统的设计也必须遵循实用性、易用性、合理性、经济性、可扩展性、开放性等几个原则。

- 实用性：系统流畅稳定，直接解决业务问题，拒绝花里胡哨。
- 易用性：操作简单易懂、易学易用，方便推广和培训。
- 合理性：系统逻辑清晰合理、贴合业务形态，没有阻塞和缺失的功能。
- 经济性：控制人力成本、时间成本，以较少的投入获取较大收益，拒绝浪费。
- 可扩展性：从长远考虑，在整体架构不变的同时预留扩展接口，能够兼容未来业务的扩展。
- 开放性：具有良好的对外连接性，除了自闭环，还能快速接入外部业务、系统和设备等。

4.2　电商新零售供应链系统流程详解

在第 3 章讲解电商新零售业务时，我们已经详细介绍了核心的供应链业务，如果想知道这些业务流程如何有效地与系统结合起来，就需要请出我们本节的主角了：系统流程图。系统流程图有助于我们全面俯视业务流程、掌握系统之间的关联和供应链核心业务在多个系统之间的交互细节。

4.2.1　形影相随：系统流程与业务流程

系统流程，就是将业务流程以系统处理的视角进行细化，以系统逻辑为出发点，梳理此流程在各个系统内部和系统之间的交互逻辑，形成完整的系统解决方案。系统流程源于业务流程，但能更清晰地体现出流程在系统内部，以及系统之间的交互逻辑。二者形影相随，但侧重点不同。图 4-9 为业务流程图与系统流程图的对比，为了更好地将业务流程图和系统流程图应用到日常工作中，我们有必要弄清楚二者之间的区别。

首先，二者的绘制方不同。业务流程图一般由业务需求方或产品经理绘制，重在表达业务的流程和对应的操作角色、操作环节；系统流程图一般由产品经理或技术人员绘制，重在表达系统的处理逻辑，以及系统和系统之间的交互。

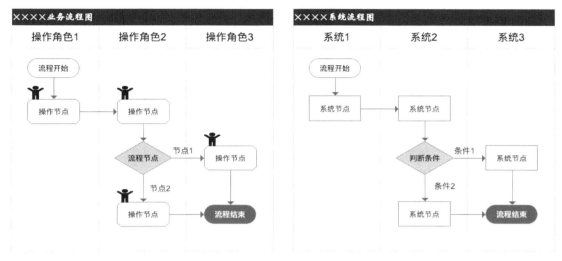

图 4-9　业务流程图与系统流程图

其次，二者产出的时机不同。业务流程图产生于业务梳理阶段，当确定了业务开展需要涉及的干系人、操作环节和流程细节以后，便可输出业务流程图；系统流程图是产品经理对业务需求进一步拆解细化，明确业务涉及的系统逻辑后形成的系统解决方案，产生于需求分析阶段。需要说明的是，系统流程图并不是产品需求文档，要求能快速产出并能及时调整。所以在梳理系统流程图时，不需要面面俱到，只需要把握住大轮廓即可，图中的细节可以在编写产品需求文档时再慢慢细化。

再次，二者的受众对象不同。业务流程图的主要受众是业务部门的相关人员，重在清晰地描述业务流程；系统流程图的主要受众是产品经理、研发和测试部门的相关人员，重在描述系统边界、系统处理逻辑。

最后，二者的使用场景不同。业务流程图常用于业务部门的相关人员做流程梳理、工作安排与人员分工；系统流程图常用于制定系统解决方案、系统逻辑梳理和系统分工。

总结一下：业务梳理使用业务流程图，系统逻辑梳理使用系统流程图。掌握了二者的区别与联系以后，我们便能灵活应用了。

4.2.2　基础数据建档系统流程

基础数据是所有业务开展的基础，我们在设计基础数据时，应保证企业内部各系统中的基础数据一致，且源头统一，一般将重要的基础数据都放在基础数据中心，由此系统统一管理和分发核心数据，切忌遍地开花。

商品和供应商的建档比较严格，一旦出错后果比较严重，所以审批相对严格，同时，完整的商品和供应商数据需要各个部门共建，如商品基本信息由采购部门收集、资质信息需要质管部门核验，财务信息由财务部门填充，所以一份数据经常需要多个部门分步完善以后才能形成最终的有效数据。

　　图 4-10 是商品和供应商的系统建档流程，有效数据生成以后，方能通过接口或者 MQ 等方式通知外围依赖系统。

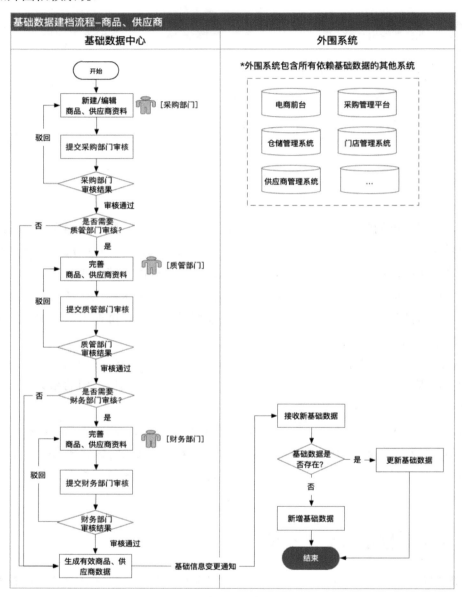

图 4-10　商品、供应商建档系统流程

　　其他基础数据如商品类目、公司、仓库、门店、物流、销售渠道等的信息创建比较简单，且不经常变化，由集团总部在基础数据中心中统一创建后分发到各业务系统中即可，如图 4-11 所示。若考虑到数据安全问题，可以增加一级审批流程。

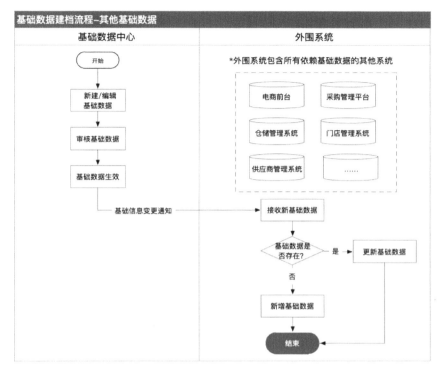

图 4-11　其他基础数据建档系统流程

4.2.3　采购入库系统流程

采购入库系统流程由采购人员在采购管理系统中发起，最终由财务部门的相关人员在财务系统中完成付款并核销，如图 4-12 所示（图中仅展示了正常月结方式下的财务流程，若为预付款方式，区别在于采购订单建立后，采购人员先向财务部门申请打款，待财务部门付款以后，供应商再发货，其他环节处理无差异）。

① 采购人员提交采购申请，审核通过后，开始寻找供应商、询价、谈判、签订合同以后，在采购管理系统中创建采购订单（PO，也叫采购单），并提交审核，审核流程可根据采购订单的金额设置不同的审批流程，审批流程可与 OA 系统打通。为增加与供应商的协同，采购订单创建后，可以推送到供应商管理系统中，供供应商及时查看并回复。

② 供应商在供应商管理系统中确认采购订单，如果采购数量无法满足，也可在系统中告知，以便采购人员及时联系其他供应商。供应商确认以后，采购订单进入审核流程。

③ 供应商在供应商系统中预约送货，仓储管理系统会开放每天的收货能力供供应商预约合适的送货日期和时间段。

④ 供应商如期送货到仓库，分别在仓储管理系统中完成到货登记、收货、验收操作，若验收合格，可正常上架，否则拒收，供应商将商品拉回。验收信息及时回传供应商管理系统，供供应商查看。

　　⑤ 上架员在仓储管理系统中操作完成商品上架以后，将商品上架明细同步至中央库存系统中增加实物库存，此时便产生了可销售库存。

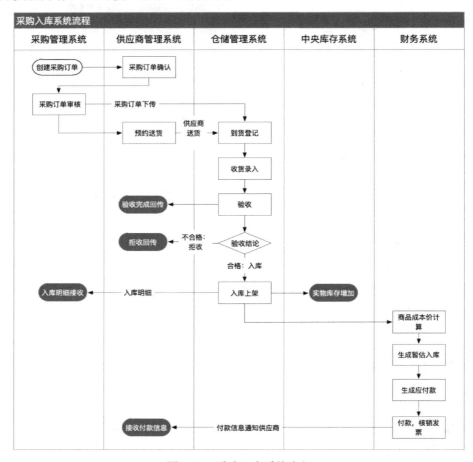

图 4-12　采购入库系统流程

　　⑥ 财务部门的相关人员在财务系统中根据仓储管理系统回传的入库明细，分别完成商品成本价核算、暂估入库、生成应付款、付款和核销发票等。

　　关于库存成本的计算，取决于企业规定的成本计算策略，如先进先出法、后进先出法、加权平均法、移动加权平均法、个别计价法、计划成本法、毛利率法、零售价法等。

4.2.4　销售出库系统流程

　　商品入库以后，中央库存系统中便产生了库存，同时相关人员将可销售库存同步到各销售平台上，即可进行售卖了。一张客户订单的履约一般要经过电商销售平台、订单履约中心、中央库存系统、配送管理系统、仓储管理系统/门店管理系统等多个系统的交互处理才能完成，如图 4-13 所示。

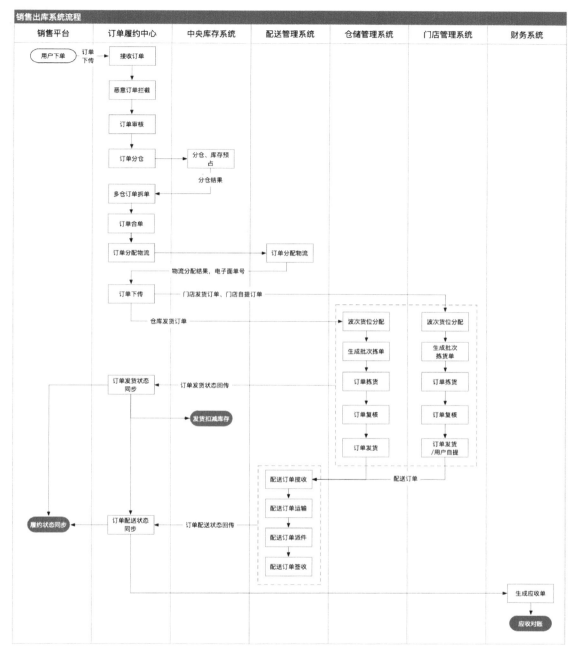

图 4-13　销售出库系统流程

① 无论用户从哪个平台下单，订单最终会被标准化为订单履约中心的订单格式，经过订单履约中心进行恶意订单的拦截、审核、分仓、拆单、合单、分配物流等处理以后，将订单下发到对应的仓储管理系统或门店系统中发货（若是仓库发货，则下发到仓储管理系统中，若是门店发货则下发到门店管理系统中）。

在订单的流转过程中，订单履约中心起着调度和监控作用，就像人体的大脑、电脑的 CPU

一样重要。它会在合适的时机调用外围系统提供的服务，来促成履约，如调用中央库存系统的服务完成分仓、调用配送管理系统的服务完成物流分配。

② 仓储/门店系统接到订单以后，对订单进行发货，并将对应的操作节点状态同步至订单履约中心，然后回传销售平台，让用户能清晰地知晓当前订单的发货进度。

③ 订单在仓库完成发货以后，若是门店自提类订单，则由用户上门完成自提，若是配送类订单，则需要通知物流完成揽收、运输、派件等环节，直到最终用户签收。由于自建物流的成本较高，市面上大部分企业对接的三方物流（顺丰、圆通、中通、京东等），故配送管理系统主要承接物流公司管理、单号申请、物流状态跟踪等职能。若是拥有自建物流配送体系的公司，配送管理系统主要负责车辆管理、排班调度、运输路线、回单等。

④ 订单完结以后，在财务系统中生成应收账款，财务部门将实收账款（包含现金、支付宝、微信、银行刷卡等）与系统应收账款进行对账核销。

4.2.5　门店请货系统流程

当门店库存不足时，便会从中央仓库进行请货，请货流程如图4-14所示。

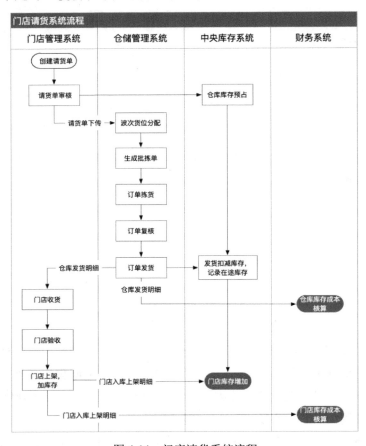

图4-14　门店请货系统流程

①　门店负责人在门店管理系统中提交请货申请并审核。为防止超卖，请货单审核通过后，最好向中央库存请求预占库存，代表此部分库存已经被门店请货单占用了，其他渠道不能再下单。

②　请货单下传到仓储管理系统中，仓库会集中多个门店的请货单一起安排波次、货位分配、生成批拣单、拣货、复核、发货。发货以后，由于仓储管理系统中库存已经扣减，故需要通知中央库存系统同步扣减库存。但由于此部分库存不是真正地售出，故可以记录为门店在途库存，以便能无死角地进行监控。

仓储管理系统发货以后，财务系统会根据发货明细计算仓库的库存成本。关于仓库的成本核算方式，也是取决于企业的成本策略，大体分两种情况：①如果仓库和门店单独核算成本，则仓库出库以后，需要重新计算仓库的商品成本；②若仓库和门店同属于一个财务主体，共用中央仓库的成本机制，则请货只是库存的转移，不涉及成本计算。

③　门店收到货以后，在门店管理系统中完成收货、验收和上架，同时，上架明细传给中央库存系统增加实物库存，以及传给财务系统核算门店成本（门店入库成本取仓库的出库成本）。

这里有一个细节需要注意，门店实际收货的数据可能和仓库发货的数量不一致，如路途破损、丢失等。所以门店最终应该以实际上架明细记录库存并进行财务核算。

4.2.6　客户退货退款系统流程

仓库发货以后，若客户要求退货退款，则需要触发退货+退款两项系统流程，如图 4-15 所示。

①　客户在前端销售平台中发起售后申请，售后申请下达售后系统中进行审核。审核可根据规则定为系统自动审核或客服人工审核。

②　若退货申请不符合退货标准，售后系统需将驳回原因反馈至客户端，供客户查看，客户可以申请仲裁或再次发起申请。若审核通过，售后系统需反馈售后的退货地址到客户端，以便客户将商品寄到指定的仓库。关于售后地址，有的企业是全国统一的退货地址，有的企业在每个仓储点设立一个退货仓库，用以承接本仓发出的商品原路退回，最好由售后系统按业务规则配置。

③　客户将商品回寄以后，在客户端回填物流单号（如果像淘宝的售后一样与物流服务提供商系统进行对接了，物流单号可由系统自动回填），同时，售后系统生成退货单传到仓储管理系统中。

④　仓库收到退货商品以后，分别由收货员、验收员、上架员在仓储管理系统中完成退货的收货、验收和上架操作。上架完成以后，同步中央库存和实物库存。

⑤　商品入库以后，告知售后系统货物已退回，若需要退款，则触发财务系统的退款流程。退款分为自动退款和人工退款两种情况，若需要人工退款（如由于商品质量原因，客服与客

户协商不按原金额退款），则由客服人员在售后系统中创建退款申请单推送财务系统，由财务人员审核后操作退款。

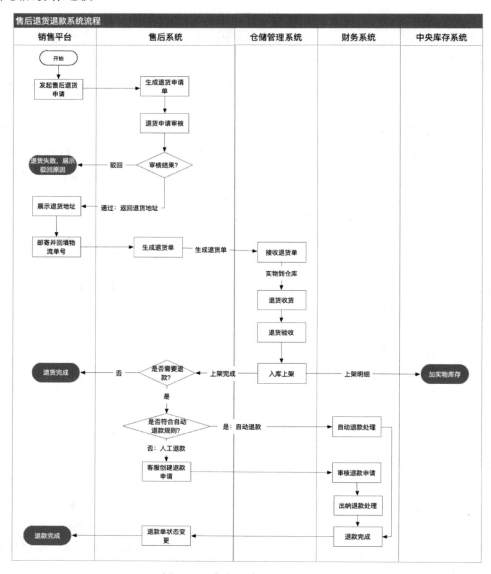

图 4-15　客户退货退款系统流程

系统在处理退款时，要遵循以下两个原则。

① 一定要确保商品完整无误地返回仓库以后才能退款，而且有支付记录才需要退款。如果是货到付款的包裹拒收触发的退货，是不需要退款的。

② 退款最好按原路返回，这样可以有效地规避某些客户故意用信用卡套现等风险，当然，在特殊情况下，如物流公司代收的货款，无法原路退回，这时需要和客户商量一个有效确保双方利益的退款方式。

4.2.7　门店退货系统流程

门店退货系统流程是门店请货系统流程的逆向流程，如图 4-16 所示。

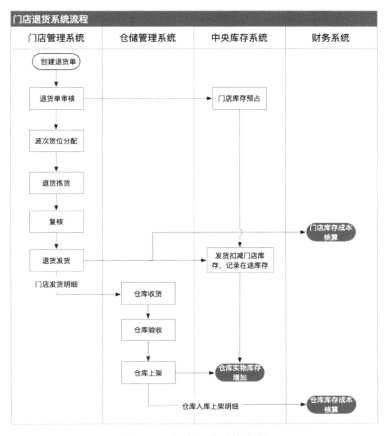

图 4-16　门店退货系统流程

① 门店管理员在门店管理系统中创建退货单，审核以后，通知中央库存系统预占库存，并在门店管理系统中完成退货单的货位分配、拣货、复核和发货，发货以后通知中央库存系统扣减门店库存，以及在财务系统中完成门店库存成本核算。

② 仓库收到门店返仓的商品以后，在仓储管理系统中完成收货、验收和上架操作，上架以后，通知中央库存系统增加仓库实物库存，以及在财务系统中完成仓库的库存成本核算。

4.2.8　退供应商系统流程

退供应商系统流程和电商出库系统流程略有不同，电商出库一般订单明细较少，需要合并多张订单为一张批拣单，按批拣单拣货后再按照订单进行分发（俗称播种），如此效率最高。但退供应商一般是将大批量商品一次性退给供应商，可以用批量拣货，也可以按单拣货。在系统设计的时候，我们可以将二者的系统功能合二为一，也可以分开设计。

完整的退供应商系统流程如图 4-17 所示。

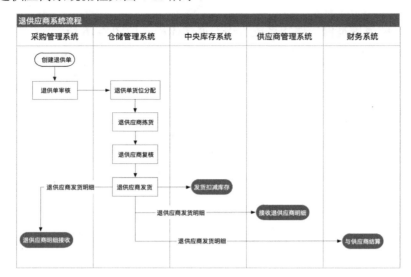

图 4-17　退供应商系统流程

① 采购人员在采购管理系统中创建退供单，并提交审核，审核通过后，将退供单传到仓储管理系统中。

② 由仓储管理系统完成退供单的货位分配、拣货、复核和发货。发货以后，分别通知采购管理系统、中央库存系统、供应商管理系统和财务系统处理退货结果、库存处理和供应商结算。

4.2.9　订单取消系统流程

我们常说的订单取消都是指订单在发货前取消，发货以后的订单取消就走售后退货流程了。完整的订单取消系统流程如图 4-18 所示。

系统在处理订单取消时，按照订单当前所处的履约状态，分为 4 个阶段，其处理逻辑各不相同。

① 如果订单已发货，说明包裹已经在运送途中了，这时已经超过了系统能够拦截、取消订单的最后时机，故订单取消失败。

② 订单在订单履约中心中尚未分仓：可直接取消，通知财务系统退款。

③ 订单已分仓，但尚未下发仓库/门店：此时订单尚处在订单履约中心中，但已经分仓预占库存了。此环节的订单可以取消成功，但需要释放中央库存系统中的预占库存，并通知财务系统退款。

④ 订单已下发仓库/门店，但尚未发货：由于仓库/门店发货回传存在一定的滞后性，为保万全，订单履约中心需要询问仓储管理系统和门店管理系统，如果仓储管理系统和门店管理系统判断订单未发货，则取消订单，已拣货的商品需要还货上架，然后回告订单履约中心，此订单可取消，订单履约中心再处理本系统的订单取消逻辑，释放中央库存系统中的预占库

存，并通知财务系统退款。

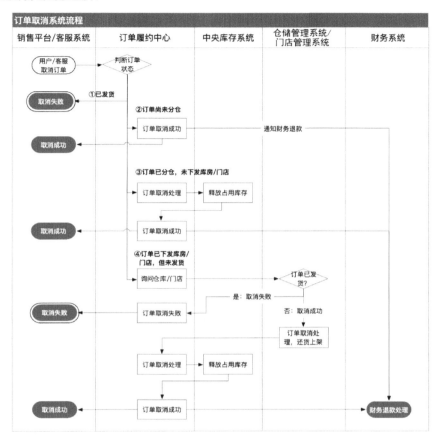

图 4-18　订单取消系统流程

4.2.10　客户换货系统流程

客户换货分售前换货和售后换货两种场景，如图 4-19 所示，在系统处理方面，根据原订单是否已发货为分界线。

若原订单未发货，对应换货的流程是在售后系统中将原订单取消，同时下发一张新商品的出库单，对应的是原订单的取消和新订单出库两个系统流程。

若原订单已发货，对应换货的流程是售后系统先生成原订单的退货单并下发到仓储管理系统中，待客户将原订单商品退回以后，再下发新订单的出库单至订单履约中心。对应的是原订单的退货入库和新订单出库两个系统流程。

无论是售前换货还是售后换货，在系统设计方面一定要保证原订单商品成功返库后，才能将新订单发出，否则存在原订单商品发给了用户而没有返回，新订单商品又再次发给用户的风险。

简单的换货只涉及商品等价交换，不涉及金额的交割，复杂的换货涉及原订单和新订单的价格差，体现在系统中便是根据新老订单的价格差进行多退少补。

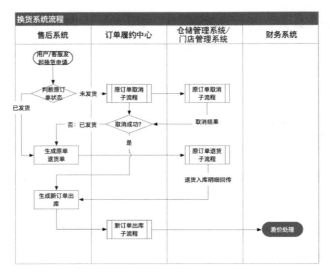

图 4-19　换货系统流程

4.2.11　仓间调拨系统流程

仓间调拨业务体现在系统层面，就是两个仓库之间的库存转移，调出仓的出库——减库存，调入仓的入库——加库存，如图 4-20 所示。

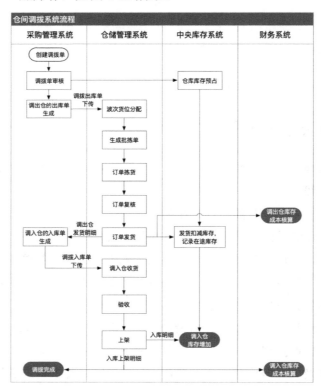

图 4-20　仓间调拨系统流程

① 采购人员在采购管理系统中创建调拨单（有的企业也会由仓储部门或供应链计划部门发起），审核以后，生成调出仓的出库单下发到调出仓的仓储管理系统中。

② 调出仓完成调拨单的出库后，将调出明细回传采购管理系统，采购管理系统再生成调入仓的入库单下发到调入仓的仓储管理系统中，同时通知中央库存系统扣减调出仓实物库存，并记录调入仓的在途库存。

③ 调入仓收到实物以后，在仓储管理系统中完成收货、验收、上架等操作，并将入库明细分别同步到采购管理系统、中央库存系统和财务系统中做相应系统逻辑处理。

仓间调拨和门店请货、门店退货在库存和财务方面的处理逻辑一样，本质上都是库存的转移。

4.3　拨云见日：供应链中台大揭秘

说起中台，从去年的风光无限，到今年的跌下神坛，再到现在的回归理性，人们对中台的认知终将会回归其价值本身。中台的价值到底在哪里？供应链中台又为何物？我们一起来揭开它们神秘的面纱。

4.3.1　中台与供应链中台

中台的兴起，源于阿里巴巴在 2015 年提出的"大中台，小前台"战略。其核心思想是借鉴一家位于赫尔辛基的游戏公司 Supercell 的游戏制作方式，以及美军 10 人左右的小团队作战体系，通过强大的后端支撑能力，灵活高效的调整战略手法，快速适应前端业务。

中台化的理念并不是全新的，只是在那个时间点被推上了风口。中台化突出的是一种思想，其本质是复用和共享，指导我们将复杂的场景抽象化，将通用的功能复用。从表现上看，它可以是一个系统，也可以是一群跨系统的合集，还可以是某个系统中的一个小模块，甚至可以连系统都不是，只是一种业务形态即可，只要能够快速应对不同的业务场景，我们都可以称之为中台化，无论是供应链中台，还是数据中台、业务中台，本质上都是如此。

同时，中台也不一定只有一个，在大型公司里，可以存在多个中台（每个业务都有其自己的中台），也可以以前台-业务小中台-集团大中台的形式呈现，毕竟实现方式只是手段，解决业务问题才是目标。

在电商新零售的整个业务和系统架构中，供应链无疑是处于后端的一个极其重要且复杂的体系，特别是多平台多业务都需要共用供应链能力的时候，它几乎无处不在却又深不可测，商品、订单、库存、仓储、物流这些环节环环相扣，一不留神就会出现一些隐藏在冰山之下的疑难杂症，解决起来费时费力，直接影响订单履约的效率。于是如何能让这个庞然大物以小清新的姿态呈现给前端各业务，让不同的业务都能够共用，且能迅速地接入，便是供应链中台的职责了。就像一个工厂一样，我们需要将我们复杂的底层能力进行加工、封装，输出为业务需要的能力，这个过程便是供应链中台化。

4.3.2　供应链中台的演化之路

供应链中台并不是凭空出现的，而是随着业务的发展慢慢形成的，中台的建设也是一个持续完善的过程，没有终点。我们随着 Z 公司的业务发展历程来回顾一下其供应链中台的演化之路。

Z 公司创业之初，主打 3C 数码垂直品类自营业务，为了快速支持业务发展，整个公司就 3 套系统：业务前端 App，运营后台（负责所有电商前后台的业务）和一套简单的仓储管理系统（负责商品的收、发、存、退），产品架构如图 4-21 所示。

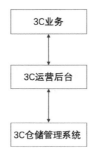

图 4-21　单一业务模式下的系统架构

由于业务简单，Z 公司运营系统和仓储管理系统都是贴合业务自行订制的，所以调整起来非常方便。但随着业务的逐渐壮大，平台中的用户越来越多，单纯的 3C 品类已经无法满足某些用户的需求了，于是公司开始扩品类，让用户在平台中有更多的选择，同时提升平台的销量。为了快速试错，各新品类的业务之间除了共用前端 App 入口和用户，后台业务完全自由发展，以最快速度完成系统实现，于是照搬 3C 业务的系统，每个业务很快都有了自己的运营后台和仓储管理系统。公司业务的系统架构如图 4-22 所示。

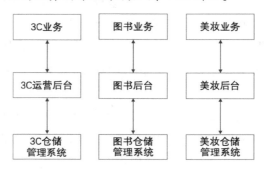

图 4-22　多业务系统架构

新业务的拓展很成功，订单量快速增长。但与此同时，公司也出现了一系列的供应链问题。

① 每个业务拓展以后，都需要自己从前端到供应链末端搭建整套系统，资源严重浪费。

② 每个业务都是自己做供应链，各自为政，自己制定作业标准，服务水平参差不齐，极度影响用户体验。

③ 各个业务之间没有打通，无法资源共享，形成规模效应，供应链成本居高不下。

意识到这样发展下去以后，平台口碑会越来越差，成本也居高不下，于是高层管理人员做出如下决定。

① 成立交易中台团队，主要负责各业务线交易、支付、商品条线的整合与收拢，各业务后台只负责业务端的逻辑。一些交易无法承接的供应链业务，仍然采用从仓储管理系统获取的机制不变。

② 后端单独成立供应链部门，招聘专业的仓储管理团队，将供应链业务（采购、仓储、配送等）进行整合，同时研发了一套标准的仓储管理系统，新开的仓库全都用这套标准系统。

新的业务架构如图 4-23 所示。

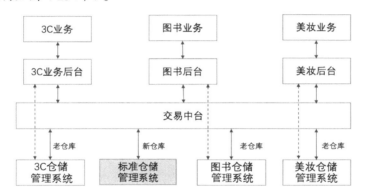

图 4-23　引进交易中台的系统架构

这样的架构确实解决了业务问题，但随之而来的问题是，供应链侧跟着业务的节奏变化太快，也越来越复杂，除了用标准仓储管理系统替换老的各业务自建的仓储管理系统，公司还新开了线下门店仓，以及引入了商家仓，每次业务进行调整，如新开仓库、增加拆单合单逻辑等，交易中台都需要随之调整，只要一次没有通知到位，就必然出现商品、库存、订单下发等一系列问题，任何一次仓储管理系统和门店系统出现调整，交易都需要变动，真是苦不堪言。

这样发展下去当然不行呀，从架构合理性方面来说，交易中台应该更聚焦交易业务，供应链业务应该在供应链团队内部形成闭环，不应该让交易过多地干预仓储的逻辑。于是，各位产品和技术人员根据业务现状，对后端系统边界做了划分，系统架构再一次进行调整，便出现了订单履约中心、中央库存系统和仓储交互中心 3 个系统：由订单履约中心和中央库存系统与交易进行标准接口的交互（订单履约中心负责履约调度，中央库存系统负责所有仓储管理系统的库存调度）；由仓储交互中心与各个仓储管理系统进行对接（包含标准仓储管理系统，门店管理系统和商家仓储管理系统），以此保证信息传递的标准化；交易中台无法承接的业务（如库存、退货），也支持业务直接与订单履约中心和中央库存系统交互。这样供应链中台的雏形就出来了，无论是新开仓库，还是新开门店，所有供应链引起的差异和调整都能在供应链系统内部完成。另外供应链体系还可以同时承接多个上游业务，此时的系统架构如图 4-24 所示。

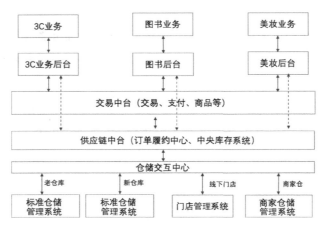

图 4-24　供应链中台初长成

这样的系统架构更加合理了，各方都满意了。然而天下太平的盛况并没有持续太久，业务人员尝到中台带来的甜头以后，又对供应链提出了更高的要求："你们后端的逻辑太复杂了，我们接入时还要了解你们每一个系统的逻辑，好费劲哦，能不能更简单点儿，不要让我们对接这么多系统？"。（你们是为公司创造收益的，是我们的衣食父母，所以服务好你们，解决你们的痛点就是我们中台的职责所在）。于是，为了给业务人员更简单的接入体验，供应链的各位产品研发（简称产研）达人再次踏上了架构优化的征程，这回算是建立真正的供应链中台了，我们把供应链各系统的功能拆散，再按照业务诉求组装成标准化中台服务，以便让业务更便捷地接入，如订单取消功能的提供，在供应链内部需要订单履约中心、中央库存系统、仓储管理系统等多个系统联动，现在只需要中台提供一个接口给业务系统调用就能立马告知订单取消成功或失败。升级后的系统架构如图 4-25 所示。

现在所有的业务都已经接入供应链中台了，这回应该可以舒坦一阵子了吧！正当供应链产研人员沉浸在胜利的喜悦中的时候，又接到一个新的项目：公司要在其他平台上开店了，商品销售系统、订单履约中心、库存系统需要打通，希望新系统一个月上线……好吧，这是一个合理的需求，似乎无法反驳，刚好我们的供应链中台经过一番沉淀以后，似乎只需要增加一个"平台"的属性，就能够跨过自营业务，服务于其他平台了，对于后端供应链来说，自营平台和第三方平台无非只是两个不同的接入方而已（当然自营是亲爹，我们会有更多的 VIP 权限开放啦）。

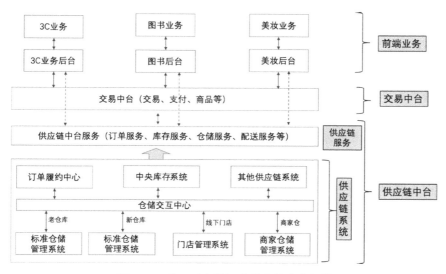

图 4-25　单一平台的标准供应链中台架构

　　于是供应链中台很快就完成了调整，成功地将第三方平台的业务接入进来了。由于每个销售平台的基础数据、订单样式、库存形态不尽相同，总不能让好不容易稳定的供应链中台再为每个平台适配一回吧，为了解决这个问题，引进了一个平台交互中心系统，主要与外部平台对接，将每个平台的差异性放在这一个系统中进行标准化处理以后，再与供应链中台进行对接，这样中台内部就不用受到平台业务差异的影响了。反向与各平台交互的时候，也是同样在这一层进行反向输出。跨平台的供应链中台架构，如图 4-26 所示。

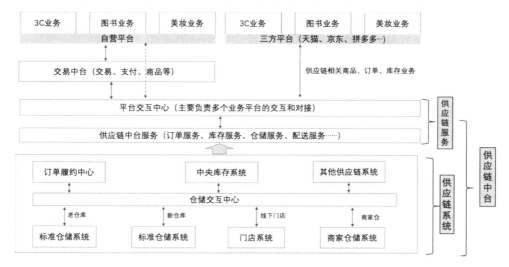

图 4-26　跨平台的供应链中台架构

　　故事讲到这里似乎圆满结束了，然而业务的发展并不像电视剧一样会有剧终。如同我们设计所有的 B 端系统一样，始于业务发展，也终将止于业务发展，供应链中台不断沉淀，带来的是系统架构的日益复杂和组织人员的增加，系统比创业之初臃肿多了，对于已经有接入先例的业务，我们当然能够快速应对，体现中台的威力。但有一天出了意外，原因是业务方带来了一个新的业务模式，目前供应链所有的底层能力都无法支持，如果进行调整，则工程量将巨大，还会影响其他已稳定的业务。经各方评估以后，最终的结论是：为了快速试错，业务侧产研人员决定自行搭建一套运营和供应链体系。

一切仿佛回到了企业刚发展之初那样……。

这是一个周而复始的故事，Z 公司在不断发展的过程中诞生了供应链中台，并将供应链能力逐渐沉淀，为更多的业务赋能，但由于新模式的接入和系统架构的日渐复杂，供应链中台最终又成为了业务发展的瓶颈。

中台是把双刃剑，使用得当会产生极大的价值，但若使用不当反而会连累业务，因为它并不是万能钥匙。

4.3.3　供应链中台产品架构解析

如果某公司在天猫、京东、美团、拼多多、头条等电商平台都开店，且业务覆盖全品类商品（3C 数码、电脑办公、图书影像、食品生鲜、医药保健等），若所有平台的店铺想共用采购、商品、仓储、库存等供应链能力，如需要商品在各个平台上同时售卖且从同一仓库发货，这就需要订单履约中心、库存管理系统、仓储管理系统同时对接多个平台的业务，这便是供应链中台能力。我们需要将底层供应链的基础能力变成中台服务，提供给各平台、各业务共用（如库存的同步、仓库的接单发货等），于是，在现有各供应链系统之上便出现了一层中台服务层，此服务层负责将供应链能力输出给业务侧，它可以是由某个底层系统直接提供，也可以是由跨多个系统封装而成的服务，这便是供应链中台的形成。

一个典型的供应链中台产品架构如图 4-27 所示。

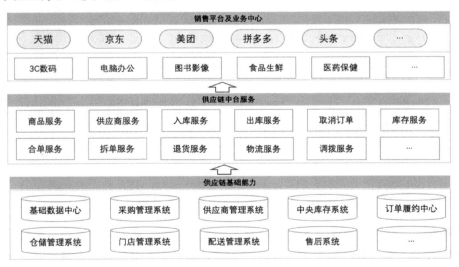

图 4-27　供应链中台产品架构

在供应链中台架构中，最核心的就是将基础能力输出为能被业务快速接入的中台服务，我们将输出的过程抽象成一个通用的模型，暂且叫作"中台能力输出模型"，如图 4-28 所示。

① 底层支撑。这是最底层的基础服务能力，但相对专业、烦琐，外行人可能不好理解。例如，基础数据、履约、仓储、配送的能力，光专业名词术语学习起来就比较费劲了，更不用说深入了解其底层逻辑了。

② 中台加工。这就是我们的中台化过程，将底层能力进行加工输出，抽象为通用的可以解决业务问题的服务，让业务人员可以不用关注内部细节，直接使用就行。

图 4-28　中台能力输出模型

③ 能力输出。这是中台服务的表现层，根据业务需求组装完成的服务工具，业务人员可以直接拿来使用，表现层可以是接口、消息、页面等多种形式。

中台的加工过程可以分为两种形态：能力合并和能力拆分。

① 能力合并。将多个分散的能力聚合到一起提供完整的解决方案，供业务人员调用，组装过程如图 4-29 所示。

图 4-29　中台能力合并输出

② 能力拆分。将一个大的能力进行拆分，拆解成一个个可以独立运作的服务单元，供业务人员调用，如图 4-30 所示。

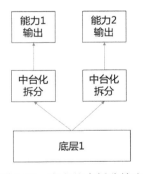

图 4-30　中台能力拆分输出

例如，Z公司底层有多套仓储管理系统和多套配送管理系统，通过中台化能力加工以后，将所有的仓储管理系统抽象为标准的仓储能力输出，将配送管理系统抽象为标准的配送能力输出，同时将仓储和配送能力合并后输出仓+配能力，这便为业务方输出了3种供应链中台能力：仓储能力、配送能力和仓+配能力，如图4-31所示。至于底层有多少套具体的仓储管理系统和配送管理系统，逻辑有多复杂，业务方无须知晓。

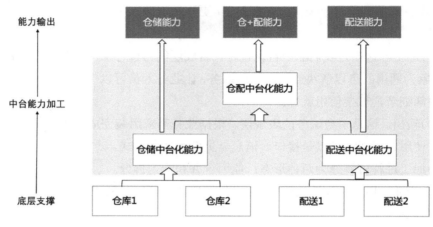

图4-31　仓配中台化示例

4.3.4　供应链中台的优与劣

在供应链领域中，系统都是为业务赋能的，否则系统就没有存在的意义了。供应链中台的搭建，可以为业务方解决以下问题。

① 公用的系统功能共享，避免研发资源浪费、重复开发。同时，通过中台提供的通用解决方案，也可以避免各业务各自为政的情况发生。

② 业务之间相互赋能，取长补短。例如，为A业务提供的功能，刚好B业务也需要，则可以直接提供给B业务使用，支持B业务的发展。

③ 将后端供应链能力打包提供标准化解决方案，让业务开展更加简单、快捷，可以支持业务快速试错。

④ 通过中台将不同业务聚合，产生规模化效应，形成合力。例如，接入三方物流配送时，如果各业务独自对接，由于包裹单量较少，无法拿到低价折扣，但如果通过供应链中台，将各个业务单量汇总起来，便可以与物流服务提供商议价，拿到一个更低的折扣价格。

⑤ 跨平台、跨系统功能聚合，让业务方不需要操作多个系统。很多操作和数据原本需要跨多个系统才能完成，如商品的相关数据需要从基础数据中心获取，订单信息需要从订单履约中心获取，库存需要从中央库存系统获取，但通过供应链中台将功能聚合以后，就可以为业务方提供一个完整的查询功能了，一个页面搞定所有数据。

供应链中台有很多好处，但也并不是家家都适用。如果搭建供应链中台，一般需要具备以下几个条件。

① 公司有多平台、多业务形态，并且各业务有共性，如商品共用、库存共享等。有一个最基本的原则判断某一项功能是否需要中台来实现，便是"此功能是否有两个以上的业务在使用"，如果只有单平台、单业务，建设中台的意义就不大了。

② 公司有多仓储配送形态，供应链中台可以将仓储配送能力标准化输出，减少业务方与每个仓储和配送管理系统对接的难度。

③ 公司业务模式比较清晰，业务相对稳定，整体框架不会有大的变动，这时才适合搭建中台，如果业务模式一直在调整中，中台是无法成型的。

以上三点是客观条件，还有第四点，属于主观条件但非常重要。

④ 中台建设往往要跨多个业务和组织，如果不纳入企业战略计划，没有企业高级别的管理人员（如 CTO 或 CEO）主导推进，很难有成效，毕竟业务部门都需要背 KPI，配合做中台在短期并不会为其带来效益。所以，战略推进中台建设很重要。

当然，如果使用不当，供应链中台的弊端也是相当明显的。

① 如果各个业务之间的供应链差异很大，不适合用供应链中台强行聚合到一起。

② 如果业务发展很快，中台功能尚不够完善，而研发资源又不足，很容易成为业务发展的瓶颈。

③ 因为中台的建设需要以标准和通用为原则，需要考虑各业务的共性和相互影响，在中台功能还比较薄弱时，其升级迭代难度比独立开发系统的难度要大。

4.3.5　供应链中台实用设计方法

在搭建供应链中台时，需要遵守三个原则。

① 包容性原则。中台需要支持各种业务的接入，且允许不同业务之间的细微差异存在。不能接受业务差异的中台是不可靠的，尤其是供应链，需要支持不同平台的业务，各平台的业务规则存在一定的差异是在所难免的。

② 稳定性原则。中台应该是个相对中立的系统，不是为某个平台或业务量身定做的，所以必须保证主体结构的稳定性，不能随着业务的发展，随意调整底层逻辑。

③ 可扩展性原则。中台系统不是一次性的，用完即扔，也不是为某一个业务而单独设计的，所以在设计时要兼具扩展性和开放性，能够扩展更多场景、更多功能和更多业务。

分享一些在供应链中台搭建过程中经常用到的设计经验，供大家参考。

① 努力提升复用性。能不能复用是衡量中台价值的一个很关键的参考因素。在梳理系统边界时，要将多业务通用功能提炼、抽象，并下沉至中台，而不通用的功能可以留给业务系统自行实现，保证中台的稳定和纯净。例如，基础数据、仓库权限、库存等功能，都是各个业务通用的功能，便可以交由供应链中台统一承接，避免业务重复建设。但如果每个接入的业

务方有不同的业务规则，如 A 业务要按仓库分配物流，B 业务要按地区分配物流，双方逻辑互斥无法达成共识时，可以将物流分配的功能交给业务侧处理，中台仅提供物流信息的输出和接收分配的结果。

② 贴合业务做中台。中台和平台最大的区别是平台只提供各种组件让业务自行组合，不参与业务，而中台则更贴合业务。在设计时，尽可能将跨系统的功能集成，为业务方提供一站式解决方案，可以降低业务接入的难度。例如，订单查询功能的集成、中央库存集成、跨系统取消订单功能集成等。

③ 求同存异和业务共建。当遇到某些业务无法完全统一的情况时，可以由中台负责整体节点控制，但在某些分支可以开放个性化的需求窗口给各业务侧来填充，这是设计模式中的工厂模式思想。例如，订单下发至订单履约中心以后，有个订单审核的环节，用于排查疑似恶意订单和异常订单的审核处理。由于每个业务对异常订单的审核标准不同，订单审核如果都由订单履约中心实现，则相关人员需要梳理所有业务侧的规则，这种业务规则并不是供应链中台应该关心的，便可以将特殊审核的逻辑开放给业务系统来实现，订单履约中心只需要在订单审核的节点上调用对应业务系统的接口来获取审核结果即可。如图 4-32 所示。

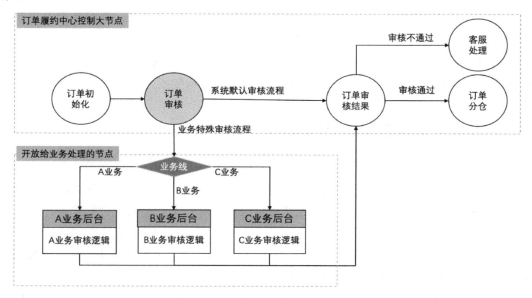

图 4-32　订单节点开放给业务系统

④ 链路配置不同业务场景。当不同的业务需要走不同的流程时，可以通过链路配置的方式来实现。例如，仓库入库支持到货登记、收货、验收、拍照、上架 5 个节点，但并不是所有的业务都需要这 5 步操作。于是我们就可以增加一张配置表，按照业务配置不同的链路，在仓储管理系统中入库时，便能按照此链路配置驱动不同业务走不同的入库流程了，当上一个节点操作完成后，系统会根据配置自动跳转到链路中的下一个节点，如图 4-33 所示。

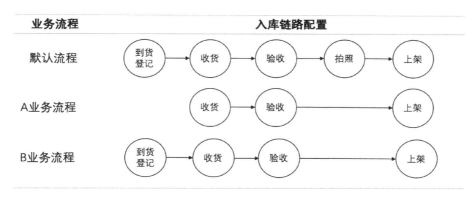

图 4-33　入库链路配置

⑤ 通用字符串与枚举值扩展新场景。当业务场景越来越多时，今天要按业务送精美礼品、明天要求按平台使用不同的包装，我们不能总是要求技术人员扩展新字段来记录新的业务，特别是关键表单，每每调整可能影响上下游企业，但业务也不能不支持，那怎么办？相关人员可以定义一个长字符串，如 0000000000，这是一个 10 位的字符串，我们可以对每一位分配 0～9，A 到 Z 等不同的枚举值，每个值代表一种业务属性。例如，第一位代表平台，第二位代表包装属性（普通包装、精美包装等），1000000000 代表自营订单，2000000000 代表第三方平台订单，1100000000 代表自营平台的精美包装，字符串的位数可以不断扩充，枚举值也可以扩充，还可以进行两位组合、三位组合等，这样就可以扩展无数的场景了。

⑥ 通用属性和扩展属性搭配妙用。不同的业务、不同的商品品类之间存在一定的差异，但作为中台需要兼容，该怎么办？我们可以把属性分为通用属性和扩展属性两组。所有业务和品类都通用的属性通过通用属性存储，每个品类个性化的属性用扩展属性存储，可以通过长串报文将商品和业务的属性放到数据库中的一个字段中进行存储。这样通用属性和扩展属性搭配便能存储全品类商品信息了。例如，在设计商品相关的功能时，商品编码、名称、类目是每个品类都必需的，这一类数据便放在通用属性中，而图书的版本、手机的网络制式、衣服的尺码等，属于每个品类特有属性，就通过扩展属性来存储。

不仅是商品属性，标准订单状态+扩展订单状态、标准商品库+业务自有商品库、通用操作+个性化操作等场景都可以按此思路来设计，以达到供应链中台兼容不同业务的目标。

⑦ 通过扩展字段来适配不同的属性。再强大的系统也不可能囊括所有行业的业务属性，但可以留出空间给用户自定义。不同于上面将扩展属性通过长报文存到一个字段中，此设计思路是通过扩展不同的字段存储不同的属性，但数据库中同一个扩展字段对应不同的业务存储的属性不同，此类设计在用友、金蝶等将软件服务商的产品形态上比较多见。

例如，某公司在做商品属性设计时，在数据库中总共设计了 10 个字段，前 4 个字段为固定字段，存储通用属性（商品 ID、商品名称、规格、类目），后 6 个扩展字段预留给用户自行配置，存储各行业个性化的属性，如图 4-34 所示。

字段1	字段2	字段3	字段4	字段5～10（扩展字段）
商品ID	商品名称	规格	类目	扩展属性存储：由各行业用户自定义页面显示名称和存储的内容。

图 4-34　固定字段与扩展字段设计

现有手机行业用户 A，配置了扩展字段 5～9，分别对应内存、容量、网络制式、主屏幕尺寸、运营商；服装行业的 B 用户，配置了扩展字段 5～8，分别对应货号、尺寸、风格、材质。于是，A、B 两个用户在使用系统时，便能分别看到不同的属性名称了，但在数据库中 A、B 两个用户对应同样的扩展字段，如图 4-35 所示。

A用户：手机行业　　　　　　　　　　　　　　　　　*同样的扩展字段存储不同的属性

字段1	字段2	字段3	字段4	字段5	字段6	字段7	字段8	字段9	字段10
商品ID	商品名称	规格	类目	内存	容量	网络制式	主屏幕尺寸	运营商	—

B用户：服装行业

字段1	字段2	字段3	字段4	字段5	字段6	字段7	字段8	字段9	字段10
商品ID	商品名称	规格	类目	货号	尺寸	风格	材质	—	—

图 4-35　扩展字段存储不同属性

⑧ 灵活使用适配器保证供应链中台的稳定性。为了保证供应链中台内部逻辑的一致性，可以通过适配器来将外围各业务逻辑转换为供应链体系认可的标准，这样就能将差异在供应链中台之外解决，不用供应链中台来迁就业务了，保证了中台架构的稳定性。通俗的说法就是映射。如不同平台的地址库的统一、不同平台 SKU 编码的统一、不同业务订单状态的统一等，都可以通过适配器来进行转换。

⑨ 系统参数很重要。做中台，不可能百分百标准化，难免会遇到不同业务要求、不同逻辑的情况，这时，就可以增加一张系统参数表，使用系统参数来配置不同的业务逻辑。例如，A 仓订单需要合单，B 仓订单不需要合单，为了同时响应两个仓的业务诉求，便可以增加一个"是否需要合单"的参数，配置为"是"则合单，为"否"则不合单，由 A 仓和 B 仓自行配置。

⑩ "借花献佛"也不错。供应链中台的设计是为了解决业务接入难的问题，有些能力如果其他系统已经具备，我们可以"借花献佛"，并不需要所有功能都自己实现。例如，中央库存系统对外统一提供库存服务，如果某业务需要关注批次库存，但中央库存系统并没有管理到此维度，我们可以直接将仓储管理系统中的批次库存能力封装后对外提供即可，并不需要为此业务单独升级底层架构，只要能够满足业务诉求，借花献佛也不错。

⑪ 功能分而结构合。有的时候我们不得不面临多个业务的需求不一样，但我们又不得不同时满足的情况。在这种情况下，如果把多个业务的需求强揉到一起，系统必然会变得不伦不类，既如此，不如将操作功能完全分开，但保证底层单据的状态、表的结构一致，如此仍然

是一个完整的中台系统。例如，门店和大仓都使用收货功能，但由于门店人力和场地都有限，无法像大仓一样做到精细化管理，此时我们便可以分别为门店和大仓设计各自的收货功能，从操作层面上完全独立，但底层结构仍然是一体的，丝毫不影响中台的整体建设。

以上只是众多设计经验中的点滴，有关供应链中台的搭建，产品设计和架构设计在思想上是相通的，感兴趣的朋友可以多看一些与设计模式相关的书籍，对提升我们自身的规划能力有极大的帮助。

4.4　进阶之路：供应链系统设计内功心法

我们总是羡慕他人的产品基本功扎实，羡慕他人绘制的产品图清晰大气，羡慕他人在工作处理方面游刃有余，"他人"无处不在，总让我们望洋兴叹，何时我们才能像"他人"一样优秀？临渊羡鱼，不如退而结网，只要我们在日常工作中善于总结和积累，找到正确的学习方式，然后潜心研习，总有一天，我们也会成为别人眼中的"他人"。下面介绍几个木笔总结的供应链系统设计内功心法，便于我们更好地设计供应链系统。

4.4.1　B 端系统设计必备"六脉神剑"

糟糕的产品经理在填坑，普通产品经理在砌墙，优秀的产品经理在打地基。

做产品设计时，虽然不像系统开发需要考虑那么多的设计模式，但大道相通，产品经理在做产品设计时一样需要有优秀的架构思维，才能保证产品底层架构夯实，有能力承接不断调整和变化的业务，不至于让任何业务的变化都给系统带来灾难性的调整。本节总结了 B 端系统设计的六脉神剑，分别是抽象思维、脉络思维、极简思维、积木思维、闭环思维、管道思维，这 6 个系统设计思维，不仅适用于供应链系统设计，同样适用于其他 B 端系统设计，望君采纳。

（1）第一脉：抽象思维

抽象思维是一种总结、提炼事物共性的思维，考验我们的思维逻辑。如果两个业务场景的大部分功能都相似，只有少部分不一样，我们就可以将它们抽象为一个通用的底层功能，并在此基础上拓展不一样的业务逻辑，而不是为每个场景单独设计一套功能。

抽象的好处是可以极大地提升系统的复用性和稳定性，将已有的功能聚合，在核心逻辑不变的前提下快速接入其他业务。

众所周知，库存是供应链中最核心的逻辑，几乎所有供应链业务的开展都会导致库存的变化，采购入库，销售出库，用户退货，退供应商，盘点……如果每增加一个业务，我们都需要在仓储管理系统和中央库存系统中对库存底层逻辑加以调整的话，那简直是不可想象的，一旦处理不好，不但无法为新业务提供支持，还会因为动了核心库存逻辑而影响已经在运行的业务，风险甚大。

通过分析，我们发现所有业务的本质无非就是加库存和减库存，不同的只是业务开展的形态。于是，我们将库存的处理抽象为加、减底层核心逻辑，对外提供标准服务，在此之上扩展一层业务接入层以便进行业务对接，如图4-36所示。如此一来，底层库存服务只需处理加减数量，不会轻易变动，无论上游业务如何变化，只需要在业务接入层做调整即可，不会影响其他业务。

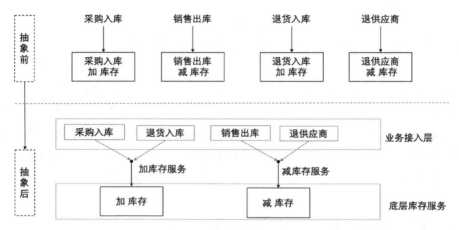

图 4-36　库存服务的抽象化

（2）第二脉：脉络思维

脉络思维是将模糊混乱的业务进行分析、拆解、细化，直到一个个清晰的功能点，建议如下。

① 将模糊的需求具象化。在面对业务方提出的一句话需求时，不用惊慌，这时，就需要我们发挥庖丁解牛的精神，层层拆解直到可以落地的最小颗粒度，其解决方案也就明了了。

② 把混沌的逻辑分层化。如果一个业务涉及多个上下游系统或多个逻辑之间的交互时，不要将其混为一谈，应该从核心逻辑出发慢慢梳理，将不同系统之间的边界和层次划分开来。

③ 把交织的场景解耦化。理想的设计是一个功能完成一个业务场景，如果一个功能中涉及多个角色、多个操作或多个场景时，就要考虑解耦，将其分成多个功能需求来实现。

有了清晰的脉络思维，无论面对多么复杂的业务，我们都可以从容面对。系统功能被充分解耦以后，逻辑更清晰，也降低了系统的复杂性，不至于牵一发而动全身。

仓储管理系统中的库存盘点功能经常出错，原因是盘点员、盘点主管和仓储经理都在一个页面中操作，盘点员做盘点计划、盘点主管负责盘点差异的处理和提交、仓储经理负责盘点审核。由于页面共用而没有做权限控制，相关人员经常出现误操作的情况，盘点员不小心误操作了盘点差异处理和盘点审核。

后来，产品经理小Q将盘点功能一分为三，拆解成了盘点计划、盘点差异处理和盘点审核三个页面，如图4-37所示，通过菜单分别管理盘点员、盘点主管和仓储经理的权限，此后再也没有出现过误操作的情况。

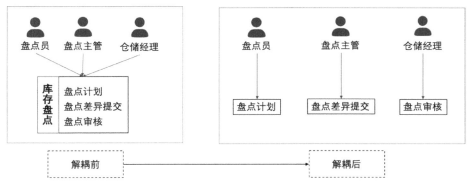

图 4-37　盘点功能解耦化

（3）第三脉：极简思维

大道至简，好的产品是简单的，好的业务是纯粹的。无论是业务流程设计，还是系统设计，我们都要尽量追求极简，极简的流程可以极大地降低人工成本，极简的系统操作起来更加流畅、出错率低。建议如下。

① 流程极简，系统极简。B 端系统设计，流程大于交互，相关人员首先要思考流程的极简，其次考虑如何围绕流程来实现系统功能的极简。

② 架构极简，化繁为简。系统架构应尽量简单，多系统交互时，参考软件设计原则里的迪米特法则：只与你的直接朋友交谈，不跟"陌生人"说话（Talk only to your immediate friends and not to strangers）。与尽量少的系统交互，降低系统之间的复杂性。

③ 页面极简，主次分明，重点突出。页面应该尽量简化，相关人员在进行系统设计时应突出页面核心功能区，让用户一眼就分清主次；核心按钮摆放在更加显眼的位置，以突出重点。

④ 操作极简、效率为先。B 端功能以成本和效率为首要目标，设计时让系统代替人工，极力减少人为操作和人为判断成本。

仓配交互中心系统的设计就是极简思维的应用，符合迪米特法则。假设下游有 3 套不同的仓储管理系统，上游有采购管理系统、订单履约中心和中央库存系统，若需要正常地开展业务，上游的系统需要分别和每个仓储管理系统进行对接，如果再新开一个仓库，则上游的系统又分别需要再与这个新仓的仓储管理系统对接一次，工作量非常大。

但如果引入一层仓配交互层，由仓配交互中心与下游各个仓储管理系统的标准化接口进行对接，上游业务系统统一和仓配交互中心对接即可，无须关注下游有多少套仓储管理系统，如图 4-38 所示，这样即便开了新仓，也只需要新仓储管理系统与仓配交互中心的标准接口接入一次即可。

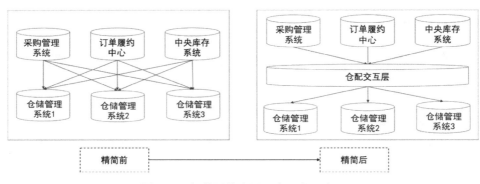

图 4-38　极简思维应用—仓配交互中心

如果我们理解了极简思维，就明白极简并不意味着残缺，而是要求我们能够分清主次，提炼精髓，尽量精简，这是对我们的产品设计功底极大的考验。

（4）第四脉：积木思维

积木思维是现在主流的中台化设计思想，符合 SOA（Service Oriented Architecture，面向服务的架构体系）理念，要求我们把系统功能碎片化，并能够重新组装为新业务赋能。

B 端系统的设计应该和搭积木一样，将庞大复杂的流程化繁为简，先碎片化为一个个可以独立使用的服务，通过不断的沉淀，形成我们的积木箱，当有新业务接入时，我们便从积木箱中提取相应的积木块，像搭积木一样，重新组装为业务需要的模块，快速适应新的业务。

在产品设计时引入积木思维，可以极大地提升系统功能的复用性，增加系统的柔性。当我们的积木箱中的积木块积攒得足够多时，我们就可以以最小的成本为新业务提供强大的后台能力支撑。

针对订单下发、订单取消、退货单建单三个业务，我们分别在积木箱中放入了 3 个积木块：下单服务（订单履约中心）、取消订单服务（订单履约中心）和退货单下单服务（售后系统），如图 4-39 所示。

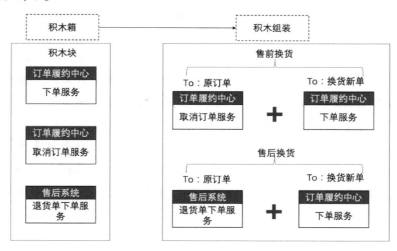

图 4-39　积木思维示例—客户换货

当客户换货业务接入时，我们经过分析，得知售前换货发生时机为订单尚未发货前，售后换货发生时机为订单发货以后，如果将这一功能独立实现，要重新设计一个包含下单、取消和退货等功能的系统，工作量极大。但通过模块组装，我们只需要将取消订单服务和下单服务进行拼接即可实现售前换货业务，将退货下单服务和下单服务进行拼接即可实现售后换货业务。

积木虽好，但也有其局限性，当一个业务的需求超过了当前积木箱能够组装的范围，强行组装往往会适得其反，这时就需要相关人员制造新的积木块了。

（5）第五脉：闭环思维

闭环思维要求我们在进行系统设计时要考虑到系统流程和系统功能的完整性，不要出现阻断式的功能缺陷。在实操时，我们需要把握以下几个原则。

① 有始有终。当一个流程节点开始以后，一定会有一个与之对应的结束节点，而且秉承谁发起，谁结束的原则，流程的发起方，也应该是最后的结束方。例如，采购流程在采购管理系统中发起，最终货物入库以后，也需要通知采购管理系统，告知此单已完成入库，由采购管理系统完结此次采购流程。

② 有来有回。我们不能只考虑正向流程，还要设计与之对应的逆向流程和异常流程，操作、状态都是如此，千万不能有去无回，变成一条死胡同。在资源紧张无法提供系统功能时，我们可以通过线下处理或者技术支持的方式来保证闭环的形成，千万不能置之不理。

③ 有求必应。当有外围系统发起交互请求时，一定要建立及时反馈机制，如果没有反馈，可能就出现外围系统的流程阻塞了。例如，退款流程，由用户端或者客服系统发起订单取消申请，如果订单履约中心没有反馈，退款流程就无法继续进行了，这极大地降低了用户体验。

闭环思维表现在系统设计方面是正向流程和逆向流程、正常流程和异常流程的全覆盖，如图 4-40 所示。

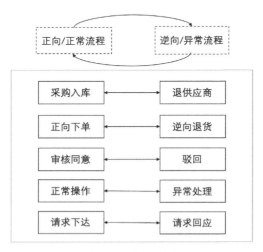

图 4-40　闭环思维

（6）第六脉：管道思维

管道思维是一种开放、连接的思维，连通产生价值，我们设计的系统应该是立于现在、放眼未来，具备与外界连接的能力。供应链讲究协同，系统的设计自然也需要有足够的开放能力，像管道一样，方便与外界连接。

如何开放呢？有如下几个思路。

① 功能开放。在以某个需求为出发点进行设计时，思考此功能是否可以支持其他业务的发展，若有其他类似的业务发生的可能性，那就可以提前做好预留接口。

② 接口开放。在设计新系统时，思考与其他系统的协同和连通，开放自有数据、服务、软硬件接口供外部系统接入，让数据自由流转，产生单个系统无法实现的价值。

③ 业务开放。实现公司内部业务的功能时，思考未来能否为外部业务赋能。例如，履约、采购、库存、仓储、配送能力的对外开放、系统的开放等。

管道思维可以让系统有更多的灵活性和扩展性，为未来业务的拓展打下基础。

考虑到未来业务的发展，仓储可能会有两个业务转型：一是接入自动化设备以提升仓库作业效率和准确性；二是仓储对外开放，引入三方仓储业务入仓代运营。小 Q 在设计新仓储管理系统时，提前预留了两个"管道"：①在出入库流程中预留了设备接入的接口以应对自动化设备接入；②在系统中增加了"货主"标记，以应对三方业务入仓后多货主的情况。

果不其然，8 个月以后，仓储部门利用一套 DPS 电子标签货架辅助货物出库，一年以后，仓储产能富余，又开始引入三方物流业务。仓储管理系统在没有改变整体架构的情况下迅速做出调整，及时支持了新业务的开展。

4.4.2 简单五步设计出心仪的产品架构图

产品架构图是我们每个产品经理成长到一定阶段必须要掌握的技能，无论是汇报，还是做系统规划，这都是必备良药。画架构图有助于我们站在更高的视角来梳理整个业务和系统，很多站在单个系统角度无法解决的问题，站在整体角度就迎刃而解了。

关于产品架构图的设计，就如同我们设计大厦，站在不同的角度，画出的模型是不同的，因为视角和侧重点不同，所以我们需要有针对性地突出规划重点。

假如我们站在整个电商系统全域视角，我们的关注点是电商前台和后台所有的系统、功能和模块，我们设计的产品架构图，如图 4-41 所示。

在图 4-41 中，我们的目的是将电商的全貌展示出来，所以无论是电商前台还是电商后台的每一个功能和模块在全貌图中都是一个独立的子模块，不需要重点突出谁的重要性，因为大家都同等重要，不然就有人会问了："为什么××系统这么重要，难道我负责的××系统就不重要吗？"。试想一个情景，如果你是公司前台和后台的产品的整体负责人，在用 PPT 汇报整体架构的时候，台下坐了一众高管和各系统的技术人员，假如我们把前台功能突显出来，占据了整张图片的 80%以上，而后台功能只占整张图片的 20%，那么负责后台的技术人员会做何感想？

电商前台		
商品展示	商品交易	新闻资讯
积分商城	广告	频道
评价与互动	商品分类	会员服务

电商后台		
运营中心	交易中心	支付中心
促销中心	用户中心	搜索推荐
供应链中心	基础数据中心	财务中心

图 4-41　全域视角的电商系统架构图

但是，如果我们只是负责某个领域的产品经理，在汇报时，如果也摆出一张如图 4-41 所示的全局图，那么我们不但不会受到表扬，还会被批评为没有重点。所以在设计某个具体领域的产品架构时，我们需要把重心放到所负责的版块上，外围相关版块则要适当弱化（尽管我们知道每个系统都很重要）。

例如，要汇报电商运营中心的产品架构图，我们需要重点突出运营中心版块，产出的产品架构图，如图 4-42 所示。

图 4-42　运营视角的产品架构图

如果站在供应链视角呢？我们再把图 4-42 稍加改造，侧重供应链中心，弱化运营中心，便成了图 4-43 这样。

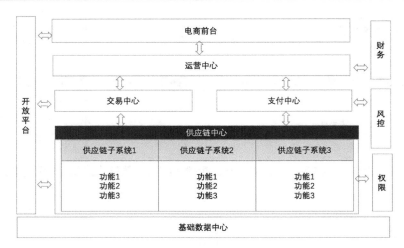

图 4-43　供应链视角的产品架构图示例

感觉就像堆积木一样，是不是很有意思？

爱思考的朋友可能会问：我能不能只画自己管辖的领域？不画其他外围系统？当然可以，产品架构图的目的在于如何清晰地表达各系统之间的关联性，怎么画并不重要，不过如果我们在设计系统的同时能同步关注到上下游系统，这样就会显得我们更加具有全局视角。

以上讲述了如何站在不同视角设计不同产品的架构图，看似只是几个模块之间的拼凑，但要能清晰完整地展示整个产品的形态和各系统模块之间的关系，还要兼具美观性，也并非易事。对于很多初次做整体系统规划的朋友来说，感觉有些无从下手，如何从 0 到 1 设计出一张较为完善的产品架构图呢？木笔总结了产品架构图设计过程的 5 个步骤。

（1）懂全局

既然是产品架构，必然需要更宏观的视角，才能看到整个系统全貌。所以，在开始设计之前，我们需要了解以下信息。

① 公司的整体业务形态：例如，有哪些核心业务，业务开展的销售渠道是怎样的（线上电商、线下门店、有没有其他平台店铺），业务开展的方式是自营模式还是平台模式，有没有自己的仓配等。

② 公司的系统现状：主流业务的开展涉及哪些系统，各系统的分工和使用方分别是什么。

③ 公司的核心业务流程：每个核心业务流程涉及的部门和角色、流程的起止节点等。

在了解全局的过程中，不需要太细，就像我们看地图一样，能够知道边界和大版块在哪里即可，不需要深入了解每一个细节，否则可能陷入细节。

（2）理系统

在了解了全局以后，下一步我们就需要把核心系统梳理出来，在这个过程中，我们可以以业务流程为出发点，明确各系统在业务流程中的定位，以及各方之间的关系，如以最常用的用户交易为主线，我们根据用户从搜索商品到最终交易完成的整个流程，便可以很轻松地梳理各环节涉及的系统，如图 4-44 所示。

图 4-44　用户下单流程及系统梳理

以上只是列举用户下单的流程和系统梳理方法，同样我们可以按照此方法梳理出营销、促销、采购、退货、财务等其他相关业务的系统，只要我们将业务流程梳理清楚，系统和功能也就明确了。

（3）划分类

所有的系统梳理完毕了，如果平铺下来，会显得密密麻麻没有章法，所以下一步我们需要将系统分门别类、让相同属性的系统组合成一个大的版块，并把版块和版块之间的关系标注出来，这样就能让这些静态的系统'流'动起来。

系统分类的方式有很多，可以根据实际情况进行分类。

① 按前台、中台、后台划分：前台系统、中台系统、后台系统、外围辅助系统等。

② 按系统功能划分：运营类、营销类、客服类、供应链类、财务类等。

③ 按业务形态划分：B2B、B2C、O2O 等。

例如，我们可以根据业务属性的不同，将供应链系统划分为供应链基础数据（提供基础数据服务）、供应链业务中心（上游业务支撑层）和供应链仓配中心（下游仓配执行层），基础数据为业务中心和仓配中心提供基础服务，业务中心和仓配中心之间根据业务流向上下联动，如图 4-45 所示。

图 4-45　供应链系统分类示例

（4）强重点

以上三步完成以后，产品架构图需要的内外部元素就凑齐了。但一张图中总要分主次，所以我们需要对核心系统和模块进行突出展示，以突出架构中的重点部分，我们可以对重点展示的架构部门进行强化，而对其他部分相对弱化。如何突出重点呢？这里提供几个思路。

① 将核心系统进行拆分，细化到子系统和功能层面。例如，供应链系统可以细分为供应链业务中心和供应链仓配中心，供应链仓配再细化为仓储管理系统、门店管理系统、商家发货系统和配送管理系统等。如果还不够，还可以将仓储管理系统再进一步拆分为入库模块、出库模块、库存模块等。

② 在核心功能下增加核心系统流程。例如，在进行采购管理系统规划时，可以将采购的系统流程规划进去，如图 4-46 所示，这样不仅填充了采购管理系统的功能空白，使其在其他系统中更加突出，还能显示信息流向，更加突显系统功能的价值。

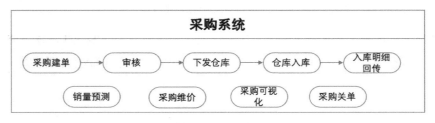

图 4-46　采购管理系统增加系统流程架构

③ 加入外部组件。特别是与仓储、配送相关的系统，通常会对接一些外部硬件设备以辅助作业，如 PDA、输送线、电子标签货架等，在进行规划系统时，将这些外部组件纳入系统架构中，会显得更加高大上，如图 4-47 所示。

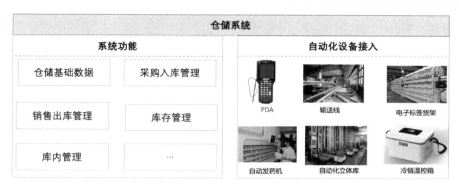

图 4-47　仓储管理系统增加外部组件

④ 加入角色信息。每个系统都有对应的使用方，我们可以把系统对应的操作角色加入架构图设计，以突出系统的重要性。例如，订单履约中心是每个电商企业的核心系统，但怎么能突出其核心地位呢？我们知道运营部、采购部、营销部、财务部、物流部都需要使用订单履约中心，如果让这些相关部门都能在我们的设计图中显示，是不是大大增加了它们的参与感？于是，我们可以把订单履约中心的架构图设计成图 4-48 这样。

图 4-48　订单履约中心增加角色

（5）做美化

到了这一步，全局观有了，流程也清楚了，重点也有了，一张完整的产品架构图也就出来了，但这是一个颜值至上的社会，光有内涵还不行，如果要让相关人员刮目相看，我们还需要有足够光鲜的外表，所以，最后一步便是对我们的架构图进行美化。架构图美化，可以从以下几个方面着手。

① 系统布局。首先要保证我们展示的架构图逻辑清晰，如系统之间的关联、模块与模块之间的顺序等，不要本末倒置。在此前提下，尽量让我们的架构图显得工整、对称。

② 图标样式。在一张图中的图标尽量标准统一、大小一致、颜色一致，这样可以增加可读性。例如，要增加角色信息，要么都用卡通图标，要么都用方块，不要一种元素出现了多种表达方式。

③ 线条及箭头。如果要用到连接线或箭头，也要保证同一属性的线条样式一样，且尽量减少交叉。例如，我们可以约定系统和系统版块之间都使用⟷样式，业务流程之间都使用蓝

色箭头的线条表示等。

④ 字体。字体的大小、样式、颜色等，尽量在架构图中保持统一的风格和规范。

以上便是木笔日常绘制产品架构图的 5 个步骤，说起来简单，但是需要在实际工作中多体会、多练习，很多时候，我们可能有些不知所措，但不要灰心，随着我们对业务和系统的逐渐深入了解，慢慢地便会豁然开朗了。光说不练假把式，快用电脑上的画图工具来设计一张产品架构图吧，记住这 15 个字即可：懂全局，理系统，划分类，强重点，做美化。

4.4.3 两项技能，从 0 到 1 搞定系统流程图

无论是绘制产品架构图，还是系统流程图，都是将我们脑中所想进行输出的过程，体现的是我们思考的过程，最终的产出成果只是结果的呈现。如何将业务方提出来的需求进行梳理、拆解，并形成系统的解决方案，是每位产品经理的本职工作和必备技能，而在系统解决方案中，最重要莫过于一张完整的系统流程图了，特别在面对一众研发人员和测试人员时，千言万语，不如一图，一张完整的系统流程图，最能体现产品经理的水准。

想要绘制一张高大上的系统流程图，我们需要两项必备技能：一是绘图基础技能，二是系统规划技能。

（1）基础技能：如何绘制系统流程图

想要绘制系统流程图，我们需要先搞清楚系统流程图的核心要素和符号规范，再选择合适的绘图工具进行绘图。

① 系统流程图的核心 4 要素。一张完整的系统流程图包含 4 个核心要素：标题、系统、节点、流向。

- 标题：流程的标题。
- 系统：流程图中涉及的系统，用以区分系统边界。
- 节点：流程图中的各个子节点，用以展示每个操作或功能逻辑。
- 流向：从流程开始到流程结束完整的流向。

② 绘制系统流程图需要用到的工具及绘图样式。常用的工具有 Microsoft Visio、WPS、ProcessOn、Ominigraff 等。最常用的绘图样式是泳道图，当然也可以使用脑图、UML 时序图等。

图 4-49 为泳道图式系统流程图。

③ 流程图中的符号规范。在绘制系统流程图时，我们最好使用行业标准符号来制图，不要另辟蹊径，以免看到流程图的人产生歧义。

最常用的流程图符号有开始/结束符、流程节点、判断、连接线、注释，常用流程符号说明如图 4-50 所示。

此外，图 4-51 中的符号也经常会在流程图中用到，但其使用频率稍微低一些，朋友们同样需要了解。

XXXX系统流程图
系统1
系统2
系统3
流程开始
系统节点
系统节点
判断条件
条件1
系统节点
条件2
系统节点
流程结束

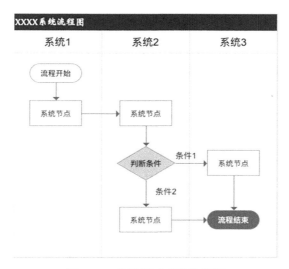

图 4-49　泳道图式系统流程图

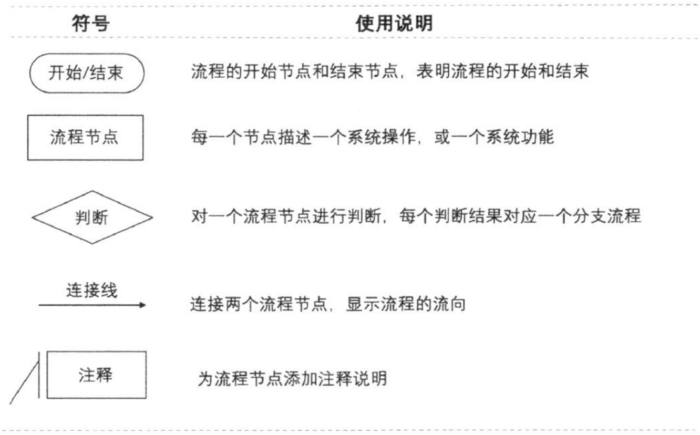

符号
使用说明
开始/结束
流程的开始节点和结束节点，表明流程的开始和结束
流程节点
每一个节点描述一个系统操作，或一个系统功能
判断
对一个流程节点进行判断，每个判断结果对应一个分支流程
连接线
连接两个流程节点，显示流程的流向
注释
为流程节点添加注释说明

图 4-50　常用流程图符号说明

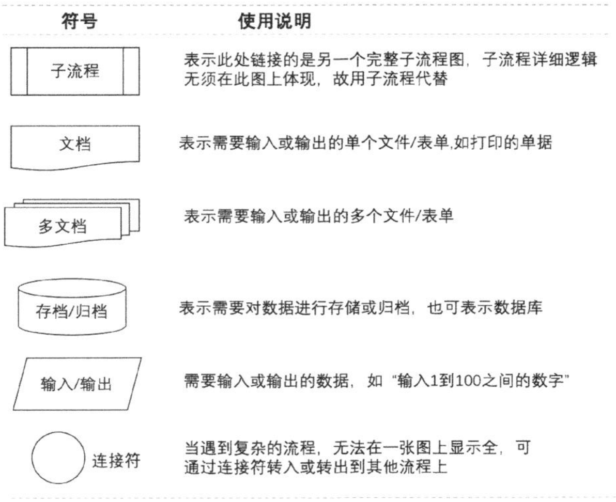

符号
使用说明
子流程
表示此处链接的是另一个完整子流程图，子流程详细逻辑无须在此图上体现，故用子流程代替
文档
表示需要输入或输出的单个文件/表单,如打印的单据
多文档
表示需要输入或输出的多个文件/表单
存档/归档
表示需要对数据进行存储或归档，也可表示数据库
输入/输出
需要输入或输出的数据，如“输入1到100之间的数字”
连接符
当遇到复杂的流程，无法在一张图上显示全，可通过连接符转入或转出到其他流程上

图 4-51　另外的流程图符号说明

④ 绘制系统流程图注意事项。若想绘制清晰明了的流程图,请一定掌握以下几个必不可少的技巧。

a. 流程图中要有很清晰的开始/结束节点,并且任何流程节点都应该有始有终,形成闭环。为了很清晰地区分开始和结束,可以分别设置不同的颜色,如开始符号用白色空心,结束符号用黑色实心,如图4-52所示。

图4-52　开始和结束符号示例

b. 为了提高系统流程图的可读性,应尽量减少连接线相互交叉,如果实在无法避免交叉,可以用不同的样式和颜色来标识两根不同的连接线,另外,如果绘图工具允许,线条之间的交叉点可以突出显示,如图4-53所示。

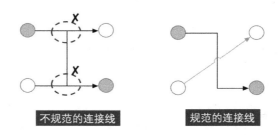

图4-53　连接线交互示例

c. 前一连接箭头的终点和后一连接箭头的起点应该分开,不应该交织到一起,否则会让人看不懂,如图4-54所示。

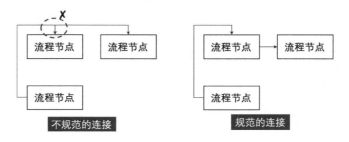

图4-54　箭头连接示例

d. 系统流程图的结构应该有清晰的流向,最好是上下结构,或者左右结构。如图4-55所示。

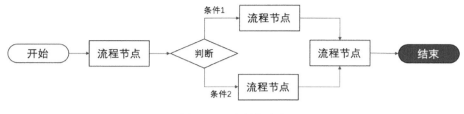

图 4-55　清晰的流向

（2）规划技能：如何将复杂业务绘制成系统流程图

掌握了绘图技巧，只能代表我们具备了绘制系统流程图的基础能力，如何将复杂的业务一步步拆解并重组，最终绘制成各方都认可的系统流程图，考验的是我们的系统规划能力。

当我们接到一个项目以后，一般要经过 5 步的梳理，把业务需求转换为完整的系统方案，形成最终的系统流程图。

第一步，业务部门、岗位及职责梳理。 当我们不知道从哪里下手的时候，就先把需求相关的业务部门和部门岗位职责先梳理一遍，这样就能弄清楚每个部门大体的工作情况了。

第二步：业务流程梳理。 一个完整的业务流程经常要跨很多部门很多岗位，而且既有系统操作，也有非系统操作，我们一定要精确地找到每个业务的关键节点，把关键节点串起来形成完整的流程闭环。很多流程涉及多个部门的利益冲突，所以产品经理明辨是非的能力很重要，兼听则明，不能只听一面之词。

第三步：业务流程确认。 流程梳理完成以后，一定要和各方进行确认，如果各方存在冲突，最好是三方（产品经理、冲突双方）一起讨论、确认解决方案，千万不能闭门造车。流程梳理和确认的过程可能会循环多次才能达成共识，这是正常的需求分析过程。

第四步：3W1H 法则，系统功能点拆分。 拿着各方确认的流程，按照流程节点将需求功能点具象化，再按照业务边界进行系统划分，拆分的思路为 3W1H（When——何时？Who——哪个系统？What——需要提供什么功能？How——如何实现？）。这是很关键的一步，建立在我们对各个相关系统都有一定的认知的基础之上，对功能点的细化，就是我们进行需求分析的过程，需求分析应该尽量深入，不要遗漏关键点。当然，此过程不需要细化到页面和字段、接口维度，只需要梳理到功能清单维度，即××系统需要提供××功能即可。

第五步：系统流程图的出具。 按照提炼的系统功能点，从系统角度出发，将各个相关系统的关键性功能用流程图串联起来，再从系统的角度反向验证业务流程，不断完善，直到所有的业务场景都能被覆盖，这份系统流程图便是我们最终的成果了。系统流程图重点突出整体方案和各个系统之间的交互，只需要绘制核心功能点即可，不需要太细，毕竟在详细的需求文档及原型阶段，还需要进一步细化的。

我们通过一个案例来看看小 Q 同学是如何利用以上 5 步规划公司的新客户售后退货的系统解决方案的？

客户售后退货新系统流程诞生记

小 Q 同学最近接到一个新的任务：随着业务量的增加，公司原线下处理售后退货的流程效率太低，极大地影响了客户体验，现在需要将流程从线下转移到线上，通过系统协助，更方便快捷地处理售后退货。

接到任务以后，小 Q 和需求方阿泽一起，先对现有的退货流程进行了调研，以及各方对新系统的期望，梳理退货流程中各相关部门和角色分工，如表 4-3 所示。

表4-3　退货流程中各相关部门和角色分工

部门/角色	职　责
用户	发起退货申请；回寄商品
物流公司	运输商品至退货地点
客服	审核退货申请
仓库收货员	退货商品收货清点
仓库验收员	退货商品验收
仓储上架员	退货商品入库上架
财务人员	财务退款

接着，小 Q 与阿泽同各方详细沟通了原有流程的弊端和对新流程的期望，经过反复确认，得出图 4-56 中的新退货流程。

新流程对比原有流程最大的优势在于：①增加了客户在 App 上自动发起售后申请的入口；②符合规则的退货申请可由系统自动审核，特殊订单转人工客服审核；③仓库入库上架以后，系统自动判断是否需要退款，并根据订单类型自动生成退款申请，或转由人工客服创建退款申请；④默认系统可自动退款，少部分人工退款的情况，由财务部门的相关人员手动退款。

以上流程与各部门确认无误后，小 Q 开始进行系统功能点拆解。于是小 Q 用 3W1H 方法对用户发起退货申请的功能进行系统发散，拆解思路如下。

When：客户何时可以申请退货？（答：既然是售后，那必须是订单已经发货了才能申请。）

Who：哪个系统提供退货申请的功能？（答：App—订单列表，这里操作最直观。）

What：若要申请退货，App 需要提供哪些功能？（答：发起退货申请、客户选择商品、提交退货申请、等待系统审核结果、客户邮寄并回填物流单号等。）

How：支持整单退货，还是部分退货？（答：必须支持部分退货，具体操作为，让客户在订单列表中选择需要退货的商品，提交退货申请。）

How：退货申请提交后，订单状态及页面展示如何变化？（答：状态变为"等待审核"，页面展示为等待审核结果的页面）

How：客户怎样寄回商品？（答：申请审核通过以后，系统告知客户退货地址，客户就可以邮寄商品了。邮寄过程不需要系统支持，但 App 上需要增加一个客户回填物流单号的功能）

……………

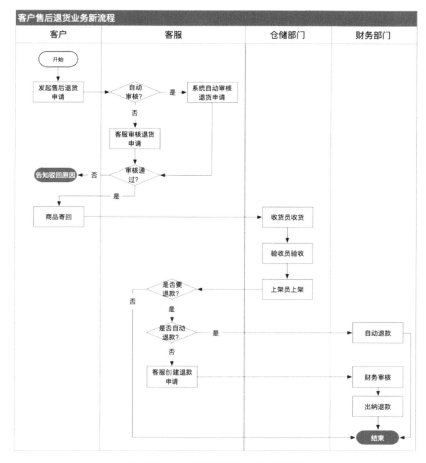

图 4-56　客户售后退货业务新流程

如此这般以后，小 Q 便得到了各角色的业务操作场景、是否需要系统功能支持，以及每个操作对应的系统功能，得到如表 4-4 所示的一份功能拆解清单（案例中仅展示了客户及客服相关系统功能拆分，其他节点梳理的过程类似）。

表 4-4　新售后退货退款系统功能拆解

角　　色	业 务 场 景	是否为系统功能	系统功能拆解	系 统 划 分
客户	发起退货申请	是	发起申请 选择商品 提交申请 审核结果	App
客服	审核退货申请	是	系统自动审核规则 人工审核 审核状态变更 生成退货单下传	售后系统
客户	邮寄商品	否	-	-
客户	回填物流单号	是	物流单号回填 更新退货单中的物流	App

　　整个过程分析完成后，小 Q 已经胸有成竹，新售后退货的流程涉及 App、售后系统、仓储管理系统、财务系统这 4 个系统的改动。下面，就是以系统的视角将新退货业务流程图进行细化了，按照业务流程，将核心系统功能逐一串联，便得到如图 4-57 所示的系统流程图了，也是此项目的整体解决方案。从流程图中即可知道各个系统的边界、交互点及各系统的改动点。

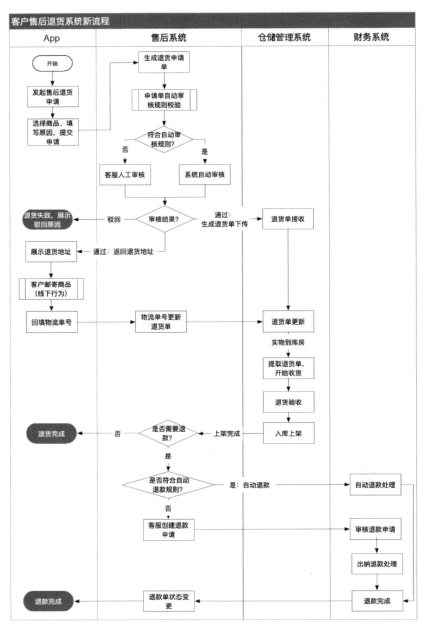

图 4-57　小 Q 绘制的客户售后退货系统新流程图

接着，小 Q 对着系统流程图梳理了各个系统的改造功能清单及需求优先级，如表 4-5 所示。

表 4-5　系统功能清单

系　　　统	需　求　描　述	优　先　级
App	新增发起退货申请入口	高
App	新增客户自主发起退货申请的功能，具体操作为：选择订单中的商品明细，提交申请，在申请页面选择退货原因，提交后，等待售后系统反馈审核结果	高
App	新增驳回原因展示功能（若驳回），否则展示退货地址，提醒客户退货 push 消息	高
App	新增客户回填物流公司和物流单号的功能，填写完成后，变更退货申请状态，同时告知售后系统更新物流信息	高
售后系统	增加退货申请单查询及审核页面	高
售后系统	增加退货申请单自动审核的规则，满足自动审核规则的申请单，系统自动审核；否则转人工审核	高

完成了以上工作后，小 Q 长舒了一口气，整体方案完成了，明天可以召集各个系统的产品经理就此方案进行讨论、分工和细化，如果各方都无异议了，便可以各自细化自己的系统需求了。另外，今天在梳理系统流程的过程中，又发现了一些待细化的业务规则，明天一早需要和阿泽一起确认……

4.5　本章结语

从供应链业务到供应链系统的规划，是一次需求梳理并输出系统整体方案的过程，看似只有一张图，实则展现的是我们整体思考和分析的过程，以及系统未来的样貌，如同房子的规划图纸，未来产出是联排别墅还是独家小院，在系统规划环节已经定型，而学会了如何设计产品架构和系统流程图，就是学会了绘制图纸，这是 B 端产品经理最底层的能力，供应链系统就是典型的 B 端系统，所以我们每个供应链产品经理都需要掌握此项技能。

做系统规划，选择大而全还是小而美，没有标准答案，需要结合公司当前的现状、业务形态、资源投入和未来的规划等因素进行综合评估，不求最好，但求最合适。

供应链系统的搭建应该是中台化的，必须兼备包容性、稳定性和扩展性。这些中台化系统包含供应商管理系统、中央库存系统、订单履约中心、采购管理系统、计费系统、售后系统、仓储管理系统、门店系统、商家发货系统、配送管理系统等。

最后，本章用了大量的篇幅讲解供应链系统的规划，供应链中台的建设技巧和系统设计的心法，这些都是夯实我们基本功的内功，非常关键，希望每位朋友都能潜心学习、勇敢实践，带着扎实的基本功进入供应链系统的实战落地阶段。

第 5 章　累土之基：供应链基础数据中心

所有规划，最终都要落到实处，我们掌握了很多系统设计的理论和技巧，却还是不知从何处下手，并不是我们学得不好，而是我们一直停在空中无法落地。最快的学习供应链的方法就是深入一线，在实战中磨砺自我。

通过对前面章节的学习，相信大家已经摩拳擦掌、跃跃欲试了，从本章开始，我们将进入核心供应链系统建设的实战阶段，请带着对业务的认识和对系统设计的技巧，让我们去一线战场走一遭。

无论是 B 端系统，还是 C 端系统，基础数据都是系统运转的基石，完善的基础数据是业务开展的前提。基础数据之于系统的重要性，就像血液之于躯干一样，血液出问题了，躯干也就出问题了，而基础数据中心正如淋巴组织一样，是重要的造血器官，如果淋巴组织出现问题，整个身体都会生病。

在本章中，我们从供应链的角度梳理一下供应链基础数据中心的搭建，以及供应链里用到的那些基础数据信息。

5.1　基础数据中心整体设计思路

每个系统都有自己的基础数据，用以支持自身运作。我们按照基础数据的使用范围，可以将基础数据分为两类：一类是全局基础数据，即整个公司很多系统都需要共用的数据；另一类是系统内部基础数据，即只有某个系统需要用到的数据。

针对全局基础数据，建议都收拢到基础数据中心中进行统一管理、统一分发，以免散落到各个系统中，最终变成一盘散沙，如商品编码，决不能每个系统都有各自独立的一套商品编码，否则各个系统就没法联动了。而对于单个系统内部的基础数据，外部系统很少用到，则由各个系统自己维护，如仓储管理系统中的货位信息、容器信息等。

供应链基础数据中心主要用以管理与供应链相关的全局性的基础数据，核心功能是各类数据的增、删、改、查，以及审核和分发，如图 5-1 所示。

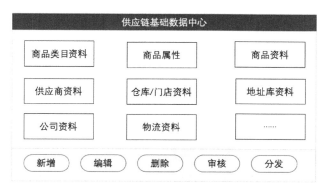

图 5-1 基础数据中心核心功能一览

在做基础数据中心设计时，需要把握三个原则。

① 集中管控，统一分发。

② 开放录入，信息互通。

③ 权限分离，责任到人。

5.1.1 集中管控，统一分发

供应链中的基础数据主要包含供应商资料、商品类目资料、商品资料、公司资料、仓库资料、门店资料、地址库资料、物流资料、销售渠道资料等，这些基础数据都是各业务系统需要共用的信息，最好都规划到基础数据中心中进行统一管理，如图 5-2 所示，资料的新增、编辑、删除等操作都集中到基础数据中心完成，再分发至各系统中。

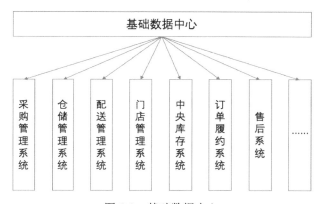

图 5-2 基础数据中心

在做基础数据分发时，有两种方式：一是由基础数据中心主动推送（MQ 消息或者接口）；二是让各外部系统自己获取。无论采用哪种方式，都需要考虑一个问题：并不是所有的外围系统都需要使用所有的基础数据，如商品资料，各个仓库负责的品类不同，他们只关注自己管理的商品，那么在推送的时候应该根据不同的仓库推送不同的商品品类。

5.1.2　开放录入，信息互通

一份健全的商品资料、供应商资料往往有很多信息，一个部门无法完成维护，这就需要多个部门共同维护，基础数据中心就需要对多个部门开放，各部门只关注自己的操作模块，如采购部门维护基本信息、质管部门维护资质信息、财务部门维护财务信息、物流部门维护物流信息。

同时，很多分公司都有自己的商品和供应商，如果每个分公司新加一条基础数据都要找集团公司协助，效率太低，于是，基础数据中心应该对分公司开放录入的权限，由分公司管理自己的基础数据，必要时可以由集团总部进行审核。

开放录入的基础数据同样需要集中管控和统一分发，不能同样一个商品在多个分公司产生了多个编码。所以开放录入时，需要保证如果某条数据已经存在，不是特殊情况，就不要再生成新的编码了。当然，此原则只适用于自营体系，在开放平台体系下并不适用（因为在开放平台中，平台方将商品和供应商功能开放给外部商家，每个商家在平台上自行维护、管理自己的基础数据，和其他商家不共享，平台只需要保证每个商家自身的数据不要重复就行，不同商家之间可以自行维护自己的商品和供应商）。

哪些数据适合开放录入呢？例如，商品和供应商这类信息较多、维护工作量较大的数据适合开放录入，其他基础数据变更不大，由集团总部统一维护，之后分发至其他系统和分公司，分公司无权自建和修改，如图 5-3 所示。

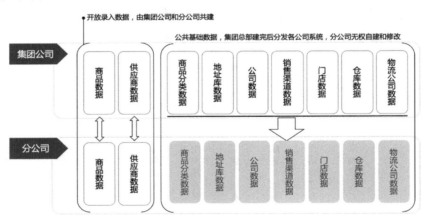

图 5-3　基础数据开放录入

5.1.3　权限分离，责任到人

包括基础数据中心在内的很多系统，涉及信息的保密，不同的角色应该有不同的操作权限，以及数据的浏览权限，所以在设计基础数据中心时，需要有明确的权限划分，让不同的角色只操作和查看属于其权限范围内的数据，且关键性的操作应该将责任落实到人，有详细的操作日志。

权限的划分分为功能权限和数据权限，功能权限控制系统的菜单和菜单内的操作功能，数据权限控制每个角色能看到的数据范围，数据范围可以根据业务规则来定，如按公司、按仓库、按部门、按业务等。

小 C 和大 A 都是采购人员，小 C 在分公司，只负责管理分公司的商品数据，而大 A 是集团公司的采购人员，要管理全国三个分公司的商品数据，但其只能查看数据而不能编辑数据，二者的权限设置如图 5-4 所示。

图 5-4　基础数据权限分离

5.2　商品库系统设计

商品库主要用以存储商品的基本信息，包含商品类目、商品属性和商品详细信息等，一个健全的商品库是业务开展的基础，下面我们一起来了解一下标准的商品库的搭建原理。

5.2.1　SPU、SKU 与 SN

根据用途和管理维度的不同，可以将商品分为 SPU、SKU 和 SN，三者的定义如下。

SPU（Standard Product Unit）：标准化产品单元，是商品信息聚合的最小单位，是一组可复用、易检索的标准化信息的集合，该集合描述了一个产品的特性。简单来说，属性值、特性相同的商品就可以称为一个 SPU。

SKU（Stock Keeping Unit）：库存量单位。即库存进出计量的基本单元，可以以件、盒、托盘等为单位。现在已经被引申为产品统一编号的简称，每种产品均对应唯一的 SKU 号。

SN（Serial Number）：产品序列号。SN 是为了区别每一个独立的个体而编制的识别号，和人的身份证号码类似。

简单来说，SKU 就是仓库里存放管理的实物商品，每个 SKU 都对应一个销售侧的定价，以及供应链侧的一个库存数量；SN 是每一个具体的实物个体；而 SPU 是某一类特性相同的 SKU 的集合。三者的关系如图 5-5 所示，一个 SPU 包含多个 SKU，一个 SKU 又包含多个 SN。

图 5-5　SPU、SKU 与 SN 的关系

如何识别两个商品是不是同一个 SPU 或 SKU？在标准品行业中，一般以一个 69 码作为一个 SKU（每生产出一个商品，都会向国家申请一个以 69 开头的条形码，用作商品标识，俗称 69 码），将同一品牌和型号当作一个 SPU。但在非标准品行业中没有国标可参考，需要根据业务自行定义 SPU 和 SKU 的规则。

以苹果手机为例，某平台用品牌+型号组合为 SPU，以品牌+型号+颜色+内存为维度组合为 SKU，每个 SKU 下又分别对应了几个 SN，如图 5-6 所示。在某电商平台中，iPhone 12（SPU）总共有 9 台，其中 SKU1 有 3 台、SKU2、SKU3 和 SKU4 分别有 2 台，但每一台的 IMEI 号都不一样，即 SN 不同。

SPU （品牌+型号）	SKU （品牌+型号+颜色+内存）	SN
iPhone 12	SKU 1: 苹果 iPhone 12 白色 64GB	SN1: C38Z22J2XXX1 SN2: C38Z22J2XXX2 SN3: C38Z22J2XXX3
	SKU 2: 苹果 iPhone 12 白色 128GB	SN4: C38Z22J2XXX4 SN5: C38Z22J2XXX5
	SKU 3: 苹果 iPhone 12 黑色 128GB	SN6: C38Z22J2XXX6 SN7: C38Z22J2XXX7
	SKU 4: 苹果 iPhone 12 黑色 256GB	SN8: C38Z22J2XXX8 SN9: C38Z22J2XXX9

图 5-6　iPhone 12 SPU、SKU 与 SN 示例

我们来看看三者的应用场景。

SPU 一般只用作商品的分类、聚合和汇总统计，方便用户浏览，不作为实际定价和库存管理的依据，一般在销售运营层面用得比较多，供应链层面关注得很少。

SKU 是商品具象化的体现，标准品管理下的销售平台的定价和供应链层面的库存管理都是基于 SKU 维度的，如某 SKU 在平台中的售价 500 元，此 SKU 在仓库的库存有 1000 个，当用户下单购买 1 个以后，我们就知道此 SKU 卖了 500 元，同时，需要到仓库中的某个货位上找到 1 个此商品发出，此 SKU 的库存从 1000 个变为 999 个。

SN 也是供应链层面管理的维度，除了必须以单个商品进行定价和售卖的情况（在二手行业比较常见，例如二手车、二手房、二手 3C 数码等，此类商品可以认为每一个 SN 就是一个 SKU），一般不参与销售行为，只是作为库存精细化管理到每一个实物的标记，即 SKU 下的每一个实物都有一个唯一的身份标识。当商品需要入库时，相关人员除了关注 SKU 数量，还需要记录每个 SN 的库存状态和位置；当商品出库时，也需要明确到底是哪一个 SN 发出了。

总结一下，SPU 常用在电商销售和运营层面，SKU 和 SN 用在供应链流通层面。普通的标准品类行业，管理到 SKU 维度即可。若需要精细化管理到每一个具体的商品，或者需要严格溯源的行业，如医药、食品等，则需要管理到 SN。

以京东平台的 iPhone 12 为例，如图 5-7 所示，此商品页面展示的是一个 SPU，聚合了 5 种颜色、3 个版本和 4 种购买方式，共计 5×3×4=60 个 SKU。

图 5-7　京东的 SPU 商品展示页

了解了 SPU、SKU 和 SN 的区别和关系以后，我们就能知道 SPU 和 SKU 其实都是一些属性的聚合，如我们前面提到的 iPhone 12 这个 SPU 就是品牌+型号的组合，而 iPhone 12 白色 128GB 这个 SKU 则是品牌+型号+颜色+内存的组合。要想知道商品资料是如何生成的，我们需要先了解类目、属性和属性值。

5.2.2　商品类目与子类目

商品类目又叫作商品分类，主要用作某一批具有相同特点的商品的集合，每个 SPU 和 SKU 都会对应到一个商品分类上。如果商品数目很多，一级类目无法满足分类要求时，便出现了分级类目，即二级类目、三级类目等。类目按层级从上往下，分别称为父类目、子类目，最末端的类目也叫作"末级类目"或"叶子类目"。

商品类目和 SPU 都是对商品的聚合，二者的区别是什么？

商品类目和 SPU 虽然都是一批商品的集合，但类目比 SPU 聚合的范围更广，它不限于同一款产品，而是很多款产品的大集合，更偏重于分类管理，如手机、电脑办公、服饰内衣等，而 SPU 多是隶属于某一个类目下的某一个产品的集合，更偏重于产品销售。

商品类目是商品库中必不可少的元素，它主要有如下几个作用。

① 将相似的商品进行聚合，方便用户快速搜索和定位某一类商品，如同书籍的目录一样。试想数以万计的商品，如果没有分类，用户如何能快速地找到其需要的那一类商品呢？后台如何统计某一类商品的销量数据呢？

② 在供应链中，类目主要用以商品的品类区分管理，是很重要的商品属性。例如，图书和生鲜类产品需要单独存放在不同的仓库中，冷链生鲜和普通商品需要不同的存储环境，大家电和日用百货有不同的保管方式等，都是通过类目进行区分的。

在电商新零售平台中，类目又分为前台类目和后台类目：

后台类目即商品库中的类目，是所有商品的标准分类，通常为两到三级树形结构，最好不超过四级，层级太多不方便搜索，系统运行速度也会明显下降。后台分类牵涉很多外围系统和逻辑，一般不轻易调整，若必须调整，也需要及时通知外围系统进行变更。

前台类目的存在是为了更好地促进销售，提升转换率，运营人员通常会基于后台类目建立一个前台类目来贴合客户诉求，前台分类和后台分类的对应关系可能是一对多、多对多或者多对一，如图 5-8 所示，前台类目会根据季节、节假日、促销等因素进行灵活调整（这也是前台类目和后台类目分开的原因），一般以平铺的方式展现，很少用树型结构（主要是不好操作，影响客户体验）进行展现。

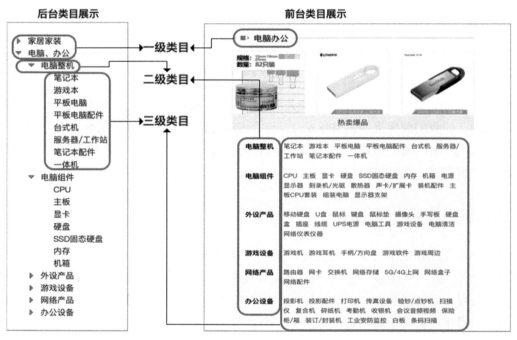

图 5-8　后台类目与前台类目展示示例

后台类目管理如图 5-9 所示。

图 5-9　后台类目管理示例

在设计商品类目功能时，需要注意以下几点。

① 类目编号一旦生成，不能随便变更，以免影响其他逻辑。在生成类目编号时有个技巧：子类目沿用父级类目编号+序列号的方式，这样可以一目了然地通过编号识别子类目所属的父类目。

② 在删除类目和设置类目状态时，可以级联删除或设置其下所有的子类目。但如果其下已经关联商品了，操作需谨慎。因为商品若没有了分类，会出现很多基于分类的逻辑问题。

③ 类目在编辑或生效以后，应该同步分发给外围依赖的系统，以免信息不一致。

④ 类目下可以关联多个类目属性，且父类目和子类目都可以关联，如果父类目已经关联了属性，子类目可以直接继承。例如，"电脑整机"类目下可以关联笔记本的品牌、型号、CPU、存储容量等属性，则其子类目"笔记本"可以直接使用这些属性，无须再重新关联。

在新建和编辑子类目时，可以关联其父级类目，以及设置类目的显示排序、状态、logo 等，如图 5-10 所示。

图 5-10　新建类目示例

5.2.3　商品属性、属性值与属性分组

之所以把某些商品划分到同一个类目下，是由于它们有一些共同的特性，如所有的手机都会有品牌、型号、内存、容量、颜色，所有的图书都有 ISBN、页码等，这些特性可以确定某些商品是不是同一类或者同一款 SPU 产品，这个特性，我们称之为商品属性，每个商品会有很多属性信息，以描述商品的特征。

为什么一款商品会有很多不同的 SKU 呢？是因为商品相同属性下的属性值不同。属性决定了不同 SPU 的划分，而属性值决定了不同 SKU 的划分。例如 iPhone 12，是一款 SPU，但内存 64GB 和 128GB 便是两个 SKU，黑色和白色两个颜色不同，也是两个 SKU。"内存"和"颜色"是属性，64GB、128GB 是内存下的属性值，黑色和白色是颜色下的属性值。

属性和属性值理解起来不难，想想我们日常在系统中见到的下拉框、单选框或多选框这些控件就很容易理解了，如选择性别，会有男、女两个选项，"性别"就是属性，"男""女"选项就是属性值。

1. 属性的分类

一个商品会有很多属性，这些属性可以分为三类：关键属性、销售属性和描述属性。

① 关键属性：又叫基础属性，能确认唯一 SPU 的属性组合，可以是某一个属性，也可以是多个属性的组合。

② 销售属性：又叫规格属性，是能决定 SKU 的属性，通过关键属性+销售属性，可以确认一个唯一的 SKU，这些属性影响商品的定价和仓库的库存。

③ 描述属性：又叫非关键属性、其他属性，是除关键属性、销售属性之外的其他对商品进行描述的属性，一般只做展示，不作为核心业务规则使用。

还是以苹果手机为例，品牌和型号为关键属性，故苹果 iPhone 12 能确定 1 个 SPU；颜色和内存容量为销售属性，故按照颜色+内存容量组合，黑色 64GB、黑色 128GB、白色 64GB、白色 128GB 分别对应 4 个 SKU；而主屏幕尺寸、机身重量和上市年份这些信息即便没有也不会影响售卖，属于描述属性，如图 5-11 所示。

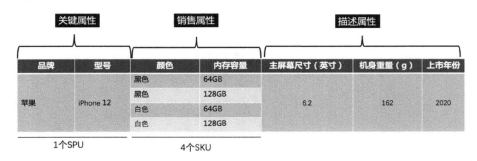

图 5-11　关键属性、销售属性与描述属性示例

2. 类目与属性

属性依附于商品类目，属性值依附于属性。在进行系统设计时，一个类目下可以有多个属性，一个属性也可以从属于多个类目。同理，一个属性下有多个属性值，一个属性值也可以从属于多个属性，这样可以提升属性和属性值的复用率，大大减少基础数据的维护工作量。另外，还有一些属性没有固定的属性枚举值，只能开放给用户进行文本录入。几者的关系如图 5-12 所示。

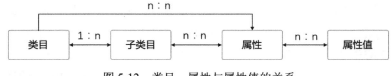

图 5-12　类目、属性与属性值的关系

类目和子类目都可以关联属性，这样子类目就可以继承父类目的属性了，而不用再单独

进行维护。

举例说明类目和属性的多对多关系：一个类目下会存在品牌、型号等多个属性，但品牌属性也会被多个类目关联。例如"小米"属于一个"品牌"，但这个品牌下有手机、平板、电脑、电视等多个类目的产品，由此可见同一个品牌属性是可以被多个类目关联的。

图 5-13 是品牌的维护示例，将所有品牌提炼出来单独存储、共用，便是"品牌库"，但品牌仍然是一种特殊的属性。

图 5-13　品牌维护示例

在类目关联属性时，我们需要在每个类目下关联其对应的属性分类（关键属性、销售属性、描述属性），同时设置当前属性的输入方式（可以是单选框、多选框、文本录入框、下拉列表等多种形态）、是否为必填项，以及排序、状态等，如图 5-14 所示。父级类目已经关联过的属性，子级类目可以直接继承，无须重复设置。

类目属性关联
当前类目：电脑、办公 > 电脑整机 > 笔记本

[关联新属性]　[设置属性联动]　　　　　　已关联属性数：6（其中父级管理2个，本级关联4个）

属性ID	属性名称	属性分类	输入方式	关联方式	顺序	是否必填	状态	操作
9121	品牌	关键属性	单选	继承父级关联	1	是	有效	父级关联属性不可编辑
9122	型号	关键属性	单选	继承父级关联	2	是	有效	父级关联属性不可编辑
9123	颜色	销售属性	多选	本级关联	3	是	有效	编辑　删除
9124	版本	销售属性	单选	本级关联	4	是	有效	编辑　删除
9125	配置	销售属性	单选	本级关联	5	是	有效	编辑　删除
9126	产品尺寸（mm）	描述属性	手动录入	本级关联	6	否	有效	编辑　删除

图 5-14　类目关联属性示例

当类目关联属性以后，在新建商品资料时，只要选择类目，便能自动输出当前类目对应的关键属性、销售属性和描述属性，以及每一项属性对应的输入方式了。

3．属性与属性值

属性与属性值，也是多对多的关系。例如，最常见的"是"和"否"，就是两个属性值，可以被"是否支持 5G""电池是否可拆卸""是否支持 NFC"等多个属性关联，大家共用一组属性值即可，没有必要为每个属性下增加一组"是"和"否"的属性值了（当然如果一定要分开也是可以的，但是会增加很多重复的属性值数据，当平台品类多了以后，再想统一就很难了）。

属性和属性值都应该是单独维护的，再建立二者之间的关联，这样就能保证数据共用了，图 5-15、图 5-16 分别为属性管理和属性关联属性值的示例。

操作	属性ID	属性名称	默认输入方式	已关联属性值数	状态
编辑　删除　属性值	9120	品牌	单选	50	有效
编辑　删除　属性值	9121	型号	多选	32	有效
编辑　删除	9122	用法用量	手动录入	–	有效
编辑　删除　属性值	9123	颜色	单选	0	有效
编辑　删除　属性值	9124	内存	单选	10	有效
编辑　删除	9125	备注	手动录入	12	有效

图 5-15　属性管理示例

图 5-16　属性关联属性值示例

4．属性之间的联动

有的时候，我们需要属性之间有联动的效果，通过选择上级属性的某一个值，下级属性值自动随之联动。例如，型号和颜色，不同版本的笔记本，对应的颜色是不同的。这种效果该怎么实现呢？可以通过关联上下级的方式来实现，先配置上级属性和下级属性，然后将下级属性值与上级属性值进行关联，就可以达到这种效果了，如图 5-17 所示。在维护商品资料的时候，在加载下级属性时，便能根据上级属性进行联动。

图 5-17 属性联动示例

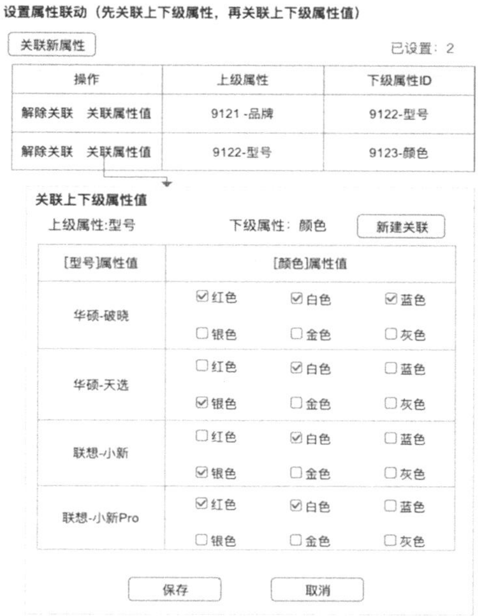

5. 属性分组

如果某些商品的属性太多，为了能够更加清晰地将这些商品属性展现给用户，我们可以将某些属性进行分组，以便在前端展示时不至于像流水账一样排列，对于供应链后端，也可以通过属性分组来为属性设置不同的维护部门，如采购部门属性、质管部门属性、财务部门属性等。图 5-18 为前台的属性分组展示示例。

属性组	属性	属性值
主体	入网型号	A2404
	产品名称	iPhone 12
	上市年份	2020年
	首销日期	23日
	上市月份	10月
基本信息	机身长度（mm）	146.7
	机身重量（g）	162
	机身材质工艺	以官网信息为准
	机身宽度（mm）	71.5
	机身材质分类	其他
	机身厚度（mm）	7.4
	运营商标志或内容	无
主芯片	CPU品牌	Apple
屏幕	屏幕材质类型	OLED
	屏幕刷新率	其他
	主屏幕尺寸（英寸）	6.1英寸

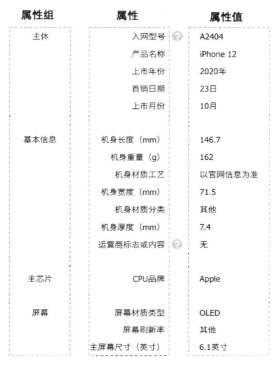

图 5-18 前台属性组、属性与属性组示例

　　和类目、属性和属性值的设计一样，属性组也是提前维护好，再与属性进行关联的，如图 5-19 所示。一个属性可以被多个属性组引用，应用到不同的类目和商品下。

操作	属性组ID	属性组名称	关联属性	状态
编辑　删除　关联属性	G211	主体	入网型号、产品名称、上市年份、首销日期等	有效
编辑　删除　关联属性	G212	基本信息	机身长度(mm)、机身重量、机身材质工艺、机身宽度(mm)等	有效
编辑　关联属性	G213	主芯片	CPU品牌	有效

图 5-19　属性组管理示例

　　通过属性分组，我们还可以实现为每个属性设置对应部门在系统中的查询和编辑权限，让各部门员工之间的操作互不影响，只需要加一个配置功能即可，在操作页面中便可以基于此配置功能做相应的交互逻辑，如图 5-20 所示。

操作	属性组	采购部操作	质管部操作	财务部操作
编辑　删除	采购部属性组	☑编辑	☑查询	☑查询
编辑　删除	质管部属性组	☑查询	☑编辑	☑查询
编辑　删除	财务部属性组	☑查询	☑查询	☑编辑

图 5-20　通过属性组配置部门操作权限

5.2.4　商品主数据

　　了解了类目、属性和属性值的逻辑以后，我们再回到商品主数据的设计上来，在供应链中，相关人员最终关心的是每个 SKU，所以必须搞清楚每个类目下的关键属性和销售属性，只要关键属性和销售属性确定了，我们就能确认每个 SKU 的生成规则了。

　　商品主数据的设计有两种方式。

　　第一种是直接维护商品 SKU 的各属性信息，然后维护商品的每个属性，每次维护生成一个 SKU ID，若关键属性和销售属性冲突，则提示商品重复，如图 5-21 所示。

　　这种方式比较简单但有两个很大的弊端：一是只适合后台使用，前台无法共用；二是如果某些产品有多个规格，仅销售属性不同时，需要为每个规格的 SKU 单独维护关键属性和描述属性，这个工作量还是挺大的，所以仅适用于品类单一、不需要对商品做聚合展示，同时商品品类数目比较小的企业，如做垂直品类的企业。

图 5-21　新建商品资料示例

第二种方式是按照主流电商平台的商品发布方式生成商品主数据，如图 5-22 所示。

图 5-22　商品主数据生成步骤

（1）选择商品类目

因为商品的属性是绑定在类目下的，所以在新建一个商品资料前，需要先明确此商品所属类目，类目选择是分级联动的，直至选到最后一级，图 5-23 为淘宝商家后台的类目选择示例。

图 5-23　淘宝商家后台选择商品类目示例

（2）根据关键属性生成 SPU

选择类目以后，便能根据所选类目输出当前类目下设置的所有属性及每个属性的属性值了，每个属性的输入样式、排序、分组等都来自后台类目关联属性的配置（下拉框、单选、多选或文本框等），图 5-24 为淘宝后台关键属性维护示例。

图 5-24　淘宝后台关键属性维护示例

公司每引进一个新的商品，需要从生产厂家获取商品详细资料，并完成基本属性信息的录入，关键属性录入完成后，SPU 信息便确定了，如果再录入相同的关键属性，便是重复录入，系统应该给予提示，以免同一款商品生成多个不同的编码。

（3）根据销售属性生成 SKU

对于大部分产品来说，关键属性和大部分描述属性是一样的，但销售属性不同，不同的销售属性对应不同的 SKU。为了提高维护商品资料的效率，我们通常将销售属性设置为多选，这样可以在同一 SPU 下一次性生成多个 SKU，如选择 2 个颜色值+3 个套餐类型值+3 个存储容量值+2 个版本类型值，组合起来便是 2×3×3×2=36 个 SKU，这些 SKU 可以共用关键属性和描述属性。图 5-24 为淘宝后台维护销售属性示例。

每一个 SKU 需要设置一个销售价格和一个库存数量才能进行上架售卖，销售价格用于展示给用户，库存用于控制商品的最大可售数量。如果是做自营供应链，库存数量一般不需要手动设置，商品入库以后自动同步即可，但在淘宝这一类平台上，由于有很多小商家，没有系统对接能力，所以需要手动维护库存，如图 5-25 所示。

基础信息	销售信息	支付信息	物流信息	图文描述

销售信息 　　存为新模板　第一次使用模板，请点此查看详情 学习

销售属性必须成套使用，机身颜色+套餐类型+存储容量+版本类型 请全选或全不选，不能只设置一部分。

* 机身颜色　请选择或直接输入主色，标准颜色可增加搜索/导购机会，还可填写颜色备注信息（偏深、偏亮等）！查看详情

☑ 灰色 　　　　　⊗　备注（如偏深偏浅等）

☑ 黑色 　　　　　⊗　备注（如偏深偏浅等）

　选择或输入主色　　　　备注（如偏深偏浅等）

开始排序

* 套餐类型

☑ 官方标配	☑ 套餐一	☑ 套餐二	☐ 套餐三	☐ 套餐四	☐ 套餐五	☐ 套餐六
☐ 套餐七	☐ 套餐八					

开始排序

* 存储容量

☐ 1.5GB	☐ 128MB	☐ 16MB	☐ 1GB	☐ 256MB	☐ 288MB	☐ 2GB
☐ 32MB	☐ 384MB	☐ 4MB	☐ 512MB	☐ 64GB以上	☐ 64MB	☐ 768MB
☐ 80MB	☐ 8MB	☐ 无	☐ 4GB	☐ 8GB	☐ 16GB	☐ 32GB
☑ 64GB	☑ 128GB	☑ 256GB	☐ 512GB	☐ 1TB		

开始排序

* 版本类型

☐ 港澳台	☐ 韩国	☐ 美国	☑ 欧洲	☑ 日本	☐ 亚太	☐ 中国大陆

上一步　　✉ 0　保存草稿　**发布**

图 5-24　淘宝后台维护销售属性示例

基础信息	销售信息	支付信息	物流信息	图文描述

宝贝销售规格 在标题栏中输入或选择内容可以进行筛选和批量填充　　　　　　　　　　**批量填充**

机身颜色	套餐类型	存储容量	版本类型	* 价格(元)	* 数量(件)	商家编码	商品条形码
灰色	官方标配	64GB	欧洲		0		
			日本		0		
		128GB	欧洲		0		
			日本		0		
		256GB	欧洲		0		
			日本		0		
	套餐一	64GB	欧洲		0		
			日本		0		
		128GB	欧洲		0		
			日本		0		
		256GB	欧洲		0		
			日本		0		
	套餐二	64GB	欧洲		0		
			日本		0		
		128GB	欧洲		0		
			日本		0		

上一步　　✉ 0　保存草稿　**发布**

图 5-25　根据销售属性生成的 SKU 条目数示例

关键属性维护完成后，便可以发布商品了，系统会生成两个编码：根据关键属性生成的 SPU 编码和根据销售属性生成的 SKU 编码，相关人员再把相关的信息维护好，理论上此时商品已经具备售卖和采购的条件了。但在很多自营的企业中，发布商品并不是这么随意的，而是需要走审批流程的，通过采购、质管、财务等各部门审批，并逐一完善资料以后，才能正式生效，审核流程详见第 3 章中的基础数据建档流程。

在这一审核流程中，我们需要为商品增加一个审批状态，如图 5-26 所示。

图 5-26　商品审批状态

（4）完善商品描述属性

在一份完整的商品信息中，除了关键属性和销售属性，往往更多的是描述属性，越是精细化的企业，商品属性越多。由于各行各业的商品属性有很大的差异，我们在本书中无法列出所有商品的属性，但掌握了商品库的建设方法后，就可以举一反三了。

完善商品的描述属性是一个长期的过程，在供应链中，相关人员比较关注商品的条码、长宽高、体积、重量，保质期、储存条件、运输方式、耗材要求等属性，以便在采购、仓储和配送环节中更好地管理商品，这些信息是相关人员在日常工作中逐渐完善起来的，可以分别在采购、仓储等系统中开设维护入口，但都在商品主数据中写入信息，由基础数据中心统一向其他系统进行数据分发。

最后，有必要介绍一下供应链中经常会遇到的几种编码，以免使用不当，出现逻辑问题。

① 产品编码：一般指 SPU 编码，商品发布后生成，仅限企业内部使用。

② SKU 编码：也是在商品发布后生成，只在企业内部使用，是 SKU 信息流转的身份标识。

③ 商品条码：商品出厂时所具有的 69 条码，也称 69 码，是仓库出入库扫描、识别 SKU 的依据。一般每个 SKU 只有一个唯一条码，但不排除部分 SKU 的条码会重复，针对存在重复条码的情况，若需要扫描识别，就需要仓库单独为商品粘贴一个新条码了。

④ SN 码：也是生产企业在商品出厂时印刷到每一个包装盒上的序列号，用来标记和追溯每一个商品的流向，相同 SKU 下每一个实物的 SN 码都不一样。一般在商品价值较高，或者安全系数比较高的行业中比较常见，如 3C 电子产品的序列号、药品的监管码等。

5.2.5　组合商品

组合商品，顾名思义就是将一些商品组合成为一个新的商品。在电商新零售里有两类组合，需要加以区分。

第一类是在电商平台售卖时将多个商品进行搭配生成一个套餐组合售卖，此类组合是一种营销策略，不涉及实物资料的变更，可以在商品主数据中进行管理，也可以将其放到电商后台的运营系统中做一个组合搭配的促销策略。

第二类是 BOM（物料清单）形式的组合，这是供应链侧的组合。此类组合商品本身是存在实物的，是采购入库时即按照实物组合商品进行收货入库的，其本身是一个实物的 SKU，但可以拆解为多个其他的 SKU 单独售卖。

一个家庭医用药箱（SKU A），其下有 1 个空药箱（SKU B）+ 2 卷纱布（SKU C）+1 支医用钳（SKU D），若药箱损坏，可以将组合药箱拆解出 2 卷纱布（SKU C×2）和 1 支医用钳（SKU D×1）单独售卖。

第二类组合商品需要单独为每个 SKU 单独创建 SKU 资料，如在上述的例子中需要分别创建 SKU A、SKU B、SKU C、SKU D。同时增加一个组合商品配置规则，将 SKU A=SKU B×1+SKU C×2+SKU D×1 的规则建立起来，后续拆解或组装组合商品时时可根据此规则进行拆分，如图 5-27 所示。

组合商品SKU	拆分SKU	数量
	SKU B	1
SKU A	SKU C	2
	SKU D	1

图 5-27　组合商品配置规则

5.3　核心供应链基础数据

除了商品有较复杂的类目和属性，其他供应链基础数据的属性都比较固定，就是最基本的增、删、改、查等操作。

在做基础数据的删除功能时，由于基础数据往往被很多系统关联引用，故需注意：基础数据不能随意删除，否则会对历史业务数据产生影响，所以基础数据的删除功能应做成逻辑删除（在数据库中仍然存有记录，只是状态变为"已删除"）。

5.3.1　供应商资料

供应商信息主要用于开展采购业务，在采购订单创建、采购合同生成、采购付款等业务活动中使用。

供应商资料关键信息包含但不限于以下信息。

基本信息：供应商编码，供应商名称，企业法人，联系人，联系电话，详细地址（省、市、区、详细地址），经营范围（3C、数码、酒水、服装等，可以取商品的一级类目），经营状态（正常/禁入/禁出），合同类型（收入类/支出类/合作等），营业三证附件（营业执照、税务登记证、企业组织机构代码证），统一社会信用代码，营业期限等。

财务信息：企业名称、开户行、开户城市、开户名、银行账号、税号、资信额度、结算方式（月结/季度结/年结）、账期等。

在医药行业中，供应商建档非常严格，毕竟药品是治病救人的，生命无小事，所以供应商有严格的准入门槛，质管部门在做供应商首营（首次经营）资料时，还需要重点维护以下证件信息，包括证件扫描附件上传，以及证件有效期，一旦关键性的证件过期，依照药品经营质量管理规范的相关要求，是不能再进行采购的。

供应商经营范围（药品/医疗器械/食品/食品保健/其他）、合作范围（不能超过经营范围）、法人授权委托书、营业执照和期限以及年检期限、税务登记证和期限、经营/医疗许可证和期限、组织机构代码证和期限、医疗器械许可证和期限、保健食品许可证和期限、质量保证协议和期限、GMP/GSP 证书和期限、精神和麻醉许可证和期限、医疗机构许可证和期限；客户质量体系评价预警日期等。

供应商资料维护完成后，也需要经过审核，审核通过以后，才能正式生效，其审批流程和发布商品的审核流程是一样的。

另外，如果企业还开展 B2B 销售业务，还需要维护下游客户资料，用以创建销售单和应付账款核算。下游客户的属性和供应商资料差不多，增加一个"供应商类别"的属性加以标识即可。

5.3.2　仓库资料和门店资料

从供应链的角度来看，门店和仓库均是为商品提供进销存管理的场所；从系统功能方面来看，门店和仓库均被当作一个发货点为订单提供出库服务，故门店和仓库可以放在一套数据中进行管理，用类型加以区分。但门店比仓库多了一种属性：线下业务。

在新零售模式下，根据承接的业务形态不同，各仓库/门店支持的配送方式是不一样的。例如，仓库一般只支持物流运输，而门店可支持包裹配送、自提及线下 POS 销售；由于人员配比、面积和设备设施的差异，仓库对商品的管理比门店对商品的管理更加精细化，效率更高；由于单量的差异，各仓库/门店支持的物流公司的数量也不一样，仓库可以支持多家物流公司灵活切换，而门店一般仅支持一到两家物流公司。

在做仓库基础数据设计时，要考虑到有些仓库面积比较大，收货地点和发货地点并不在一起，并且收件人信息和发件人信息并不是同一个，故可以将收件信息和发件信息分开，各自维护。

门店/仓库常规属性包含：编号、名称、收货人、收货地址（省区市+详细地址）、收货电话、发货人、发货地址（省区市+详细地址）、发货电话、所属货主、仓库类型（仓库/门店）、仓库归属（自营/合作加盟）、支持的配送方式（配送/自提，支持多选）、支持的物流公司（可多选）、营业时间（主要是门店的营业时间）、仓库面积、启用/停用状态等。

5.3.3　地址库资料

地址库资料会在很多系统中使用，且各系统之间会存在信息交互。例如，电商下单、运营系统中的包邮设置、中央库存系统中的分仓、配送管理系统中的物流配置等，若各系统中的地址信息不同，业务数据就不能很好地流转，所以全公司的地址库统一由基础数据中心进行维护是非常必要的。

地址库通常取三级地址（省/直辖市-市-区/县）或者四级地址（省/直辖市-市-区/县-镇/街道），行政区划由于不会经常变，直接采用国家标准地址库初始化系统中的信息即可，如图 5-28 所示，同时在基础数据平台中保留物流部门对地址的更新功能，若国家标准地址库初始化系统中的信息发生了调整，可在此进行同步调整，调整完成后，由基础数据中心将变更的信息同步至外围订阅地址库数据的业务系统，保持数据的一致性。

图 5-28　全国四级地址库

地址库常规属性：地址编号、地址中文名、上级地址、当前层级、启用/停用状态等。

5.3.4　公司资料

公司资料主要用于挂财务主体和账目往来，当有多个分公司时，通常会涉及多个财务主体，将每个公司产生的业务和成本、费用分摊到每个公司中，保证账目的清晰。

公司数据常规属性：公司编码（必须）、公司名称（必须）、企业法人、公司地址、公司银行账号、税号、营业三证附件（营业执照，税务登记证，企业组织机构代码证）、统一社会信用代码、启用/停用状态等。

5.3.5　分拣中心与配送站点

如果企业需要自建物流体系，就需要规划物流网络，布局分拣中心和配送站点。分拣中心又叫分拨中心、转运中心，负责快递包裹的集中收集和分派站点，并与其他分拣中心相连通。配送站点是覆盖用户最后一公里的终端配送网点，配送站点的配送员负责将包裹按照路线或者小区分发配送到用户手中，同时可以承接小区内用户的取件工作。

分拣中心常规属性：分站中心编码、分拨中心名称、分拣中心类型（一级/二级）、地址（省区市+详细地址）、联系人、联系电话、面积、启用/停用状态等。

配送站点常规属性：站点编号、站点名称、站点类型（配送站点/自提点）、地址（省区市+详细地址）、联系人、联系电话、面积、启用/停用状态等。

5.3.6　物流资料

若为自有物流配送，则只需要维护自有物流信息；若通过第三方物流公司承接配送，由于每家物流公司的费用、时效和服务水准不同，企业通常会选择多家物流公司进行合作，则需要将所有合作的物流公司的基本信息均上传至基础数据中心。

因为每个物流公司的网络覆盖广度不同，所以并不是所有的物流公司都可以覆盖全国各地，故而为了更精准地分配物流，企业可以将每个物流公司无法覆盖的区域维护进系统，但这样会存在一个问题：若物流公司的覆盖范围信息发生变更，我们并不能及时获知，所以如果企业的技术实力足够，也可以和物流公司打通接口，实现信息同步，这样便能及时知晓每张订单的地址是否能匹配该物流公司，若无法配送，企业可及时更换其他物流公司，不至于在包裹揽收以后发现无法配送而将包裹打回仓库，影响配送时效。

物流公司常规属性：物流公司编号、物流公司名称、联系人、联系电话、配送范围、是否支持代收货款、启用/停用状态等。

5.3.7　销售渠道资料

销售渠道管理是为了更好地管理公司的业务来源，如自营平台、天猫、京东等，以便在系统中分类统计和按渠道指定响应营销策略等，此信息一般由技术部门维护即可。订单在下发时，根据不同的来源在订单中标记渠道信息，仓库发货后，将发货物流信息回传对应的渠道。

渠道常规属性：渠道编号、渠道名称、启用/停用状态等。

5.4　本章结语

　　基础数据中心是供应链运转的基石，商品资料、供应商资料、地址库资料、公司资料、物流资料、渠道资料这些基础数据是整个企业最基层的建设，如同地基一样，如果地基不稳，大厦必倾。

　　在进行基础数据中心设计时，要遵循三个原则：①集中管控，统一分发；②开放录入，信息互通；③权限分离，责任到人。

　　若想设计商品库，需要先掌握好商品类目与子类目、属性与属性值、属性分组，它们是 SPU 和 SKU 生成的基础。

　　除了商品有较复杂的类目和属性，其他供应链基础数据的属性都比较固定，就是最基本的增、删、改、查等操作，根据业务定义每一项基础数据的维度，设计相应的操作功能即可。

第 6 章　粮草先行：
采购管理系统

在以自营为主的电商新零售企业中，采购是所有业务开展的基础，兵马未动粮草先行，只有商品采购入库以后，才能为其他业务的开展提供坚实的基础，本章我们一起来了解一下采购管理系统的设计。

6.1　采购业务与采购管理系统

采购业务的开展离不开采购管理系统的支持，采购管理系统的建设同样离不开相关人员对采购业务的理解，我们有必要先整体了解一下采购业务的核心流程，并基于采购流程框定采购管理系统的建设范围。

6.1.1　采购业务的核心流程

采购业务通常由企业的采购部门承接，围绕着商品的引进、采购、退货、调拨、供应商结算等开展，关于采购入库、退供应商和仓间调拨的流程，前面已经详细介绍过了，此处就不再赘述了，下面归纳一下采购部门日常核心工作流程。

① 供应商管理。供应商管理包含供应商的寻源、供应商评估、供应商的选择与引进、供应商日常维系、供应商绩效管理等。

② 采购询价及比价。在开始采购前，先向各供应商咨询商品报价、返利等，收集各方信息，综合比较采购价格。

③ 采购谈判与合同签订。筛选合适的供应商进行谈判，在长期合作的基础上，保证服务和质量的前提下，获取最优的采购价格。

④ 采购维价。对采购商品的价格进行维护、管理，若为首次采购，或者当前采购价高于历史采购价，或者有返利价格，相关人员需在系统中对采购价格进行维护管理。

⑤ 供应商及商品引进。若供应商/商品为首次合作，相关人员在收集供应商及商品的资料

后，按照标准流程将资料录入系统，完成供应商及商品的建码流程（参见第 5 章基础数据中心中的商品库和供应商基础数据维护）。

⑥ 创建采购申请与采购订单。相关人员在采购之前提交采购申请，申请通过后，确定供应商、采购商品、数量、采购价格、入库仓库等信息，完成采购订单的创建，并与供应商确认采购明细，走完采购审批流程后，将采购订单传到仓储管理系统中。

⑦ 采购过程管理。从采购订单的创建开始，到供应商回告、供应商预约送货、仓库收货入库、供应商结算的整体过程跟进。

⑧ 采购关单。入库完成的采购订单，或者长期悬挂未到货的采购订单，由采购人员或系统关单，完结当前采购订单。

⑨ 退供应商。按照与供应商的协定，将未售卖商品定期退还供应商，确定退供批次、数量，建单并下发仓库进行出库作业。

⑩ 仓间调拨。根据商品的动销与滞销情况，以及库存分布情况，对多个仓库之间的商品进行互调，使商品的利用率最大化。

⑪ 供应商结算。提交和跟进供应商付款申请，财务部门的相关人员根据供应商提供的发票，结合仓库提供的入库单数据，比对无误后，与供应商进行结算；商品退供应商以后，相关人员跟进财务与供应商结算过程。

6.1.2 采购管理系统建设目标及核心功能

采购业务的开展离不开系统的支持，这便用到了采购管理系统。

采购管理系统，简称采购系统，英文缩写有叫 BIP（Buyer Integrated Platform）的，也有叫 BIW（Buyer Integrated Workstation）的，可能是因为每个公司对采购管理系统的定位有所差异所致，但整体上都是服务于采购部门的，让采购部门可以更便捷地实施采购。

采购的目标是寻求在合适的时间，选择合适的供应商，以合适的价格，购买合适质量和合适数量的合适商品，并将其送到合适的地点，也就是前面提到的供应链的 7R 原则。

采购管理系统的建设需要围绕着采购业务流程来实施，保证相关人员能方便地找到合适的供应商和商品，高效且透明地走完采购流程。我们可以围绕以下几个目标来设计采购管理系统。

① 采购成本最优。如何在众多的供应商提供的采购报价中获得最大利益，在保证服务和质量的同时，保证采购的成本最优？当然，成本最优并不是取最低价，而是要建立在供应商服务水平、采购时效、商品质量等因素之上的性价比最高。

② 供应商管理最优。除了追求最优的采购成本，相关企业还要对供应商进行管理评级，寻求最稳定可靠的供应商作为长期合作伙伴。供应商管理不要注重数量，而要注重服务质量。

③ 推荐最优的采购品项。在资金有限的前提下，做到将好钢用到刀刃上，保证所采购的商品都是必需的，采购商品的数量是最符合业务现状的，不能缺货，更不能滞销。

④ 采购效率最高。从采购活动开始，到采购活动结束，流程要顺畅，信息要透明，通过系统和人工结合的方式，保证采购的时效性。

采购管理系统的核心功能如图 6-1 所示。

采购管理系统		
采购询价和维价	**采购订单管理**	**供应商管理**
✓ 采购询价 ✓ 维价单创建 ✓ 维价单审核	✓ 采购订单建单 ✓ 采购订单审核 ✓ 供应商回告确认 ✓ 采购入库明细 ✓ 采购关单	✓ 供应商绩效管理 ✓ 供应商合同管理 ✓ 供应商商品关联 ✓ 采购员与供应商关联
退供应商管理	**仓间调拨**	**智能采购补货**
✓ 退供单创建 ✓ 退供单审核 ✓ 退供单出库	✓ 调拨单创建 ✓ 调拨单审核 ✓ 调拨出库 ✓ 调拨入库	✓ 安全库存 ✓ 补货点 ✓ 选品建议 ✓ 需求预测 ✓ 自动补货

图 6-1　采购管理系统的核心功能

6.2　采购询价

在实施采购之前，采购人员通常要货比三家，向多个供应商咨询采购价格，这个过程叫作询价。很多中小型公司的采购询价流程都是通过打电话和 Excel 管理的，但如果技术条件允许，采购询价流程是可以线上化的，这依赖于供应商管理系统的支持（供应商管理系统在后续章节中我们会介绍）。具体流程为：采购人员在采购管理系统中创建并发布询价单，供应商登录供应商管理系统，针对询价单进行报价，完成询价，如图 6-2 所示。

图 6-2　采购询价流程

采购人员在创建询价单时，需指定询价对象、询价截止日期和需询价的商品及计划采购数量。询价对象可以是全部供应商，也可以只针对部分指定供应商；询价截止日期用以控制询价单的有效期，仅在有效期内生效。图 6-3 是创建询价单的示例图。

根据询价单的生命周期，询价单状态可以设计为新询价单、询价中、已报价、已关闭 4 种，如图 6-4 所示。

图 6-3　创建询价单示例

图 6-4　询价单状态

询价单状态说明如表 6-1 所示。

表 6-1　询价单状态设计说明

询价单状态	说　　明
新询价单	新建的询价单初始状态
询价中	询价单已发布给供应商，等待供应商报价
已报价	供应商已针对询价单反馈报价
已关闭	询价单到截止日期后自动关闭，也可由采购人员手动关闭。已关闭的询价单不再支持报价或修改报价。

6.3　采购维价

采购维价是指采购人员在商品采购价格发生变动时，在采购管理系统中进行新价格的维护，并以新价格进行采购进货。维价是采购人员对商品采购价格的集中管控，能更好地监督进货价，管理商品的毛利，也能有效避免采购人员与供应商徇私舞弊的行为。

一般在遇到如下业务情况时，采购人员需要进行维价。

① 第一次采购商品。

② 供应商价格调整。

③ 价格维护错误后需修正。

④ 商品有返利时。

采购维价的流程如图 6-5 所示。

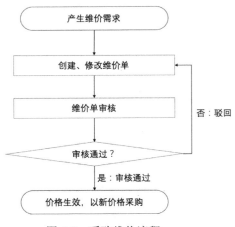

图 6-5　采购维价流程

6.3.1　采购维价单

一般情况下，采购人员在创建采购订单时，如果采购价格不变或在向下调整的一定范围内可以自由修改采购价而无须维价，其他时候则需要进行维价并由上级审核。由采购人员创建维价单，经采购经理审批后生效，特殊情况下需采购总监或部门副总审批后方可生效。

① 商品价格向上或向下波动幅度超过一定比例。

② 特定供应商。

③ 特定商品。

④ 其他特殊情况。

维价单主要以建单和审批为主，状态可以设计，如图 6-6 所示。

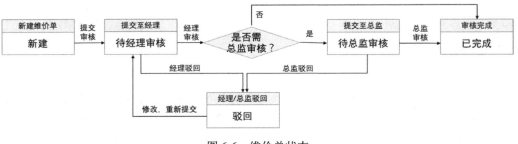

图 6-6　维价单状态

一个维价单中可以包含多条维价商品明细，当审批流程走完以后，即用最新的进货价格替换原进货价格，如图 6-7 所示，原进货价格失效，如果还有返利，则在返利周期内按照返利后的价格进行采购结算，返利周期结束后自动恢复为正常价格。

图 6-7　维价单的作用

维价单管理页面示例，如图 6-8 所示。

操作		维价单号	建单时间	状态	维价商品数
详情　删除　提交审核		V20210103004	2021-01-03 17:12:01	新建	10
详情　审核		V20210103003	2021-01-03 13:34:28	待经理审批	21
详情　审核		V20210103002	2021-01-03 10:03:21	待经理审批	5
详情		V20210103001	2021-01-03 09:01:54	已完成	2

共 1000 条数据　< 1 2 3 4 5 ... 100 > 10条/页∨ 跳至 页

图 6-8　维价单页面管理示例

因为商品的报价是供应商提供的，一个商品往往会有多个供应商供货，每个供应商的报价不同，所以采购人员需要针对每个供应商进行维价，针对需要采购的商品和每个供应商议价，双方达成一致后，采购人员将进货价维护成合同中约定的价格。很多供应商的报价是阶梯式的（如购 100 件，进货价为 100 元/件，购 500 件，进货价为 80 元/件，以此类推），还有一些供应商为鼓励采购人员进行批量采购，还提供返利，即在某个周期内，返利×× 元或提供返利点，如某商品原进货价为 100 元，但当前时段返利 1%，则实际进价为 99 元，相关人员在进行维价设计时应该考虑兼容这些情况。图 6-9 是一个商品维价明细示例。

图 6-9　新建商品维价明细示例

6.3.2　采购价管理

对商品的采购价进行集中管理，横向可以对一个商品的多个供应商的报价进行比价，挑选最优的采购价进行采购，纵向可以分析每个供应商的价格波动情况，及时调整采购计划。所以，在很多企业中，有一个关于价格库的系统来管理每一个商品的采购价格和销售价格。

在设计采购价管理功能时，一个 SKU 可以有多个供应商进行供货，所以会存在多个价格，同时，一个供应商也可以供应多个 SKU。针对某一个 SKU，供应商也可以提供多个价格（前面提到的阶梯报价），三者的关系如图 6-10 所示。

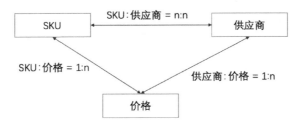

图 6-10　商品、供应商与价格

图 6-11 为采购价格管理的示例，此功能中每个商品的进货价格由采购人员维价而来，在采购前，采购人员搜索每个供应商针对每个商品的报价并挑选最优价格进行采购，可以极大地降低采购成本。

| SKU ID | 供应商（支持模糊搜索） | | 采购数量 数量起 | 数量止 | 查询 | 重置 | |

SKU ID	商品名称	规格	供应商	供应商报价	返利百分比	返利周期
2001056789	艾普拉唑肠溶片(壹丽安)(丽珠)	5mg*6s	丽珠集团丽珠制药厂	0件~100件：100元/件 101~500件：80元/件 501件~9999件：70元/件	1.5%	2021/01/01 ~ 2022/01/31
2001056789	艾普拉唑肠溶片(壹丽安)(丽珠)	5mg*6s	广州医药集团	0件~9999件：100元/件	0	—
2001056789	艾普拉唑肠溶片(壹丽安)(丽珠)	5mg*6s	广州九州通医药	0件~9999件：95元/件	0	—
1011034151	美沙拉秦栓剂(颐得斯安)	1g*28s	广州九州通医药	0件~9999件：210元/件	0	—

图 6-11　采购价格管理

6.4　采购订单

采购订单，专业术语叫 PO（Purchase Order），又叫采购单，是采购管理系统中最重要的信息载体，它是基于采购合同向供应商下发的正式的采购商品明细，也是供应商送货和结算的重要凭证。当采购订单下发供应商后，供应商会将此转为自己的销售订单进行拣货、发货和配送。

6.4.1　与采购相关的业务单据说明

在正式介绍采购订单之前，我们需要先弄懂几种与采购相关的单据，以及每种单据对应的业务场景和产生的时机，以免因业务流程不清晰而干扰了系统设计。

① 采购计划。以年度或季度为周期做的采购计划，一般基于历史数据估算而来，产生于做年度采购计划或季度采购计划时。

② 采购申请。一般是企业内部的采购人员在采购之前，提交的非正式的审批文件，仅用于内部流转，产生于某部门有采购意向，需要走审批流时。

③ 采购订单。与供应商约定好采购金额、数量后，根据采购合同创建的正式的采购单据，采购部门将此单据交给供应商，以便其送货，产生于采购合同签订以后，需要正式采购时。

④ 收货单。仓库收到供应商的商品以后，在仓储管理系统中对到货商品进行清点、录入，生成仓库收货的收货记录，产生于仓库开始收货以后。

⑤ 采购入库单。仓库实际入库明细，是生成应付账款的凭证，产生于仓库入库上架以后。

按照流程节点的先后，依次产生采购计划、采购申请、采购订单、收货单、采购入库单。先有年度采购计划或季度采购计划，待日常采购前，提交采购申请（此时还不确定从哪个供应商处进行采购），申请通过后便可以正式开始采购询价、议价、签订合同，然后创建采购订单，将采购订单下发仓库，待供应商送货后进行收货，此时便产生了收货单，然后针对收货单进行商品验收、上架，并回传入库明细至采购管理系统中，即为采购入库单。

6.4.2　采购订单的创建

采购订单的创建并不是采购的第一个环节，而是在采购申请、采购议价、采购合同的签订等流程走完以后，最终在系统中完成采购结果录入的环节。采购订单创建流程，如图 6-12 所示。

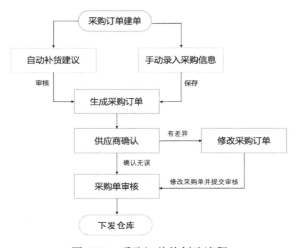

图 6-12　采购订单的创建流程

采购订单有两种创建方式。

方式一、手动创建采购订单。由采购人员根据实际需要（如常规采购、缺货补货），录入采购信息，生成采购订单。此方式比较简单灵活，是最常用的采购订单创建方式。

方式二、自动补货建议。基于历史销售数据进行计算，再结合业务的实际情况，由系统自动计算需要补货的商品及数量等，由人工审核后生成采购订单。此方式对数据建模要求较高，而且需要基于一定数据量的积累，适用于有一定技术实力，且业务相对稳定的企业。

为了体现采购流程的协同，采购订单生成以后，还有一个将采购订单传给供应商确认的过程，确保商品能及时送达指定仓库，此过程可以通过电话、邮件的方式确认。如果技术实力允许，企业也可以为供应商搭建供应商管理平台，将采购信息传到系统中，让供应商登录系统进行回告，确认数量、金额和送货日期等。若回告的信息与采购信息有差异，可在采购管理系统中进行调整。

所有信息确认无误后，采购订单还需要经过审核，才能正式生效并下发仓库。同商品维价一样，当采购金额超过采购经理审批权限时，采购订单需经采购总监审批后方可生效。

无论以哪种方式创建采购订单，均需要明确供应商、发票类型、入库仓库、采购商品、采购数量、采购单价等。一张采购订单中可以包含多条商品明细，但应只对应一个供应商和一个仓库，采购订单如图 6-13 所示。

图 6-13　新建采购订单示例

采购订单关键信息说明如下。

① 供应商。从供应商资料中选取当前合作且有效的供应商。

② 入库仓库。供应商需要送货的目标仓库或门店，取自仓库基础数据。

③ 采购合同号。每一张合规的采购订单都应该有一份与之对应的采购合同，采购合同应该是在创建采购订单之前就维护进系统中的。如果采购合同过期了，就不允许与此供应商合作了，需要重新与供应商签订合同。

④ 发票类型。发票主要用于财务结算、付款和充当抵税凭证，由供应商根据采购明细开

具。根据发票的类型，发票可分为增值税普通发票、增值税专用发票、营业税发票等。

⑤ 采购商品 SKU：从当前所选供应商能供给的商品列表中进行选择。注意，筛选范围不是全部商品，而是当前供应商下维护的商品，此举的目的是严格管理每个商品的引入流程，避免采购人员从无资质的供应商处采购商品。

⑥ 采购含税单价。采购价格一般是含税单价，如果采购人员维护了某一商品的采购价格，直接从价格表中输出此供应商+SKU ID 的采购价，允许在一定范围内加以修改，若超过系统设定的范围，就需要重新维价或经上级审批了。

6.4.3 采购订单状态的设计

按照采购订单的生命周期，采购订单的状态设计如图 6-14 所示。

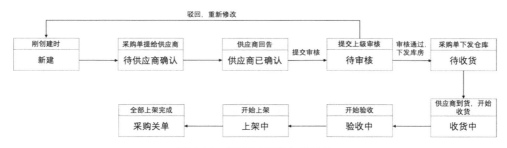

图 6-14 采购订单状态的设计

状态说明如表 6-2 所示。

表 6-2 采购订单状态的设计说明

采购订单状态	说 明
新建	采购订单刚生成时的状态，此状态下可以对采购订单进行修改、删除
待供应商确认	将采购订单下发给供应商确认的状态，需要供应商确认商品数量、价格及送货时间等。
供应商已确认	供应商已回告。如果有供应商管理平台，由供应商在线确认，如果没有供应商管理平台则可以通过电话、邮件等方式确认后，由采购人员在采购管理系统中进行确认
待审核	采购人员将采购订单提交上级审核
待收货	采购订单走完所有审批流程后，会下发到仓储管理系统中，等待供应商送货
收货中	供应商将商品送到指定仓库，开始收货了，由仓储管理系统回告此状态。一张采购订单可能会分多次送货和收货，第一次收货完成后，采购订单的状态即变为"收货中"
验收中	收货完成后，进入验收状态，由仓储管理系统回告。采购订单中只要有一条商品明细进行了验收，则整张采购订单的状态变为"验收中"
上架中	商品验收完成，上架到仓库的货位上，由仓储管理系统回告。采购订单中只要有一条商品明细上架完成，则整张采购订单的状态变为"上架中"
采购关单	采购完成的状态，所有商品明细都已入库上架后由系统触发，或者本采购订单无法再到货后，因超时由人工或系统自动关闭

通过采购管理系统中采购订单的状态变更，相关人员便能完整地监控每一张采购订单的执行情况，做到全程可视化和有效跟进，如图 6-15 所示。

图 6-15　采购订单可视化示例

若想实现采购订单可视化的目标，需要仓储管理系统将仓库的入库明细及时回传采购管理系统，包含收货明细、验收明细和上架明细。

一张采购订单可以分多次送货和收货，生成多张收货单，一张收货单一般进行一次验收（在很多企业中，收货和验收是合二为一的），验收完成后，又可能根据不同的上架库区拆分为多张上架单进行入库上架，故采购订单、收货单、验收单和采购入库单的关系，如图 6-16 所示。

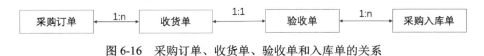

图 6-16　采购订单、收货单、验收单和入库单的关系

由于仓库收货、验收和上架操作产生的结果略有不同，故三者回传的明细也有所差异，如表 6-3 所示。在采购管理系统中，相关人员以采购订单为维度将各个环节的回传数据汇总展示，即可看到完整的可视化数据。

表 6-3　采购入库明细回传

收货回传	采购单号、收货单号、随货同行单号（供应商随着商品一起送到的商品明细清单）、SKU、入库批次号（按照入库规则生成的批次号，每个批次代表一次入库）、收货数量等
验收回传	采购单号、上架单号、SKU、入库批次号、验收结论（合格/不合格/待检等）、验收数量等
上架回传	采购单号、上架单号、SKU、入库批次号、验收结论、上架数量等

6.4.4　采购关单

采购关单是对采购订单进行完结处理的动作，采购订单的状态变为"采购关单"，代表此采购订单后续不会再进行送货。系统处理关单分两种情况。

① 自动关单：当仓库收货入库总量和采购计划数量一致时，系统自动触发关单动作。

② 强制关单：针对长期未完结的采购订单（如三个月无进货），由采购人员手动关单或采购管理系统自动触发关单操作。

自动关单需要在采购管理系统中增加一个配置参数，可以以仓库为维度，或者以供应商为维度来配置，如某商品的供应商，自动关单配置时间为××天。系统在监控到某采购订单已经超过关单时间还未关闭时，便自动触发关单。

关单操作不能只在采购管理系统中执行，需与仓储管理系统进行联动，如图 6-17 所示，若仓库正在对此采购订单进行入库作业（正在收货、验收或上架），则不允许关单。已经关单成功的采购订单，仓库不允许再收货。

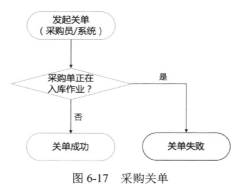

图 6-17　采购关单

6.5　供应商管理

采购管理系统中的供应商管理不同于基础数据中心中的供应商数据管理，而是基于供应商基础数据在采购环节中进行的供应商管理，包括绩效管理、送货时效统计、商品关联、合同管理等，以便更好地实施采购。

6.5.1　供应商绩效管理

对供应商的绩效进行管理，从多维度对供应商进行综合评估和考核，可以反向协助供应商提升服务、有利于双方建立更稳定的合作关系。绩效考评步骤如下。

① 梳理考评指标，建立考评体系。考评指标包括但不限于以下因素。

a. 供应商送货时效及稳定性；b. 供应商供货价格；c. 供应商服务水平和响应时效；d. 品牌知名度；e. 供应品种的齐全性；f. 全国业务网点的分布状况；g. 供应商企业的规模和财务状况；h. 供应商结算方式和账期。

② 确定每项指标的权重及评分。针对以上梳理的各项考评指标，给予每项指标相应的考评权重，各项权重之和为 1。然后相关人员针对每个供应商的每项指标进行打分。

权重和评分可根据历史数据分析得来，若没有历史数据可供参考，则由业务部门的相关人员根据经验进行设定。

③ 综合考评，反复验证。

将指标得分和权重进行加权即可算出每个供应商的绩效综合得分，得分越高表示供应商的绩效越好；然后将此计算结果进行排名后交由业务部门进行评估，若与实际有偏差，再返回第②步进行修正，直到符合预期。

综合得分=各项指标评分之和乘权重

例如，假设设定图 6-18 中的 4 项考核指标及各项指标权重，相关企业分别针对 A、B 两个供应商进行评分和绩效综合考评。

考核指标	权重 （合计100%）	评判分数——A供应商 （1~10分,10分为最高）	评判分数——B供应商 （1~10分,10分为最高）
供应商送货时效及稳定性	50%	8	9
供应商供货价格	30%	8	7
供应商服务水平和响应积极性	10%	10	5
品牌知名度和商誉	10%	8	4
综合得分		8.2	7.5

图 6-18　供应商绩效管理示例

比较 A、B 两个供应商的综合得分可知，供应商 A 比供应商 B 的绩效得分要高，更适合建立深度合作。

6.5.2　供应商送货时效管理

供应商的送货时效及稳定性会对采购工作产生极大的影响，不稳定的送货时效会导致采购人员对采购数量的误判，从而对库存成本和销售产生影响。因此采购管理系统需要对每个供应商送货到各地仓库的时效进行监控。从采购可视化数据中获取采购下单时间和供应商到货时间，二者相减即可得到供应商单次送货时效。

由于供应商可能会多次送货，以及天气、路途等原因，在实际送货过程中会存在超出平均送货时长很多的情况，此部分数据应列为干扰数据，排除后再进行统计。另外，供应商备货的品项和数量也会对送货时效产生影响，如果技术实力允许，相关企业可以建立一个多维度的模型进行综合评估。

6.5.3　供应商商品管理

不在供应商经营范围内的商品，是不允许进行采购的，当确定与某供应商合作以后，采购人员需要对每个供应商绑定其下可采购的 SKU，在创建采购单时，只能采购已经绑定过的 SKU，未绑定 SKU 无法进行采购。

图 6-19 为供应商关联商品示例，相关人员在设计系统功能时，要注意一个供应商可以添加多个关联商品，一个商品也可以被多个供应商关联。

图 6-19　供应商关联商品示例

6.5.4　供应商合同管理

采购合同是创建采购订单的基础性文件，是约束供需双方行为，保证双方顺利交易的有效凭证。按照合作方式的不同，采购合同可以分为战略性合同和非战略性合同。战略性合同意在企业与供应商达成战略合作，风险共担，包含回购合同、收入共享合同、数量灵活合同、销售回扣合同等；非战略性合同主要指弹性合同，如大宗商品、产品可以从许多供应商（或与单个供应商签订多份合同）那里购买，这类合同更注重对市场反应的灵活性，企业不需要和供应商建立长久的合作关系，风险主要由供应商承担，包含长期合同、柔性合同、期权合同、现货合同、组合合同等。以上每一类合同都有其特有的履约方式，由于篇幅有限，不在此过多展开，感兴趣的朋友可以深入了解每一类合同的细节。

正常的采购合同的关键信息包含：甲方（买方），乙方（供应商），合同号、合同履行的开始日期和截止日期，采购商品的名称，规格，单位，数量，含税单价，总金额、发票类型（增值税普通发票、增值税专用发票、营业税发票、无发票），结算方式（预付款、分期付款、一次性付款等），付款银行账号信息，交货方式（供应商自送、三方物流配送、自提），交货期限，违约责任，合同的变更和解约条件，合同附则和签署等。

对供应商的合同进行系统管理可以及时对已过期或即将过期的合同进行预警，并对采购商品的价格、范围进行有效监控，减少采购风险和录入差错。合同管理有两种系统设计方式。

方式一：粗放式合同管理。仅在系统中记录每个合同的编号、有效期等信息，合同细则通过线下签署后扫描附件的方式上传。

方式二：电子合同管理。将合同细则形成系统模板，此模板可为本公司固定合同模板，也可为供应商订制模板。在签订合同时，双方在线填写关键信息并在系统中进行签名后生效。电子合同可下载并打印纸质合同作为存根。

图 6-20 为某材料的采购合同示例。

合同示范文本

材 料 采 购 合 同

合同号：____________

买 方（甲方）：

卖 方（乙方）：

依照中华人民共和国的有关法律和法规，买卖双方同意签订和履行本采购合同。

第一条 产品、规格、数量和价格：

产品名称	规格	单位	数量	单价	价税合计	发票类型及税率、税票
合计						
合同总金额人民币（大写）						

1、本合同采购产品使用于____________（项目名称）。

2、价格调整方式为以下第_____种方式。

1）固定单价不调整，已包括市场的不可见因素，不随市场价格浮动而发生变动。

2）按_________(信息价)下浮____%。

3）其他方式：____________

3、该合同单价包括：产品及包装、运输、卸货、税金、____________等甲方接收前的所有相关费用。合同有效期内，未经甲方书面同意以上价格不得变更。

第二条 质量标准

1、质量标准：

双方约定：____________

2、产品必须符合相关的国家、地区、行业标准，以上标准共存时以标准严格者为准。

第三条 乙方对产品质量负责的期限：

自全部产品交付并经甲方验收合格之日起质量保修期为____________。

第四条 包装和标识

乙方交付的产品包装应适宜于长途运输，防湿、防潮、防锈、防蚀和防震荡。对于危险品，乙方应在包装箱上就其性质做出公认的明显标志。乙方应承担因包装不当导致交付的产品受损而修理、更换、补充发货或退货的责任。

1

图 6-20　供应商采购合同示例

6.6　退供应商

在库的商品，经常会由于包装破损/供应商召回/近效期/质量问题/滞销商品协议退供等原因，需要退给供应商，对应的仓库操作是退供出库，将商品库存消掉，这就需要采购人员操作退供应商功能。

6.6.1　退供单的创建

退供单的创建流程同采购订单的创建流程一样，由采购人员创建，审核通过后，下发仓库，相关人员进行出库操作，如图 6-21 所示。

图 6-21　新建退供单示例

退供单关键信息说明如下。

① 供应商。采购人员只能提取有过采购记录，且当前还有库存的供应商的信息。

② 出库仓库。采购人员获取仓库或门店信息，可以从仓库退供，也可以从门店退供。

③ 退供原因。退供原因包含包装破损/供应商召回/近效期/质量问题/滞销商品协议退供等。

④ 退供 SKU 及退供批次。根据供应商筛选此供应商下尚有库存的商品及批次。退供单的商品及批次必须与此供应商原始采购入库单的商品和批次对应，且退供总数量不能大于采购总数量。

⑤ 退供单价。默认取当前批次最近一次采购入库的单价，若与实际不一致，可由采购人员在建单时进行调整。

6.6.2　退供单状态的设计

按照退供应商的流程节点，我们可以设计退供单的状态，如图 6-22 所示。

图 6-22　退供单状态的设计

退供单各状态设计说明，如表 6-4 所示。

表 6-4　退供单状态设计说明

退供单状态	说　　明
新建	退供单刚生成时的状态，此状态下可以对退供单进行修改、删除
待审核	退供单提交至上级审核的状态，此状态下不再支持退供单的修改和删除
待出库	审核通过以后，将退供单下发到仓储管理系统中，退供单状态变更
已发货	仓库按退供单拣货、发货后回传发货明细到采购管理系统中，退供单状态变更
已签收	退供商品发给供应商，供应商确认签收后变更状态，此状态可与物流状态信息对接后变更，或者由供应商登录供应商管理系统进行手动确认
已取消	在仓库发货前，均可取消退供单，取消成功后，退供单状态变更

在设计退供应商功能时，需要注意以下几点。

① 退供单默认一级审批，若遇特殊情况，需经采购总监审批后方可下发仓库，如退供价格异常、特定供应商和特定商品等，相关人员在进行系统设计时可以根据实际业务场景定义审批流程。

② 基于作业效率和物流成本的考虑，企业往往会将退供商品累积到一起退货，这样退供单中的商品数量往往会比较多，难保退供单中的商品都能正常出库，所以系统需要支持允许缺量出货，即实际出库的数量小于计划退供数量的情况，仓库发货以后需要把实际发货数量回传采购管理系统并同步给供应商，以实际发货数量为准。

③ 退供单出库过程中，为避免商品又被其他订单占用而出现超卖的情况，审核通过的退供单，最好由采购管理系统通知中央库存系统将退供的商品库存锁定，待实际出库以后，再按照实际发货数量回告中央库存系统扣减实际库存（此逻辑在后续章节中再详细介绍）。

④ 退供的最终节点是供应商签收，有供应商管理系统的企业，退供明细可以通过接口推送至供应商管理系统，由供应商在线签收和结算，降低沟通成本，体现供应链的协同。

6.7　仓间调拨

当需要将两个仓库的库存进行互调时，就需要用到仓间调拨功能。仓间调拨的系统逻辑是将发货仓的发货功能和收货仓的入库功能进行组合，对应发货仓的库存扣减和收货仓的库存增加。

6.7.1　调拨单创建

调拨单的创建一般由采购部门的相关人员或者仓储部门的相关人员发起，经审核后，生成发货仓的发货单，待发货仓将商品发货以后，采购管理系统再根据发货仓的发货明细生成收货仓的入库单，供收货仓进行收货入库。

图 6-23 为新建调拨单的示例，一张调拨单对应一个发货仓，一个收货仓，以及多条商品明细。

图 6-23　新建调拨单示例

调拨单关键信息说明如下。

① 发货仓：此为调拨出库方，相关人员负责按照调拨商品明细拣货并发货至收货仓，收货方取自收货仓库的收件人信息。

② 收货仓：此为调拨收货方，相关人员负责将调入货物收货入库。

③ 调拨原因：一般有积压件转仓、关闭仓库、订单驱动调拨、日常仓间互调等原因供选择。

④ 调拨商品明细：仅能提取发货仓的商品库存、批次信息，且调拨数量不能大于发货仓的库存数量。

6.7.2　调拨流程与调拨单状态

完整的调拨单涉及三个系统的操作流程，如图 6-24 所示。采购管理系统的调拨建单与调度、发货仓仓储管理系统的拣货出库、收货仓仓储管理系统的收货入库，这三个流程环环相扣，持续周期很长，采购管理系统在其中起着调度的作用。

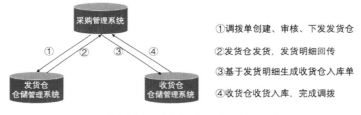

图 6-24　仓间调拨系统交互流程

为了更好地管理调拨过程，我们在设计调拨单的状态时，需要将三个系统的状态变化都监管起来，才能实现调拨单的全程可视化，调拨单系统状态的设计如图6-25所示。

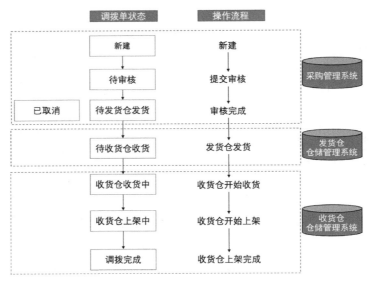

图 6-25　调拨单系统状态的设计

状态设计说明如表 6-5 所示。

表 6-5　调拨单状态说明

调拨单状态	说　明
新建	调拨单刚生成时的状态，此状态下可以对调拨单进行修改、删除
待审核	调拨单提交上级审核的状态，此状态下不再支持对调拨单的修改和删除
待发货仓发货	审核通过后，调拨单下发至发货仓，等待发货仓发货
待收货仓收货	发货仓已将商品发出，由发货仓回传发货明细后，调拨单状态变更
收货仓收货中	收货仓已开始收货，第一条收货信息回传后状态变更。可能存在多次收货的情况，以第一条收货记录为准
收货仓上架中	收货仓已开始上架，第一条上架明细信息回传后，调拨单状态变更
调拨完成	调拨单中所有商品均已上架完成，或者人为操作调拨完成后，调拨单状态变更

在设计调拨功能时，有几个业务特性需要注意。

① 调拨属于供应链内部行为，不应影响销售。在调拨过程中，难免出现平台上的用户下单，但实际上仓库已经没有实物的情况（因为商品还在调拨途中）。因此在调拨单生成时，需要与中央库存系统联动，及时占用库存，保证新订单停在履约系统中，不会到达发货仓，待商品调拨入库以后再下发。

② 为了产生发货和配送的规模效应，调拨单中的商品明细通常有很多，难免会出现某些商品在发货仓无法发出的情况，仓储管理系统要支持缺量发货并回传实际发货明细到采购管理系统中，采购管理系统按照实际发货明细再生成收货仓的入库单。

③ 由于物流丢件、发货过程中的遗漏等原因，收货仓收到的实物商品数量也不能保证

百分百与系统一致，所以收货仓应该以实际到货数量进行清点收货，对于实际入库与发货仓实际出库有差异的明细，需要在调拨单中有所体现，涉及收货仓、发货仓、物流三方的职责交割。

6.8　需求预测与智能采购补货

以上章节介绍了采购管理系统的基本功能，而采购管理系统的精髓在于追求高效和精益，通过系统策略驱动智能化采购。若要更好地达成精益的目标，采购管理系统中智能推荐功能必不可少，如如何预测销量并给予采购建议、如何设置最优的安全库存、如何在资金有限的前提下采购到必需商品、如何挑选新品等。

6.8.1　定量采购与定期采购

根据采购的方式不同，可以分为定量采购和定期采购两种。

定量采购是提前设定好商品的采购订货点和目标库存，随时监控商品的库存消耗情况，商品库存一旦低于订货点，便进行采购补货，每次采购的数量都是相对固定的。由于商品的消耗周期是不固定的，所以采购的时间也是不固定的，完全取决于商品库存何时消耗到订货点以下。例如，设定某商品的订货点为 2，目标库存为 10，则一旦商品库存量为 2，就采购 8 个商品。

定期采购则是提前设定好采购时间间隔和目标库存，每到采购时间，便进行采购。定期采购模式下，只有目标库存，没有订货点，每次采购的数量是不固定的，取决于采购时商品的库存剩余数量，采购数量为目标库存−当前剩余库存量。例如，设定某商品的采购间隔为 1 个月，目标库存为 10。第 1 个月月末剩余库存为 4，则需要采购 6 个；第 2 个月月末剩余库存为 3，则需要采购 7 个。

在传统仓储管理物料库存时经常使用的两箱法和看板采购（见图 6-26），就是属于定量采购模式。

相比而言，定量采购比定期采购对库存的管理要求更高，需要相关人员实时监控库存余量，但它只会针对已经低于订货点的商品进行采购，对于滞销或库存充裕的商品是不会触发采购的，因此对采购资金和库存的利用率也更为精准。

定量采购适用于品种数量少、资金占用量大、畅销的商品，一般以 A 类商品为主，这一类商品我们需要重点关注，尽量降低缺货风险。定期采购适用于资金占用少、销量相对稳定的商品，以 B 类商品和 C 类商品为主。[①]

[①] 在做商品等级分类时，将库存周转率高且价值较高的商品归为 A 类品，如占整体销量 60%～80% 的商品；将滞销的、库存周转率低且价值较低的商品归为 C 类商品，其销量占比一般低于 10%；介于两者之间的为 B 类商品，其销量占比为 20%～30%。

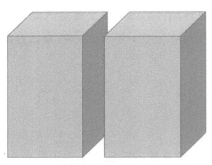
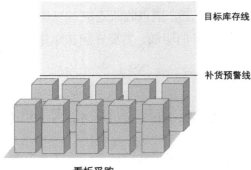

两箱法采购

使用两个容器存储物料，当一个容器内的物料用完了，就去补货，此时使用另一个容器内的物料，两个容器交替使用

看板采购

在物料存储区域设定一条目标库存线和一条补货预警线，当物料低于补货预警线时便去补货，补到目标库存线为止

图 6-26　两箱法采购和看板采购

6.8.2　供应链库存分类

　　按照库存的生命周期，我们可以将库存分为原材料库存、半成品库存和成品库存，在供应链源头，如原产地和原料供应商管理着原材料库存，而在最末端的批发和零售企业管理着成品库存，生产企业负责将原材料生产加工为半成品和成品，所以会同时存在三种形态的库存。

　　无论是原材料库存、半成品库存和成品库存，按照库存的用途，都可以分为日常周转库存、安全库存和滞销库存三类，如图 6-27 所示。

● **日常周转库存**
应对日常业务需求的库存，如未来30天、60天的销售备货

● **安全库存**
因需求具有不确定性，故需另行准备的缓冲库存，以保证库存满足率

● **滞销库存**
长期滞销、占用库容和资金，需尽快处理

图 6-27　日常周转库存、安全库存和滞销库存

　　① 日常周转库存，主要用于应对日常业务需求的库存备货，如未来 30 天、60 天的销售备货。

　　② 安全库存，主要用于应对不确定性需求的缓冲库存。例如，某一天需求量突然比往日激增了 10 个，增加的这 10 个库存就要动用安全库存。

　　③ 滞销库存，因需求预测错误或者其他原因导致长期滞销的库存，此类库存占用了库容和资金，需要尽快处理。

　　从重要性来看，日常周转库存是最重要的，必须保证，当周转库存不足时，安全库存便开始发挥其作用，所以也必不可少，当日常周转库存和安全库存不足时，采购人员便要开始采购了。滞销库存是纯粹的浪费，应该尽可能杜绝。

6.8.3　智能采购补货策略

如果我们的 SKU 只有几十个、上百个，通过简单的 Excel 就能知道每个 SKU 的当前库存，手动筛选库存较低的商品及时进行补货是件很容易的事。但当 SKU 多达几万个、上百万个时，每个 SKU 有自己的库存，且库存消耗的频率各不相同，采购人员如何知道哪些 SKU 库存快不够了，何时该补货，该补多少？这时就需要自动采购补货了。

在学习自动采购补货之前，我们先厘清几个概念。

① 采购提前期，指商品采购需要的时间，从下采购订单，到供应商备货、供应商送货到目标仓库、仓库入库的全周期。

② 订货点，也称再订货点，是触发再次采购的时机点，当现货可用库存下降至订货点时就触发下次补货。

③ 目标库存，每次补货的库存上限，超过目标库存就不能再补货了，否则会产生多余的滞销库存。

④ 补货量，每次需要补货的数量。

这几个概念和采购补货有什么关系呢？简单来说，订货点是用来辨别哪些 SKU 库存不足以及何时该补货的，相当于一个预警线，一旦某个 SKU 的当前库存低于订货点，就需要补货了；目标库存是补货的目标库存数量；补货数量就是采购数量。订货点、目标库存、补货数量三者息息相关，构成了智能采购补货的三要素。智能补货策略是定量采购思想的体现，原理如图 6-28 所示。一旦系统监测某商品当前库存低于订货点了，就可以自动计算补货量，生成采购建议，待采购人员确认后，生成正式的采购订单，自动补货到目标库存，省去了人为判断和处理的过程。

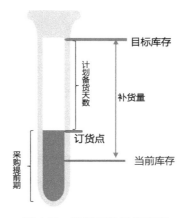

图 6-28　智能采购补货原理

在创建采购订单时，采购人员要确定采购到货仓库、SKU 及采购数量，如何通过系统自动生成这三项要素呢？我们来一一分析。

（1）如何确定到货仓库及 SKU

哪个仓库的 SKU 当前可用库存低于订货点了，就需要触发当前仓库中此 SKU 的采购了。不过此条件仅适用于单个仓库，如果全国有多个仓库，采购补货的触发条件应为某仓的 SKU 库存低于该仓的订货点，且全国所有仓库的总可用库存低于全国总订货点时。若某仓可用库存低于订货点，但全国总库存超过总订货点，说明其他仓库中的 SKU 尚有盈余，此时不需要补货，相关人员将订单分拨到盈余仓库即可，或者将盈余仓库的库存调拨到缺货仓库中。

（2）订货点如何计算

订货点=日均需求量×采购提前期（天）+安全库存

日均需求是对未来每天需求量的预测值。理想的采购周期是当商品的在库库存消耗为 0 时，新采购的商品刚好入库，完美衔接。由于从采购订单发出，供应商备货，到商品送达后入库上架是存在时间周期的，这个周期就是采购提前期。

采购提前期=供应商备货天数+供应商送货时长+仓库入库时长

相关人员也可以根据历史采购单的入库时间减去采购单下达供应商的时间来计算采购提前期。

例如，采购提前期为 5 天，假设每天的需求量和采购提前期是固定的，为了保证在采购提前期内商品还能正常售卖，采购人员应该在库存消耗为零的前 5 天便开始采购，所以采购订货点应该设置为采购提前期天数×日均需求量。

但在实际业务场景下，每天的需求量并不是固定不变的，而是上下波动的，我们还需要准备一部分备用库存来应对需求波动的情况，这个备用库存便是安全库存，所以实际情况下的订货点=日均需求量×采购提前期（天）+安全库存，关于日均需求和安全库存如何计算将在后面的章节中详细说明。

每个商品的订货点确定以后，便能通过系统监控商品的库存，一旦商品库存低于订货点了，便触发自动补货。

（3）采购补货量如何获得

补货量=仓库目标库存-可用库存-在途库存

目标库存是当前仓库期望备货的库存量上限，一般为××天的需求量，用日均需求量乘备货天数来计算。考虑到采购提前期，以及需求的波动，我们还需要将采购提前期和安全库存考虑进来，所以目标库存的计算公式为：

目标库存=日均需求量×（计划备货天数+采购提前期）+安全库存

可用库存是当前在库的实物库存，但应该排除当前已经被订单占用的库存，在途库存为当前在入库途中的库存数量，包含采购调拨未到货和已入库未上架的商品数量，即：

可用库存=商品实物在库库存-订单占用库存

在途库存=已采购/调拨未到货数量+已入库未上架数量

确定了 SKU、补货数量后，系统便能自动生成采购补货建议了，采购人员对补货建议进行调整确认后即可生成采购订单。

我们讲个故事来加强一下对补货策略的理解。

大飞哥的生活费

大飞哥是个"妻管严"，每个月工资定时上交媳妇大人，并按周领取生活费，由媳妇转账。假设大飞每天的生活费是 100 元（日均需求=100），银行转账到账的时间是 1 天（采购提前期=1 天），为了防止大飞乱花，媳妇大人每次只给 5 天的口粮（计划备货天数=5），男人嘛，偶尔还需要小酌一下，于是媳妇每周多给大飞200元作为备用资金（安全库存=200），现在我们来算一下大飞的生活费补充的过程（智能补货）。

订货点=日均需求×采购提前期+安全库存=100×1+200=300

目标库存=日均需求×（计划备货天数+采购提前期）+日安全库存=100×（1+5）+200=800

以上为前提条件。周一上班前，媳妇一次性给大飞转账800元（补货到目标库存），但因为周二大飞的好哥们过来了，两人胡吃海喝一通，已经花掉了600元（需求超过预期），这时大飞的剩余生活费就只剩200元（可用库存仅剩200）了，低于订货点300，后面还有3天，很明显仅剩200元肯定不够，于是大飞向媳妇申请增加生活费（发起补货申请），申请再次补到目标库存800元。媳妇审核后发现本周库存消耗得有点快，但也算合理，于是同意了大飞的申请，又给大飞转账了600元，一天后到账，此时补货量就是600（补货量=目标库存800-可用库存200）。

6.8.4　如何设置安全库存

执行智能采购，我们是基于历史的数据和分析来预测未来的日均需求量，以日均需求量×计划备货天数作为目标库存，但需求往往是波动的，时多时少，供应商的供货量和供货时间也属于不可控因素，于是需要准备一部分安全库存来规避缺货风险。

安全库存（Safe Stock，SS）是为应对未来物资供应或需求的不确定性（如大量突发性订货、交货意外中断或突然延期等）而准备的缓冲库存。它和顾客服务水平，以及库存持有成本直接相关，是把双刃剑，安全库存备货增多，缺货成本会降低，顾客服务水平相应提高，但库存持有成本亦随之提升；相反，安全库存量降低，库存持有成本较小，但缺货成本会升高，顾客服务水平也会降低。

简单的安全库存可以按照商品的分类、库存比例、日均需求、库存上下限进行设置，主要是为了应对突发情况，如多备两天的库存。更精细化的设定需要参考企业的服务水平、需求波动、采购资金预算等因素。

如果只考虑需求波动和企业承诺的服务水平，安全库存的计算公式为：

安全库存=需求标准差×服务水平系数

解释一下原理。

服务水平系数可以理解为库存满足率，如库存满足率是95%，则意味着有95%的概率是能满足客户全部需求的，还有5%的缺货风险。

由于需求是波动的，我们也无法准确地知道未来每一天的具体需求，只能根据历史需求进行预测。从中长期来看，波动的需求就像人群的身高、体重分布情况一样，都遵循着正态分布的规律，这可以从历史销量数据中进行统计分析（当然如果统计周期太短，或者数据量太少，就不一定符合了）。

在正态分布中，标准差代表着需求的波动和离散程度，平均需求±标准差代表着分布概率，如平均需求 μ 为 5，标准差 σ（离散程度）为 2，则实际需求为 3（μ-σ）到 7（μ+σ）之间的概率为 68.2%，为 1（μ-2σ）到 9（μ+2σ）之间的概率为 95.5%，为 0（μ-3σ）到 11（μ+3σ）之间的概率为 99.7%，如图 6-29 所示：

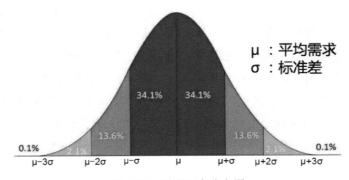

图 6-29　需求正态分布图

所以如果要提升服务水平，我们除了按平均需求（μ）备货外，还要准备相应服务水平的额外库存（σ）来应对需求的波动，通过标准正态分布表可以反查每个服务水平的正态分布反函数值，即服务水平系数。在实际工作中，相关人员可以通过 Excel 中的 Normsinv（）函数来直接计算，如 Normsinv（0.95）=1.64，即库存满足率为 95%时，相应的服务水平系数为 1.64。

因此当日均需求为 5，标准差为 2 时，如果想达到 95%的库存满足率，对应服务水平系数为 1.64，安全库存=需求标准差×服务水平系数=2×1.64=3.28 个，向上取整为 4 个。

在设置安全库存时，并不是所有商品都需要一视同仁，这样会导致库存成本增加，一般针对 A 类商品可以提供更高的服务水平，即安全库存备货多一些，B 类商品品次之，C 类商品因为需求频次较低，可不设置安全库存。

6.8.5　如何进行需求预测

采购是针对未来需求的提前备货行为，如果要自动补货，就需要对未来的需求进行预测，预测得越准确，采购成本就能控制得越精准，降低因采购过少导致的缺货风险和因采购过多导致的库存积压风险。

除了利于采购，准确的需求预测还有利于公司高层管理人员对未来的销售及运营计划、目标，资金预算做决策参考，以及仓储、配送、销售、运营等部门提前调配资源，减少受业务波动的影响。

关于需求预测，需要说明两点。①所有的预测都是有误差的，不可能完全准确，但可以通过一些策略和方法让预测尽量贴合实际情况；②需求并不等于销量，因为历史的销量并不一定反映真实需求，我们要预测的需求是在所有内外部条件都满足的前提下，客户的真实需求，而不是受经济、利率、促销、供应量等影响的销售数据。

（1）需求预测流程

需求预测的过程一般都是从历史的销售数据开始，经过建模分析、校验调整后，最终产出预测结果，可分为五步，如图 6-30 所示。

图 6-30　需求预测流程

① 提取历史销售数据，并对历史数据进行清洗，如排除取消、退货和促销的订单，以免干扰正常预测。

② 选取合适的需求预测模型对需求进行预测，如定量预测、定性预测。

③ 根据需求模型得出原始预测数据。

④ 对预测数据进行分析、校对和修正，并根据结果偏差调整预测模型，继续预测，这是一个反复进行的过程。

⑤ 产出最终的预测结果。

（2）需求预测方法

需求预测的方法有很多，总结下来可以分为基于算法分析历史数据的定量预测和基于人为判断的定性预测两类，这两类预测又可以细化出更多的方法，如图 6-31 所示。

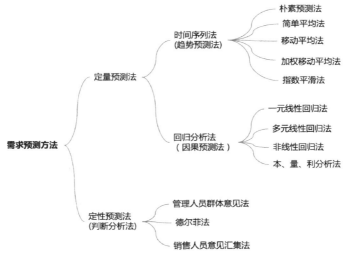

图 6-31　需求预测方法

① 定量预测法。

定量预测是一种基于历史数据的规律，根据公式和算法来预测未来需求的预测模式。根据趋势的类型，可以分为基于趋势变化的时间序列法和基于因果变化的回归分析法，下面我们分别进行说明。

a. 时间序列法。时间序列法适用于需求随着时间变化而变化的需求模式，如游船在春、夏两季的需求比在冬季的需求要高；每逢情人节，玫瑰和巧克力销量比较好。根据需求随时间的发展，需求模式可以分为趋势型、季节型和噪声型三种，三者的需求波动曲线如图 6-32 所示。

趋势型模式：随时间持续增长或下降。

季节型模式：随时间出现周期性增长或下降。

噪声型模式：代表无规则的需求变化，在趋势型和季节型模式下常常会同时混杂着噪声型模式。

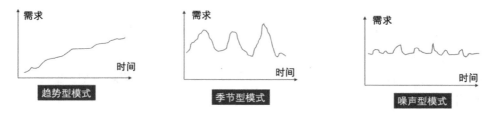

图 6-32　三种需求模式

常见的时间序列预测方法有朴素预测法、简单平均法、移动平均法、加权移动平均法和指数平滑法。

- 朴素预测法。以某一个时间点的数据作为未来时间段的预测结果。例如，1 月份的实际需求量为 50，则 2 月、3 月、4 月、5 月的预测需求量均为 50；等到 2 月过后，2 月份的实际需求为 60，则 3 月、4 月、5 月的预测需求量均与 2 月的实际需求量相同，为 60。此种方法的预测结果与实际情况往往相去甚远，使用不多。

- 简单平均法。（t+1）月预测需求量=1 到 t 实际需求量的平均数。例如，1 月份需求量为 50，2 月份需求量为 70，则 3 月份的预测需求量为 1、2 月需求量的平均数 60。只有在随机噪声模式下适合用此预测方法，因为峰值和谷值经过平均后刚好相抵，而一旦有了趋势型模式和季节型模式，用这种预测方法预测的需求量与实际需求量的误差就会很大了。

- 移动平均法。（t+1）月预测量=t 月往前几个月的实际需求的平均数。例如，5 月份的预测需求取 2 月、3 月、4 月的实际需求量的平均数；6 月份的预测需求量则取 3 月、4 月、5 月实际需求量的平均数；7 月份的预测需求量取 4 月、5 月、6 月实际需求量平均数，以此类推。移动平均法能够有效解决实际需求量发生较大变化导致的预测偏差，但同样不适用于季节型模式，因为它对取值时间之外的数据完全不予以参考。

- 加权移动平均法。在移动平均法的基础上，为每个月增加了权重，这样可以更加突出权重大的月份需求。例如，2 月、3 月、4 月的实际需求量分别为 60、40、100，权重分别为 30%、20%、50%，则预测 5 月份的需求量为 60×30%+40×20%+100×50% =76。

此方法能够突出统计时间内的趋势，但和移动平均法一样无法参考取值时间之外的数据。

- 指数平滑预测法。指数平滑法是一种特殊的加权移动平均法，兼容了简单平均法和移动平均法的优点，不舍弃过去的数据，将近期数据和远期数据均纳入预测参考，但不一视同仁，而是设定一定的权重，这样就能更加灵活地运用历史数据，算法如下。

$$S_{t+1} = \alpha Y_t + (1-\alpha)\, S_t$$

S_{t+1}: t+1期的预测值
Y_t: t期的实际值
S_t: t期的预测值
α: 0到1之间的权重，设定近期需求所占的比例，如果近期需求变化较大，则加大其权重

以上公式为一次指数平滑预测法，适用于水平型历史数据的预测；基于呈斜坡型线性趋势历史数据的预测，则适合用二次指数平滑预测法，对一次指数平滑再平滑；基于呈现抛物线趋势的历史数据的预测，则应该选用三次指数平滑法或多次指数平滑预测法。同时，如果再加入趋势型和季节型的混合模式 i，则平滑指数算法中除了常数 α，还要加上趋势常数 β，以及季节常数 λ 一起平滑，数学功底好的朋友可以找相关资料继续深入研究。

b. 回归分析预测法。回归分析预测法适用于除时间之外能够对需求造成影响的其他因素，如商品促销，销量就会增加，如果商品涨价销售，销量就会降低。回归分析的重点是找到需求的影响因素，将假设的影响因素作为自变量，把需求作为因变量，从中找到需求发展趋势。

回归分析有很多种，如线性回归、逻辑回归、多项式回归、逐步回归、岭回归、套索回归、ElasticNet 回归，最容易理解的是线性回归，即认为自变量和因变量是直线关系，通过求解，找到回归线的斜率，然后根据斜率预测未来的需求，如图 6-33 所示。

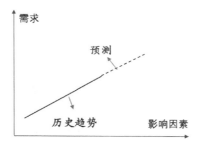

图 6-33　线性回归预测法

无论是时间序列还是回归分析，都是通过算法基于历史数据做预测，虽然有据可循，但我们不能盲目地依赖，因为有的时候数据是会骗人的，如某用户 1 月份和 2 月份各采购了 100 件，但其 1 月份采购时刚好没有库存，延迟到 2 月份，1 月份的采购订单和 2 月份的采购订单一起发货，我们通过数据只能得到 2 月份销售 200 件的结论，很明显是不对的，所以我们还要考虑延期未交货订货量、用户的跑单数据等其他因素，进行综合分析，这是一个相当复杂的过程，需要深挖数据背后的原因，另外，还有些单品 SKU 层面的数据毫无模式可言，只

有合并为产品 SPU 层，才能看出其需求模式。

② 定性预测法。

定性预测是对经验人士的意见、知识及直觉进行收集整理并转化为预测结果的方法，根据预测对象的不同，可以分为管理人员群体意见法、德尔菲法和销售人员意见汇集法。

a. 管理人员群体意见法：将相关部门的管理者聚集到一起开会商讨，进行预测。

b. 德尔菲法：询问并收集公司内部和外部专家的意见，为避免相互干扰，这些专家相互不见面，由预测人员组织他们进行匿名预测，并对结果进行评估和分析，如果有差异再进一步进行预测，直到所有专家得出相同结论。

c. 销售人员意见汇集法：基于公司销售人员的业务经验及销售管理方法来产生需求预测结果。

定性分析适用于新品，无历史数据可参考，或者因外部政策、环境发生变化导致历史数据无法反应真实情况，以及定量预测以后，再对预测结果进行补充等情况。

想要做好需求预测，我们不仅需要通过历史数据来对未来做定量预测，还需要结合定性预测来分析未来会与过去有何不同，同时还需要结合天气、季节、地域、政策、经济趋势、行业趋势、竞争对手动向等因素一起分析，这是一个极其复杂的过程，除了需要好的算法和工具，还需要得到公司从高层决策人员到基层执行人员各方面的支持。就像供应链本身一样，单纯地依靠系统是很难解决问题的。

6.8.6　采购补货资金的分配

如果资金预算有限，该优先采购哪些商品呢？除了按照商品的等级进行安排，我们还可以通过加权平均来量化每个待采购商品的优先级，按照优先级依次分配采购资金。具体做法如下。

① 罗列商品采购人员常关注的指标，并为每个指标设定不同的权重值 W，各权重值之和=1，如利润率（权重 30%）、销售额（权重 30%），成本（权重 20%）、月出库频次（权重 10%）、月浏览人次（权重 10%）等。

② 再按照历史数据计算每个 SKU 在每个指标中的得分 Px。Px 的计算，可以以最高分为 100 分，其他商品按照比例折算成相应的分数。例如 A、B、C 三种商品的销售额分别为 1000 万元、900 万元、750 万元，则以 A 为满分 100，分别计算 Px（A）=100，Px（B）=90，Px（C）=75。同理，可以分别计算出 A、B、C 三种商品其他指标的得分。

③ 根据权重和得分加权即可算得每个 SKU 的综合评分 f（x），评分越高，说明优先级越高。

$$f\left(x\right)=\sum_{i=1}^{n}W_iPx_i$$

④ 根据商品的综合评分进行排名，结合采购价×需采购数量依次分配采购金额，直到所

有预算资金分配完毕。

　　假设设置了利润率和销售额两个采购关注指标，权重分别为 W（利润率）=0.6，W（销售额）=0.4。商品 A、B、C 的月利润率和销售额如表 6-6 所示，以最高利润率（A）和最高销售额（B）为 100 分开始折算，可分别计算出商品 A、B、C 的利润率得分和销售额得分。

表 6-6　利润率和销售额得分示例

商　品	利　润　率	销　售　额	利润率得分	销售额得分
A	100%	500 万元	100	50
B	80%	1000 万元	80	100
C	50%	200 万元	50	20

　　用权重和得分加权可算得 A、B、C 的综合评分 f（x）= W（利润率）×Px（利润率）+ W（销售额）×Px（销售额）：

　　f（A）=0.6×100 + 0.4×50 = 80

　　f（B）=0.6×80 + 0.4×100 = 88

　　f（C）=0.6×50 + 0.4×20 = 38

　　根据加权评分从高到低确定采购顺序依次为 B、A、C。

6.9　本章结语

　　兵马未动，粮草先行。在电商新零售企业中，采购是所有业务开展的基础，做好采购，供应链业务就成功了一半。

　　在设计采购管理系统时，我们的目标是拥有最低的采购成本、更好地管理供应商、推荐最优的采购品项、采购效率最优。

　　采购维价、采购订单、供应商管理、退供应商、仓间调拨这些业务是采购部门的日常事务，也是采购管理系统需要支持的基本功能。除此之外，随着业务的增加和精细化，智能采购补货和需求预测也是采购管理系统中必不可少的功能，我们需要了解定量采购与定期采购的区别、智能采购补货的原理、安全库存如何计算、需求预测如何做，以及当资金有限时，如何量化待采商品的优先级并分配采购资金。

第 7 章 供应链之魂：
中央库存系统

画有画风，诗有诗韵，心有心魂，人无魂不活，供应链无魂亦不可立。从某种程度来说，供应链的魂便是库存，库存管理得当，则供应链可成；反之，如果库存管理混乱，即便其他方面再高大上，也是徒有其表。

要管好库存，在业务层面，需要精益的流程和良好的运营模式，而在系统层面，则需要一套健全的库存系统。特别是在新零售多平台、多仓库、多门店、多系统，极其复杂的业务模式下，我们更加需要一套能统揽全局、集中管控的库存系统来管理和调度全局的库存，这便是中央库存系统的价值所在。

7.1 为什么要有中央库存系统

有商品的地方就有库存，中央库存是一个统管分布在全国各地的仓库、门店中的商品的系统，它并不直接管理每个仓库和门店中的实物（因为实物会由仓储管理系统和门店管理系统去管理），却有着比实物库存管理更加重要的任务，中央库存之于仓库库存和门店库存，是中央调度与一线执行的关系，就像指挥中心和前线士兵一样，虽然打仗的是前线士兵，但前线的动向，都会通知指挥中心并由指挥中心集中调度前线士兵。

7.1.1 库存是怎么来的

有一句话说，库存管理的最佳状态是零库存。零库存，不是没有库存，而是让积压在仓库里的库存尽可能地少，最理想的情况是所备的货刚好与订单需求吻合，不多不少。在实际业务开展过程中，库存是必不可少的，也是无法避免的。在前面的章节中我们讲到，按照用途，可以将库存分为日常周转库存、安全库存和滞销库存三类，这三类库存的产生原因如下。

① 为满足客户的日常需求，缩短响应时长和提前期，提升服务体验和客户满意度而备的

日常周转库存。

② 为应对客户需求波动而备的安全库存。

③ 由于牛鞭效应的存在、多余采购、市场变化或需求预测失误而产生的滞销库存。

有了库存，便产生了库存资金的投入，同时，为了存放商品，就需要有仓库和管理人员、仓库作业和操作流程，这又产生了仓储成本、人力成本和管理成本。总之，库存的出现是为了满足客户需求和提升客户服务，但随之而来的是成本的增加。如果库存管理不善，就会导致库存成本居高不下而客户服务水平并没有提升，一边畅销商品缺货，而另一边滞销库存堆积等现象的发生。相反，如果库存管理得当，便能以更低的成本提供更高的客户服务水平。

7.1.2　中央库存系统解决了什么问题

为理解中央库存系统存在的意义，我们先看一则故事。

K 公司的困局

K 公司是一家传统行业转型新零售的公司，主营医药和保健品，在转型之前，K 公司在 H 省已经有 50 家线下门店和 8 个仓库，其产品销量可观。随着新零售转型战略的调整，K 公司今年的主要目标是自建电商平台，与线下门店形成线上+线下的合力，同时会在天猫医药馆、京东等多个平台上开店，增加流量。于是，原本主打线下市场的门店和仓库的角色发生了巨大的变化。

① 自营平台和天猫、京东等多个平台同时销售，需要库存共享。

② 原本仓库只负责为门店备货，现在同时需要承接线上的订单发货业务，而原本只提供线下销售的门店，现在也要支持线上客户下单配送和自提业务，库存共享。

③ 为扩大品类，平台引进了合作商家，一起为客户供货，即客户下单后，根据平台策略将某些订单分发给合作商代发。

④ 为提升服务体验，门店配送需要支持闪送（如用美团、饿了么、京东到家进行配送）和常规物流配送两种模式。

⑤ 某些商品为了避免商业串货，只允许在部分地区销售，但现在线上客户范围扩大到了全国，很容易出现串货订单。

令产品经理小 Q 发愁的是，公司现有的一套门店 ERP 系统和仓储管理系统虽然都有库存管理功能，但都是基于单仓或门店的管理，根本无法适应这么复杂的业务规则，这可如何是好？

在以上故事中，门店 ERP 系统和仓储管理系统都只适合管理单个仓库的库存，而在新零售模式下，库存的管理往往是要跨多个仓库、多个站点的，并为多平台、多业务做库存共享的，这就需要企业将全国的库存（包括自营库存和商家库存、仓库库存和门店库存）汇总到一起集中管理，根据业务规则重组分类（如分为可自提库存、可配送库存），为业务赋能，这是单个仓库、单个门店系统无法实现的，于是，便需要中央库存系统。

中央库存系统（Central Inventory System，CIS），是将各地的仓库库存、门店库存进行集中监控、管理和调度，并为外围系统提供统一库存服务的系统，它是位于仓储管理系统和门店系统之上的库存集中管理系统，如图 7-1 所示。

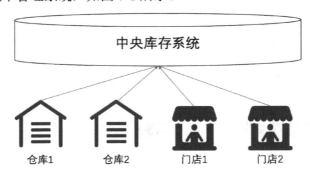

图 7-1 中央库存系统

在新零售模式下，企业的仓库和门店遍布全国甚至全球，如果库存管理得很分散、不精准，经常出现客户付款下单以后，不能按时履约，或者超卖、缺货等情况，在当今以客户体验为王的互联网时代，对企业来说是致命的打击。而通过中央库存系统的建设，企业对全国各仓/门店的库存集中管理，有如下好处。

① 各地库存实时同步，总部统一监控、统一调度，避免出现各地仓库/门店各自为政的情况，一部分地区严重缺货，另一部分地区严重滞销的情况；

② 总部可以根据全国总库存按需采购，灵活调度各仓的库存，如此可以有效避免有些仓库的库存过高而产生积压，而另外一些仓库的库存不足而出现缺货的现象。

③ 中央库存系统可以汇总全国库存并共享给多个销售平台，客户下单后，智能分仓、就近发货，在提升配送时效的同时降低物流成本。

④ 在某些商品需要串货、某些仓库/门店需要单独或者同时支持自提和配送业务，且需要线上线下同步售卖的场景下，通过中央库存系统进行灵活调度，可以实现单个仓库和单个门店无法支持的业务模式。

⑤ 集中的库存管理能为财务核算、审计、数据汇总分析、采销等日常作业提供更加透明和有利的依据。

7.2 电商新零售三层库存模型

在多平台共享库存的电商新零售模式下，根据库存在各系统中的分布形态，可以将库存分为三种，分别是仓储/门店实物库存、中央库存和平台销售库存，如图 7-2 所示。

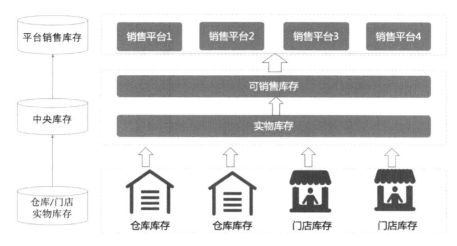

图 7-2　电商新零售三层库存模型

① 仓库/门店实物库存，存储在仓储管理系统或门店 ERP 系统中的实物库存，这是处于供应链最底层与商品实物一一对应的库存，在仓储管理系统和门店 ERP 系统中，各仓库/门店仅管理自己的实物库存，处理商品日常的进销存退等业务。

（2）中央库存，存储在中央库存系统中，是实物库存的集中管理营和调度中心，起着将实物库存与销售库存关联转换的作用，对下对接各地仓库和门店的实物库存，进行集中管理。对上为销售平台提供实物库存服务，将分散在各仓的实物库存重新分类组装为销售平台需要的库存维度。

（3）平台销售库存，平台上在商品详情页和下单时对用户开放的库存，只有当可销售库存大于 0 时，用户才能下单，否则提示商品缺货，在设计方面一般放在销售平台的运营后台进行管理，在发布商品上架时进行设置。

7.2.1　实物库存与平台销售库存

实物库存和平台销售库存是什么关系呢？

平台销售库存主要为用户下单提供商品可售库存数量，该库存数量可以源于中央库存中的实物库存数量，也可以设置为某个虚拟库存数量。根据运营策略的不同，平台销售库存可以细分为实物库存、预售库存（虚拟库存）、组合库存、赠品库存、活动库存等。

而实物库存属于后端供应链管理的真实商品数量，是仓库盘点、财务库存成本核算的依据，所以必须与仓库和门店中的实物一一对应，不能存在数量差异。根据业务不同，实物库存可分为门店库存、仓库库存、合格品库存、不合格品库存等。

在做系统设计时，平台销售库存通常会设置两个库存数量：虚拟库存数量和实物可售库存数量，如图 7-3 所示。实物可售库存数量与中央库存系统中的实物数量同步，虚拟库存数量为人为设置。为避免超卖，一般以实物可售库存数量为准，但若某商品需要做预售，即便此时还没有实物库存，也要保证用户可在平台下单，这时便需要在销售平台开启该商品的虚拟库存，若商家开启了虚拟库存，系统便优先读取人为设置的虚拟库存数量供用户下单，这样便能做到即使没有实物库存也不影响商品售卖。

图 7-3　实物库存与平台

需要说明的是，在有些企业中，将平台销售库存和实物库存都设计到中央库存里，这也没有问题，正如前面章节中所说，只要系统的设计贴合业务即可，存在即合理。但从供应链的角度出发，我们建议中央库存系统仅处理与实物相关库存，而与销售逻辑强相关的平台销售库存，放到销售平台中去实现似乎更加合理一些。

7.2.2　三层库存设计维度

因为层次不同，所以三层库存各自的管理维度并不相同，否则就不需要分为三层，共用一层就够了。

（1）平台销售库存维度

平台销售库存主要处理与销售相关的逻辑，关注点主要是 SKU 的可销售库存数量，至于商品到底在哪些仓库里，并不需要关注。一个通用的平台销售库存维度主要为 SKU、可销售库存。

可销售库存可以根据实物库存、虚拟库存、订单预占库存、预留库存计算而来。例如，若商家未开启虚拟库存，可销售库存=实物库存-预占库存-预留库存；若商家开启了虚拟库存，则可销售库存=虚拟库存-预占库存-预留库存。其中，预占库存为订单已提交但未支付之前，为当前订单锁定的商品库存数量，避免商品再被其他订单抢用；预留库存为提前锁定预留的库存，如若要做促销，需要提前预留部分库存，以免活动开始以后库存不足。

（2）仓库/门店库存维度

仓库和门店系统仅需要关注当前仓库和门店的实物流转情况，但精细化程度更高，需要精确管理到每个商品所在的货位及批次。特别在医药行业中，商品的存储还与商品分类、批号、供应商等多个维度相关，管理更加精细。

仓库/门店库存维度主要有：仓库、SKU、批次、所在货位、库存状态、实物库存数量、已分配库存数量、冻结库存数量。

其中批次是仓储管理系统根据业务规则为每个商品的入库生成的批次号，以方便管理每一批进货；库存状态包含合格品、不合格品等商品的库内管理形态，不合格品是不能被销售的，所以在销售平台上看不见不合格品库存；已分配库存数量是为当前已经下达仓库的订单预占的库存数量；冻结库存数量为因拣货差异、盘点或人为干预等因素，需暂时对库存进行锁定以避免被订单占用的库存数量。

（3）中央库存维度

中央库存是平台销售库存和仓库实物库存之间的纽带，起着承上启下的作用，所以在设计方面，会有实物库存维度和可销售库存两个维度。实物库存维度主要统计每个仓库和门店的实物库存，但不需要像仓库一样精细到批次和货位维度，只需要统计到每个仓库和门店的实物总数维度即可；可销售库存根据实物库存重新计算可为销售平台提供的实物库存数量。

关于中央库存的实物库存和可销售库存维度，将在后面的章节中详细介绍。

7.3　中央库存系统设计

中央库存系统是一个中台化的系统，担负着所有业务的库存供应，之所以称其为供应链之魂，是因为它的好坏直接影响着整个供应链的效率，库存乱，则供应链乱，在一条流畅的供应链中，中央库存系统的设计是非常关键的。

7.3.1　中央库存系统核心功能及设计思路

中央库存系统不是一个直面用户的系统，也不是一个后台操作类型的系统，所以没有那么多的交互功能，其最核心的功能是实物库存管理、可销售库存管理和为外部系统提供库存服务，如图 7-4 所示。

图 7-4　中央库存系统功能

在设计中央库存系统时，我们需要遵循如下几个原则。

① 准确性原则。库存乱则供应链乱，单一库存的加减计算逻辑并不复杂，复杂的是我们会对接很多个仓储管理系统和门店管理系统，以及各类业务对库存的操作，所有的库存变化都需要与中央库存系统进行同步，当无数的数据同时请求加减计算时，系统要保证并行请求

变更库存时，计算结果的准确性。

②　开放性原则。中央库存系统是一个典型的中台化系统，需要与多个仓储管理系统、门店管理系统进行对接，同时为多个外围系统提供库存支持，在设计方面要具备足够的开放性和灵活性，将复杂的逻辑放在系统内部，保证外围系统接入简单、使用方便。

③　实物库存与可销售库存分离原则。在设计系统时，实物库存应该是最基础、最稳定的，而可销售库存是随着业务规则的变化而随时调整的，可难可易，所以尽量保证实物库存的稳定性，在此基础上分离可销售库存的计算规则，当业务规则进行调整时，不至于影响实物库存的逻辑。

④　库存流水清晰原则。所有的库存变化，都需要有详细的变化日志，所以库存流水日志是非常重要的功能。

由于库存的重要性，我们一定要保证其核心逻辑的稳定性，但业务的变化不受我们控制，所以在系统架构方面，建议分为三层，如图 7-5 所示。最底层是基础支撑层，提供中央库存系统最基本的输出能力，中间是逻辑运算层，用来进行库存数量的加减运算，最上层是业务接入层，负责各种业务的接入。基础支撑层和逻辑运算层仅提供中央库存系统核心服务，不处理业务逻辑，所有业务对接都在业务接入层完成，这样的设计可以保证业务的增减不会对系统的核心逻辑产生影响，从而兼顾了系统的扩展性和灵活性。

图 7-5　中央库存系统设计思路

7.3.2　实物库存与可销售库存设计维度

中央库存的实物库存和可销售库存的系统流程可以概括为 4 步，如图 7-6 所示。

图 7-6　实物库存与可销售库存系统流程

实物库存主要管理全国所有的仓库库存和门店库存，其属性说明如表 7-1 所示。

表 7-1　实物库存属性说明

属　　性	说　　明	举　　例
仓库/门店	仓库和门店同属于管理库存的载体，处理逻辑相同	上海仓、海淀一店
SKU ID	SKU ID	SKU ID：110976890
库存状态	合格/不合格	合格
实物库存	仓库内的实际库存按照 SKU、仓库、库存状态进行汇总	2000
分配库存	分仓以后，发货之前对库存进行预占，避免超卖。分为出库分配/退供分配等	200
冻结库存	商品尚在仓库中，需临时锁定的库存。例如，盘点临时锁定/临期锁定/商品借出/盘点差异/其他原因	500
在途库存	管理在途中的库存，记录调拨未入库库存、采购未到货的库存，避免重复采购	100
是否全部冻结	特殊情况下，需要在中央库存系统中将某仓库的所有库存都冻结，已冻结的库存明细，不作为可用库存	否

补充说明如下。

① 实物库存源于每个仓库和门店的库存变化记录，所有和库存相关的变化都应该同步到中央库存系统中，否则中央库存系统就无法起到全局管理的作用了。

② 用库存状态标识不同的库存类型，用以区分合格品和不合格品，不合格品一般是不能售卖的，不作为可销售库存。

③ 分配库存和冻结库存都是临时锁定的库存，但二者的应用场景不同，所以用两个字段来标识。分配库存主要指因正常的订单、退供单、调拨单下单后，为避免其他出库单抢库存，将指定仓库/门店的库存预占；冻结库存一般是由仓库主动发起锁定，是用来标记库存的异常情况的。在设计时，要支持每一个商品的分配库存数量和冻结库存数量都能够找到其对应产生的业务单据，如当前冻结库存数量为 5，系统应该能够体现出来是哪些业务操作产生的。

④ "是否全部冻结"用来兼容商品维度的冻结，在某些门店中，如果商品库存需要在店内正常操作进销存业务，但不希望作为平台的可用库存，便可以使用此字段进行标记，它与冻结库存最大的区别是冻结库存只能锁定商品的部分库存，而"全部冻结"可以将该门店的此商品库存全部冻结，无论后续库存增或减，都可以全部冻结。

⑤ 在实物库存中，根据实物库存、分配库存、冻结库存和是否全部冻结可以计算某个 SKU 的可用库存，可用库存是订单分仓和可销售库存计算的依据。

可用库存＝Σ各仓实物库存－Σ各仓分配库存－Σ各仓冻结库存。仅读取未全部冻结的商品库存明细。

中央库存中的可销售库存是基于实物库存的可用库存，结合销售平台的库存分配策略计算而来的，其主要属性是销售店铺、SKU 和可销售库存，如表 7-2 所示。

表 7-2　可销售库存属性说明

属　　性	说　　明	举　　例
销售店铺	与多渠道多平台的售卖店铺保持一致，每个店铺按照比例分配一定的库存	天猫店
SKU	SKU ID	SKU ID：110976890
可销售库存	根据业务策略计算商品在各平台上的可售库存。根据业务维度可分为配送库存、自提库存等	100

以上是一个通用的销售库存维度，在复杂的新零售模式下，并不是所有的门店都需要支持全国区域的配送和自提，所以每个 SKU 的可销售库存可以根据商品覆盖的配送和自提区域，拆解出不同地区不同的可配送库存和可自提库存，即一个 SKU 会同时存在多个维度的可销售库存，根据用户的下单地址进行展示和应用。

基于实物库存和可销售库存，我们可以为业务部门的相关人员提供一个清晰的库存查询页面，方便业务人员及时了解各仓库和各平台的库存分布情况，如图 7-7 所示。

图 7-7　中央库存系统查询示例

7.3.3　实物库存计算：流水加减模式与设置模式

实物库存数量源于各仓库库存数量和门店库存数量的同步，系统提供两种库存的计算方式：流水加减模式和设置库存模式，如图 7-8 所示。

① 流水加减模式，适用于自营的仓库和门店，所有的库存变化均通过业务流水回传中央库存系统，按照入库加库存，出库减库存的方式变更实物库存。库存的加减对应着库存成本的变化，所以每一条与仓库库存和门店库存变更相关的业务流水都必须及时回传中央库存系统。

② 设置库存模式，适用于和外部合作的门店，此类门店直接通过商家端或系统对接的方式同步库存，更新实物库存数量。设置模式不需要关注库存的变化过程，只需要用最新的库存数量覆盖原库存数量即可。

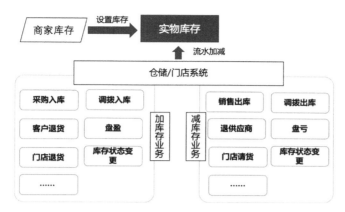

图 7-8　实物库存的两种计算方式

我们还拿 K 公司的例子来说明两种计算方式的区别。

K 公司经营的一款治疗乙肝的药品恩替卡韦分散片，当前在自营的上海仓和北京的一家合作药店（简称 L 店）同时发货。

上海仓拥有自研的仓储管理系统，当前商品库存数量为 100，3 月 5 日，又采购了 50 盒，商品入库以后，入库明细回传中央库存系统，实物库存从 100 变为了 150。

L 店使用的是 K 公司提供的商家系统维护恩替卡韦分散的库存，采用设置方式，当前商品库存数量也为 100。3 月 6 日，L 店因线下做促销活动，无法及时承接线上订单并发货，故在商家后台将库存直接修改为 0，中央库存系统中的实物库存从 100 直接变成 0。

表 7-3 中罗列了一些常见供应链业务对实物库存的变更逻辑处理。

表 7-3　供应链实物库存变更业务

业　　务	实 物 库 存	分 配 库 存	冻 结 库 存
采购入库	加	/	/
销售出库—分仓完成	/	加	/
销售发货	减	减	/
门店请货—建单	/	加	/
门店请货—发货	减	减	/
退供应商—建单	/	加	/
退供应商—发货	减	减	/
客户退货入库	加	/	/
门店退货入库	加	/	/
调拨单—建单	/	加	/
调拨出库	减	减	/
调拨入库	加	/	/
盘亏	减	/	/
盘盈	加	/	/
订单取消	/	减	/
冻结商品库存	/	/	加
解冻商品库存	/	/	减

针对流水加减模式的库存，一旦库存出现异常，我们便需要根据历史的流水来查找问题，所以非常有必要设计一个清晰的实物库存流水日志查询功能来记录每一次库存的变化情况，包括实物库存、实物分配库存、实物冻结库存。

实物库存流水的属性包含：业务发生时间、业务发生的仓库/门店、SKU、库存状态、业务类型、业务单号（发生库存变化的业务单）、加减数量、原库存量、库存结余。

一个好的库存流水日志应该能体现每一次库存变化的经过，且是连续的，上一次库存的结余库存数量是下一次库存变化的原始库存量，如图 7-9 所示。

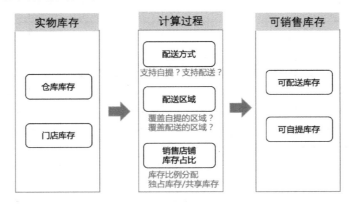

图 7-9　实物库存流水示例

7.3.4　可销售库存计算逻辑

在新零售模式下，每个仓库和门店都有自己的覆盖配送范围，且每个门店的商品种类较少，履约能力有限，所以门店一般重点发展线下销售和线上自提业务，另外门店自提的覆盖区域和配送覆盖区域也是有差异的，多维属性结合到一起，将实物库存从系统层面分开、组合构成了不同维度的销售库存，如图 7-10 所示。

为了能按照配送和自提两个维度管理可销售库存，我们需要提供两个系统配置功能。

　　第一个配置是仓库的配送范围配置。每个仓库和门店都应该有其覆盖的配送范围和自提范围，配送范围通常大于自提范围，故配送范围和自提范围应分开设置。如图 7-11 所示，北京仓和上海仓都支持全国区域的配送，但不支持到店自提，海淀一店支持北京市的配送和海淀街道区域的自提。

仓库/门店名称	属性	配送方式	配送范围	自提范围
北京仓	仓库	☑配送	全国	不支持
上海仓	仓库	☑配送	全国	不支持
海淀一店	门店	☑配送　☑自提	北京市	北京市-海淀区-海淀街道

图 7-11　配送和自提范围的配置

　　以上配置是针对仓库和门店整店维度的，如果设计得再精细一些，可以在以上配置的基础上再增加商品维度的配送和自提范围配置，如针对海淀一店的某些 SKU，可以单独设置配送范围和自提范围。

　　第二个配置是销售平台库存设置。如果存在多个销售平台，多个平台上的销售店铺需要共用库存。从店铺库存分布上，有两种处理思路：共享和独占。

　　① 共享库存。各个销售平台店铺共享库存，将可用实物库存按照比例进行分配。任一门店有入库导致实物总可用库存变多，均会按比例重新计算并分摊至各店铺。同理，任一店铺有订单产生，导致实物总可用库存变少，也会重新分配使得其他店铺的库存同步减少。

　　② 独占库存。某一个或者多个销售平台店铺按照比例分配的库存属于独占模式，即库存分配以后，仅属于此店铺使用，其他店铺产生订单后不能占用独占店铺的库存。

　　我们用一个简单的案例来理解独占库存和共享库存的实现逻辑。

　　假设某仓库有 A 商品 200 个，需要为 3 个销售平台中的店铺供应库存，各店铺库存模式和所占比例如图 7-12 所示。

店铺	库存模式	库存比例	初始库存
店铺1	独占	50%	200×50%=100个
店铺2	共享	共享剩余50%（其中店铺2占比60%，店铺3占比40%）	店铺2：200×50%×60%=60个
店铺3	共享		店铺3：200×50%×40%=40个

图 7-12　共享店铺与独占店铺示例

　　Case 1：仓库采购入库 200 个，总库存变为了 400 个，重新按比例为各店铺分配可销售库存（独占店铺和共享店铺一起分配）。

- 店铺 1：400×50%=200 个
- 店铺 2：400×50%×60%=120 个
- 店铺 3：400×50%×40%=80 个

　　Case2：店铺 1 下单 20 个，因为其为独占库存模式，故店铺 1 的可销售库存从 100 减少为 80。店铺 2 和店铺 3 不受影响，仍然是 60 和 40。

Case3：店铺 2 下单 20 个，因店铺 1 为独占库存，故其库存仍然为 100。店铺 2 和店铺 3 共享库存，会对剩余的 80 个重新进行分配。

- 店铺 2：80×60%=48 个
- 店铺 3：80×40%=32 个

由此可见，商品入库后，独占库存店铺和共享库存店铺都会按比例重新分配库存；独占库存店铺下单不影响共享库存店铺的库存，共享库存店铺下单不影响独占库存店铺的库存，但共享库存店铺之间会重新按比例分配库存。

除了共享库存和独占库存，还可以配置每个销售店铺是否支持自提，因为并不是所有店铺都能支持自提。例如，天猫、京东等第三方平台不可能在下单环节为我们小商家量身订做自提的处理逻辑，所以这些店铺即便分配了自提库存比例，也无法进行同步。

以常见的共享库存为例，我们可以为天猫店、京东店、自营商城和自营 App 等四个渠道的店铺分配设置配送库存共享比例和自提库存共享比例，如图 7-13 所示。

销售店铺	所属销售平台	库存模式	支持的配送方式	配送库存比例设置	自提库存比例设置
天猫旗舰店	天猫	共享	☑配送 □自提	20 %	不支持自提配置
京东旗舰店	京东	共享	☑配送 □自提	30 %	不支持自提配置
自营商城	药健康	共享	☑配送 ☑自提	30 %	100 %
自营App	药健康	共享	☑配送 ☑自提	20 %	100 %
合计				配送库存：100%	自提库存：200%

图 7-13　销售平台库存配置示例

为了避免超卖，配送库存和自提库存原则上不超过 100%比较合适，但根据实际业务需要，可以灵活调整，如果采购能力充足，则各销售店铺可以互抢库存以保证销量最大化，那么每个店铺的库存均可以设置为 100%，甚至大于 100%。

根据以上两个配置，将商品实物库存重组后再根据配送库存和自提库存分别进行计算即可得到每个店铺的可销售库存了

① 支持相同配送区域的多个仓库和多个门店的商品库存汇总后，根据配送库存分配比例进行计算，可得到店铺可配送库存。

店铺可配送库存=此商品各仓库/门店实物可用库存之和×店铺配送库存分配比例，向下取整。

② 因为自提订单不适宜分店铺（用户在前端每次只能看到一个店铺的商品库存，如果让某一个用户下一张自提订单，同时选到了多个店铺的商品，需要到多个门店去提货，这种体

验太差，不推荐），所以自提库存应该以门店为单位进行计算，不跨门店，按照每个支持自提的门店的自提库存比例计算，可得到各店铺的可自提库存。

店铺可自提库存=每个可自提门店的实物可用库存×店铺自提库存分配比例，向下取整。

当销售库存同步到销售平台以后，如果用户的收货地址对应的商品的可配送库存大于订单下单数量，用户即可正常下配送类的订单；如果用户收货地址在门店自提覆盖范围内，且可自提库存大于订单下单数量，用户还可选择到符合自提条件的店内自提，给用户侧的展示如图 7-14 所示。

图 7-14　配送与自提

看上面的逻辑是不是有点懵？别着急，我们举个例子来理一理配送库存和自提库存的计算逻辑。

假设门店 1、门店 2、门店 3 三个门店均有 SKU A 商品，三个门店的配送范围一致，均无预占，共设两个销售店铺（店铺 1、店铺 2），库存共享，库存配置如图 7-15 所示。

门店配送范围配置				店铺库存配置			
门店	配送方式		SKU A库存数	销售店铺	配送方式	配送库存比例	自提库存比例
门店1	☑配送 ☑自提		100	店铺1	☑配送 ☑自提	50%	100%
门店2	☑配送 ☑自提		100	店铺2	☑配送	50%	0%
门店3	☑配送		100				

图 7-15　门店与店铺库存配置举例

根据销售库存计算公式分别算得店铺 1 和店铺 2 的配送库存和自提库存，如图 7-16 所示。

销售店铺	可配送库存 各仓库/门店实物库存之和×店铺配送库存分配比例	可自提库存 每个可自提门店的实物库存×店铺自提库存分配比例
店铺1	(100+100+100) ×50%= 150	✔ 门店1:100×100%=100（仅门店1周围可见） ✔ 门店2:100×100%=100（仅门店2周围可见）
店铺2	(100+100+100) ×50%= 150	不支持

图 7-16　店铺可销售库存计算结果

此时，店铺 1 下发了一张配送订单，需要 SKU A 20 个，订单经分配后从门店 1 发出，则门店 1 的 SKU A 可用库存数量变成了 80，门店 2 和门店 3 的库存无变化，由于是共享库存，系统重新根据销售库存计算公式进行计算，得到店铺 1 和店铺 2 的配送库存各变成了 140，由于自提库存不共享，所以门店 1 的自提库存变为了 80，门店 2 的自提库存仍然为 100，结果如图 7-17 所示。

销售店铺	可配送库存 ∑各仓库/门店实物库存×店铺配送库存分配比例	可自提库存 每个可自提门店的实物库存×店铺自提库存分配比例
店铺1	(80+100+100)×50%= 140	✓ 门店1:80×100%=80（仅门店1周围可见） ✓ 门店2:100×100%=100（仅门店2周围可见）
店铺2	(80+100+100)×50%= 140	不支持

图 7-17　下单后重新计算店铺可销售库存

7.3.5　销售平台库存同步

中央库存系统将可销售库存计算完以后，需将可销售库存向销售平台同步，只有同步到销售平台的库存，才能在用户下单的时候进行逻辑处理。向销售平台同步库存，有 4 种方式可选，相关人员可在中央库存系统中针对每个销售平台进行配置，根据实际情况进行调整。

①　每当库存变动时同步。任何一个销售平台有订单下发到中央库存系统中导致库存预占，或者仓库/门店的可用库存发生变化时，重新根据实物可用库存计算销售库存，并同步至销售平台。

②　定期同步。设定时间间隔，定期计算销售库存并同步，如每 10 分钟一次。

③　低于阈值下限时同步。当某一商品在此销售平台中的库存比例低于此平台设定的阈值时，触发销售平台库存计算并同步至销售平台。

④　暂停同步。以最后一次同步的数量为准，再次开启同步之前不再同步库存，如"双 11"前夕暂停对天猫店铺的同步，缓解系统压力。

以上 4 种方式各有优劣，同步频次越高，库存自然越准确，超卖风险越低，但刷新频率过快对系统性能影响较大；同步频次较低，系统压力较小，但库存同步不及时，会导致超卖风险增加。

无论哪一种方式，为了保证库存的准确性，在订单生成以后，均需要尽快到中央库存系统中分仓并进行库存预占，然后根据可用库存重算可销售库存。如果不尽快预占，可能导致多个平台同时下单从而引发超卖。

7.3.6　订单分仓与预占服务

中央库存系统除了做实物的管理和同步可销售库存，另一个核心功能是为订单履约中心提供分仓及预占服务。每一张订单产生以后，哪些仓库能够支持配送，从哪个仓发货成本最低，如何保证已经匹配了的库存不会被其他订单再次占用，这些问题都可以通过中央库存系统的分仓和预占功能来解决。

分仓和预占，其实是两个动作：为订单匹配合适的发货仓库，以及匹配成功后的库存预占。订单的分仓一般遵循以下几个原则。

① 若订单中已经指定了仓库或门店（如自提订单，就是指定门店），直接进行库存预占，增加商品的分配库存数量。已分配的库存代表已经被订单占用，在订单未被取消前，其他订单不能再被分配。

② 若订单中未指定仓库，则由中央库存系统提供分仓并预占库存服务供订单履约中心等外围系统调用，分仓规则可以根据业务规则自行定义，推荐三种策略，可按照优先级搭配使用。

a．最少包裹原则（能单仓发货的，尽量不拆包裹；若不能单仓发货，找拆包裹最少的仓库组合进行拆单）。

b．距离最近原则（发货仓库离收货地址距离最近，若多个仓库拆单发货，选择到达用户收货地址总时长最少的组合）。

c．成本最优原则（从采购成本最低的仓库发货，或者从物流费用最低的仓库发货）。

一个完整的分仓和预占流程如图 7-18 所示。

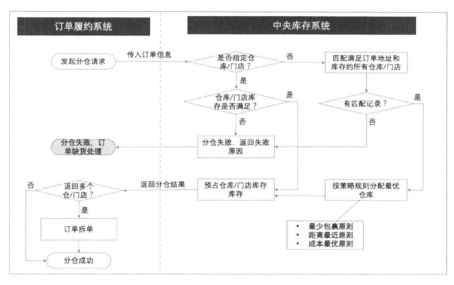

图 7-18　分仓和预占流程

7.3.7　库存成本计算

库存成本的计算，多数情况是在财务系统中实现的，也有一些企业的财务库存模块和中央库存系统是一起规划的，所以在中央库存系统的实物库存中增加了一个"商品成本价"属性来记录每个仓库/门店的商品成本价，基于成本价统计企业的存货成本。

要实现库存成本计算，需要在进行实物库存流水加减的时候，同步进行库存成本计算。成本价的计算方法有很多，如先进先出法、后进先出法、加权平均法、移动加权平均法、个别计价法、计划成本法、毛利率法、零售价法等。

重点介绍一下常用的先进先出法、加权平均法、移动加权平均法。

① 先进先出法，是指根据先入库先发出的原则，对于发出的存货以先入库存货批次的单价计算发出存货成本的方法。

② 加权平均法，也称全月一次加权平均法，是以当月全部进货数量加上月初存货数量作为权数，去除当月全部进货成本加上月初存货成本，计算存货的加权平均单位成本，以此为基础计算当月发出存货的成本和月末存货成本的一种方法。

加权单价＝（月初结存存货成本＋本月购入存货成本）/（月初结存存货数量＋本月购入存货数量）

③ 移动加权平均法，指以每次进货的成本加上原有库存存货的成本，除以每次进货数量与原有库存存货的数量之和，计算商品的加权平均单位成本，以此为基础计算当月发出存货的成本和月末存货的成本。

移动加权平均单价＝（本次收入前结存商品金额+本次收入商品金额）/（本次收入前结存商品数量+本次收入商品数量）

老张的公司 经营某 SKU A，采销记录如下。

10 日，购入此 SKU 100 个，单价 5 元。

13 日，购入此 SKU 200 个，单价 6 元。

18 日，发出此 SKU 100 个。

20 日，购入此 SKU 700 个，单价 4 元。

28 日，发出此 SKU 500 个。

以上采购单价均为不含税价格。提问：分别用先进先出法、加权平均法、移动平均法计算发出存货的成本及期末库存存货的成本。

答：（1）先进先出法

发出存货的成本：100×5+（200×6+300×4）=2900 元

说明：18 日发出 100 个，单价为 5 元（10 日购入），28 日发出的 500 个，其中 200 个的单价为 6 元（13 日购入），300 个的单价为 4 元（20 日购入）；还剩单价为 4 元的库存 400 个，故期末成本取 4 元。

期末库存成本：400×4=1600 元

（2）加权平均法

SKU A，加权平均单价：（100×5+200×6+700×4）/（100+200+700）=4.5 元，分别对应 10 日、13 日、20 日购入明细

18 日和 28 日发出 SKU A 的存货成本：（100+500）×4.5=2700 元

期末库存成本：400×4.5=1800 元

（3）移动加权平均法

13 日购入后的单位库存成本：（100×5+200×6）/300≈5.67 元

18 日发出存货成本：5.67×100=567 元

20 日购入后的单位库存成本：（200×5.67+700×4）/（200+700）≈4.37 元

28 日发出存货成本：4.37×500=2185 元

期末库存成本：400×4.37=1748 元

7.4　本章结语

中央库存系统在电商新零售系统中起着承上启下的作用，对上为销售平台供应可销售库存，对下管理全国仓库和门店的实物库存，同时还为订单出库提供分仓和预占的能力，其重要性是不言而喻的。

实物库存的来源有两种方式：仓库和门店操作流水加减和直接设置库存，自营仓库/门店适用流水加减，与外部合作门店适用设置库存。可销售库存分为共享库存和独占库存，以及配送库存和自提库存，其计算方式均不相同。

在订单分仓过程中，中央库存系统主要提供库存支撑，根据业务策略提供最优的分仓组合，并按照分配仓库进行预占库存。

第 8 章　天下粮仓：仓储管理系统

仓储是实物入库的第一环，也是实物出库的最后一环，更是信息流与物流结合的一环，仓储管理系统（Warehouse Management System，WMS）是电商新零售系统中的粮仓，为采购部门提供后勤保障，为销售部门提供履约护航，为门店提供能量补给，为财务部门提供借贷凭证。无论是生产、批发还是零售行业，仓储管理系统都是非常重要的供应链系统，决不能忽视。

8.1　仓储业务介绍

仓储是一个很专业的领域，有着极其复杂的业务流程，在开始设计系统之前，我们先普及一些仓储业务知识。

8.1.1　仓储的管理演变历程

相信大家都见过各种各样的仓库，有杂乱不堪的，也有整洁如新的，有很传统落后的，也有全自动化的。当然，存在即合理，简陋的仓库，其投入成本比较低，相应的管理比较落后，效率和准确性都不高；自动化程度越高的仓库，对管理的要求越高，投入的成本自然会越高，相应会带来一定的人力节省，能够提升作业效率和准确率。

仓库的发展按照作业模式，大致可以分为四个阶段，如图 8-1 所示。

第一阶段：原始作业模式。没有系统支持，全靠相关人员凭记忆存取货物，或者通过自己家的纸质账簿进行记录，很多小店老板、传统作坊仍采用这种方式。

第二阶段：纸单作业模式。在这一阶段里，仓库的商品、货位管理相对规范，有 WMS 或 ERP 系统做支持。所有系统操作都依赖纸单，在作业之前相关人员在系统中打印纸单，根据纸单中的内容完成库内的操作，再完成系统中的相关操作。

第三阶段：无纸化作业模式。通过引入 PDA、电子标签、自动播种墙等自动化设备，实现信息实时交互，省去纸单操作带来的信息滞后性，节省了人力并提升了系统准确性，但各个环节仍需要人工操作。

图 8-1　仓储管理演变历程

第四阶段：无人化作业模式。通过机械手、穿梭车、分拣机、自动导引运输车等全自动化设备加上人工智能等技术手段，完全代替人力完成作业，彻底释放人力。

8.1.2　新零售仓储网络布局

新零售供应链从战略层到战术层，再到执行层，依次是规划、流程和系统。最上层关注在哪里设仓库、哪里设门店，这是规划；中层关注如何采购、如何分布库存，如何发货等，这是流程，最后才是生产研发人员该如何根据规划和流程来设计系统。所以在设计系统前，我们有必要拔高视角，多了解一些规划和流程层面的知识。

在传统电商公司中，供应商的商品要送到客户手中，一般流程如下。

① 公司从供应商采购，并将商品送到中央仓库（Central Distribution Center，CDC）。

② 从中央仓库调拨商品到区域仓库（Regional Distribution Center，RDC）。

③ 从区域仓库将商品调拨到前置仓（Front Distribution Center，FDC）。

④ 客户下单，将订单分配给离客户最近的前置仓，从前置仓将商品发出。

而在新零售模式下，为了更快地响应客户需求，很多公司取消了中央仓库，并直接将门店设置为前置仓，所以供应链路变为供应商→RDC→门店，供应链路缩短了一半。当客户下单以后，可在最近的门店就近提货，或者由门店直接安排配送，如果门店库存无法配送，可由 RDC 直接安排发货，作为补充。如此 RDC+门店模式，构成了主流新零售的供应网络，如图 8-2 所示。

在新零售模式下，仓库的作用有两个：一是为门店供应库存，为所辖片区下的门店提供商品库存补给，当门店库存不足时，就从仓库请货；二是承担超范围的物流配送工作。由于门店覆盖范围和配送能力有限，所以超范围订单，需要从仓库配送、发货。

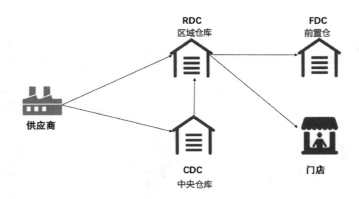

图 8-2　新零售仓储网络布局

全国多个仓库和门店的配送范围一般怎样划分呢？

如果是急速达的配送模式，如 30 分钟送达，一般以门店为圆心，覆盖半径为门店周边 3～5 公里；若为普通配送，则按照配送地区划分，每个仓库覆盖一定的主要省份，若某地仓库无货，则按照优先级从其他仓库发货。

J 公司在全国有广州、杭州、北京、西宁 4 个仓库。按照业务规划，广州仓覆盖广东、广西、云南等省份，当有这些省份的订单下发后，会优先分配广州仓发货，如果广州仓缺货无法发货，则依次按照北京仓、杭州仓、西宁仓的顺序分仓发出，作为广州仓的补充，如表 8-1 所示。

表 8-1　仓库配送范围

地　区	出库优先级
广东省\云南省\广西壮族自治区……	广州仓：1 北京仓：2 杭州仓：3 西宁仓：4
北京\天津\河北省\黑龙江省\吉林省\辽宁省……	北京仓：1 杭州仓：2 西宁仓：3 广州仓：4
浙江省\江苏省\安徽省\……	杭州仓：1 广州仓：1 北京仓：2
其他地区	西宁仓：1 北京仓：2 广州仓：3 杭州仓：4

关于仓库的选址，要遵循安全（消防、水电、治安安全，无安全隐患）、便捷（方便配送、周边环境、配套设施健全）和合法（正规产权，符合法规）三个原则。在科学选址策略上，推

荐两个方法。

① 加权评分法。首先罗列所有备选仓库需要关注的多项指标（如租金、交通、位置、环境等），并为每项指标打分（0～10 分），同时为每项指标设置相应权重，用权重×分数加权，得分最高的仓库优先考虑。综合评分计算公式如下。

综合评分=指标分数之和×权重

② 重心法。又称静态连续选址模型。仅以总运输成本作为考量依据，寻找到达上下游客户中总运输成本最低的地址作为新仓库的地址，具体公式如下。

$$\text{Min } TC = \sum_{i=1}^{n} V_i R_i D_i$$

TC：拟建仓库到所有客户的总运输成本
V_i：客户 i 点的运量
R_i：客户 i 点的运输费率
D_i：拟建仓库的地址到客户 i 点的运输距离

$$D_i = \sqrt{(x - x_i)^2 + (y - y_i)^2}$$

x、y：拟建仓库的位置坐标
x_i、y_i：上下游客户的位置坐标

8.1.3　库内区域规划介绍

介绍了仓储网络布局，再简单介绍一下库内的常用布局规划。

在规划库内区域时，要遵循最短移动路径和单一流向原则，即让物流流动和员工作业的路线最短，物品的流向一致而不是来回避让。从流向来看，有 U 型、I 型、L 型、S 型四种布局方式，如图 8-3 所示。

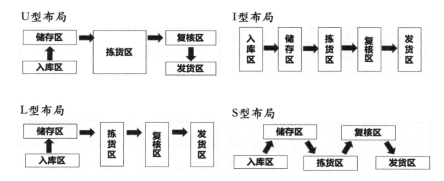

图 8-3　四种库内区域规划

在规划具体的存储区域和货位时，可参考如下规划思路。

① 根据商品属性和相关法规的要求，对库区进行划分，如药品仓库必须规划合格品区、不合格品区、待验区、退货区等。

② 根据商品的存储属性，规划符合特定存储条件的仓储区域，如常温库、阴凉库、冷藏库、恒温库等。

③ 根据商品的体积、质量等，划分货架区域和堆垛区域。一般大批量整件进出的商品适

合存放在堆垛区，零散商品适合存放在货架区，以方便商品的拣取和盘点。如果条件允许，可以规划高架库和立体仓库。

④ 根据经营品种的业务规划目标，参考峰值期间备货情况，按照品种数和整零分布情况，再预留一定的缓冲区域，依次规划整件货位数、零货货位数、货架和堆垛数。例如，若有 1000 个 SKU，每个 SKU 平均有 3 个批号，按照一批一位的做法，粗略估算，整件库和零散库最少需规划 3000 个货位，若再预留 20%的缓冲区域，则整件货位和零货货位均需规划 3600 个。

⑤ 在日常作业中，一般按区域作业，为避免拣货员拣货路径过长，一个大区可划分为多个小区域。

⑥ 通道的宽度设计需考虑两辆拣货台车错车的情况，以免发生堵塞。

⑦ 为了提升空间利用率，货架可考虑双排背靠式摆放，以此减少通道数量。

8.1.4　仓储作业常用设备介绍

在仓储作业过程中，少不了设备的辅助，流程、系统与设备的组合，共同保障仓储作业的高效和精益，下面介绍一些常见的仓储设备及其用途。

① 输入/输出设备，用于日常的信息录入、扫描、打印等，常用的有电脑、PDA、打印机、扫描枪等，如图 8-4 所示。

图 8-4　仓储输入/输出设备

② 存储设备，用于商品的存放与保管，按照设备样式，常见的有普通货架、堆垛区（直接将商品堆放在地面的库区）、电子标签货架（也叫 DPS 货架，可以亮灯指引拣货）、自动化立体仓库（纯自动化出入库的仓库）等，如图 8-5 所示。

图 8-5　仓储存储设备

③ 作业设备，用于辅助库内日常的进、出、存作业的设备。常见的有称重机（用于出入库环节商品重量的采集），打包机（用于对包裹进行自动包装的设备），塑封机（对商品进行

塑封加膜的设备，常用于图书、生鲜等品类），播种墙（用于多个订单的商品合拣以后进行分拣，将商品分配到每个订单中）。

搬运机器人（一种货到人的搬运设备，减少人为走动），机械手（辅助进行商品的拣选、码堆的自动化设备），如图 8-6 所示。

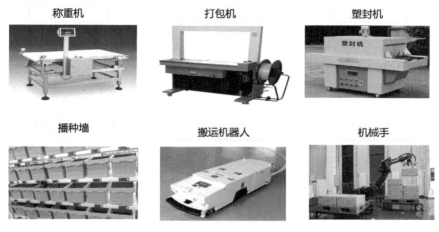

图 8-6　仓储作业设备

④ 周转容器，用于在仓库内部进行周转的可移动的容器，常见的有托盘、周转箱、小推车、笼车等，如图 8-7 所示。

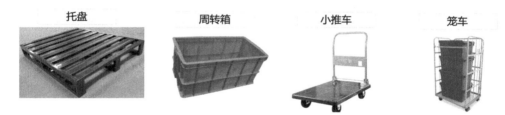

图 8-7　仓储周转容器

⑤ 运输设备，用于库内货物运输的设备，常见的有叉车、地牛（拖板车）、输送线、滑道分拣机、提升机、电梯等，如图 8-8 所示。

图 8-8　仓储运输设备

8.2　仓储管理系统（WMS）整体规划思路

在规划 WMS 时，要把握住精准、高效和合规三大原则，同时要考虑到兼容多货主、多业务、多设备和多策略等多种业务形态。

8.2.1　仓储管理系统设计原则

仓库的面积从几十平方米到几万平方米不等，有的仓库能存放的商品可以高达数万个，库存量高达上百万，如何在合规的前提下，将仓库空间利用率最大化，同时能更精准高效地处理与进销存相关的业务，是仓库管理的核心目标，也是供应链管理中降本增效的目标。因此，在设计仓储管理系统时，我们也应该遵循精准、高效和合规三大原则，如图 8-9 所示。

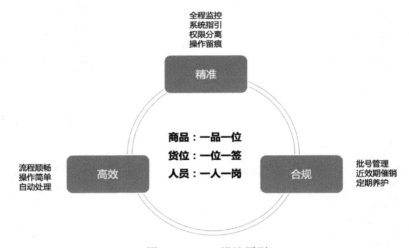

图 8-9　WMS 设计原则

① 精准。所有的进销存操作都要求精细和准确，如 SKU 需要管理到每一个批次号在某一个货位，当前是什么状态，谁能操作，操作过哪些内容等，尽可能详细、可追溯。

② 高效。追求降本增效，要保证所有的流程顺畅而简单，杜绝浪费，不能出现操作卡顿和不流畅的情况，如果每个订单节省 10 秒，日均 1 万单，可节省 27.8 个小时，等业务发展到日均 10 万单呢、100 万单呢？小小的优化就能带来效率大大的提升。

③ 合规。所有的操作、流程设计都应该合法合规，不能触碰法规的红线和公司内部的规章制度，决不能为了降低成本和提高效率而偷工减料、瞒上欺下。这一点在食品和药品行业中尤为重要，所有的操作必须符合国家法规的要求，如批号管理、近效期催销、定期养护等。

通过精细化的系统结合精益化的流程管理，做到一品一位（每个 SKU 有独立的货位管理）、一位一签（每个货位有唯一的标签地址）、一人一岗（每个操作人员都有对应的岗位和角色），便是 WMS 的建设目标。

8.2.2　仓储管理系统整体规划

在进行仓储管理系统整体规划时，相关人员可以分多个维度来规划系统架构，以便能兼容多业务场景，如图 8-10 所示。

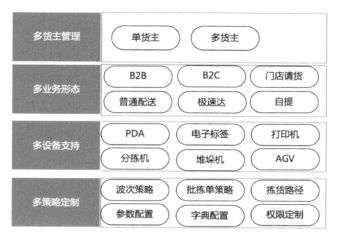

图 8-10　仓储管理整体规划思路

① 多货主管理。若仓库仅为本公司使用，则无须货主管理，若需承接三方物流，就需要设计为多货主管理，每一套业务数据根据货主进行分离。

② 多业务形态。从承接的业务形态上，可分为 B2B 业务、B2C 业务、门店请货。三者在业务形态上的区别是：B2B 业务和门店请货业务每单中 SKU 条目数多，通常需要拆单分区拣货；而 B2C 业务的订单中普遍条目数较少，需要合单批拣。

从配送方式来看，可分为普通配送、极速达和自提，普通配送和极速达需要对接物流配送公司，自提需要考虑直接与客户交接。

③ 多设备支持。根据仓库的自动化程度，规划支持不同的模式，如 PDA、电子标签、输送线、称重机、分拣机、穿梭车、堆垛机、AGV 等。

④ 多策略定制。要根据不同的业务场景，适配不同的策略，如波次策略、批拣单生成策略、拣货路径策略等。

以上维度并非要全部考虑兼容，可以根据每个公司的现状和业务模式灵活选择。

一个完整的仓储管理系统架构，可以抽象为四层，如图 8-11 所示，最底层是支撑业务开展的基础数据和库存服务，中间层是基于基础数据和库存服务开展的各类仓库相关业务，以及支撑业务开展的各项业务策略，上层是辅助仓储业务开展的各类设备控制，由仓储管理系统提供设备的调度与指令传输，顶层是执行指令的各类硬件设备，由 WCS（仓储设备控制系统）驱动。在实现时，要保证底层建设的稳定性，只有底层足够稳定，才能支撑起上游业务和设备的可扩展性。

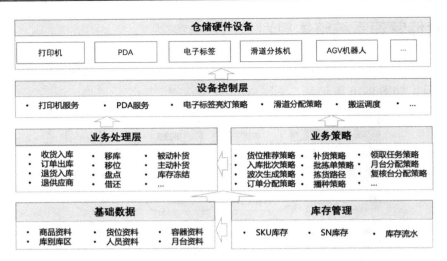

图 8-11　仓储管理系统架构

8.3　仓储管理系统基础数据

仓储管理系统需要对商品、货位和流程做精细化管控，必然少不了基础数据的支持。仓储管理系统的基础数据分为两部分：一部分是全公司共用的数据，来源于基础数据中心，如商品信息、门店数据等；另一部分是需要每个仓库自行维护和管理的，而不需要其他系统共享的数据，如货位、容器等。

在电商新零售的仓储管理系统中，常用的基础数据有商品属性资料、库区及货位资料、人员资料、容器资料、月台资料等。

8.3.1　商品属性资料

仓储管理系统中的商品资料一般来源于基础数据中心，如果没有基础数据中心，通常来源于 ERP，很少出现在仓储管理系统中单独创建的情况。理由很简单，如果每个仓库都自建商品资料，一个实物在不同的仓有不同的身份标签，相关人员该如何识别和互通呢？所以，SKU 的编码及其基本属性（如名称、规格、尺寸、颜色）必须保证全公司统一，同一个实物在每个仓库中的编码和属性都是一样的，这样才能实现供应链流通的价值。

需要在仓储管理系统中维护的商品基础信息主要有两类。

第一类是商品物流基础属性，如商品的长、宽、高、体积、质量、大中小包装的数量、商品条码等，在创建商品资料时供应商不一定能提供齐全，或者不一定准确，所以需要仓库的相关人员在收货和库内环节进行采集录入，相关人员通常会借助称重设备、扫描设备来进行商品资料的采集。这一部分物流数据可以由某仓库收集完以后同步至基础数据中心，再由基础数据中心分发到其他仓库的仓储管理系统中，这样就能实现基础数据的共享，而不用每个仓库都进行单独采集了。

　　第二类是商品在库内作业的一些策略配置，如商品在零散库区的库存上下限的设置、商品的区域限定等。此类基础数据在各个仓库的仓储管理系统中自行维护，无法进行共享。

　　零散库区的库存上下限的设置主要用于库内补货，当库存低于下限时，便产生补货任务。

　　区域限定的作用是在精细化的仓库管理中，为提高商品的出库效率，以及对商品进行分类管理。例如，在不同的存储条件，相关人员会为每一类或者每一个商品预设一个固定的存放区域，在入库时按照限定区域推荐货位并校验上架货位，避免入库上架时将商品放错了位置。

　　商品区域的限定通常有以下 3 种方式。

　　① 商品分类→固定区域。设定某一类商品对应某几个固定区域存放，分类符合的商品可以放到设定区域中的任意货位上。

　　② SKU→固定区域。按 SKU 设定其对应的入库存储区域，被设定 SKU 可以放到设定区域中的任意货位上。

　　③ SKU→固定货位。按 SKU 设定固定的存储货位，商品只能存放在固定货位上。

8.3.2　库别、库区与货位资料

　　货位是最基本的存储单元，也是最重要的库存颗粒度。但货位不是唯一的存储单元，在一个标准仓库中，根据管理的精细度，可以分为库别、库区、通道、排（也叫货架）、列（也叫格）、层、货位。

　　仓库、库别、库区、通道、货架、货位的关系如图 8-12 所示。

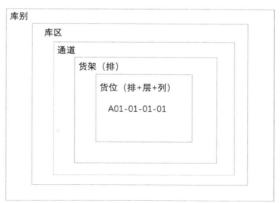

图 8-12　仓库、库别、库区、通道、货架与货位

　　在一个仓库中可以设定不同的库别，每个库别对应一个独立的存储区域以方便管理，如合格品库、不合格品库；库别下面可以划分多个库区，每个库区可以限定不同的商品品类进行存放，让同品类商品扎堆存放，方便商品的入库和出库；库区中设有多排货架，两排货架

之间的区域称为通道,相关人员可以根据通道的设置规划拣货的路径;通道的两侧是多排货架,每一组货架上的层和列组合起来便是一个货位,如图 8-13 所示。

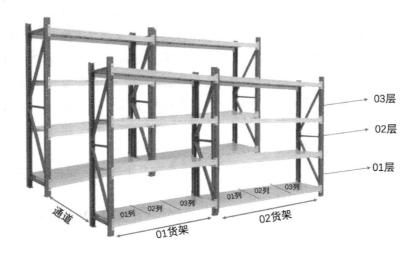

图 8-13 货架货位展示

每一个货位需要对应一个唯一的货位编码,以保证相关人员准确找到每个商品的库存位置,常用的货位编码规则为区域+通道+货架+层+列,如图 8-14 所示。货位条码会打印出来粘贴到每一个货位上,条码的作用是方便相关人员录入商品的动态信息(如出库、入库信息)。

图 8-14 货位编码生成示例

仓库资料一般在基础数据中心中统一管理,每次开新仓,相关人员需要去基础数据中心输入仓库信息,然后基于此仓库编号维护其下面的库别、库区、通道、货位信息,可以根据业务诉求增加一些仓储管理的业务属性,如存储条件(常温/阴凉/冷冻)、存储方式(整件/散件)、作业类型(人工拣选区/机器人拣选区/自动化立体库)等。

货位资料的基本属性有货位编码、所属库区、通道、货架、排、层、列,长、宽、高、体积、容量、可用货位利用率、货位类型(地堆/普通货架/高架库区/DPS 货架/自动化立体库货架)、货位等级(A 类货位/B 类货位/C 类货位)等;根据货位的存储属性,可以定义其是否允许混 SKU、混批次、混货主等。另外,由于货位继承了库区、库别的管理属性,所以在入库时，相关人员便可以根据这些属性为商品制定不同的货位策略及准入条件了，如冷藏商品只能存放到冷藏库区，A 类商品优先存放 A 类货位[①]等。

8.3.3 人员资料

仓储管理系统中的人员资料分为两个方面。

一是操作人员基本信息（账号、姓名、联系方式、邮箱等）、人员对应的系统角色、系统权限及仓库数据权限。从整个供应链体系的合理性来看，多个供应链系统应该共用权限数据，用一套标准的权限系统来承接多个系统的权限设置，而不应该在每个系统中都搭建一套权限模块，相关内容在后面的章节中我们会详细介绍。

二是人员对应的仓储岗位，以及岗位的排班安排，做到专人专岗做专事，在系统进行任务分配时，分配当前人员能够操作的权限范围内的任务。

例如，配置验收员岗位安排，可以设置每位验收员可以验收的商品大类，如图 8-15 所示。

验收员	验收商品类型
张三	全部分类
李四	3C、日用百货

图 8-15 验收人员岗位安排

安排拣货人员时，可以设置每位拣货员的拣货区域及拣货类型（先做拣货类任务，还是先做补货类任务），以免拣货人员全场跑动拣货，效率低下，如图 8-16 所示。

拣货员	拣货区域	拣货顺序	拣选类型
张三	A	1	拣货优先
张三	B	2	补货优先
李四	A	2	拣货优先
李四	B	1	补货优先

图 8-16 拣货员安排

安排盘点人员时，可以定义每位盘点人员的盘点区域，如图 8-17 所示。

盘点员	盘点区域
张三	A、B
李四	C、D

图 8-17 盘点人员的安排

---

① 关于货位等级划分，和商品等级划分类似。A 类货位为最方便拿放的货位，如靠近通道口的二层、三层的货位，A 类货位优先存放 A 类商品；其次是 B 类货位，如通道里侧二层、三层的货位；最后是 C 类货位，常指最底层和最顶层的货位。

8.3.4　复核台资料

复核台资料主要管理仓库内的复核台信息，用于对出库订单进行发货前的最后一次清点、核实，避免出错。复核台资料的基本属性包括复核台编号、最大复核订单数（超过订单数就不再分配此复核台了）、复核订单类型（根据业务规则定义，如普通订单/异形订单/贵重商品、本市订单/外市订单等）、复核台状态（启用/停用）。

在精细化的仓库管理中，应该保证所有复核台作业人员的工作量均衡，不能有的复核台任务很多，有的复核台没有任务。另外，由于不同的品类、耗材等要求，需要将不同的订单分派至不同的复核台进行复核，所以在拣货以后就需要将订单按照相关策略分配到对应的复核台，对商品进行复核、打包、粘贴物流面单。

8.3.5　容器资料

容器资料主要管理当前仓库中正在使用的容器及容器的状态，含周装箱、托盘、拣货小推车、笼车等，通过为每一个容器进行编码，并在关键环节进行记录，便于更好地追溯。例如，要查找某商品，我们在收货记录中找到当前 SKU 放在 T0001 托盘上，便能很快在收货区中找到了。

容器基本资料包含容器编码、当前状态（使用中/空闲可用/禁用），只有处在空闲可用状态的容器才能在作业环节中进行绑定。

8.3.6　月台资料

图 8-18　月台

在比较大型的仓库中，都会设置收货月台和发货月台，收货月台用来管理收货存放，一般按照商品品类、供应商进行划分，如某供应商送货到仓库后，相关人员指引其将商品送到 7 号收货月台进行收货；发货月台用来管理发货存放，一般按照配送的方向、物流公司进行划分，如××配送方向的订单发货后统一分配到 3 号发货月台集中存放，等待配送。月台如图 8-18 所示，没有见过月台的朋友可以想象一下火车和地铁的候车站台。

月台基本资料主要包含月台编号、月台区域（和货位一样，如果做精细化管理，也可以为月台划分区域）、月台类型（收货月台/发货月台）、当前状态（启用/停用）、承接的业务规则（如配置收货月台对应的商品大类，发货月台对应的配送方向、配送物流等，根据仓库实际业务场景定制），图 8-19 是某月台管理的示例图。

| 月台编号 | | 月台类型 | ▼ | 状态 | ▼ | 物流公司 | ▼ | 查询 | 重置 |

新增月台							
操作	月台编号	区域	月台类型	当前状态	配送方向	配送公司	已承接包裹数据
编辑	Y01-01-001	Y01	发货月台	启用	华北地区	顺丰	100
编辑 删除	Y01-01-002	Y01	发货月台	启用	华东地区	顺丰	0
编辑	Y01-01-003	Y01	发货月台	启用	华北地区	京东	57
编辑	Y01-01-004	Y01	发货月台	启用	华东地区	京东	34

图 8-19　月台管理示例

8.4　仓储管理系统中的库存设计

仓储管理系统最核心的功能是管理好每一个商品的库存，入库、出库和库内所有与实物的相关操作都会体现在库存的变化中，所以库存是仓储管理系统中最核心的逻辑，设计好仓储管理系统中的库存模型，仓储管理系统的设计也就成功了一大半了。

8.4.1　仓储管理系统中的库存模型

虽然仓储管理系统和中央库存系统都是管理实物，但其管理维度是有很大的差异的。仓储管理系统需要管理到每一个实物 SKU 对应的批次、货位、库存状态，而中央库存系统中的实物库存来源于每个仓库中仓储管理系统的业务操作流水，虽然中央库存系统中的实物总库存与各仓库的仓储管理系统中的库存之和保持一致（但不是实时一致的），但中央库存系统只需要管理到仓库+SKU+库存状态维度，即只需要知道某 SKU 在某仓库中的库存即可，并不需要像仓储管理系统一样关注到最精细的颗粒度。

在普通标准品仓库中，同一个 SKU 下的每个实物并不需要单独进行区分，所以仓储管理系统只需要管理到 SKU 库存维度，而在二手电商、贵重物资等行业的仓库中，由于每个实物商品都是一个独立的个体，需要区分对待，则仓储管理系统还需要管理到 SN 库存维度。在一个需要管理到 SKU+SN 维度的仓储管理系统中，库存模型应该设计为 SKU 和 SN 两层，SKU 库存管理标准 SKU 库存，SN 库存管理每个 SN 的库存，如图 8-20 所示。

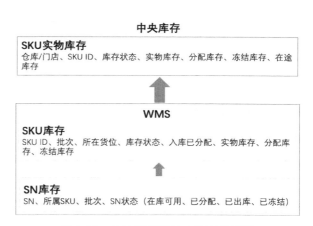

图 8-20　仓储管理系统中的库存模型

以上库存模型设计可以兼容市面上常见的三种库存管理业务形态（见图 8-21）。

① SKU 标准品模式。只需要管理到 SKU 维度，不需要单独区分 SN 的商品，此类商品不需要 SN 库存，在入库和出库环节，拣取任意一个实物都一样。例如，SKU A 库存为 4，出库时随便拿哪个都一样。

② SKU+SN 库存模式。有一些较为贵重的商品如 3C 类商品，虽然是标准品，但同时需要管理到每个具体的 SN，在入库和出库环节，虽然以 SKU 进行下单，但实际上，商品拣取时需要精确到每个实物，财务部门的相关人员最终以每一个实物做核算。例如，SKU A 库存为 4，分别对应 SN1、SN2、SN3、SN4，在出库时，相关人员必须明确地知道出库的是哪个。

③ SN 单库存模式。针对需要独立管理每个个体的商品，每一个实物都有独立的库存。此类商品都是以单个进行入库/出库和财务记账，SKU 概念相对弱化，因为每个 SN 都是一个独立的 SKU ID。

图 8-21　仓储管理系统中的三种库存管理形态

无论哪种库存管理形态，SKU 库存都是必不可少的，SN 库存可根据实际业务进行设定。

8.4.2　仓储管理系统中的库存结构

在仓储管理系统中 SKU 库存结构中包含如表 8-2 中的关键属性字段。

表 8-2　SKU 库存关键属性

库 存 属 性	属 性 说 明
SKU	实物商品的标记码
批次	每一批入库商品，会根据供应商、合同、入库日期等维度生成一个批次号，以方便管理和追溯
所在货位	商品在库内存放的实际货位
库存状态	合格/不合格，根据实际情况还可以扩展其他状态如待验、停售等
实物库存数量	商品当前在货位上的真实库存。设计时，实物库存应该与货位上的实物实时一致，商品放到货位上，即加实物库存；商品从货位上下架，即减实物库存
已分配库存数量	需要出库时，先根据出库波次对出库货位进行分配，对库存进行预占，避免其他订单抢占。待拣货下架后，清出库预分配，并扣减实物库存

续表

库 存 属 性	属 性 说 明
入库已分配数量	入库相关业务，商品在上架之前，会先分配上架货位，并对预上架数量在库存中记录，待上架后，清入库预分配，并增加实物库存
冻结数量	因拣货差异、盘点等，需暂时对库存进行临时锁定以便进一步处理
所属货主	标识商品的所属权，搞清楚是谁的货

若要扩展 SN 库存，只需要存储当前 SN 的基本库存属性，其他属性信息与 SKU 保持一致即可，如表 8-3 所示。

表 8-3　SN 库存关键属性

库 存 属 性	属 性 说 明
SN	识别每个实物商品唯一的编码
所在货位	记录 SN 所在的货位
SKU ID	SN 对应的 SKU ID，与 SKU 库存相关联
批次	当前 SN 的入库批次
SN 状态	分为三种状态： ① 在库可用：在库，且没有被订单占用； ② 已分配：已经被某订单锁定，不再允许其他订单占用； ③ 已出库：因订单出库、盘亏、退供等原因，已不在库； ④ 已冻结：锁定当前 SN，不可用

批次是仓储库存管理中一个很重要的属性，由于市场的需求的变化、商品品质的差异，同一 SKU 多次入库的实物可能存在不同的供应商、不同的价格和不同的品质等，为了能加以区分和管理，便需要在库存中为每一个 SKU 赋予入库批次。批次和批号不同，批号通常在食品、药品等需要做保质期管理的行业中比较常见，主要用于标识商品的生产属性，对应的生产日期和有效期印刷在包装盒上，而批次则是企业采购的商品在进入仓库时在仓储管理系统中自行生成的，只用作企业内部管理商品。

批次可以由一个或多个维度组成，可以按照日期属性、货主属性、商品属性、价格属性等进行组合，常见的有 SKU、供应商、价格、合同、批号、送货日期等。如何理解呢？例如，相同 SKU+相同供应商+相同价格+相同的合同号+相同的批号+相同的送货日期，被认定为同一个批次，如果任何一项不一样，都会被拆分为两个批次。在仓储管理系统中需要有一张批次配置表，用以管理商品批次的生成规则，此规则属于系统策略，可以随着业务的发展灵活增减，如图 8-22 所示。

批次管理维度

☑SKU　　　☑供应商　　　☑价格

☑合同　　　☑批号　　　☑送货日期

图 8-22　仓储管理系统批次配置示例

有了批次配置，相关人员在每次收货时，若判断当前商品的批次维度不存在，则生成一个新的批次，加新批次库存，否则直接将库存加到已有的批次中。每个商品的批次生成以后，应该记录到商品批次表中，库存表中只需要记录批次号即可，相关人员可通过批次号关联批次的所有信息。图 8-23 是商品的批次表示例，可以看到，相同的 SKU，由于某些属性的不同，被拆分成了 4 个批次。

批次号	SKU ID	SKU名称	供应商	合同号	商品批号	送货日期
LT100000001	214020057	北京同仁堂 柏子养心丸 60g	广州药健康	HV–901–021	20210504	2021–06–01
LT100000002	214020057	北京同仁堂 柏子养心丸 60g	广州药健康	HV–901–021	20210504	2021–06–02
LT100000003	214020057	北京同仁堂 柏子养心丸 60g	上海新钛白	HV–901–022	20210301	2021–06–02
LT100000004	214020057	北京同仁堂 柏子养心丸 60g	上海新钛白	HV–901–022	20210601	2021–06–02

图 8-23　商品批次表

8.4.3　仓储管理系统中的库存变更逻辑

同中央库存系统一样，仓储管理系统中的库存变化也是根据业务单据对数量进行加减操作的，在设计业务功能时，我们需要厘清每种业务对应库存的变化时机和变化逻辑，表 8-4 列举了一些常见的仓储业务操作下库存的变更逻辑。

表 8-4　仓储管理系统中的库存变更逻辑

序号	业　　务	入库已分配	实物库存	分配库存	冻结库存
1	入库—入库验收	加（推荐货位）	/	/	/
2	入库—入库上架	减（推荐货位）	加（实际货位）	/	/
3	出库—出库单分配	/	/	加	/
4	出库—拣货完成	/	减	减	/
5	出库单取消	/	/	减	/
6	盘点—生成盘亏差异	/	/	/	加
7	盘点—盘亏审核	/	减	/	减
8	盘点—盘盈审核	/	加	/	/
9	移库—建单	/	/	/	加（原货位）
10	移库—上架	/	减（原货位）加（新货位）	/	减（原货位）

序号	业　　务	入库已分配	实物库存	分配库存	冻结库存
11	移位	/	减（原货位）加（新货位）	/	/
12	冻结商品库存	/	/	/	加
13	解冻商品库存	/	/	/	减
14	商品借出—建单	/	/	/	加
15	商品借出—还货	/	减（原货位）加（新货位）	/	减
16	商品报损	/	减	/	/

同中央库存系统的设计一样，对于仓储管理系统中的实物库存、分配库存和冻结库存的变动，也需要清晰地记录库存变更流水，当商品的实物库存与系统记录库存不一致时，相关人员能清楚地还原每个引发库存变化的业务节点。库存流水的属性包含业务发生时间、货位、SKU、库存状态、业务类型（引发库存变化的业务操作）、单据编号（引发库存变化的单据编号）、加减数量（加库存为正数，减库存为负数）、原库存、库存结余等。

仓储管理系统中的库存加减以后，需要同步作业流水到中央库存系统中，同步加减中央库存系统中的库存，保证两个系统中库存的一致性。

8.5　仓储管理系统中的入库管理

所有关于商品需要进入仓库的业务行为都可以称之为入库，入库的结果是将商品放到合适的货位上，并增加库存。下面我们来详细介绍仓储管理系统中的入库流程、入库单设计和入库系统功能。

8.5.1　仓储管理系统中的入库流程

仓储管理系统中的入库流程包含采购入库、客户退货入库、门店退货入库、调拨入库，这几类入库的来源不同，但其仓内作业的流程差异不大，故合并到一起介绍，如图 8-24 所示。

① 如果是采购入库，供应商接到采购订单以后，在发货之前先和仓库的相关人员预约送货时间（如果有供应商系统，则在供应商系统中进行在线预约，否则可以电话或其他方式预约），预约成功以后，便可以按约定日期将商品送到仓库；如果是客户退货、门店退货或调拨入库，则分别由售后系统、门店管理系统和采购管理系统发起申请，通过物流将退货商品送回仓库。

② 仓库收货员核对来货清单和实物，一致后，提取系统中的预约单（或是退货单、调拨单），核实数量等信息无误后，提交实际收货信息至仓储管理系统。

③ 验收员提取已保存的收货信息，打印验收单（或借助 PDA、收货台车）对到货商品进行验收，验收合格的商品可进入仓库指定区域上架，若不合格，则拒收。若发现收货员录入数据有误，验收员也可修正数据。

④ 上架员按照系统推荐的货位将商品上架到相应的货位上，若推荐货位不合适，可由上架员自行调整实际货位；若在上架过程中发现验收信息录入错误，上架员可通过入库错误修改功能来修正错误数据，之后再重新上架。

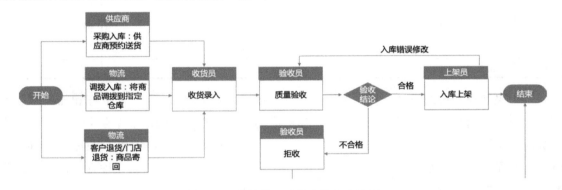

图 8-24　仓储管理系统中的入库流程

8.5.2　入库单结构设计

仓储管理系统中的入库功能以入库单为载体进行流转和处理，也叫预期收货通知（Advanced Shipping Notice，ASN）。根据入库的业务来源不同，入库单可以由供应商的预约单生成（采购入库业务，如果没有供应商系统，也可以直接由采购订单生成），售后退货单生成（客户退货），门店退货单生成（门店退货），或调拨单生成（仓间调拨），这些业务的操作和流程都差不多，如果没有特殊要求，不需要为每一种业务单独设计一套生成功能，只需在入库单上用不同的入库类型加以区分，相关人员根据入库类型处理各项业务即可。

以采购入库为例，一张采购订单会被供应商多次预约送货，在仓储管理系统中会相应生成多张入库单，入库单生成以后，在收货、验收和上架环节中，分别生成收货明细、验收明细和上架明细，三者之间是 1∶n 的关系，如图 8-25 所示。供应商的商品到货以后，收货员按照实收数量录入仓储管理系统，生成收货明细，验收员再根据收货明细进行质量验收，生成验收明细（当然很多仓库的收货和验收是一体的），如果发现部分商品合格，部分商品不合格，则会将收货明细拆分为多条验收明细，部分商品的验收结果为合格，部分商品的验收结果为不合格。到了仓库上架环节，相关人员会根据货位容量将商品上架到多个货位，即一条验收明细会被拆分为多条上架明细。

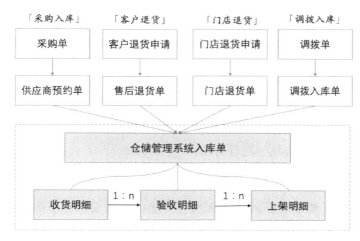

图 8-25 仓储管理系统入库结构

根据入库的节点，入库单可以设计为新入库单、收货中、验收中、上架中、上架完成、已取消、已关单几个状态，如图 8-26 所示。

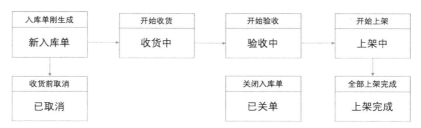

图 8-26 入库单状态设计

状态说明如表 8-5 所示。

表 8-5 入库单状态说明

入库单状态	说 明
新入库单	仓储管理系统接到预约单、退货单、调拨单等入库指令后，生成入库单的初始状态
收货中	商品到货后，第一个商品开始收货，入库单变更状态
验收中	入库单中第一个商品开始验收，入库单变更状态
上架中	入库单中第一个商品开始入库上架，入库单变更状态
上架完成	入库单中所有商品均上架完成，入库单变更状态
已取消	在入库单还没开始收货前，允许取消入库，由仓储管理系统或外系统申请取消后变更状态
已关单	入库单不再被收货时，由系统或人工关闭，完结此单

爱动脑筋的朋友可能会提问了，入库单的状态为什么有收货中、验收中、上架中，而不是直接设计为收货完成、验收完成和上架完成？因为仓库作业是流水式的，并不是一个环节全部做完了才到下一个环节，如收货是可以分多次操作的，每收一批，验收员便可以验收一批，同时收货员可以继续收下一批。同理，在验收员验收的同时，上架员是可以对已验收的商品操作上架的。本着状态不可逆的原则，当入库单中的商品有部分进入验收环节了，整张入库

单便为“验收中”，只要入库单中的部分商品进入上架环节了，整张入库单的状态便为“上架中”，当所有入库单中的商品都上架完成了，入库单的状态便变更为“上架完成”。

8.5.3　入库功能设计

仓储管理系统中的入库功能主要包含供应商预约单管理、到货登记、收货、验收、上架、收货错误修改等，下面我们将逐一进行介绍。

1．供应商预约单管理

管理规范的仓储管理系统都具有送货预约功能，以便根据仓库的收货能力管控供应商的到货（仓库收货能力一般会集中维护到基础数据中心或某个供应链系统的管理后台中，集中管理各仓库的收货时间、各品类每日能承载的收货件数等，此功能不属于仓储管理系统范畴），采购订单下达供应商系统后，供应商在送货前先在供应商系统中预约送货日期及时段，以及送货数量，预约成功后，会生成预约单，在仓储管理系统中同步生成入库单。供应商凭借预约单送货到仓库，仓库中的相关人员便能根据预约单号匹配仓储管理系统中的入库单进行收货。

相关人员在仓储管理系统中可以对供应商的预约单进行查看、审核、修改到货登记，如图 8-27 所示。

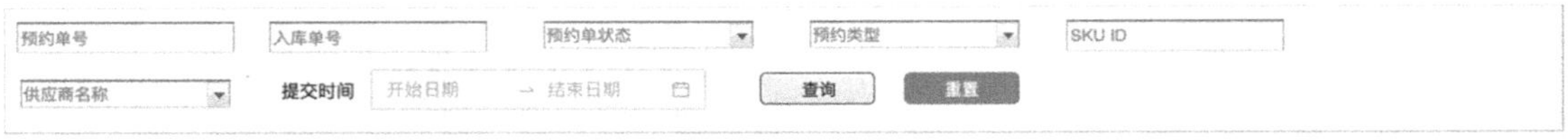

操作	预约单号	预约提交时间	入库单号	供应商	采购单号	预约类型	预约状态	预约送货时段	预约人
审核　修改	AS10024	2021-05-01 17:34:34	110123135546	上海新钛白股份有限公司	P21051	普通预约	待审核	2021-05-08 09：00-11：00	张三
到货登记　修改	AS10023	2021-05-01 16:04:18	110123135545	广州药健康药业有限公司	P21052，P21053	普通预约	预约成功	2021-05-08 09：00-11：00	李四
审核　修改	AS10022	2021-04-30 16:01:03	110123135544	上海新钛白股份有限公司	P21051	普通预约	待审核	2021-05-08 09：00-11：00	张三
审核　修改	AS10021	2021-04-30 12:41:52	110123135543	上海新钛白股份有限公司	P21051	普通预约	待审核	2021-05-08 09：00-11：00	张三

预约商品明细

NO	SKU ID	商品名称	规格	单位	商品分类	批号	生产日期	有效期	采购数量	预计送货数量
1	210200016	艾普拉唑肠溶片(壹丽安)	5mg*6s	盒	药品-西药	L1051214	2021-09-01	2024-09-30	5000	1000
2	210200017	美沙拉秦栓剂(颇得斯安)	1g*28s	盒	药品-西药	2152135-1	2021-09-01	2024-09-30	5000	1000

图 8-27　供应商预约单管理示例

相关人员可以对预约单进行审核通过或驳回，并将审核结果回传供应商系统。如果审核通过，会按照已预约的商品明细及数量占用本仓预约时段内的可收货数量，以控制其他供应商预约时不超过仓库的收货能力。若发生变故，还可以对预约情况进行修改、调整并重新计算收货能力。

我们可以将预约单状态设计为待审核、预约成功、已签到、验收完成、驳回、已取消，如图 8-28 所示，仓储管理系统中操作对应节点进行状态变更并与供应商系统进行同步。

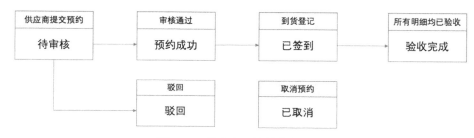

图 8-28 供应商预约单状态设计

2. 供应商到货登记

供应商送货到仓库以后，由仓库中的相关人员在仓储管理系统中进行到货登记。到货登记过程主要为分配签到号及收货月台，签到号一般按先来后到或预约的顺序来生成，如图 8-29所示。

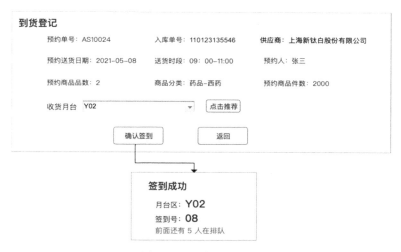

图 8-29 到货登记示例

供应商签到成功后拿到签到号，便可以去对应的收货月台区排队等待叫号并收货了。为应对突发情况，仓储管理系统还应当支持取消签到及重新叫号。

3. 收货及验收

供应商预约单管理和到货登记都是基于预约单进行操作，从严格意义来讲，预约单并不是仓储管理系统中的流转单据，因为退货入库、调拨入库等业务并不需要预约单，但各类业务最终都以入库单的形式进行收货、验收和上架，所以入库单才是仓储管理系统中流转的标准单据。

收货员主要针对来货进行实物的清点，核实实物与供应商的随货同行单（供应商提供的供货清单）、仓储管理系统内的入库数量是否一致，如果有差异，需要与供应商沟通后，以实际数量录入系统。如果来货涉及多个批次（如多个批号），在收货环节应按批次录入收货数量。收货信息保存后，仓储管理系统会按照批次生成规则，根据录入信息生成 SKU 的入库批次信息，并变更入库单的状态为"收货中"。

验收员主要对商品的质量进行把关，区分哪些是合格品、哪些是不合格品，并对是否入库做出判断，如果商品验收的结果为不合格，一般会拒收，仅以合格品进行入库上架。验收员会对收货明细按照验收质量做进一步拆分，数量为 100 的收货明细，可能会被拆分为两条验收明细，合格品和不合格品分别为 50 个。

在很多仓库中，收货和验收是一体的，即相关人员在收货的同时也完成了验收操作，这样就可以将两个功能合并为一个；还有些仓库，验收员需要监督收货质量，二者有严格的职责划分，则需要设计为两个功能，相关人员在进行功能设计时，要具体情况具体分析。

收货和验收可以使用 PDA，或者移动台车等移动便携式设备来辅助完成，图 8-30 是用 PDA 进行验收的示例。如果整张入库单都验收完成了，可以给供应商系统一个回执，通知供应商采购入库的情况。

图 8-30　PDA 收货验收示例

4．入库货位推荐

验收完成以后，仓储管理系统会对确定入库的商品进行货位推荐，这是仓储管理系统中很重要的策略之一，用以指引上架员将不同品类和不同管理属性的商品送往不同的库区上架。如果没有货位推荐，可能存在不同品类的商品混放（如干燥商品和潮湿商品混放）、商品放入不适合的库区（如冷藏品放进了常温库）等情况，隐患是极大的。

入库货位推荐一般有以下几种策略，根据仓库的管理要求进行定制。

① 按照到货商品的整零属性，推荐到立体库、整件库区、零散库区。

② 按照商品的品类及预设的区域限定，推荐对应的区域及货位。

③ 按照相同商品及批次扎堆原则，推荐在库相同商品及批次的货位。

④ 根据商品的分类推荐对应的货位。

⑤ 根据商品的体积、货位剩余容量匹配合适的货位。

⑥ 外观相近、不同批次的商品应尽量分开存放，以免混淆。

按照货位推荐策略推荐货位后，需要记录 SKU 在库存表中的入库已分配数量，并记录库存流水，已经记录入库已分配的货位，再次被推荐或者上架时需要作为已被占用的货位来参考。

5. 上架

入库的最后一步是将商品上架到货位上。注意，在电商新零售业务中，有两个"上架"，一个是仓库入库上架，还有一个是商品上架到平台进行销售，一般商品在仓库中上架以后，才会产生可销售库存，继而才能上架到平台，如果不解释清楚，经常会出现二者的逻辑混淆。

根据上架的方式，可以分为按单据上架、按区域上架、按容器上架等。根据上架的工具，可以分为 PC 上架、PDA 上架、自动化设备上架（AGV、自动化立体库）等。无论是哪种上架，其底层逻辑都只有一个：将商品与货位进行关联，产生商品在仓储管理系统中的真实库存。

之所以说是真实库存，是因为在验收以后其实已经产生了推荐货位的已分配库存，但此库存记录只是为了预占货位，并不是真实有效库存，在实际上架时如果发现系统推荐的货位不合适，上架员可以调整实际上架货位或拆分商品，只有在最终上架后，才会将已分配库存转为商品和货位确定的实物库存，并清除商品的已分配库存数量。

以最常用的 PDA 上架为例，上架员按照推荐的货位顺序（货位顺序在后续的章节中会重点说明），先扫描商品条码或容器条码，然后扫描货位条码完成上架，如果当前推荐货位放不下，可以扫描其他货位，或者将商品拆分到多个货位进行上架，如图 8-31 所示。

图 8-31　PDA 上架及商品拆分示例

自动化设备上架同 PDA 上架的原理类似，只是不需要人工操作，由 WCS 系统（设备控制系统）驱动堆垛机或者 AGV 机器人按系统指引将商品送往指定货位，并增加实物库存。

如果商品需要管理到 SN 库存，在上架时，上架员还需要扫描每个 SN 条码，记录 SN 库存，前提是上架之前每个商品的外包装上已经贴好了 SN 条码。

上架后，说明此商品真实在库了，需要同步入库流水至中央库存系统，加库存，以及通知财务系统做财务存货和应付账款处理，如果是退货入库，还需要通知售后系统和财务系统做退款处理。

6．收货错误修改

在上架确认之前，如果相关人员发现了收货和验收环节中的错误，如批次信息录错、数量录错等，需要在仓储管理系统中进行修正，这就需要仓储管理系统提供收货错误修改功能，这一功能可以设计在 PC 上，也可以在 PDA 上，错误修改完成以后，系统应该更新收货和验收明细，并重新推荐货位。

7．采购关单

在介绍采购管理系统时我们讲到，下发仓库的采购订单最终是需要关单的，关单方式有入库完成自动关单、超期自动关单、人工关单三种，处理超期自动关单和人工关单逻辑时，均需要询问仓储管理系统，如果仓储管理系统中的入库单已经取消或已关单，是不允许关单的。关单成功的采购单，不能再进行收货了。

8.6　仓储管理系统中的出库管理

和入库相对应，所有关于商品需要从仓库出库的业务行为都可以称之为出库，出库的结果是将商品从仓库发出，并扣减库存。下面我们来详细拆解仓储管理系统中常见的出库流程、出库单设计和出库系统功能。

8.6.1　仓储管理系统中的出库流程

仓储管理系统中的出库流程包含电商销售出库、门店请货出库、退供应商出库、调拨出库、B2B 销售出库等，虽然都是拣货出库，但因为每种业务对 SKU 的诉求不同，在实际处理时会存在差异。

普通的电商销售出库，每个客户订单中的 SKU 数量不多（大多数不超过 5 个），如果拣货员针对每个订单都在仓库里跑一大圈拣货，来回跑动的时间无疑是非常浪费的，此类订单适合将多单合并为一个大的合拣单（也叫批拣单），跑动一次即拣完多张订单的商品，然后按照订单对所拣商品进行分拣，类似播种，此类拣货方式称为播种式拣选。

门店请货出库、退供应商出库、调拨出库、B2B 销售出库业务，每张出库单中的商品数量比较多，通常是成百上千个，每一单都需要拣很久，所以合拣的意义不大，更适合按订单中的商品明细到每个货位上拣选，就像摘果子一样，此类拣货方式称为摘果式拣选。

播种式拣选和摘果式拣选是仓储管理系统中的两种拣货方式，二者的对比如图 8-32 所示，在电商新零售仓储中，这两种方式是并存的，而且以播种式拣选为主。我们在设计出库功能时，可以根据实际情况将两种拣货方式分开设计，也可以以播种式拣选为主，关键环节兼容摘果式拣选。

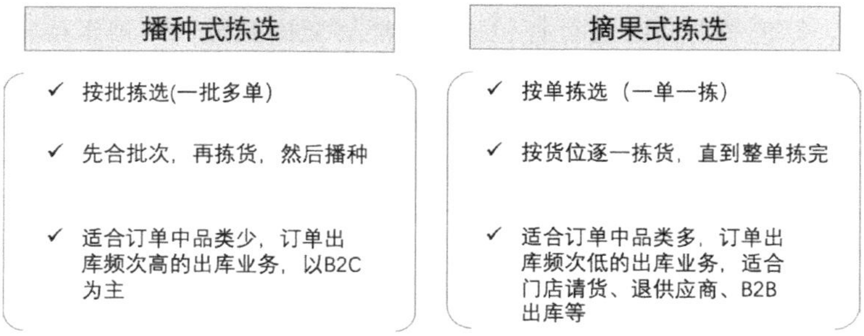

图 8-32　播种式拣选与摘果式拣选

我们以播种式拣选为例，介绍仓储管理系统中的出库流程，如图 8-33 所示。

① 出库订单下达仓储管理系统后，仓储管理系统根据预设的波次规则（如按配送方向、配送时效、物流公司等）生成波次，并对波次中的订单进行库存分配。在分配过程中若需要补货，则同时生成被动补货任务。

② 已经分配成功的订单，由系统按照预设的拣货批次规则将符合条件的订单集合到一起生成批拣单（当然也可以人工生成）。为了兼容摘果式拣选，可以设定针对明细中商品数量超过一定数量的出库单，一单生成一个批拣单。

③ 拣货员领取拣货任务，按照系统指引到每个货位进行拣货。常见的拣货有两种方式。
a．整批拣货。每个人每次领取一个批拣单，全仓跑一圈，从第一个货位开始拣到最后一个。
b．分区拣货。将一张批拣单根据拣货区域划分成多个小拣货任务，每个区域的拣货员负责自己区域的商品拣选，最终再把各区域的商品集中到一起完成整个批拣单的拣货，汇集的方式可以是接力式（第一个区域拣完后将批拣单传到第二个区域继续拣，依次进行，直到整批拣选完成），也可以是多个区域并行拣选，然后将拣选出来的商品集中送到某个集货区域汇集。

④ 拣货过程中如果没有特殊情况（所有商品均能在系统指引的货位上找到），拣货完成后可进行播种，若有特殊情况（如账实不符，分配从某货位出 5 个，实际上该货位上只有 4 个），需要将差异出库订单转为问题单，由异常处理组介入，对问题单进行差异处理，差异处理有三种结果。
a．核实无差异：订单可直接进入复核环节。
b．核实问题单有差异，但其他货位有备用库存：生成追加任务，继续拣货，当前差异货位生成盘点差异。
c．核实有差异，但其他货位无备用库存：无法追加，当前订单缺货，走缺货处理流程。

⑤ 在拣货过程中若无差异，则拣货完成以后会进入播种环节，可以由人工操作播种或者借助自动播种墙等设备完成。播种的作用是将批拣的商品按照订单明细正确地分配到每张订单中。如果一批一单，或者批拣单下都是单品单件的订单，就不需要播种了，可直接进行复核。

⑥ 复核员对订单进行出库前复核并打印物流面单，复核是商品打包出库前的最后一步操作，所以一定要确保实物与订单明细一致，否则一旦包裹从仓库发出，再处理差异就很困难了。

⑦ 复核以后，打包员对商品进行打包处理，然后交由发货员与前来揽件的物流公司进行交接，完成仓库发货，最终由物流公司将包裹配送至目的地签收。

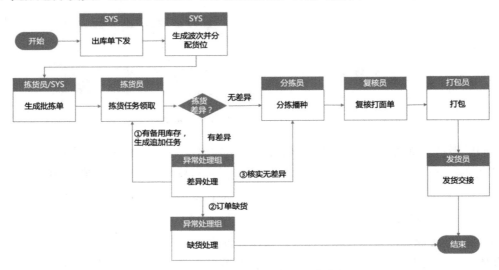

图 8-33　仓储管理系统中的出库流程

8.6.2　出库单结构设计

在仓储管理系统中，以出库单作为出库业务流程流转载体，又叫发运订单（Shipment Order，SO），分为出库单汇总和出库明细两部分，出库汇总主要存储与整张单据相关的信息，如出库单号、收件人信息、出库类型、出库状态、出库优先级、波次号、批拣单号等，出库明细主要存储出库的商品、数量、价格等信息。根据出库的业务不同，出库单可以分为销售出库单、门店请货单、退供单、调拨出库单。

出库单被分配库存后，会生成分配明细，分配明细主要存储每个 SKU 的分配货位及批次、数量等信息。一条出库单明细因为货位和批次的不同，会生成一条或多条分配明细。

出库单根据波次规则会生成波次，一个波次中有多张出库单。同样，出库单分配以后，多张出库单会根据批拣规则生成一张批拣单。出库波次和批拣单都是出库单作业周期中的中间环节，二者没有必然的联系。

批拣单可以根据拣货区域拆解为一个或多个拣货任务，拣货员根据拣货任务完成拣货作业。

出库各实体结构如图 8-34 所示。

仓库发货是订单履约过程中非常重要的一环，在进行系统设计时，我们要尽量让过程透明化，让客户能更真切地感受到订单的生产过程，以提升履约体验。出库单从落仓开始，到最终发货离开仓库，会经历落仓、进波次、分配库存、生成拣货任务、拣货、播种、复核、发货这 8 个节点，围绕这几个节点，出库单状态和流转过程可以设计为图 8-35 的样子。

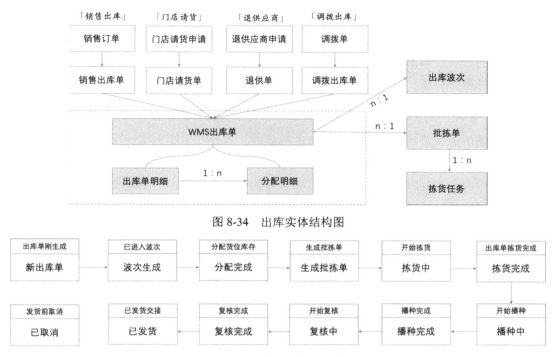

图 8-34　出库实体结构图

图 8-35　出库单状态设计

出库单状态说明如表 8-6 所示。

表 8-6　出库单状态说明

出库单状态	说　　明
新出库单	仓储管理系统接到销售出库、门店请货、退供应商、调拨单等出库指令后，生成出库单的初始状态
波次生成	出库单按照波次规则，生成波次后的状态变更
分配完成	出库单被分配出库货位后的状态变更
生成批拣单	按照批拣规则，生成批拣单后的状态变更
拣货中	拣货任务被领取，已开始拣货后的状态变更
拣货完成	当前出库单下所有商品均拣货完成后的状态变更
播种中	批拣单开始播种后，出库单的状态变更。如果不需要播种，则不需要此状态
播种完成	批拣单播种完成，出库单的状态变更
复核中	出库单开始复核时的状态变更
复核完成	出库单复核完成的状态变更
已发货	出库单交接给物流公司后的状态变更
已取消	出库单被取消后的状态变更

出库单的状态代表着当前出库单的出库进展，每个状态变更都应该同步给订单履约中心，其中的核心节点还可以展示到用户端中。

8.6.3　出库核心功能设计

下面我们分别介绍出库流程中的核心功能设计，包含出库波次、波次分配、批拣单生成、出库拣货、播种、复核、发货、取消及异常处理等。

1. 出库波次

波次，通俗地说是对出库单一波波地进行处理。为什么需要出库波次呢？主要有两个好处，第一个好处是按照出库优先级批量处理订单，保证优先级高的订单提前进入出库生产过程，如当前库内某 SKU 库存只剩 50 个，而下发的订单需求量已达 100 个，该如何分配呢？自然是安排高优先级的订单进入波次，优先满足。波次的第二个好处是可以集中处理补货等作业，在整零分开管理的仓库，经常会出现零货库存不足而需要从整件库区补货的情况，如果每一单补货一次，效率太低，所以按照波次触发补货任务，一次补一批货是合理的。

波次的生成可以是人工筛选一批出库单生成，也可以由系统按照预设的波次规则自动生成。要实现自动波次策略，需要提前配置好波次开始时间、波次截单时间、波次生成频率、波次中的订单数及波次中包含的订单类型这几个关键属性，如图 8-36 所示。

① 波次开始和截单时间。很多仓库不是 24 小时运作的，为了便于做日清（当天的任务当天做完），或者做盘点、移位等库内管理，便需要设置每日波次开始和截单时间作为生成波次的时段，不在配置时段内不会生成波次。

② 波次生成频率。一般每××分钟生成一波。

③ 波次中订单数。每个波次中包含的出库单数量。

④ 订单类型。按照哪些维度筛选订单进入波次，可以是出库类型（销售出库/退供应商/调拨等）、订单出库优先级、出库时段（如 9:00、15:00）、配送物流（顺丰/京东/圆通等）、拣货方式（PDA 拣货/DPS 拣货/AGV 拣货等）、商品类型（冷藏/食品/图书等），根据实际业务需要进行设置，订单类型需要在波次生成前便标记到出库单中，才能保证波次生成的时候按照波次规则筛选合适的订单。

图 8-36　自动波次配置示例

波次规则配置以后，系统便可以按照规则定时扫描落仓的订单并产生波次了，生成波次的时候，会生成一个波次号并记录到出库单上，如果生成的波次不合适，相关人员也可以将波次取消，或者将某一张出库单从波次中剔除，然后重新生成波次。

2. 波次分配

波次生成以后，下一步便是对波次中的出库单进行商品库存分配，分配合适的出库货位，以便拣货员按系统指引进行拣货，我们以 B2C 销售出库为例，详细说明波次的分配逻辑，如图 8-37 所示。

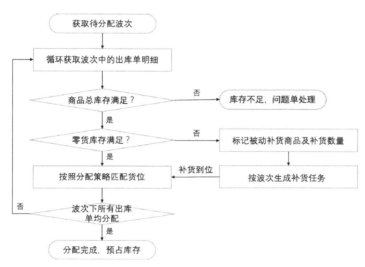

图 8-37　B2C 销售出库波次分配

波次能分配成功的前提是商品可用库存充足，若某张出库单中商品的库存不足，则此波次会分配失败，缺货的订单会被标记为问题单，需人工介入处理，取消出库单，或从波次中将其剔除。商品可用库存=商品实物库存-分配库存-冻结库存，取全仓所有符合出库条件的货位库存之和。

在总可用库存充足的情况下，由于 B2C 销售以零散数量为主，很少有客户下单超过一个大包装，所以优先分配零货库存，若零货库存足够，则按系统设定的分配策略进行货位分配，否则将商品明细暂时挂起，并触发从整件存储库区补货到零散库区的被动补货任务，待补货到位后再继续分配。补货数量以波次为单位生成，即该波次下所有缺货商品一起生成补货任务，补到商品在零散库区的库存上限数量。

整个波次均分配完成以后，变更出库单状态为分配完成，同时将商品分配的货位库存进行预占（加分配库存数量），已分配的库存不能再分配给其他出库单。

门店请货、调拨与 B2B 销售的分配逻辑类似，但由于前者出库单中的商品数量通常比较多，可能超过一个整包装，可以设定整件直接从整件库区发货，而不用先补货到零散库区，再从零散库区拆零出库。

波次分配里最核心的是波次分配策略，细分为商品分配策略和货位匹配策略，可以根据业务场景选择一到两种策略组合使用。

常见的商品分配策略有以下几种。

① 指定批次策略。特定业务如退供应商和门店请货、调拨等在建单时已指定出库批次，仓储管理系统则按照指定的批次分配库存。

② 先进先出策略。如果没有指定批次，可以根据入库时间，先入库的批次先分配。

③ 后进先出策略。和先进先出策略相反，后入库的批次先分配。

④ 近效期优先出库策略。在食品、药品等行业中，为避免商品过期，通常会优先分配生产日期靠前的批次。

商品策略能定位到出库商品的批次，但如果同一批次的商品存在多个货位上，该如何匹配货位呢？这便要用到货位匹配策略。常见的货位匹配策略如下。

① 最少出库货位策略。组合尽可能少的出库货位，这样可以减少拣货员的走动。

② 最佳数量匹配策略。分配最接近出库数量的库存货位。

③ 清货位策略。优先匹配剩余库存数量较少的货位，将货位清空。

通过商品策略和货位策略的组合，便能为出库单中的每个商品分配一个或多个最合适的出库货位了。

3. 生成批拣单

已经分配完成的出库单，会由人工或系统按照预设的批拣规则将一批相同属性的出库单生成批拣单，以方便拣货。批拣的规则可以根据业务诉求灵活设置，目的是能够通过系统自动匹配符合业务要求的出库单。

批拣规则设定以后，便能实现系统按照规则自动生成批拣单了。一个仓库下可以设定多条批拣规则，如果规则之间存在交集，如某出库单既存在于规则 1，又存在于规则 2，则按照优先级生成批拣单。

注意，批拣单和波次虽然都是将一批出库单批量生成，在有的仓储管理系统中是合二为一的，但二者在本质上并不相同，波次产生于出库单分配环节，主要用于分配和补货，批拣单产生于拣货环节，主要用于生成拣货任务，二者的生成规则可以相同，也可以不同，所以解耦、分开设计会更灵活。

图 8-38 是一个较为复杂的批拣规则设定示例（其实不建议将规则设定得过于复杂，复杂的规则很容易出错，且增加了系统的使用难度）。

在系统自动生成批拣单时，难免会有一些尾单不能满足生成条件，所以我们需要一个出单时间的设置，通过设定几个固定时间点，将这些尾单尽快生成批拣单来拣货，以免影响出库时效。

基础规则设置

*每个批拣单内单数		单内SKU品数限制	最小数量 ～ 最大数量

单内SKU出库数量限制　最小数量　～　最大数量　　（每个SKU的出库数量）

批拣单内商品总数限制　　　　　　（当批拣单中的商品数量超过总数限制时，不再添加其它出库单，不填则为无限大）

*出库类型（多选）　B2C销售出库，退供应商，门店请货

*拣货区域（多选）　零货库　　A区，B区，C区

*当前规则状态　　◉开启　○关闭　（已关闭的规则，不再生效）

*优先级　　　　　　　　（当同一出库满足多个批拣规则时，按照优先级生成批拣单）

批拣规则描述

出库单分组设置　（若勾选了以下选项，则不同分组的出库单会生成不同的批拣单）

☐ 按发货物流分组　　　　☐ 按付款方式分组　　　　☐ 按出库优先级分组

☐ 按发票类型分组　　　　☐ 按包装耗材分组　　　　☐ 按清单样式分组

出单时间设置

*最长等待时间　（到达等待时间后，即使不满足单数限制，也强制生成批拣单）

时间点1　选择时间　⊟　选择时间　⊟　选择时间　⊟　＋

保存　　　返回

图 8-38　批拣单规则设定示例

4．出库拣货

批拣单生成以后，拣货员便能够领取拣货任务了，一个批拣单可以根据其下的出库单分配明细中的货位所属区域拆分为一个或多个拣货任务，如果仓库面积较小，可以一张批拣单生成一个任务，如果仓库面积较大，或者需要跨楼层，最好生成多个拣货任务，然后通过接力或集货的方式将多个区域的任务汇集到一起播种。

拣货员基于提前配置好的拣货区域匹配对应区域的拣货任务，再基于拣货优先级领取拣货任务开始拣货。如果是自动化立体库或由 AGV 设备拣货的仓库，同样生成拣货任务，但不需要安排拣货员，而是直接将拣货任务发送给设备控制程序（WCS），由设备代替人工到出库货位上将商品取出来。

我们拿下面这个例子说明拣货任务生成和领取的实现逻辑。

如图 8-39 所示，老 L 和小 M 是仓库的拣货员，因为仓库的面积较大，主管在拣货员安排表中配置老 L 主要负责 A 区的拣货任务，小 M 主要负责 B 区的拣货任务，并协助老 L 做 A 区的拣货任务，但优先领取 B 区的拣货任务。这时有一张批拣单中的商品刚好分布在 A 区和 B 区，被拆分为 A 区拣货任务和 B 区拣货任务。这时，如果老 L 领取拣货任务，只能领取到 A 区的拣货任务，而小 M 可以同时领取到 A 区和 B 区的拣货任务，但优先领取 B 区的拣货任务。

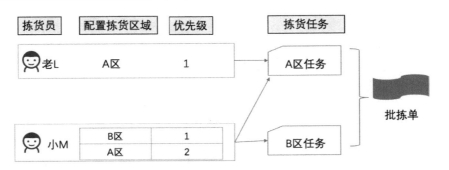

*老L可领取A区拣货任务，小M可领取A区和B区拣货任务，优先领取B区的拣货任务

图 8-39　拣货任务的生成与领取

　　领取拣货任务后，拣货员便可以根据系统推荐的拣货路径到指定货位拣取指定数量的商品了，对应拣货任务、批拣单及出库单状态变更为拣货中。拣货路径是仓储管理系统中又一个重要的策略，不仅适用于拣货，也适用于入库上架和补货，直白地说就是把遍布全仓的拣货货位连成一条完整的拣货路线，让拣货员行走最短的路径就能拣完所需商品，常见的路径有 S 型路径、U 型路径和 Z 型路径，如图 8-40 所示。

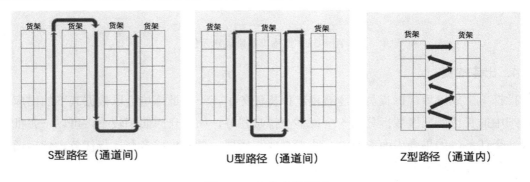

图 8-40　拣货路径示例

　　在 S 型路径中，拣货员从通道头部进入，在通道尾部进入下一个通道，再从下一个通道尾部返回通道头部，形成一个 S 型路径；U 型路径不穿通道，而是在同一通道内先从左边开始拣货，到通道尾部再从右边折回通道头部，形成一个 U 型路径，常说的 W 型路径、M 型路径都是这种路径；Z 型路径是 S 型路径在通道内部的行走路径，拣完左边拣右边，扫荡式前行。

　　在普通隔板货架下，S 型路径比 U 型路径的行走路径更短，效率更高。但在通道内宽度很宽或者通道尾部不通的货架区域，适合用 U 型路径。

　　拣货路径体现到 PDA 拣货页面中，或者纸质拣货单页面中，就是拣货货位的排序规则。拣货员手拿 PDA 或拣货单按照拣货顺序对每个货位的商品按指定数量拣货，如果无异常，拣货完成以后，按系统指引将所拣商品送至集货区（各区同时拣选时），或者下一个拣货小区（接力拣选时）。若有异常，如出库货位上的实物库存不足，可以在 PDA 或者 PC 上将此异常上报，转为问题单让问题组的相关人员进行处理，问题单不能继续向下流转。

图 8-41 是一张拣货单。

出库拣货任务单　　　　　　　　　　　第 1/1 页

打印时间：2021-08-01 13:34:12

任务单号：T00256791　　　拣货员：张三　　　　　　　　总条目数：3

序号	出库货位	SKU ID	商品名称	规格	批号	数量
1	A01-01-01-01	401520077	思力华 噻托溴铵粉吸入剂 勃林格	18μg*10s	L09087	10
2	A01-01-01-02	402140002	森源牌 足爽粉	10g*20袋	L31221	8
3	A01-01-02-04	504030121	博士伦隐形眼镜半年抛 2片*475度	2片*475度 8.7m'm	S381291	14

图 8-41　拣货单示例

拣货完成以后，因为商品从货位拿下来了，为保证系统和实物的一致性，应该及时扣减系统中此货位的库存。如果是 PDA 拣货，可以指引拣货员扫描货位条码，触发当前货位上商品的库存扣减，如果是纸单拣货，可以在 PC 上提供一个拣货完成的操作功能，拣完以后返回 PC 上操作拣货完成，将拣货任务下的所有商品库存扣减，并变更拣货任务及对应的批拣单、出库单状态，状态变更规则为：当前拣货任务及所有明细变为拣货完成，同时判断如果出库单中所有明细均拣货完成，则出库单变为拣货完成，否则出库单的状态仍为拣货中，批拣单状态的变更逻辑同理。

5．播种

如果一张批拣单中存在多个出库单的商品，拣货完成后便需要进行播种，将拣完的商品按照系统指引分配到每个出库单中。播种的形式可以分为边拣边分和先拣后分。

在边拣边分模式下，拣货员的拣货推车上已经提前配好播种格口，每个格口对应一个出库单，拣货员在拣货的同时，便按照系统提示将商品分配到对应的格口中，如 1 号格口 5 个，2 号格口 3 个……

在先拣后分模式下，拣货员在拣货的时候不进行播种，待所有商品拣完以后再集中进行播种，直至所有商品都被准确无误地分配到对应的出库单中。如图 8-42 所示，拣货员在 A 区、B 区、C 区分别拣 3 个 SKU，每个 SKU 各 3 个，集货完成以后，再将商品播种到出库单 1、出库单 2、出库单 3 中。

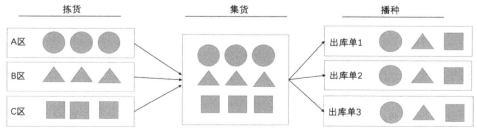

图 8-42　出库播种

播种操作可以在仓储管理系统中提供的一个播种页面中进行，如图8-43所示，播种员依次扫描商品条码，按系统提示放入对应的播种墙格口，一个格口对应一个订单（没见过播种墙的朋友，可以想象一下家里的储物柜，每个放东西的格儿就是一个播种格口），直到格口中所有订单明细均播种完成。如果资金允许，也可以借助自动播种墙等自动化设备完成播种。

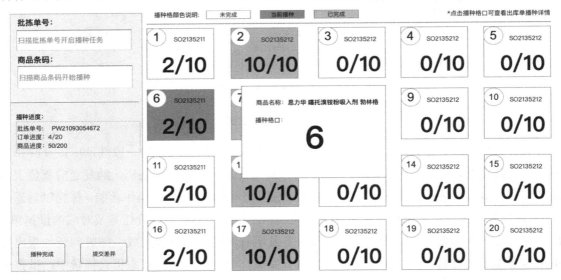

图 8-43　仓储管理系统中的播种页面

6. 复核打单

发货前的最后一步是复核，复核是校验实物商品和系统出库明细是否一致的过程，同时，在此环节还可以推荐包装耗材、装箱、附送随单赠品、打印物流面单、出库清单（或购物小票）、暂停拦截、取消订单拦截等。

商品播种以后（如果不用播种，则在拣货完成以后），需要将订单及货物送往复核台进行复核，为实现不同类型的订单使用不同的包装箱、赠送不用的配件，以及考虑各个复核台任务的均衡，应该为每个出库单分配复核台，复核台的分配策略参考如下。

① 按订单类型分配。不同类型的订单分配不同的复核台，如出库订单和退供单配置不同的复核台，冷链订单分配固定的复核台，高优先级订单分配紧急出库复核台等。

② 按配送物流或配送方向分配。根据不同的物流公司或配送路线分配不同的复核台，以方便出库交接。

③ 按订单商品明细分配。根据商品的品种数量、出库数量等进行分配，如大订单分配大复核台。

④ 按包装耗材分配。根据出库单的包装及耗材配件要求分配不同的复核台，如需要送赠品的出库单统一分配至1号复核台。

⑤ 按客户属性分配。根据客户的属性分配不同类型的复核台，如VIP客户、大客户、中客户、小客户分别分配不同的复核台。

⑥ 按任务平均分配。根据当前每个复核台的复核任务数量，分配任务最少的复核台，已便复核员的任务均衡，不至于有的复核台爆满，有的复核台空闲。

复核员进行复核操作时，在系统中用扫描仪扫描出库单或物流运单号匹配到对应的出库单开始复核，在复核过程中——核实每个商品是否是出库单中的商品，有没有多拣、少拣，商品有无破损等，如果出库明细与系统记录不一致，可以将出库单作为问题单暂时挂起，待核实完问题以后再继续复核，如图 8-44 所示。

图 8-44　仓储管理系统出库复核示例

在订单复核环节中，仓储管理系统可以提示订单需要的包装耗材、是否赠送赠品等，如果订单被取消或被暂停了，也在此环节进行拦截提醒，以阻止订单出库。同时，如果需要对包裹进行称重（称重可以用重量对商品进行复核，也可以用作与物流服务提供商进行运费对账），也是在此环节将包裹放入可以与 WMS 系统接口互通的电子秤上读取包裹重量。

商品复核无误以后，便可以装箱打包出库了，仓储管理系统变更出库单状态为复核完成，同时可以将出库明细及物流单号通知订单履约中心和中央库存系统做出库处理了。

7. 发货交接

打包好的出库单，会暂存在发货月台区域等待交接，在精细化管理的仓库中，发货月台也是需要分配的，不能随意乱放，一般按照订单类型、配送方向或者配送物流进行分配。打包员打包以后，按仓储管理系统中的提示将包裹送至对应的发货月台，系统记录此出库单在发货月台区域中的位置，以方便查找。

发货交接时，相关人员用 PDA 或扫描仪逐一扫描包裹上的物流单号或订单号，已扫描的出库单，代表已经交接给物流公司了，如果需要交接凭证，还可以在此环节打印一张交接单。交接完成后，系统变更出库单状态为已发货，同时释放发货月台。

8. 订单取消

在出库过程中，难免会遇到订单取消的情况，仓储管理系统除了要处理订单取消的系统逻辑，还多了对出库商品进行拦截并返库的物流操作。订单取消的处理原则主要有四点。

① 取消指令由上游订单履约中心询问仓储管理系统，在订单发货前支持订单取消，订单发货后不支持订单取消，仓储管理系统根据当前订单状态返回取消结果。

② 针对已取消的订单，变更出库单状态为已取消，同时需要释放已分配的库存。如果出库单还未开始拣货，应该将其从波次和拣货任务中剔除，如果出库单已经开始拣货了，未拣货明细应该从拣货任务中剔除，以节省拣货员的时间。

③ 针对已取消的订单，在复核环节中应该有拦截提示，避免复核员将订单发出，以致钱货两空。

④ 如果商品已拣货下架，需要取消订单并还货，重新将商品上架到货位上。

9．出库异常处理

在拣货、播种和复核过程中，如果发现实物和系统出库明细不一致的异常情况，需要将出库单变为问题单，然后由相关人员进行问题单处理。

提交问题单时，可以选择异常原因，如缺货、商品破损等，以便问题处理组根据原因进行后续处理。

问题处理的结果有三种，分别对应系统处理逻辑如下。

① 核实出库单和实物并无差异：直接将问题单恢复为正常单，继续完成复核出库即可。

② 核实出库货位上确实无实物，或者实物破损了：问题组确认异常，系统会将货位上的商品库存差异转为盘亏明细或报损明细，后续做盘点审核处理。同时，系统会重新查找此商品在仓库其他货位上是否存在可出库库存，如果存在，则会重新生成一条追加拣货的任务，提示问题组的相关人员进行拣货，保证出库单能正常出库，追加拣货完成以后，出库单恢复正常，可以继续复核出库了。如果追加货位上也有异常，相关人员可以继续提交问题订单。

③ 问题组确认拣货货位有异常，同时系统判断其他货位上没有可出库库存了，此出库单的处理方式为：如果可以缺量发货，则将异常商品剔除，以实拣商品复核出库，否则只能取消该出库单。

8.7　仓储管理系统中的库内管理

除了入库和出库两大核心业务，仓储管理系统中的第三大核心功能便是商品在库内的精细化管理，我们重点介绍常用的库内补货、移库、移位、盘点、商品借还、库存冻结与解冻、商品报损这几项业务。

8.7.1　库内补货

补货，就是当零散库库存缺货时，从整件库区进行补货的流程。根据补货的触发时机，分为主动补货和被动补货两种。主动补货是由仓库管理员定期清理零散库区库存低于下限的商品，主动发起的补货，一般在空闲期发起；被动补货是当出库单下发仓库后，在波次分配时发现零散库库存不能满足订单需求，由系统自动发起的补货任务。

无论是主动补货，还是被动补货，在操作层面都是一样的，如图 8-45 所示。系统生成补货任务，补货员领取任务后，拿 PDA 或打印纸质拣货清单到系统指引的整件货位拣货下架，并送往零散库的目的货位，在零散货位完成上架操作。

图 8-45　仓储管理系统库内补货流程

补货的系统载体是补货单，关键信息包含补货单号、补货类型（主动补货、被动补货）、需补货 SKU、整件出库货位、零散上架货位、补货数量等。

补货单的状态设计如图 8-46 所示。

图 8-46　补货单状态设计

这是基于一张补货单拣完全部商品的设计，如果需要按区域拣货，可以同出库一样，增加一个拣货任务表，将补货明细按区域拆分成多个任务。

补货单状态说明如表 8-7 所示。

表 8-7　补货单状态设计说明

补货单状态	说　明
新补货单	补货单刚生成的状态，补货员可以领取此状态的拣货任务
拣货中	补货员已经领取任务，开始到整件库拣货时的状态变更
拣货完成	所有补货明细均拣货完成的状态变更
上架中	补货员到零散库开始上架时的状态变更
上架完成	所有补货明细均上架完成的状态变更

下面重点介绍生成补货单、补货下架和补上架的系统实现逻辑。

1. 生成补货单

在生成补货单时，最核心的逻辑是什么时候补，补多少，从哪补到哪。

第一个问题：什么时候补？

答：缺货的时候补货。何为缺货？并不是当库存变为零的时候才开始补货，而是取每个 SKU 设置的零散区库存下限，一旦商品库存数量低于库存下限便视为缺货。主动补货是相关人员在建补货单的时候找出低于库存下限的商品，生成补货单，被动补货是在相关人员拣货时，按波次，将每波次下所有零散库缺货的商品统一生成补货单。

第二个问题：补多少？

答：补到零散区商品库存的上限。零散库区的容量是有限的，自然不能无限制地补货，所以同样需要取每个 SKU 的零散库区的库存上限作为补货的目标库存数。

同时，计算补货量时还有三个关注点：一是计算零散区库存时，应该取补货商品在零散库中所有货位的库存之和，而不是某一个货位的库存；二是补货尽量按箱补，避免在整件库中进行拆箱，所以补货数量应该是整包装数的整数倍，如 1 箱是 10 盒，我们的补货数量应该是 10 的整数倍；三是被动补货的补货数量还应加上波次中的缺货数量，如某 SKU 的库存上限是 100，库存下限是 10，当前库存是 20，该 SKU 的库存数量本不低于库存下限，但波次中订单的需求量是 50，很明显，当波次分配时便会产生被动补货，但我们并不是补 80 个（上限 100-当前库存 20），而是要加上订单需求，应补 130（上限 100 +订单需求 50 -当前库存 20）。

总结一下，**SKU 的补货量=库存上限+波次订单需求量-当前库存，按整包装箱数向下取整。**

第三个问题：从哪补到哪？

答：从整件区货位补到零散区缺货货位上。整件区的货位可以参考出库的分配策略匹配合适的商品批次和货位，零散区缺货货位优先取生成被动补货或主动补货任务时的缺货货位，但要考虑缺货货位是否允许混批，以及货位的体积等因素，若不能放入，可以按照入库的货位推荐策略分配新的货位。

为了避免库存被其他任务占用，补货单生成以后，需要在库存中记整件出库货位的已分配库存数量，以及零散库目标上架货位的入库已分配库存数量。

2．补货下架和补货上架

补货下架功能的实现逻辑和出库拣货功能类似，如果是人工拣货，需要按照拣货路径将拣货货位按拣货路径进行排序。

补货上架功能的实现逻辑和入库上架功能类似，补货员按照系统推荐的上架货位将商品逐一上架到货位上。如果是被动补货，在上架完成后，会触发对应的波次重新分配库存。

8.7.2　移库

当商品需要跨库进行转移时，如从合格商品库转移到不合格商品库，则需要进行移库操作，将商品移至对应的目的库存放区域，操作流程如图 8-47 所示。

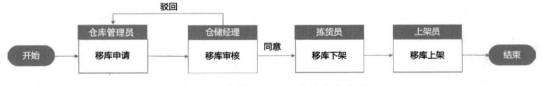

图 8-47　仓储管理系统中的移库流程

① 仓库管理员整理需要移库的商品，在仓储管理系统中提出创建移库申请。

② 仓储经理对移库申请进行核实，若符合移库标准，则同意移库（在药品行业中，出于安全考虑，一旦移入不合格品库的商品，就无法再进行售卖，只能销毁，所以移库操作需要谨慎，最好加上审核环节）。

③ 拣货员领取移库任务，按移库申请中的下架货位将商品拣货下架，并将商品移送目的库，由目的库上架员将商品上架到目的库货位，完成移库操作。

移库以移库单为载体，对应将商品库存从原库别转移到目的库别，关键信息包含移库单号、移库原因、原库别、目的库别、移库 SKU、原库别出库货位、目的库别上架货位、移库数量。

移库单的状态设置同补货单的状态设置类似，多了已审核和驳回两个状态节点，如图 8-48 所示。

图 8-48　移库单状态设计

移库的建单比补货单的生成简单，仓储管理系统提供一个建单页面，由仓库管理员选择原库别、目的库别、移库原因，并依次录入需移库商品、出库货位、目的库上架货位、移库数量即可。系统需校验出库货位库存没有被其他任务占用，目的库上架货位是否为商品允许被上架的货位。

如果原库别和目的库别存放的商品库存状态不同，如原库别存放合格品，目的库别存放不合格品，那么在移库完成后，除商品的库存从原货位变更到目的货位外，还需要将商品的库存状态从合格调整为不合格。

8.7.3　移位

当商品需要在同库别下进行货位调整时，则使用移位功能。因为同库别下行走距离近、且通常是一个人完成整个操作，所以移位不需要像移库一样建单、下架、上架，只需要仓储管理系统提供一个移位的操作页面，由仓库管理员选择移出商品及移出货位，再录入移位数量及目的货位即可完成库存的转移。图 8-49 为 PDA 操作移位示例。

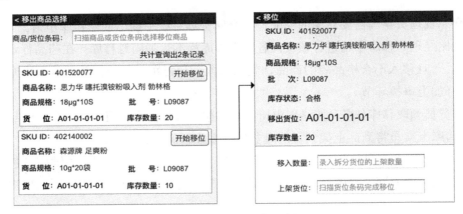

图 8-49　PDA 移位示例

8.7.4　盘点

盘点是仓库中的相关人员对商品实物库存进行定期清点，并与系统库存进行比对，保证系统库存与实物库存一致的库内操作业务。

库内盘点的方式有很多，按照盘点形式，分为盲盘（不告知系统数量）和明盘（告知系统数量）；按照盘点时机，分为动态盘点（作业过程中盘点）和静态盘点（作业静止后盘点）；按照盘点周期，分为周期盘点（定期做全库盘点）和循环盘点（按照计划每次盘点一个区域）。

盘点的操作流程如图 8-50 所示。

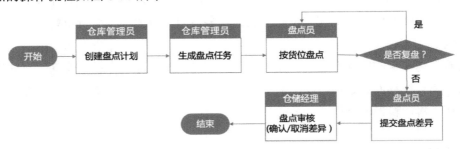

图 8-50　盘点流程

① 仓库管理员根据需要盘点的商品及区域生成盘点计划。

② 开始盘点时，仓库管理员将盘点计划根据系统当前库存生成盘点任务。

③ 盘点员借助 PDA 或者纸质盘点单对盘点任务中的商品货位库存依次盘点并录入实盘结果。

④ 盘点完成后，盘点员核实盘点结果，判断是否需要复盘，若需要复盘，再次对盘点单中需要复盘的库存明细重新生成盘点任务，复盘可以选择只盘差异明细，或者盘全部明细。

⑤ 若盘点差异明细无误，盘点员对盘点结果中的差异明细进行确认后提交给仓储经理审核。

⑥ 仓储经理对需要审核的明细进行审核，生成损溢记录提交给财务部门的相关人员，若核实有误，可以取消差异明细。

在设计盘点功能时，有三个系统实体，分别是盘点计划、盘点任务和盘点差异。盘点计划来源于仓库管理员创建的盘点计划单，因为商品库存是实时变动的，所以计划单只是圈定需要盘点的库存范围，并不明确到具体的商品库存层面，如盘点 A 区的货位；盘点任务产生于仓库管理员开始盘点时，通过盘点计划生成，这时便需要根据计划中的范围获取仓储管理系统中当前的商品货位库存，生成具体的盘点明细，精确到货位、商品、库存状态和库存数量；盘点差异产生于盘点员盘点结束后提交的差异明细，包含货位差异、商品差异、库存状态差异和数量差异。

一个盘点计划根据库存明细可以生成一条或多条盘点任务明细，一个任务明细每次盘点只能生成一条盘点差异，三者可以共用盘点单号，如图 8-51 所示。

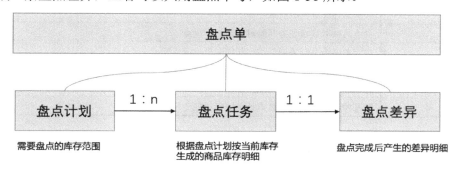

图 8-51　盘点计划、盘点任务与盘点差异

为了厘清盘点计划、盘点任务与盘点差异的关系，我们讲个小张盘点的故事。

仓库管理员小张今天要对 A 区的库存进行一次集中盘点，早上上班以后，小张创建了一个针对 A 区的盘点计划。待晚上业务静止以后，便将盘点计划生成了盘点任务，共计 3 条盘点任务明细，分别对应货位 A01 和 A02，商品 SKU-1 和 SKU-2 的库存。小张打印了盘点任务单对每个货位中的 SKU 进行数量清点，最终核实 SKU-1 在 A01 货位实物只有 99 个，比系统中的 100 个少 1 个，于是提交差异，生成了一条 A01 货位上 SKU-1 商品的盘亏差异 1 个。

小张的盘点过程如图 8-52 所示。

盘点计划　　　　　　**盘点任务**　　　　　　　　　**盘点差异**

A区 ⇒

货位	SKU	库存数量	盘点数量
A01	S-1	100	99
A01	S-2	100	100
A02	S-2	100	100

⇒

货位	SKU	差异原因	差异数量
A01	S-1	盘亏	-1

图 8-52　小张的盘点过程

根据盘点的操作节点，我们可以将盘点单状态设计为图 8-53 中的样子。

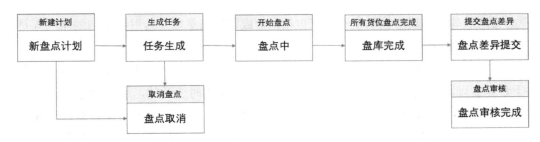

图 8-53　盘点单状态设计

盘点单各状态变更说明如表 8-8 所示。

表 8-8　盘点单状态设计说明

盘点单状态	说　　明
新盘点计划	新生成盘点计划的状态
任务生成	根据盘点计划生成盘点任务
盘点中	盘点员领取盘点任务开始对货位进行盘点
盘库完成	盘点单中所有任务明细均已和实际货位清点完成
盘点差异提交	核实盘点过程中的差异，并进行盘点差异提交
盘点审核完成	仓储经理审核或取消盘点差异
盘点取消	在开始盘点前取消了盘点计划或盘点任务

以下重点介绍创建盘点计划、盘点任务、盘点及盘点差异审核的系统实现。

1. 盘点计划与盘点任务

盘点计划的创建就是圈定盘点范围的过程，目的是找到需要盘点的货位和商品，可以指定盘点方式是盲盘还是明盘、选择盘点的区域、货位的类型、商品的范围、库存数量的范围，还可以选择是不是动销盘点。我们对盲盘、明盘和动销盘点做个解释。

- 盲盘：最常用的盘点方式，如果选择盲盘，则盘点员的盘点任务中看不到商品的库存数量，这样盘点员必须按实际库存清点并录入实盘数量。
- 明盘：和盲盘相反，盘点员在盘点时能看到商品的库存数量。
- 动销盘点：只盘有过库存变化的商品明细，如有过入库上架和出库下架的库存记录。

图 8-54 是一个生成盘点计划的示例。

盘点计划生成以后，因为还没有生成盘点任务并进行盘点，所以并不影响仓库作业。如果无法保证所有商品加减库存的时机与实物上下架操作一致，最好是在库存静止状态下生成盘点任务，以免在盘点的过程中库存又发生了变化，导致盘点结果不准确。试想一下，你拿着一张刚打印的盘点单刚去某货位点完数，还没来得及将实盘数量录入系统，库存又被出库单拣货下架了，而你还以实盘数量录入系统，由于存在库存变化的时差，必然会产生不准确的盘点结果。

盘点任务生成时，系统从盘点计划中获取盘点的范围，并将范围内所有符合条件的商品及当前的货位库存明细找出来，写进盘点任务中，以供盘点员按货位进行点数，盘点的库存数量取生成任务时的实物库存数量。

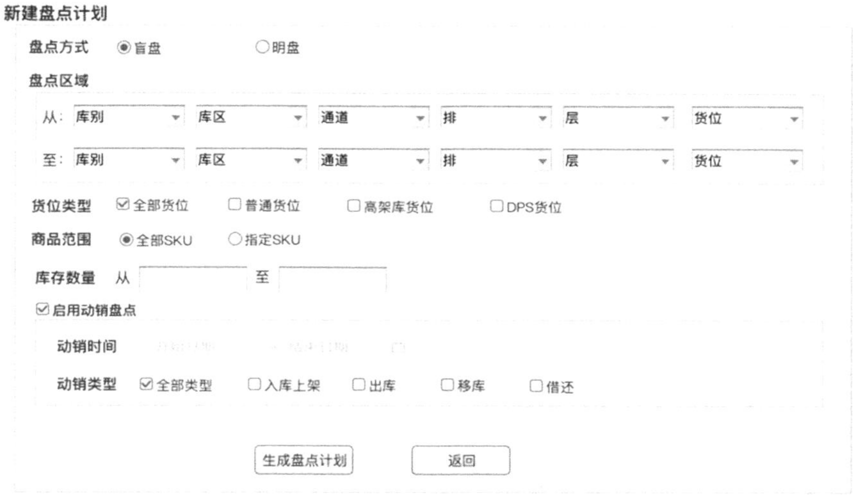

图 8-54　生成盘点计划示例

2．货位盘点及复盘

相关人员可以通过 PDA，或者打印纸质盘点单进行盘点，若是 PDA 盘点，可以一边点数一边将实盘数量录入系统，若是纸单盘点，则需要先把实盘数量记录到纸单上，盘点完成后再录入系统，相当于录入了两次，所以如果条件允许，建议用 PDA 进行盘点。

货位盘点完成以后，如果对盘点结果不满意，相关人员可以针对盘点任务进行二盘、三盘，甚至多次盘点，直到以最后一次盘点结果提交，系统将结果与盘点任务中的商品实物库存进行比较，若一致，则无差异，若不一致，则产生盘点差异，盘点差异数量=实盘数量-系统库存数量。

3．盘点差异审核

盘点差异的产生原因有两种，第一种是日常盘点时产生的盘点差异，第二种是在拣货过程中产生了差异订单明细，经问题组的相关人员核实确认后，会将差异货位上的剩余库存转换为盘点差异。

盘点差异分为盘亏差异和盘盈差异，盘亏差异数量为负数，盘盈差异数量为正数。一旦产生了盘亏差异，相关人员应该先将差异库存进行冻结，加商品的冻结库存数量，记录冻结原因为盘亏冻结，并告知中央库存系统，以避免盘亏差异的商品库存又被其他订单占用了。

盘点差异明细的状态可设计为待审核、已审核、已取消，分别对应不同的差异处理结果。

- 待审核：差异刚生成时的状态。
- 已审核：仓储经理核实无误，审核差异。一旦审核确认了，则盘盈记录会加到商品货位库存中，盘亏记录会触发商品货位库存扣减，同时解冻盘点冻结库存。

- 已取消：仓储经理确认盘点结果有误，将盘点差异取消。已取消盘点差异不做盘点库存变更，并将已冻结的盘亏库存解冻。

无论是盘盈还是盘亏，均需要将审核结果同步到财务系统中做相应的资产损溢处理。在很多公司中，盘点差异的审核是多级的，最后一步是由财务部门审核通过后才真正生效。

8.7.5　商品借还

在库商品如果需要被兄弟部门临时借出做展示、拍照等，由于不是真实出库，但需要有借出记录，这便需要用到商品借还流程了。商品借还的流程如图 8-55 所示。

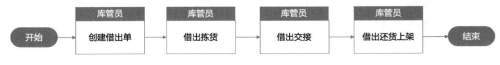

图 8-55　商品借还流程

① 仓库管理员创建借出单，录入申请借出人、借出原因、借出类型（长借还是短借）、预计归还时间、需借出的商品、出库货位及数量等信息。

② 仓库管理员按借出商品明细到相应货位进行拣货，并将商品交接给申请借出人。

③ 待商品归还后，仓库管理员将商品重新上架到货位上。

借出流程以借出单作为载体，根据操作节点，借出单的状态设计如图 8-56 所示。

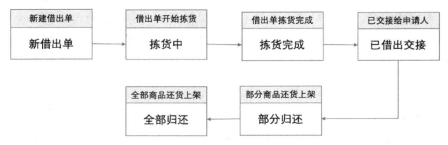

图 8-56　借出单状态设计

在进行借出功能设计时，有几点注意事项。

① 商品借出以后，物权还是属于仓库，并不是真实发货，所以库存应该还记录在库，但需要将商品库存做借出冻结，加冻结库存，并记录冻结原因为借出，以避免库存被分配了而无实物。

② 借出分长借和短借，如果是长借，短期不还，则需要通知中央库存系统做库存冻结，并同步可销售库存至销售平台，避免客户下单了而无法发货，如果是短借（如半天之内），不影响销售，只在仓储管理系统中冻结库存，不用通知中央库存系统。

③ 商品还货上架，在操作上可以和普通入库上架一样，但库存需要做解冻处理，而不是加库存。

8.7.6　库存冻结与解冻

仓储管理系统的库存冻结可以分为盘亏差异冻结、借出冻结和人工冻结三种，盘亏冻结、借出冻结分别发生于盘亏差异和商品借出环节，人工冻结发生在手动创建商品冻结单将部分商品库存做冻结处理，常发生于某商品的部分库存因为某原因（如出现质量问题）临时不可售卖，需暂时从销售平台下架时。

虽然三种冻结发生在不同的业务场景下，但其仓储管理系统处理逻辑一样，都是加商品的冻结库存数量，并记录冻结原因。已冻结的库存数量，会相应减少仓储管理系统中商品的可用库存，出库波次分配时不会计算这部分库存。

与库存冻结对应的是库存解冻，即释放冻结库存数量。盘亏、借出和人工三种冻结业务对应的库存处理时机如表 8-9 所示。

表 8-9　库存冻结与解冻时机

业　　务	库存冻结时机	库存解冻时机
盘亏	产生盘亏差异	审核或释放盘亏差异
商品借还	创建商品借出单	商品还货上架
人工冻结与解冻	手动创建冻结单	手动解冻冻结库存

8.7.7　商品报损

当库内商品存在质量问题且无法再销售和退货，如破损、过期，就需要用到报损流程。报损流程如图 8-57 所示。仓库管理员定期清理需报损的商品，并在系统中提交报损申请，由仓储经理审批后扣减系统实物库存，然后将商品报废。如果是审批严格的公司，可能会存在采购、财务等多级审批后，报损申请方可生效。

图 8-57　商品报损流程

报损功能的设计可以复用盘亏差异审核流程，即仓库管理员提交报损申请后，系统便将报损明细记入盘点差异，后续走盘点差异审核流程。

8.8　自动化设备控制系统（WCS）

在较大型仓库中，经常会看到各种自动化设备辅助作业，在仓库内，电子标签、输送线、分拣机、自动化立体库、AGV 机器人这些设备有条不紊地运转，完美配合着仓库的各项作业。问题来了，这些设备是怎么和仓储管理系统结合的呢？这就需要提到另外一个系统——仓库自动化设备控制系统（WCS），它是介于 WMS 和设备执行 PLC（Programmable Logic Controller，可编程逻辑控制器）程序之间的设备调度与管理系统，主要用于将 WMS 需要驱动设备执行的指令进行调度并转发给设备执行，同时将设备的执行结果反馈给 WMS，如图 8-58 所示。

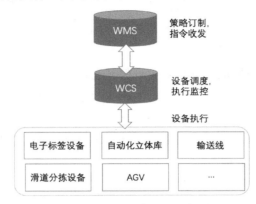

图 8-58　WMS 与 WCS

可以这么理解，WMS 如同人的大脑，WCS 如同四肢，WMS 负责处理所有与仓储业务相关的调度和任务传输，WCS 负责调度 WMS 下达的作业指令，并将其转化为设备可以识别的指令传给设备，最终由设备的 PLC 驱动设备运转。

我们以电子标签设备为例，解释 WMS 与 WCS 的执行原理。

如图 8-59，WMS 拣货任务生成以后，一次性将 100 个电子标签货位的拣货任务通过接口下达给 WCS，WCS 接到指令以后，将 100 个亮灯的任务存进任务队列，依次开始执行亮灯任务，如果某货位当前还有其他正在亮灯的任务，由 WCS 统一调度，等待前一任务拣完灭灯后再行亮灯，以免前面的拣货任务被覆盖了。

在 WCS 执行任务时，需要将 WMS 中的货位编码转换为电子标签的设备标识（每个电子标签出厂时已经写入的标识），并通知该标签执行亮灯动作及显示拣货数量，如指令 0 代表亮灯，指令 1 代表灭灯。

当设备 PLC 程序收到 WCS 的指令后，便将对应货位的电子标签亮灯并显示拣货数量，PLC 不负责任何业务规则，单纯执行亮灯和灭灯动作。拣货员看到货位的电子标签亮灯后，便可以到对应货位进行拣货了。

WMS 拣货任务			WCS 执行拣货任务				电子标签亮灯显示
货位	出库数量		货位	设备标识	显示		
A1	200		A1	165 6 18 001	200		
A2	200		A2	165 6 18 002	200		
…	…		…	…	…		
A100	200		A100	165 6 18 100	200		

图 8-59　WMS 与 WCS 联动

WCS 的主要功能有三个。

① 任务管理与调度：接收 WMS 下达的任务，转换为各个设备可执行的指令。设备执行完成后，回传执行完成的结果至 WMS。当多个任务并行时，按照优先级及顺序调度各设备，使之与 WMS 业务相匹配。

② 设备运行管理：实时监控库内所有设备的运行情况，并记录详细的运行日志，设备超负载及运行异常及时预警，并能自动调优。同时，如果遇到紧急情况，还能支持手动操作，如急停。

③ 异常处理：遇到异常情况时，能够及时预警，并对异常情况执行异常处理，避免出现流程卡顿和经济损失，同时将异常信息回传 WMS。

8.9　本章结语

仓储是供应链的粮仓，为业务开展提供弹药支撑，所有关于实物的操作，最终都会落到 WMS 中，WMS 的职责是管理仓库的相关数据，以及精准高效地处理库内的各类业务。

WMS 的系统架构可以分为四层：最底层是支撑业务开展的基础数据和库存服务，中间层是基于基础数据和库存服务开展的与各类仓库相关业务，以及支撑业务开展的各项业务策略，上层是辅助仓储业务开展的各类设备控制，由 WMS 提供设备的调度与指令传输，顶层是执行指令的各类硬件设备，由 WCS（自动化设备控制系统）驱动。

WMS 的功能也可以简化为"进销存"三个字，展开来便是入库管理、出库管理和库内管理。在设计 WMS 的系统功能时，满足业务操作要求是最基本的，更高层次的是了解仓内作业的各种策略，这些策略是实现降本增效、精益化管理的关键。

如果仓库要增加自动化设备来辅助作业，就需要用到 WCS，WMS 如同人的大脑，负责发送指令，WCS 如同四肢，负责执行指令并驱动设备运转。

第 9 章 运筹帷幄：订单履约系统

在新零售时代，往往存在多销售平台、多业务模式并行，供应链侧又存在多仓库、多门店，加上多个系统之间需要联动，多种形态组合到一起就形成了一个庞大的订单中心，需要兼容各类业务场景。如何能集中管理不同类型的订单，并各自为客户提供更好的履约服务，则需要我们有一个强大的订单调度大脑——订单履约系统。

9.1 人无信不立：为什么要履约

履约，顾名思义，即履行约定，按照约定完成相关事宜，目前我们听得最多的，是如何在承诺时效内将商品送到客户手中，但个人认为这只是一种狭义的履约行为，即订单时效履约。更广义的履约应该是基于时间、空间、质量多维度的，有承诺即有履约。在供应链中，履约就是以客户需求为出发点，在约定的时间，约定的地点，用约定的价格，以合适的方式将约定质量和数量的商品送到客户手中，是一种客户至上的服务理念。

9.1.1 什么是供应链履约

在供应链层面，供应链履约体现在价格、时效、品质、售后四个方面。

① 价格。在一般商业行为中，价格是吸引客户的第一要素（特殊行业如奢侈品、贵宾服务除外），如何在保证企业利润的同时，为客户提供最优价格，是我们需要重点考虑的。

② 时效。给客户最优的时效，让客户在最合适的时间收到商品。例如，京东的 211，保证上午 11 点前下单，当日送达，或者指定日期和时段收货，极大地方便了客户，也为京东在配送层面赢得了极佳的口碑。

③ 品质。从采购溯源，到收货验收，到出库复核，全程保证商品的品质，让客户拿到最优质的商品。

④ 售后。很多企业的正向履约做得很好，但败在售后跟不上。所以好的履约需要重视售后，一旦商品有任何问题，企业能够第一时间为客户提供售后处理，如 7 天无理由退货、先

行赔付、上门取件等，都可以为客户提供极佳的售后服务体验。

　　总之，供应链履约就是企业利用自身供应链的能力，为客户提供更流畅和更满意的服务，言必中，诺必行。

9.1.2　订单履约的长远价值

　　所有的供应链能力，无论是价格、时效、品质还是售后，最终展现在客户面前的只有订单交易，外表再华丽，一张订单便知其真伪。对订单的履约是企业供应链能力的体现，也是建立口碑和增加客户黏性的重要途径，做好订单履约，虽然会付出一定的成本，但其带来的价值是巨大的。

　　① 建立口碑、增加壁垒。在信息如此透明的今天，获客成本较高，如果企业想要增加用户黏性，尤其是电商新零售企业，必须建立良好的口碑，而订单履约则是口碑的最好体现，也是建立行业壁垒的利器。例如，京东的商品品质和配送时效，就是其相对于其他平台的优势。

　　② 及时发现企业问题，反向改进。服务好不好，最终发言权在客户，在履约过程中，能够让客户参与进来，通过用户反馈及时发现供应链问题，反向倒逼企业进步。1000 个客户的呼声，比一个重要的高层决策更有价值。

　　③ 增强供应链协同。因为履约不是某一个人、某一个部门或某一个系统的事情，想要做好订单履约，必然需要跨部门、跨系统协作，久而久之，企业部门间及系统间的协同性就增强了，从而形成良性循环。

9.2　订单履约系统整体规划思路

　　订单履约系统，传统叫法为 OMS（Order Management System），在很多互联网公司中，叫作订单履约中心，简称 OFC（Order Fulfillment Center），主要用来承接销售平台下发的订单，并对订单进行调度，然后下发仓库发货及配送，是对订单履约全流程进行管控的中心系统。

9.2.1　订单履约系统架构

　　订单履约系统的设计可以总结为两点。

　　① 在业务层面，会存在多平台、多业务，多仓库、多门店，线上线下同时发售、发送物流与到店自提多种物流方式并存，如何用一套完整的履约系统来承接多种交织的业务，为用户呈现相同的履约体验，是搭建订单履约系统需要考量的。

　　② 在系统层面，订单履约系统承担着承上启下、履约调度的重要角色，其职责是无缝衔接和调度各外围系统，服务于订单出库履约，使各类订单能高并发且有条不紊地出库。从系

统交互方面来看，订单履约系统对上对接各销售平台，对下对接各仓库和门店，横向与基础数据中心、中央库存系统、售后系统和配送管理系统等进行交互，完成订单履约调度。

一个能支持多平台、多仓库、多门店的订单履约系统的系统架构，如图 9-1 所示。

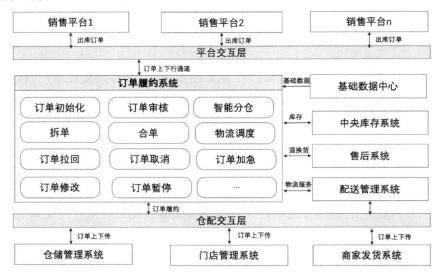

图 9-1　订单履约系统的系统架构

关于平台交互层和仓配交互层，在本书的第 4 章中我们有提到过，这两个交互层的主要职责是充当上下行路由网关的角色，屏蔽不同销售平台和不同仓库系统之间的差异化，让商品、订单、库存等在这两个交互层中做标准化的输入/输出，保证订单履约系统的健壮性，不至于随着销售平台和仓储管理系统的调整而调整。

9.2.2　订单履约流程

一张实物类的订单从销售平台下单，到最终用户签收，会经历 10 余个履约节点，涉及销售平台、平台交互层、订单履约系统、中央库存系统、配送管理系统、仓配交互层、仓库和门店等，就像工艺流水线一样，从第一个环节开始，每个环节都会为产品提供一些必要的组装工序，直到最后一个环节产品成型。在履约流程中，最核心的诉求是协同和顺畅，只有各系统相互协作，订单自始至终很流畅地进行流转，才能保证在约定时间内完成履约，其中任何一个节点出现卡壳，都会导致履约时间的延长，影响的是客户对企业的信任。

图 9-2 为实物订单的履约流程，虚拟订单的履约不涉及库存、仓储和物流配送流程，会相对简单一些。

① **新订单**。订单履约系统接到新单的节点。此处根据业务归属可以分为两种逻辑处理。

外部第三方平台（如天猫、京东、美团）的订单，客户在销售平台上完成了交易后，由订单履约系统接到从销售平台同步的订单后生成新订单，在这一模式下，履约订单的生成和交易订单的生成是两套体系。

针对自营平台的订单，常见的有两种设计思路，一是将交易订单和履约订单分开设计，交易订单生成后再下发至订单履约系统生成履约订单，二是将交易订单和履约订单合二为一，客户提交订单后，便在订单履约系统中生成一张新订单，同时处理交易流程和履约流程。

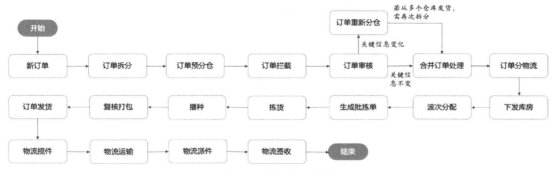

图 9-2　订单履约流程

② **订单拆分**。为提供更好的用户体验，大部分电商平台支持合并提交支付，在订单生成以后，再按照商家、仓库、商品、金额、物流等规则进行订单拆分，分为多个子订单履约发货。

③ **订单预分仓**。为避免超卖，已经下单的订单需尽快进行库存预占，以免库存被其他订单占用，此过程称为预分仓，由中央库存系统提供相关服务。若分仓后一个订单被拆分为多个任务进行发货，订单需再按照仓库进行拆分。

④ **订单拦截处理**。某些不符合业务规则或触发了风控规则的订单，如疑似恶意订单，在订单履约系统进行拦截，转由人工核实并在审核通过后才能继续流转，若明确为恶意订单，则由客服手动或系统自动将订单取消。

订单拦截规则因行业、公司、业务不同，会有所不同，通用的有订单金额或商品数量过大、非常规性的 0 元订单、黑名单用户订单、账号异常、IP 异常、疑似洗钱和套现等。

⑤ **订单审核**。系统可以设定一些规则，把符合规则的订单挂起，由人工进行审核，以降低交易风险，如拦截的订单、金额过大的订单、有客户特殊备注的订单等，其余订单可自动审核而无须人工一一处理。订单审核主要用于人工对订单信息进行核实、修改，订单审核功能可以直接放在订单履约系统中供客服人员使用，也可以提供接口供客服系统调用。

⑥ **订单重新分仓**。订单在预分仓以后，如果在审核环节中发现订单核心信息，如收货地址、商品、数量等发生了变化，系统需要再重新进行分仓预占。

⑦ **合并订单处理**。为降低运费成本和仓库作业成本，在一定时段内，同一用户的订单，若满足合并条件，在订单履约系统中可合并为一个订单下发仓库或门店发货，合并后的订单，在仓库中会按一个包裹拣货和发货。

⑧ **订单分物流**。在由三方物流（如顺丰、京东、三通一达）承接配送的企业中，通常会签约多家物流公司，针对不同的仓库、不同的配送地址、不同的配送特性分配不同的物流公

司。在明确了发货仓库以后，订单履约系统调用物流配送管理系统提供的物流服务进行物流公司分配，以及获取电子面单中的相关信息。

⑨ **订单下发仓库**。经过前面的履约环节以后，订单已经具备了下发仓库进行发货的必要信息，下一步便是将订单下传至仓配交互层，经此系统路由至目标仓库或门店发货。

订单下发仓库以后，就由 WMS 处理仓内履约流程了，关键环节操作完成后，由 WMS 通知订单履约系统变更订单状态。以下第⑩到⑮步简单介绍仓内出库流程，详细流程可回看本书第 8 章。

⑩ **波次分配**。仓库/门店管理系统接到订单后，根据配送方向、时效承诺、订单类型等因素将订单生成波次，并按照出库策略对波次进行分配库存。

⑪ **生成批拣单**。系统或仓库管理员将分配成功的多张条件相同的订单（如相同的物流公司、相同的拣货区域等）生成一张批拣单。如果需要打印拣货清单、物流面单，也在此环节进行处理。

⑫ **拣货**。拣货员领取拣货任务，通过纸单或 PDA 按拣货路径完成拣货，如果有电子标签货架或自动化立体仓库等自动化设备，则由设备协助完成拣货。

⑬ **播种**。批拣单任务拣货完成后，如果需要播种，由播种员按照订单明细将商品播种分配到每个订单中。

⑭ **复核打包**。复核员按照订单的下单明细对商品进行复核确认，无误后交由打包员打包并粘贴物流运单。

⑮ **订单发货**。发货员将包裹交给物流公司进行揽收，并在系统中操作发货，代表订单从仓库发出。发货以后，若需要变更物流信息，再回传实际的物流公司及物流单号至订单履约系统，订单履约系统再通知销售平台。

若是新零售下的自提业务，则由门店店员打包以后，等待客户上门自提。

包裹交由物流公司以后，再由配送管理系统完成配送环节的履约并同步状态至订单履约系统，见第⑯到⑲步。

⑯ **物流揽件**。物流公司的快递员收到包裹后，在系统中操作揽件，揽件操作信息可由配送管理系统调用物流公司提供的接口获取，解析以后回传订单系统。

⑰ **物流运输**。包裹从物流公司的分拣中心中分拨发出。

⑱ **物流派件**。包裹到达配送站点，派件员按照路线进行派件上门。

⑲ **物流签收**。派件员将包裹送到客户指定的收货地址，完成签收。若客户拒收，则将包裹原路退回。

9.2.3　订单履约状态

订单履约系统应该是所有履约订单的集散地，统一管理订单履约的全流程，按照订单的履约环节，我们可以将订单履约状态设计为如表 9-1 所示的样子。

表 9-1　订单履约状态设计

订单状态	状态说明	对应前台显示状态
新订单	新订单下发至订单履约系统的初始状态	在线支付未付款订单，显示"待支付"，货到付款及在线支付已付款订单，显示"待发货"
订单预分仓	订单下达订单履约系统后，先行分仓预占库存，预分仓成功后的状态	待发货
订单审核完成	人工审核或系统审核后的状态变更	待发货
分仓预占完成	当订单信息有变时，需重新分配仓库，分仓完成后的状态变更	待发货
合单完成	相同用户、相同发货仓库等符合合单条件的订单，合并为一张订单下发仓库	待发货
物流服务提供商分配完成	根据发货仓库及收货地址等规则匹配合适的物流公司后的状态变更	待发货
等待仓库接收	订单从订单履约系统下发仓库/门店过程中的状态	待发货
仓库已接收	WMS、门店系统或商家系统获取订单后的回执状态	待发货
波次分配完成	订单在仓库生成波次并下发分配拣货货位	待发货
已生成批拣单	订单已按批拣规则生成批拣单	待发货
开始拣货	拣货任务已被领取	待发货
拣货完成	当前订单对应的批拣单拣货完成	待发货
复核打包完成	订单完成复核和打包	待发货
仓库已发货	仓库完成发货，将包裹交给物流或自提用户	待收货
物流已揽件	物流公司揽件员完成揽件操作	待收货
物流运输中	包裹在分拣中心完成分拣，开始运输	待收货
物流派件中	包裹到达站点，由派件员开始派件	待收货
订单已签收	包裹送达客户指定收货地址	待收货
客户拒收	订单包裹被拒收	已取消
订单已取消	订单被人为取消，或长时间未支付由系统取消	已取消
订单作废	因发生拆单、合并、反审等操作，原单进行作废处理后的状态	（作废属于内部处理，无须展示至用户侧）
交易完成	客户主动确认收货，或系统自动确认收货	交易完成

　　根据订单状态的变更，订单履约系统便能全程监控订单的履约节点，并将关键性的节点信息展示到用户侧，让用户感知履约过程。

9.2.4　订单的基本属性

　　一张订单在订单履约全流向中，需要调度各个系统获取履约的各种信息，所以订单信息应该越全面越好，下面展示一些订单的核心属性。

① 基本信息：订单编号、来源编号、销售平台与销售店铺、下单时间、订单状态、支付方式（在线支付/货到付款）、用户留言备注、配送方式（物流配送/自提/送货上门）、下单账号、订单类型（实物订单/虚拟订单）、出库优先级（优先级高的先出库）。

② 财务信息：付款方式（微信/支付宝/银行卡/现金……）、支付平台、支付账户（微信账号/支付宝账号）、商户订单号、支付流水号、订单应付总金额、已支付金额、未支付金额、商品总金额、运费。

③ 收货信息：收货人、收货人手机\电话、收货人省份、收货人市、收货人区/县、收货人详细地址。

④ 发票信息：开发票的订单，应包含发票抬头和发票明细信息。

发票抬头信息：发票类型（纸质/电子）、发票号、抬头、发票税号、公司地址、电话号码、开户行、银行账号、发票金额、开票人等。

发票明细信息：商品明细、包装规格、包装单位、数量、含税单价、含税金额、税率。

⑤ 促销信息：促销类型（优惠券/积分/满减等）、促销金额。

⑥ 物流信息：发货仓库、系统指派物流公司、系统指派电子面单号、实际发货物流公司、实际发货物流单号、物流公司月结账号等。

⑦ 商品明细信息：SKU 编码、SKU 名称、商品规格、销售单价、实付单价（各种优惠折扣计算完以后的单价）、数量、实付金额（实付单价×数量）。

⑧ 订单操作日志：记录订单履约的每一步的操作人、操作时间及操作内容。

9.3　订单履约系统核心功能设计

我们来看看订单履约系统较常用的系统功能及设计逻辑，包含订单分仓、拆分、审核、合并、物流分配、订单取消、拉回、暂停、加急、订单信息修改、订单全程跟踪和履约时效监控等。

9.3.1　订单分仓

每一张实物订单，都需要先匹配到发货仓库，才能将订单下发到对应的仓库系统中进行发货，分仓过程由订单履约系统负责调度，中央库存系统负责提供分仓服务。在一个完整的履约流程中，有两个环节需要分仓，但其触发时机和目的不同：一是订单履约系统刚接到订单，需尽快预占库存时的预分仓，二是订单审核完成后，影响分仓结果的核心信息发生变更后的重新分仓，如订单收货地址变更，商品、数量变更等。

分仓规则可以基于最少包裹原则、距离最近原则、成本最优原则，分仓逻辑已在本书第 7 章讲解中央库存系统时详细说明，朋友们可以返回查阅。

　　无论是预分仓，还是重新分仓，分仓成功后均需要预占库存，重新分仓后，如果分仓结果变了，需要释放预分仓环节在中央库存系统中的分配库存。

　　在分仓时，只有当中央库存系统中的实物库存满足订单需求的时候才能预分仓成功，预售类无实物库存的订单，不需要预分仓（无库存，只会分仓失败），待商品采购入库以后再进行分仓流转。

9.3.2　订单拆分

　　如果一张订单需要在不同的时间、不同的仓库发出，就需要在订单履约系统中按照拆单规则将订单拆分为多张子订单，每张子订单单独进行流转。

　　订单拆单会出现在订单履约的多个环节中，可以是系统自动拆单，也可以是人工拆单，所以订单拆分功能应该设计为一个公共功能，供多个环节调用。拆分可以根据发货商家、订单类型、商品属性、发货仓库、订单金额等多个规则中的一种或多种来组合完成，如图 9-3 所示。

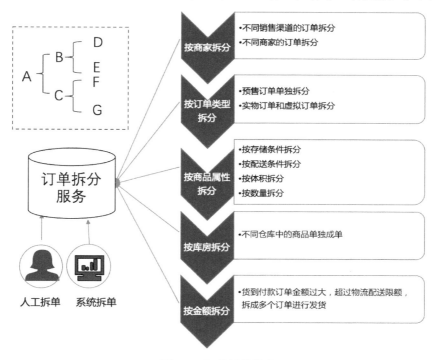

图 9-3　订单拆分服务

　　一张订单可经过多次拆分为多张子订单，拆分以后，父订单作废，子订单继续完成履约并同步至销售平台展示给用户。由于拆单可能发生在不同的环节，拆分后的新订单延续原单的状态和流转日志。订单拆分处理逻辑如下。

　　① 基本信息（收货信息、订单基本信息等公共信息）：将父订单中的信息复制到子订单中。

② 财务信息：订单应付总金额/已支付金额/发票金额/物流运费等于按照各子订单的商品总价比例进行分摊，最后一个订单金额为剩余未分配金额，一般单位为元，保留两位小数。

③ 商品信息：按照需要拆分的 SKU 或者商品数量进行拆分，保证所有子订单的 SKU 及数量之和与父订单中的 SKU 及数量一致。

④ 促销信息：针对整单的促销（如整单优惠、满减、平台优惠券、积分抵扣等），拆分时按照订单中 SKU 金额比例分摊；若是针对订单内某些 SKU 的促销，拆分时仅考虑参与促销的 SKU 进行金额分摊，其他 SKU 不参与促销分摊。

9.3.3　订单审核

正常情况下，订单流转越快越好，尽量减少中间环节和人为干预，但在特殊情况下需要将订单暂停，由人工审核。常见规则如下。

① 订单触发了风控规则，被识别为恶意订单或异常订单，待人工核实。

② 用户有特殊需求备注，系统识别备注信息并暂停订单，待人工核实。

③ 订单金额过大，超过物流公司代收货款的收款限额，需要人为拆单。

④ 订单中的商品数量过多，一个包裹无法正常发出，需要人为拆单。

⑤ 购买商品的特殊性，如医药，必须由药师审核后方可发货。

在设计时，为使逻辑统一，可以将所有订单都经过审核环节，但默认自动审核，当遇到需要人工审核的订单时便打上人工审核标记，并将订单暂停，待人工审核后继续流转。

9.3.4　合并订单

将相同客户的多张订单合并为一张订单进行发货，有诸多好处，于客户而言，多张订单一起送货，只需要签收一次包裹；于企业而言，可以节省仓库的作业成本和物流配送成本。所以在订单履约系统中增加订单合并功能是很有必要的。

合单方式可以设置为按频率合单（每××分钟合一波），或者按固定时间点合单。相关人员在进行订单履约系统设计时可以设置订单集中暂停等待，在此等待时间内进入订单履约系统的订单，若符合合并条件，可自动合并；超过等待时期进入系统的订单，可由客服人员手动合并，或者等到下一个合单时间点再进行合并。

订单合并条件包括但不限于同销售平台、同下单会员账号、同收货地址、同收货人、同手机号、同支付方式（在线支付/货到付款/到店支付）、同出库仓库、同订单类型（如普通订单、预售订单）、同开发票方式（都开发票，且抬头信息一样；或者都不开发票）、同配送方式（自提/配送）等。如果业务规则再复杂点，还可以设置不同的业务使用不同的合单策略。

订单合并逻辑如图 9-4 所示。

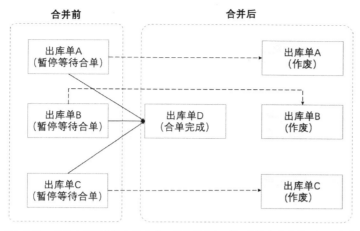

*合并后，需用合单D重新占用库存，原出库单A、B、C作废后释放已分配库存

图 9-4　合并订单

订单合并以后，各原单作废，合并后生成一张新订单继续完成后续履约流程，不过在销售平台的用户侧，展示的仍然是用户下单时的原单。在对合单做订单发货、取消等操作后，将每一张子单同步给销售平台。

合并订单的处理逻辑如下。

① 基本信息（下单人、收货人、渠道等信息）：取任意一张子订单（因为订单基本信息都一样）。

② 财务及发票信息：订单应付总金额/已支付金额/发票金额/物流运费=各子订单金额相加。

③ 商品信息：将所有需要合并的子订单的 SKU 及数量进行汇总。

④ 促销信息：将所有子订单促销明细集中到合单中。

9.3.5　分配物流

没有自营物流的企业，通常会与多家三方物流公司签约，在合单以后，需要匹配合适的物流公司，以及获取物流电子面单号。如果是自营配送，不需要分配物流，只需要获取电子面单号即可。

分配物流由配送管理系统提供服务支撑，订单履约系统将合单后的订单信息（收件人信息、发货仓库信息、支付方式、商品类型等）传给配送管理系统，获取合适的物流公司和物流单号。订单分配物流的逻辑处理如图 9-5 所示。

① 如果是自提订单，不需要获取物流公司和物流单号。

② 物流配送的订单，如果没有指定发货物流，则调用配送管理系统服务分配物流公司，然后基于传入的订单信息获取物流公司的物流单号。

③ 如果指定了发货物流，则不用再重新分配，直接获取物流单号即可。

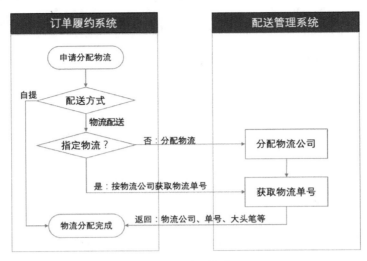

图 9-5　分配物流

物流分配以后，根据物流公司的历史配送时效记录可以分析当前订单的履约时效，并展示给用户侧，例如："您的订单预计××天后送到您手中，请注意查收"。

9.3.6　订单取消

在电商新零售中，订单取消场景主要有三类（见图 9-6）。

① 用户发起的订单取消：用户不想要了，在用户端主动发起的订单取消。

② 客服人员代为取消：客服人员代替用户取消订单，此操作一般在后台客服系统或者在订单履约系统中直接操作。

③ 系统取消：若用户下单后超时未支付，或系统判定为恶意订单，会自动取消订单。

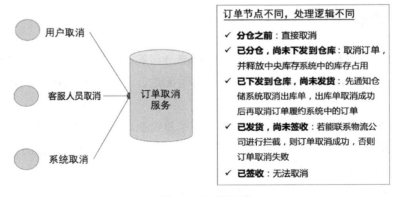

图 9-6　订单取消

由于订单取消会由多个环节触发，在进行系统设计的时候也应该考虑其通用性，将订单取消做成一个公共功能，可供多个系统和场景按需调用，这也符合 SOA 设计理念。

根据订单在取消时可能存在于仓库作业、配送等多个环节，取消订单时需根据订单的不同状态执行不同的系统处理逻辑。

① 订单处于分仓之前的状态：直接取消，更新订单状态为"已取消"。

② 订单已分仓，但尚未下发到仓库：取消订单，并通知中央库存系统清除订单预占库存。

③ 订单已下发到仓库，但尚未发货：由订单履约系统对仓储管理系统发起询问，若仓储管理系统未发货且拦截订单成功，订单履约系统再取消订单，并通知中央库存系统清除订单预占库存。

④ 订单已发货但尚未签收：若是自营配送，或者配送管理系统已与物流公司接口打通，则发货以后仍可以取消订单，订单履约系统询问配送管理系统，若配送管理系统拦截包裹成功，则订单履约系统更新订单状态为"已取消"，此阶段无须处理库存。

⑤ 订单已签收：已经签收的订单，不支持取消，若想将货退回，只能走售后退货流程。

订单取消成功后，若订单已支付，需要通知财务系统退款。

9.3.7　订单拉回

在订单履约过程中，已经分仓的订单，常常因为仓库库存不足需要调整发货仓库、或者应客户要求修改订单信息等，便需要将订单状态拉回至分仓之前进行修改或者重新分仓，再重新审核下发。订单履约系统对订单拉回的处理逻辑如下。

① 如果订单已经下发到仓库或门店，调用仓储管理系统或门店管理系统接口将原订单取消，若已发货，就不允许拉回了。

② 订单履约系统基于原订单生成一张待审核的新订单，以便客服人员进行修改和调整，调整以后将新订单重新履约出库，原订单作废。

对于已经履约完成的订单，如果想拉回，不建议直接在原订单上进行修改，因为涉及的系统和逻辑太多，很容易出现 bug，且流程不够清晰，所以好的设计思路是将原订单作废，再复制一张新订单重新履约，这样原订单和新订单就解耦化了，各自都有很清晰的履约轨迹，互不干扰，方便流转和追溯。

9.3.8　订单暂停

订单暂停的场景有两种：系统暂停和人工暂停。系统暂停发生于订单合单前的等待期，以及需要人工审核的订单，或是还未到下发仓库的时间时由系统将订单暂停，人工暂停多由客服人员发起，因客户要求或是当问题订单需要处理时，临时将订单暂停。

无论是系统暂停还是人工暂停，订单履约系统均会为订单打上一个暂停标记，阻止订单继续流转。根据订单所处的环节，分为下发仓库前和下发仓库后，若订单所处环节在下发仓库前，直接将订单停在订单履约系统中，若订单已下发仓库但尚未发货，则通知仓库的相关人员做订单暂停，暂停的订单可在复核发货环节进行拦截。暂停逻辑如图 9-7 所示。

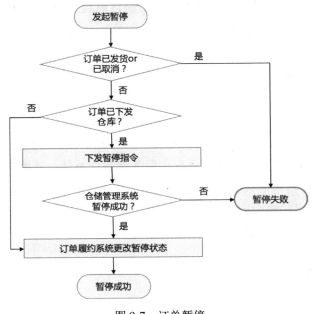

图 9-7　订单暂停

暂停只是一个中间状态，不是订单的最终状态，仅打上一个临时暂停的标记，待暂停期过后，由系统或人工取消暂停，订单继续流转出库。取消暂停的逻辑为：若订单未下发仓库，直接取消暂停标记，订单继续流转，若订单已下发仓库，则通知 WMS 取消暂停。

关于履约过程中的系统暂停，非常实用。我们在京东、天猫这些平台购物时，可以支持指定日期送货上门，这一操作就可以通过系统暂停功能来实现，订单履约系统根据每张订单的最终送达时间反推订单开始配送的时间、仓库发货的时间，以及订单下发到仓库的时间，并为订单打上标记，在未到下发时间之前，将订单停在订单履约系统中，不让订单提前下发仓库，让仓库的相关人员可以优先处理需紧急出库的订单。

9.3.9　订单加急

如果希望订单优先出库，就需要进行订单加急处理。订单加急功能的设计思路为：为每张订单设置一个"出库优先级"属性，属性值为高/中/低，或 10/20/30 等，当客服人员选中订单，发起"订单加急"指令后，若订单尚未发货，则更新订单的出库优先级，如由中变为高。在订单履约系统和仓储管理系统处理订单履约时，在同等条件下，优先处理优先级高的订单。

订单加急的逻辑如图 9-8 所示。

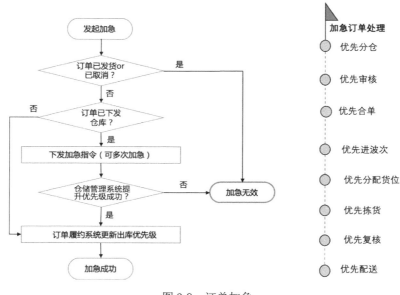

图 9-8　订单加急

9.3.10　订单信息修改

在订单履约过程中，难免会遇到下单以后客户又要求修改收货地址、电话等需求，所以订单履约系统需要提供订单收货信息修改的功能供客户和客服人员使用。修改订单收货信息的逻辑如下。

① 若订单尚未下发到仓库或门店，只需要修改订单履约系统中的收货信息即可，若订单已下发到仓库或门店，需要先修改仓储管理系统和门店管理系统中的信息，再修改订单履约系统中的信息。

② 收件信息影响到分仓和物流分配，故修改地址以后，需要重新进行分仓和物流分配，已分仓订单要释放占用库存，已预约物流的订单需要取消后再重新预约一个新的物流单号。

③ 仅在订单未发货前支持修改订单信息，一旦发货或者订单取消了，就不能再进行修改了。

9.3.11　订单全程跟踪

订单履约系统负责提供完整的履约轨迹，以便能让用户清晰地知道当前订单的进展情况，我们称之为全程跟踪，履约过程越详尽和透明，用户体验自然越好。从用户在销售平台下单开始，到最终签收，订单会分别经历销售平台下单、订单履约系统履约、仓库发货和包裹配送。要实现全程跟踪，则需要将相关系统中的关键节点信息的操作日志同步至订单履约系统，再由订单履约系统按照节点时间封装成轨迹信息展示到前台用户侧，如图 9-9 所示。

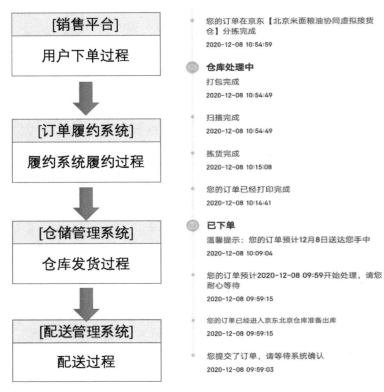

图 9-9　订单全程跟踪

9.3.12　履约时效监控

订单履约系统是唯一能够监控订单履约全流程的系统，若想整体地了解履约流程，以便对无法按时履约的订单及时进行处理，一张基于履约全环节的监控报表是必不可少的。图 9-10 是履约时效监控的查询报表示例，我们需要能看到每一天处于每个重要的履约环节的订单数量，并对异常订单和超时未发的订单进行及时处理。正常情况下，相关人员每天晚上下班时，报表中订单总数应等于已发货订单数量与已取消订单数量之和，其余环节积压订单数量均为 0。

下单日期	订单总数	新订单	订单预分仓	订单审核完成	··· (中间状态)	已发货	已取消	异常订单	超时未发订单
2021-04-10	600	10	100	100	···	100	10	10	0
2021-04-09	600	10	100	100	···	100	10	10	10
2021-04-08	600	10	100	100	···	100	10	10	10

下单日期　开始日期　→　结束日期　　　　查询

图 9-10　履约时效监控示例

9.4　本章结语

　　人无信不立，做好供应链履约不仅能建立良好的口碑，增加行业壁垒，还能反向提升企业的供应链水平。在供应链履约中，订单履约系统是核心的调度系统，负责承接销售平台下发的订单，并对订单进行履约调度，将商品按时、保质、保量地送到用户手中。

　　订单履约流程总共分为四段：销售平台的下单，订单履约系统中的分仓、合单、分配物流等调度过程，仓储的拣货发货过程及配送过程。基于履约周期，在设计订单履约系统的订单状态时，需要涵盖订单履约的全部环节，并能监控所有履约环节。

　　订单分仓、订单拆分、订单审核、合并订单、分配物流、订单取消、订单拉回、订单暂停、订单加急、信息修改、全程跟踪和履约时效监控等是订单履约系统常用的核心功能，在实际工作场景中，除了实现基本的履约功能，订单履约系统健全的订单数据集成是更宝贵的财富，它可以提供各类报表和数据分析，为企业的业务赋能。

第 10 章　决胜千里：配送管理系统

仓储和配送是物流中重要的两个环节，在整个电商新零售供应链中起着非常重要的作用，仓储负责将信息流准确地与实物对应，配送负责将商品高效无误地送达目的地。若要管理好配送流程，必然少不了一套健全的配送管理系统。

配送管理系统（Transportation Management System，TMS，或者 Delivery Management System，DMS），是主要负责物流配送管理的系统，管理商品从出仓以后，到用户签收，以及逆向返回的全流程，无论包裹在眼前，还是在千里之外，相关人员都能够很清楚地知道其物流动向并在线调度。

10.1　配送业务介绍

在了解配送管理系统之前，我们先了解一些和配送相关的业务，基于业务场景去理解系统设计，会事半功倍。

10.1.1　自营物流、第三方物流与第四方物流

电商企业若想完成订单配送，一般有两种物流方式：第一种方式是自营物流，搭建自己的配送体系，使用自己的配送车辆和配送员送货上门，如京东、唯品会等大型电商；第二种方式是借助市面上已经成熟的第三方物流公司进行配送，如"三通一达"、顺丰等，这些物流公司的主营业务便是为其他企业提供物流配送服务，即第三方物流。

针对"第一方"企业和"第二方"用户而言，如果企业使用自己的配送团队和配送车辆直接将商品送到用户手中，就是自营物流。但自营物流的成本投入往往很大，不仅要养团队和车辆，还要建立配送网点、规划配送线路，所以非实力雄厚的公司是无法负担如此巨额的投入的，于是便出现了第三方物流公司，这些公司自建物流体系，但不是为自己送货，而是将配送能力提供给第一方和第二方，当企业有需要时，便联系第三方物流公司的车辆到指定仓库将商品揽收并送往用户指定的收货地址，并支付相应的物流配送服务费用，这便是第三方

物流（3PL）。

第三方物流和自营物流的区别如图 10-1 所示。

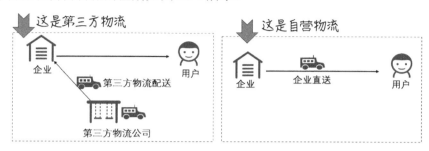

图 10-1 自营物流与第三方物流

自营物流配送和第三方物流配送各有利弊。自营物流的成本投入往往很大，但能够根据企业的业务特性进行灵活调整，也不会受制于第三方物流公司，如"618""双 11"时不会出现物流配送资源不足等情况。第三方物流配送则不需要有太多的前期投入，可以依赖物流公司强大的配送能力，按单支付物流费用，成本低，但一般只能提供标准配送，即物流公司能够支持的配送能力，如果有冷链、易燃易爆、特殊时效要求等特殊配送诉求，就要受制于物流公司的配送能力了。从成本投入上来看，如果企业规模较小、配送单量小、配送形态单一，没有特殊要求，适合用第三方物流配送，如果企业规模较大，配送成本高，且有自建物流的诉求和能力，则适合自建物流。

除了第三方物流，还有一种第四方物流（4PL），公司既不是买方和卖方，也不是服务提供的第三方，而是将一、二、三方做资源整合，提供整体解决方案的第四方。第四方物流在整个供应链中承担平台信息发布、交易匹配和撮合、物流资源集成、物流解决方案提供等角色，相比第三方物流的单向服务，第四方物流站在整个供应链的视角，全盘考虑，能够提供更优的价值。

10.1.2 物流配送全流程

以电商为例，无论是自营物流配送，还是第三方物流配送，订单从仓库发货以后，一般都会经过一到多个分拣中心的中转，最终送达离用户最近的配送站点，然后由站点的配送员将包裹送到用户手中。

在配送过程中，会涉及两个中转地点：一是分拣中心，二是配送站点。分拣中心负责快递包裹的集中收集和分派站点，并与其他分拣中心相连通。配送站点是覆盖用户"最后一公里"的终端配送网点，负责将包裹按照派送路线或者小区分派配送员，由配送员进行配送，同时承担逆向退回和上门取件的中转任务。

如图 10-2 所示，分拣中心往往以城市为单位进行建设，配送站点往往围绕街道和小区进行建设，根据人口密度，一个城市中建设一个或多个分拣中心，每个分拣中心下覆盖多个配送站点。不同分拣中心之间可以通过空运、陆运或水运的方式进行转运，一般收发包裹数量比较大，配送站点的主要运输工具是三轮车，供配送员送货使用，装载的包裹数量较少。

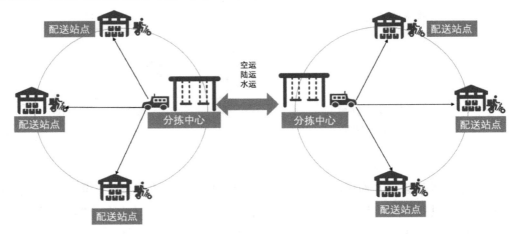

图 10-2　分拣中心与配送站点

以陆运为例，包裹从发货仓库发出到最终签收的完整的正向物流流程，如图 10-3 所示。

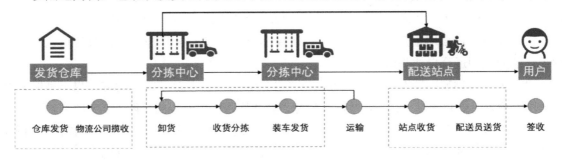

图 10-3　正向物流流程

① 仓库打包发货以后，通知物流公司的相关人员上门揽收，快递员到达仓库后，用 PDA 逐一扫描已经粘贴好的快递面单进行包裹揽收。

② 快递员将揽收的包裹送往分拣中心，在分拣中心进行卸货，并逐一扫描收货，然后分拣，分拣的目的是将不同配送路线的包裹进行分组整理，以便同一个配送方向的包裹能够集中到一起。

③ 分拣完成后，根据包裹的配送方向重新装车发货。如果是本地的包裹，则发货到本地配送站点，如果是外地的包裹，则通过干线运输到下一个城市的分拣中心。

④ 配送站点收到分拣中心送来的包裹后，相关人员对包裹进行收货、验货，并安排配送员进行配送。

⑤ 配送员按照配送路线逐一将包裹送达用户指定的收货地址，用户完成签收。

如果用户拒收或发起了退货，物流公司可安排配送员上门取件，将拒收或退货的包裹反向拉回站点进行装箱，然后装车运输到分拣中心，分拣中心再一级级地卸货、收货分拣、装车发货，最终将包裹返回商家的售后仓库，完整的逆向物流流程图如图 10-4 所示。

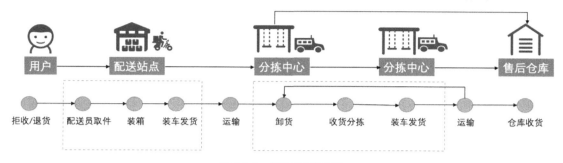

图 10-4 逆向物流流程

在运输过程中，根据车辆的载货量，物流配送可以分为整车运输和零担运输。

- 整车运输：单次运输货物的容积或重量装满一整车。
- 零担运输：单次运输货物的容积和重量不足一整车，为节省运力成本，需要等多个配送单凑满整车后才开始运输。

整车运输相当于包车，零担运输相当于拼车，由于零担运输需要等待多个配送单凑满整车，因而其速度较整车运输慢。

根据包裹的运输目的地的远近，物流配送可以分为干线运输、支线运输、传站和长途传站四种运输方式。

- 干线运输：跨地区分拣机构间的车辆运输，利用铁路、公路的干线，大型船舶的固定航线等进行长距离、大数量的运输，如将货物从华北大区运往华南大区。
- 支线运输：同区域内不同城市的分拣机构间的车辆运输，相对于干线运输，其距离短、数量较少，如将货物从华北大区的北京分拣中心运往沈阳分拣中心。
- 传站：同城间分拣机构与站点间的车辆运输，如将货物从北京的某个分拣中心运往某小区的配送站点。
- 长途传站：跨城市分拣机构与站点间的车辆运输，如将货物从北京分拣中心运往天津南开区的某配送站点。

10.1.3 快递单与包裹

在物流配送过程中，快递单号（又叫物流单号、运单号、面单号）是各个环节流转和扫描的依据：在下单时，根据包裹的始发地和目的地能分别对应到配送网络中的起点分拣中心和终点配送站点，以及路由规划中最合适的配送路线；在运输过程中，通过人工或设备扫描快递单条码便能根据系统指引将包裹分拣并配送到下一站，就像接力一样级级转递，直到将包裹最终送到用户手中。

快递单有两种：手写面单和电子面单。在早年物流信息化比较落后的时候，如果要发快递，快递员先从快递公司拿一批已经印好单号的快递单，将用户的收货地址手写到快递单上，物流公司收取包裹后，再用肉眼识别快递单上填写的信息，并将对应的寄件信息和取件信息录入系统，然后才能进行分拣、配送，这种面单称为手写面单。

手写面单不仅效率低，还容易出错，如果面单上字迹潦草，相关人员在进行快递信息录入时就容易出现错误，以致包裹无法送到用户手中；同时，由于无法提前得知包裹是否超区，很多包裹在配送以后才知道无法送达而被退回，浪费了人力、物力和财力。

随着网络和信息化的普及，电子面单开始登上历史舞台，手写面单逐渐被替代，商家在邮寄包裹前，先将寄件信息通过系统接口传给物流公司，从物流公司申请一个快递单号，商家直接打印物流单即可，简单快捷。

电子面单的推广可以完全规避手写面单存在的问题。第一，由于全程电子化，面单信息从系统中获取后直接打印即可，商家无须手写面单，效率和准确性大幅提升；第二，因为连接了物流公司系统，在发货之前已经将配送信息告知物流公司，配送员只要扫码即可获知配送信息，大大降低了录入出错的概率；第三，由于可以提前通过物流公司获知超区地区，商家可以提前更换物流公司，减少超区被退回的情况。

图 10-5 所示为 EMS 手写面单和电子面单的样式区别。

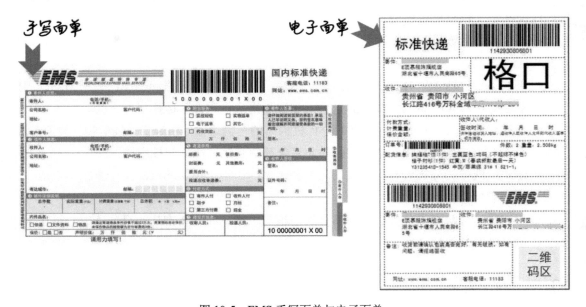

图 10-5　EMS 手写面单与电子面单

有时候，由于用户买的商品过多，无法用一个包裹将所有商品全部寄出，便会出现一个快递单号对应多个包裹，每个包裹上粘贴一张包裹单的情况。

一个快递单号可以对应一个或多个包裹单，每个包裹单对应一个包裹，这样相关人员在扫描时就知道当前包裹是和其他包裹一起的，有助于配送公司在分拣和配送时将同一单里的多个包裹安排到一起，避免遗漏。在很多地方，这种多个包裹的快递也叫子母单，其实是一个意思。

图 10-6 所示为京东的快递单与包裹号打印示例。

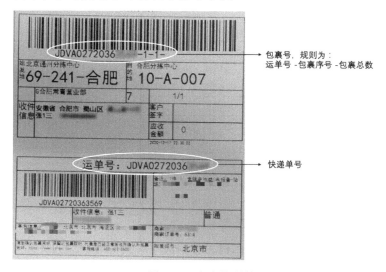

图 10-6 京东快递单

10.1.4 物流配送状态

包裹从被揽收开始，到最终被用户签收，正向会经历已揽件、在途运输中、派送中、待取件和已签收 5 个节点；如果包裹被拒收，会被原路退回，会经历拒收、逆向在途、逆向派送和逆向签收 4 个逆向节点。无论是自营物流配送，还是基于第三方物流配送，包裹的配送状态都可以设计为图 10-7 的样子。

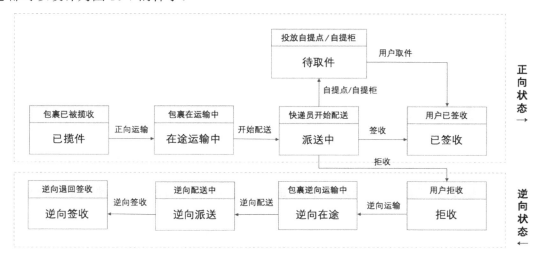

图 10-7 包裹配送状态

各配送状态说明如表 10-1 所示。

表 10-1　包裹配送状态说明

状　　态	说　　明
已揽件	包裹已交给快递员进行揽收
在途运输中	包裹从揽收后返回站点或分拣中心开始,直到送达目的地配送站点的全过程,包括包裹在分拣中心收货、验货、分拣装箱、装车、发车、在途运输、到达配送站点、站点收货、站点验货
派送中	包裹安排配送员,已开始配送的过程,包括配送员收货、送货、再投
待取件	配送员将包裹送达自提点,或者放置在自提柜中,等待用户取货的状态
已签收	用户已收货并签收包裹
拒收	在包裹未被签收前,用户拒收包裹
逆向在途	拒收的包裹被返回站点,逆向运输直到送达配送站点验收前的状态
逆向派送	包裹送达配送站点后,安排配送员逆向派送的状态
逆向签收	包裹逆向返回始发地被签收

在包裹运输的途中,各个环节的操作日志便形成了包裹的物流轨迹,图 10-8 所示为顺丰物流轨迹。

运送中	◆	2021-02-04 20:50	快件在【荆门掇刀集散点】完成分拣,准备发往 【荆州沙市集散点】
运送中	◆	2021-02-04 18:44	快件到达 【荆门掇刀集散点】
运送中	◆	2021-02-04 02:23	快件已发车
运送中	◆	2021-02-04 01:52	快件在【深圳和记中转场】完成分拣,准备发往 【荆门掇刀集散点】
运送中	◆	2021-02-03 22:30	快件到达 【深圳和记中转场】
运送中	◆	2021-02-03 21:21	快件已发车
运送中	◆	2021-02-03 21:15	快件在【深圳福田文化创意园营业部】完成分拣,准备发往 【深圳和记中转场】
运送中	◆	2021-02-03 19:01	顺丰速运 已收取快件
已取件	❖	2021-02-03 18:22	顺丰速运 已收取快件

图 10-8　顺丰物流轨迹

10.2　自营物流配送管理系统

自营物流是一个极其庞大而复杂的体系,需要投入大量的人力、物力和财力,如此庞大的体系,自然需要一套健全的配送管理系统来支持。一个典型的配送管理系统包含配送基础数据、车辆调度、分拣管理、配送管理四大核心模块,基于系统功能辅助流程管理,通过路由规划和车辆调度,完成从始发地到目的地的正向物流,以及从目的地到始发地的逆向物流全流程。其中,基础数据模块负责管理配送管理过程中的基础资料,如分拣中心、配送站点、车辆资料、司机资料、第三方承运商等;车辆调度模块负责正向和逆向运输途中的车辆安排及运输管控,全程保障运输的时效和品质;分拣管理模块主要负责包裹在分拣中心内部从入到出的作业流程;配送管理模块负责包裹进入终端配送站点以后的入站到出站,以及配送员派送和上门取件的全流程。

自营物流配送管理系统架构，如图 10-9 所示。

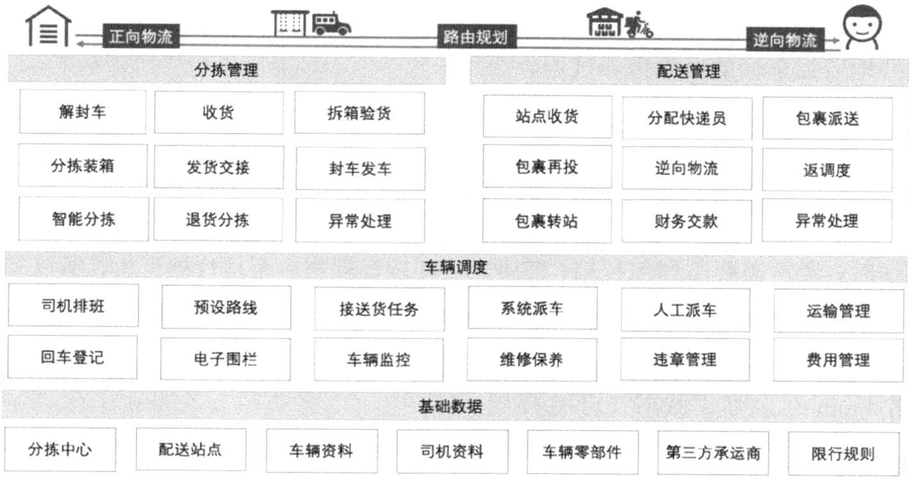

图 10-9　自营物流配送管理系统架构

10.2.1　配送基础数据

配送基础数据是配送管理系统中需要用到的基础数据，如果这些数据需要被多个系统引用，可以考虑将其放置到基础数据中心进行集中管理。

1．司机基础信息

司机基础信息主要用于维护配送司机资料，司机可以是本企业员工，也可以是第三方物流公司的员工，因为在配送过程中需要向司机发送调度指令，以及需要司机操作相应系统，所以需要为每位司机设置账号角色和系统权限。

司机基础信息包含司机账号、姓名、所属站点（包含分拣中心或配送站点）、性别、电话、邮箱、出生日期、身份证号、驾驶证号码、驾驶证有效期开始日期、驾驶证有效期终止日期、驾驶证类型（A1、A2、A3、B1、B2、C1、C2、C3 等）、从业资格证号码、从业资格证有效期开始日期、从业资格证有效期终止日期、司机状态（启用/停用）等。

2．车辆基础信息

在配送过程中，陆运是最主要的运输方式，所以车辆是最重要的工具（当然实力如 DHL、顺丰、京东也可以有自己的空运飞机和自己的航线），管理好车辆，才能更好地调度配送任务，为每一次运输安排最合适的路线和配送车辆。

车辆基本信息包含车牌号、所属站点（包含分拣中心或配送站点）、车辆品牌、车辆型号、车型、动力系统、座位数、承载重量（吨）、装载包裹数、承载体积（m³）、长（mm）、宽（mm）、高（mm）、GPS 设备号（用以定位车辆）、采购日期（用于计算折旧费）、采购金额、状态（启用/停用）等。

3. 车辆零部件信息

当需要对车辆进行维修保养时，经常会用到一些零部件，对车辆常用的零部件进行管理有利于更好地监控车辆的维修保养过程。

车辆零部件信息包含部件编码、部件名称、规格、包装单位、适用车型、状态（启用/停用）等。

4. 包装耗材信息

在配送时，经常需要用到包装箱、胶带、文件袋等耗材，而且数据巨大，所以有必要对常用耗材进行系统管理。

包装耗材信息包含耗材编号、耗材名称、类别（包装箱、胶带等）、单位、长（mm）、宽（mm）、高（mm）、材质、状态（启用/停用）等。

5. 第三方承运商信息

自营物流体系并不能保证所有地区都能配送，在无法完成配送时，可以转由第三方承运商进行配送，故需要在系统中维护好第三方承运商信息。

第三方承运商信息包含承运商编号、承运商名称、联系人、联系人电话、公司地址、税务登记号、组织机构代码、营业执照号、营业执照所在地、营业执照有效期、客服电话、公司网站、结算方式（寄付/月结等）、是否支持代收货款、状态（启用/停用）等。

6. 限行规则维护

各城市都有自己的限行规则，为保证派车时不会分配到限行的车辆，所以要提前维护好限行规则。在设计限行规则时，需考虑城市、动力系统（燃油、电车）、限行周期等多个因素，并且要及时更新，在限行规则失效前进行提前预警。这是一个比较复杂的系统规则，需要参考各地的限行政策进行设计。

例如，××城市限行规则示例如表 10-2 所示。

表 10-2 ××城市限行规则示例

元　　素	示　　例
生效日期	2021.8.1
失效日期	2021.12.1
限行规则	**限行规则：**尾号限行 **限行时间：**周一到周五　07：00—20：00 **限行区域：**3 环以内 **详情：** 周一：尾号 3 和 8； 周二：尾号 4 和 9； 周三：尾号 5 和 0； 周四：尾号 1 和 6； 周五：尾号 2 和 7

10.2.2　车辆调度

在配送过程中，每天面对如山的收发货任务，相关人员做好配送路线规划并调度合适的车辆是非常重要的，合理的调度不仅能节约配送时间并缩短配送距离，还能为企业节省大量的配送成本，降低供应链的整体成本。据统计，在电商领域中物流成本占销售成本的 30%以上，如果能通过合理的车辆调度将配送成本降下来，能极大地提升企业的竞争优势。

1．车辆调度整体流程

一个完整的车辆调度流程可以分为司机排班、接送货任务、生成运输路线、安排车辆、司机接收运输任务、司机按路线运输、回车登记几个步骤，如图 10-10 所示。

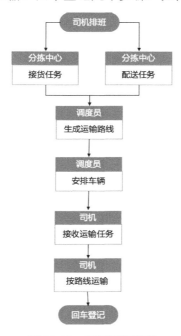

图 10-10　车辆调度流程

① 在开始安排任务之前，一般由各分拣中心的调度员提前对司机和车辆进行排班，做好计划。

② 分拣中心接收需要运输的包裹任务，任务分为接货任务和配送任务。接货任务一般是由仓库和商家下达的需要上门收件的任务，发货任务是由分拣中心下达的向其他分拣中心或站点运送包裹的配送任务。

③ 调度员根据系统指引或者手动将同一配送方向的任务编排成运输路线。

④ 调度员安排车辆，并给司机下达运输任务。

⑤ 司机接收任务，并按照安排好的路线逐一进行接货或配送。

⑥ 所有任务完成后，车辆返回分拣中心进行回车登记。

2．司机排班

司机排班主要用以辅助相关人员提前安排好每一天的司机及车辆计划，以便在派车时能根据排班进行调度。通过排班，也能起到管理所有司机和车辆的作用，方便相关人员了解每一位司机和车辆的工作情况。

如图 10-11 所示，司机排班一般由各个分拣中心或配送站点自行维护，若有变动，需及时调整，以免影响车辆调度。

图 10-11　司机排班示例

3．派车任务与派车路线

派车任务分为接货任务和配送任务两类。如图 10-12 所示，以分拣中心为例，接货任务是车辆从分拣中心发车到商家或仓库接收包裹的任务，由仓储管理系统或商家系统下达任务至分拣中心，每一个仓库/商家对应一个接货任务；配送任务是需要将本分拣中心的包裹发往其他分拣中心或配送站点的任务，每一个分拣中心/站点对应一个配送任务。

图 10-12　接货任务与发货任务

每安排一次发车，司机通常会接收多个任务，多个任务按照距离远近连接起来，便形成了一条运输路线，每出一次车，以将路线中所有任务做完为目标。一条路线中可以包含多个任务，针对一个任务也可以安排多条路线。

如图 10-13 所示，分拣中心 Z 分别接到 A、B、C 三个站点各 100 个包裹的配送任务，将三个任务合成一条路线，由 Z 出发，根据距离远近，便形成了"Z→A→B→C"的配送路线。

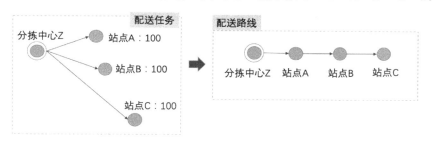

图 10-13　配送任务与配送路线

如果派车的路线比较固定，可以在系统中预设路线，提前安排好车辆，这样就不需要每次接到任务以后都要临时安排车辆，而可以实现系统自动分配车辆了。预设路线示例如图 10-14 所示，逻辑为：以分拣中心为起点或终点，按照接货或配送的方向，将多个目的地串联起来形成路线，并提前安排好车辆，一条路线可以安排多辆车，按优先级排列，当接到任务后，便可以根据预设路线从优先级由高到低依次安排车辆了。

图 10-14　预设路线示例

在预设路线时，还可以提前设置好每条路线从分拣中心出发到各个目的地的标准参考时间、参考里程、路桥费等，以此与实际发车的数据做对比，以监控司机是不是按照系统安排好的路线在做任务，如果存在经常性的误差过大，说明该司机有违规用车的嫌疑。

4．安排车辆

分拣中心接到派车任务后，下一步便是针对任务逐一安排运输车辆，同一辆车下的多个任务串联起来便是司机的运输路线。安排车辆可以通过系统派车和人工派车两种方式，系统派车是将任务根据预设路线自动安排车辆，人工派车则是相关人员手动为任务安排车辆，已经安排的任务，允许取消并重新派车。

在派车时，需要考虑任务量、车辆的承载量、车辆状态、期望上门时间、司机排班等因素。一般来说，一辆车可以接收多个运输任务，但如果某一个任务中的包裹数量或重量过大，就需要安排多辆车了。安排车辆示例如图 10-15 所示。

图 10-15　安排车辆示例

当派单任务很多时，可以借助系统自动派单来减少人工派单的工作量，系统派单的原理是以预设路线和车辆为基础，为每个任务匹配合适的路线及车辆，具体思路如下。

① 获取当前需要派车的任务。例如，有一单需要从分拣中心 F 送往配送站点 B1 的任务，包裹数量为 100 个。

② 从系统预设路线中获取包含此任务的可用路线及配送车辆，可能包含多条路线，每条路线可能有多辆车。

系统预设路线	可用配送车辆
F→B1→B2	① [依维柯-京 B***50]，承载 1000，剩余 0
	② [依维柯-京 B***51]，承载 1000，剩余 500
	③ [依维柯-京 B***52]，承载 1000，剩余 1000
F→C1→B1	④ [依维柯-京 B***60]，承载 1000，剩余 1000

③ 从查找的路线中匹配剩余承载量大于任务包裹数量，且车辆状态满足要求的路线，匹

配规则如下。

a. 优先匹配状态为"空闲"的车辆，其次是"待发车""返程中"的车辆，车辆不能限行，且司机处于上班时间内。

b. 如果单辆车承载量不够，可以分派多辆车，保证派出的车辆能够装下任务中的包裹，由于实际包裹有大有小，且码放时不可能完全占满车辆容积，车辆承载量可以设定一个系数，如 75%。

c. 如果当前所有车辆均不满足条件，可以转为人工指派，或者从满足条件的路线中找一辆最合适的车辆进行指派，如按优先级、发车时间等。

④ 将分配的路线和车辆与派车任务进行关联，重算车辆承载量。例如，从分拣中心 F 到配送站点 B1，配送路线为"F→B1→B2"，车辆为"依维柯-京 B***51"，当前剩余承载量从 500 个减至 400 个（因为加入了 F 到 B1 的 100 个包裹）

⑤ 继续为其他派车任务分配车辆，直到所有任务都派车完成。最后将需要发车的路线中没有任务的站点剔除，便是真实的配送路线。例如，在"F→B1→B2"路线中，当前没有 B2 站点的任务，则此路线只需要完成"F→B1"的配送即可，"F→B1"便是最终配送路线。

无论是接货任务还是配送任务，都可以将其抽象为待派车、已派车、已完成、已取消四个状态，状态交互如图 10-16 所示。

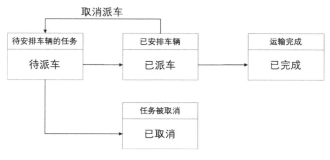

图 10-16　派车任务状态图

派车任务状态说明如表 10-3 所示。

表 10-3　派车任务状态说明

状　　态	说　　明
待派车	分拣中心接到新的派车任务，包含接货任务和配送任务
已派车	已安排车辆，并将任务下达给司机
已完成	司机按指定路线进行运输，完成任务后变更状态
已取消	任务被取消，无须派车

5. 司机运输与车辆监控

车辆被安排任务后，系统会为司机推送派车任务，司机可以在司机端接收任务，并按指定发车时间及系统路线逐一完成每个目的地的接货或配送任务，每到一个任务的目的地，完成接单揽收或者配送卸货后，再前往下一个目的地，所有任务完成以后，方可返回分拣中心。如果车辆上装有 GPS 定位装置，相关人员便能在后台 GIS 地图上监控到每一辆车的实时状态和运行轨迹，并且可以根据车辆到达或离开地图中设定的电子围栏区域自动变更车辆状态并记录时间，而无须司机手动操作。例如，车辆一旦到达配送站点，系统便能够通过 GIS 感知到，自动变更车辆状态为"已到站"，车辆一旦离开配送站点，系统便能够自动变更车辆状态为"返程中"，车辆监控后台示例如图 10-17 所示。

图 10-17　车辆监控后台示例

根据车辆的不同运输阶段，我们可以设定车辆的运输状态，如图 10-18 所示。

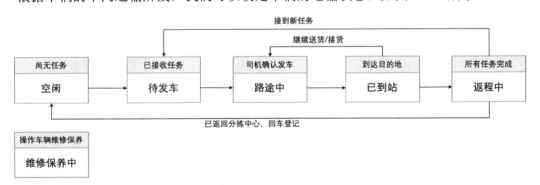

图 10-18　车辆状态图

车辆状态说明如表 10-4 所示。

表 10-4　车辆状态说明

状　态	说　明
空闲	当前车辆没有被安排任务且没有处在维修保养状态
待发车	车辆已经被安排任务，并将任务下达给司机，等待司机接收确认
路途中	司机确认发车，或者通过 GPS 定位到车辆已经离开分拣中心。当有多个目的地时，从上一个目的地发出到下一个目的地到达之间，车辆状态也变更为"路途中"

续表

状　　态	说　　明
已到站	司机到达目的地，通过司机操作客户端，或者基于 GPS 定位后变更
返程中	司机完成所有接货或配送任务后，返回分拣中心的途中
维修保养中	车辆被维修或保养时变更状态，处于此状态的车辆不能被派车

在运输过程中，如果车辆出现了故障等，需要更换配送车辆，系统还需要提供换车功能，由司机将原车任务转移到新车上，原车状态变为维修保养中，新车继续完成任务。

6．回车登记

车辆完成指定路线中所有接货和配送任务以后，需要返回分拣中心进行回车登记，登记方式可以是 PC 端登记，也可以直接将"回车登记"功能设计到由司机操作的客户端中（PC 端回车登记示例见图 10-19）。登记的目的有两个：一是记录回车状态，变更车辆状态为空闲，以便本车继续接收其他路线任务；二是录入在运输过程中产生的加油费、高速费、停车费、里程、票据等信息。

图 10-19　PC 端回车登记示例

以上便是车辆调度模块的基本功能了，通过车辆调度可以将"静"的包裹"动"起来，最终将其送到用户手中，完成订单履约。当然，车辆调度模块中还应包含车辆维修保养、车辆损耗管理、年审与保险、耗材管理、车队管理、违章管理、费用管理等诸多功能，大家可以根据实际业务进行流程梳理和系统设计。

10.2.3　分拣管理

不管是从商家或仓库将包裹发往终端用户的正向物流，还是从用户处将包裹寄回商家或仓库的逆向物流，包裹都需要在分拣中心进行集散分拣，然后安排车辆将包裹运输至目的地对应的分拣中心、配送站点或者仓库。分拣的包裹来源包含从商家或仓库接货而来，从其他分拣中心转运而来，从站点退回需重新分拣的逆向退货、拒收、取件等。

1. 分拣中心整体流程

无论哪种来源、哪种流向，包裹在分拣中心内部的流程都可以抽象为图 10-20 所示的样子。

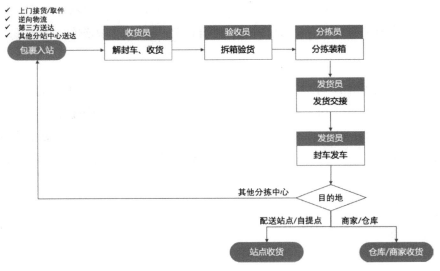

图 10-20　包裹分拣流程

2. 分拣中心收货

包裹送达分拣中心以后，相关人员首先进行货物清点、收货，与配送司机完成交接。收货逻辑如下所述。

相关人员提前在分拣系统中接收到其他分拣中心、配送站点或第三方物流公司下达的待收货分拣的任务（包含车牌号、司机、封车签、箱号、封箱签、运单号、包裹号等），当车辆到达分拣中心时，如果贴有封条，需要先解开封条，一般用 PDA 扫描录入封车号或车牌号开启本车的收货任务，再依次扫描车内的箱号进行收货，如果是大件或原包装包裹，可直接扫描包裹号进行收货。PDA 收货示例如图 10-21 所示。

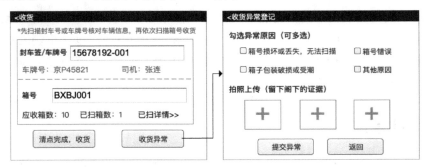

图 10-21　PDA 收货示例

收货完成以后，分拣系统中对应的周转箱状态标记为"已收货"，对应配送车辆的状态为"已到站"。

如果在收货过程中遇到异常情况，如箱号损坏或丢失、箱号错误（非本站箱子，或者不是可收货状态的箱子）、周转箱破损或受潮等，相关人员在系统中登记、拍照上传，并提交异常组处理。

如果箱内有疑似违禁品或液体，收货以后，系统需引导收货员将周转箱送至安检处进行安检。

3．拆箱验货

拆箱验货是对包裹进行拆箱，并验收包裹是否完整的过程。验收员扫描已收货的箱号或箱子上的封签号开启箱内包裹的验货任务，然后逐一扫描箱内的包裹号，并检查包裹是否完好，若有异常（如封签和箱号无法扫描、包裹号无法扫描、包裹破损、包裹错误、空包裹等），相关人员要在系统中登记、拍照上传，并提交异常组处理。PDA 验货示例如图 10-22 所示。

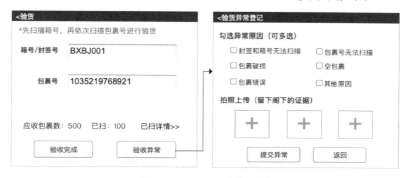

图 10-22　PDA 验货示例

包裹验货以后，标志着包裹已真正到达分拣中心。虽然收货就算包裹到达了，但难保箱中的包裹有遗失的情况，所以以验货扫描为包裹到达分拣中心更准确。只有箱中所有的包裹均扫描验收完成，整箱才算验收完成，若箱内实物比系统中记录的实物少，则视为包裹遗失，需要提报异常，及时查找原因。

另外，有些周转箱只是在本分拣中心做中转，如从始发地北京发往目的地武汉，在郑州做中转，原则上不需要拆箱验货，可直接发货。

4．分拣装箱

分拣是将包裹按照目的地、商品属性等进行归类，并将相同目的地、相同属性的包裹分到一起，并装进同一周转箱中。分拣方式有两种：分拣机分拣和人工分拣，二者原理一样，都是扫描包裹条码，通过条码信息从系统中读取包裹的下一目的地，并将其分派到目的地对应的存放区域。

图 10-23 为在分拣中心通过分拣机自动分拣包裹的流程。分拣员将包裹条码朝上投向分拣机，分拣机的条码识别设备识别包裹条码并从系统中获取包裹的配送路线及下一目的地，

接着包裹被分配到目的地对应的滑道，当包裹到达目的滑道附近时，由设备将包裹推送到指定的道口。

图 10-23　分拣机分拣包裹

人工分拣则由分拣员手持 PDA 或扫码枪扫描包裹号，根据系统提示将包裹放置在对应区域中。

分拣完成以后，分拣员需要将同一目的地的包裹进行装箱，如图 10-24 所示。分拣员选择目的地，并扫描周转箱号（周转箱号可以是固定的，也可以是每次临时生成的，以记录为主），然后逐一扫描包裹号并将其放进周转箱，此时系统便产生了目的地、周转箱和包裹号三者的关联关系，如果包裹放错了，系统还可以支持解除关联。在装箱过程中，分拣员需校验包裹目的地和运输目的地的一致性，且不同目的地的包裹不能混装。另外，如果用户取消了寄件，也可以在此环节对包裹进行拦截，走逆向退货流程。

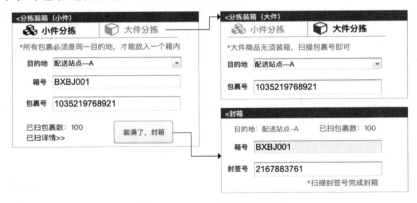

图 10-24　PDA 分拣装箱示例

如果一个周转箱装满了，可以进行封箱，封箱的系统操作：将周转箱用带有条码的封箱签进行封存，然后扫描签号完成封箱。包裹封箱以后就不允许再随意拿出了。

有些大件和原包装不需要装箱，可以直接扫描包裹号完成装箱和封箱的操作，在系统实现方面可以将包裹号当作箱号和签号处理。

5．发货交接

包裹从分拣中心分拣装箱后，配送任务便会下达车辆调度中心，由调度系统安排司机和车辆前来接货。待司机到达后，由发货员逐一扫描封签完成的箱号（大件原包装扫描包裹号）并生成发货批次（见图 10-25），同一批扫描的箱号会生成一个发货批次，相关人员可以就此发货批次打印交接单与司机完成交接。

图 10-25　PDA 发货交接示例

交接扫描以后便是装车，如果车内含有多个目的地的包裹，相关人员按照系统配送路线提示先将最远目的地的周转箱码放在最里面，最近目的地的周转箱码放在最外面，方便卸货。

为保证同一订单的多个包裹一起送达，系统需限制同一订单的多个包裹必须在同一批次发货，且最好装进同一辆车内。

6．封车发车

车辆装满以后，便可以发车了，由发货员分别录入车牌号、司机，以及扫描本车内的所有发货批次完成发车，如果需要封车，还需要提前将打印好的带有条码的封车条贴在车门上，并扫描封车条进行封车。封车发车示例如图 10-26 所示。

图 10-26　封车发车示例

封车完成以后，负责运输的司机在到达发车时间以后便可以将车开出分拣中心，如果车辆装有 GPS，配送管理系统可通过电子围栏自动识别此车已离开分拣中心，变更车辆状态，并将发货信息发送给目的地，以便下游目的地提前做好收货准备。在配送过程中，系统可准确地记录配送车、司机、封车号、发货批次、箱号和包裹号的关联关系，并追查到每个包裹的实时动向和状态。它们之间的关系如图 10-27 所示。

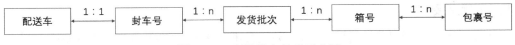

图 10-27　配送发车关系示意图

司机发车以后，在运输途中，如果车辆出现问题需要换车，系统需提供相关功能将原车中所有的关联关系转移到新车上。

10.2.4　配送管理

配送站点是包裹送达用户前的最后一个集散点，一旦包裹进入配送站点，即进入了物流运输的"最后一公里"。"行百里者半九十"，能否在规定时效内完成履约，"最后一公里"的流程管理和系统操作也是相当关键的。

1．配送站点正向配送流程与逆向配送流程

配送站点在整个配送流程中承担着两方面的职责：正向配送和逆向取件退货。在正向配送流程中，包裹由分拣中心运输到站点，由站点分派配送员，将包裹送达用户指定的收货地址。在逆向配送流程中，配送员上门取件，并将快件在配送站点完成装箱、逆向发车。

配送站点正向配送流程如图 10-28 所示。

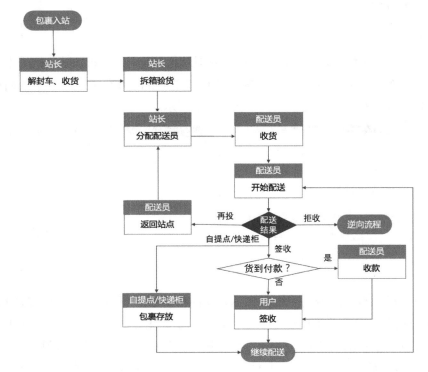

图 10-28　配送站点的正向配送流程

如果用户拒收包裹，或者有寄件的上门取件任务，就要触发配送站点的逆向物流，流程如图 10-29 所示。

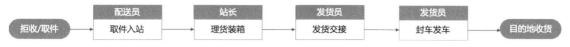

图 10-29　配送站点的逆向配送流程

2．站点收货与返调度

车辆到达配送站点以后，配送站点对车辆进行解封（如果没有封车条，则不需要），然后扫描箱号或原包装包裹号进行收货，并对周转箱拆箱，再逐一扫描箱内的包裹号进行验货，此流程可参考分拣中心中的相关操作，二者功能类似。

在站点验货环节，需校验包裹的合法性，如果非本站点配送范围内的包裹，且本站点距离包裹所属站点较近，可由本站点安排相关人员将包裹送至目的站点，否则需将包裹返回分拣中心重新分拣，也叫返调度。如果包裹超出了自营配送范围，可由本站点直接转寄第三方物流。

不管是转站点、返调度，还是转寄第三方物流，包裹在系统中都会被打上特殊标记，由站长安排装箱、发货。

3．分配配送员

无论是正向配送流程还是逆向配送流程，都需要分配配送员，分配方式有两种：人工指派和按系统推荐分配。人工指派是指由站长在系统中为每个包裹手动指派配送员。系统推荐分配分为两步，如下所述。

① 提前在配送管理系统中维护好每个配送员负责的街道、小区及预设路线（或者通过 GIS 在地图上标注配送员负责的区域）。例如，老王负责 A、B、C 三条街道，其预设路线为：站点→A→B→C→站点。又如，老李负责 D、E、F 三条街道，其预设路线为：站点→D→E→F→站点。一名配送员可以被安排多个街道和路线，一条街道也可以安排多名配送员。

② 当配送站点的包裹收货后，系统根据包裹收件地址中的街道匹配配送路线并分配对应的配送员，若有多个路线结果，则按照优先级依次匹配。如此便可将 A 街道的包裹自动分配给老王，将 E 街道的包裹自动分配给老李。配送员预分配逻辑如图 10-30 所示。

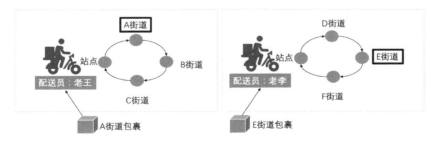

图 10-30　配送员预分配逻辑

分配完配送员以后，包裹配送任务便会下发到配送员的客户端，待配送员领取任务。

4．配送员收货

配送员接到取件任务后，按照取件时间到达客户所在的地址取件。若接到配送任务，需要先对待配送的包裹扫描收货，收货操作如图 10-31 所示。配送员逐一扫描包裹标签，若符合本配送员派送条件，则视为收货成功，否则收货失败，若遇异常件（如非本站点包裹、非本人配送任务包裹、包裹破损或受潮、空包裹等），可登记异常。

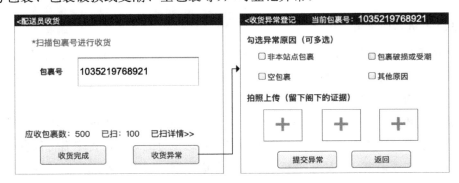

图 10-31　配送员收货示例

收货完成后，配送员按照距离远近将包裹装进配送车里，开始派送。正常情况下，分配给配送员的包裹应全部扫描完毕，若收货完成时已扫包裹数量不全，说明丢件了，系统应给予异常提示。

5．配送员派件

配送员按照包裹的收货地址逐一派送，根据派送的结果，系统需提供不同的功能供配送员操作不同的业务。

① 用户正常签收。签收方式可以是本人签收，或者他人代收。配送员将包裹交给用户时，如果是在线支付的包裹，直接签收即可，如果是货到付款的包裹，或者需要用户到付的包裹，用户需先支付以后才能签收，支付方式可以是微信、支付宝、银联、现金或组合支付。如果选择微信或支付宝支付，一般由配送员出示企业的二维码，由用户直接扫码支付；如果是现金支付，则由配送员在系统中录入现金支付金额，方便回站点后对账；组合支付针对单种支付方式金额不够的情况而设计，可由用户选择多种支付方式组合支付，系统分别记录每种支付方式的金额。

如果一个订单下有多个包裹，需要一起配送、一起签收，还能支持一起支付。

② 投放自提点或快递柜。如果用户不方便收货，配送员可以将包裹送至自提点，或者投放快递柜，投放成功后，发送取件码给用户。

注意，投放自提点或快递柜后，包裹并不是已签收状态，而是"待取件"状态，待用户凭取件码取件以后才能变为"已签收"状态。放入快递柜的包裹，快递柜系统需要与包裹状态进行联动，如果是第三方快递柜，可以做 API 接口对接获取包裹状态。如果包裹在快递柜中长时间未取件，还要支持配送员将包裹取出重新派送或视为用户拒收。

③ 用户拒收。包裹在签收前，用户不想要了，则由配送员操作拒收，将包裹变为"拒收"状态。拒收的包裹，最终由配送员拉回配送站点走逆向配送流程入站收货、验货、装箱、发车到分拣中心，然后级级运输，最终将包裹退回始发地。

包裹被拒收后，在逆向配送过程中，为了不与正向配送流程混淆，可以在站点为其更换一个新的包裹号，以新包裹号做流转，并将物流状态与原包裹号相关联。（想象一下，一旦拒收包裹变成新单号后，相当于产生了一张正向发往始发地的新包裹，完全可以用正向物流逻辑来处理此流程，系统实现也更简单了。）

④ 包裹再投。由于客户不方便收货、商品破损、地址不详，客户电话无法接通、缺件、少件等原因，包裹无法正常签收，则由配送员将包裹标记为"再投"，并将包裹拉回配送站点，等待重新分配配送员并再次派送，或者按拒收处理。再投是一个中间态的包裹状态，对外展示为"派送中"。

⑤ 异常件。在派送过程中，若配送员发现包裹标签丢失、货物破损、有违禁物品、无法联系客户、包裹被取消寄件等情况，可以提报异常，将包裹标记为"异常件"并拉回配送站点处理，处理完成以后，将包裹恢复为正常状态，再次派送或按拒收处理。

配送员派件示例如图 10-32 所示。

图 10-32　配送员派件示例

　　所有的包裹都派送完成后，配送员返回配送站点，将拒收、再投及异常件交接给站长，等待后续处理。对于到付的包裹，配送员将收取的现金交接给站长，待站长集中提交给总部财务部门进行对账。

6. 逆向配送

　　配送站点的逆向配送主要包括上门取件和拒收业务。上门取件包含订单售后的上门取件，以及用户自行邮寄包裹，二者的区别是订单售后的上门取件需要关联原订单以便做售后退款处理，用户自行邮寄的包裹则不需要。

　　用户通过客户端下发包裹寄件任务后，由系统或配送站点的站长分配配送员上门取件，分配规则和正向配送的分配规则类似，根据配送员负责的配送范围及配送员的当前状态来匹配。

　　图 10-33 为配送员接到取件任务后，在规定时间内到达用户指定地址进行揽件。揽件过程为：配送员先为物品包装、称重、测量体积，将这些数据录入系统后，系统自动计算运费并发送给用户确认，用户可选择寄件方付费或收件方付费。若是寄件方付费，则由配送员现场发送账单，用户支付，支付方式可以是当面付（寄件方当面支付），也可以是月结账号支付（一般是企业用户，提前开通月结账号，通过月结账号进行对公支付）；如果是到付，则寄件方无须支付费用，待收件方签收时支付。

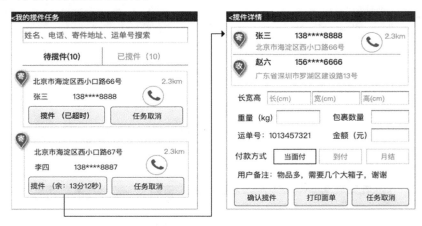

图 10-33　上门揽件示例

　　支付完成后，配送员打印面单并将其粘贴到包裹上（有几个包裹便打印几张面单，但都对应一个运单号），并将包裹放回车内拉回配送站点，然后对包裹进行整理。如果无包装，则为包裹套上包装；如果是手写面单，则先将寄件信息录入配送管理系统，然后由站长扫描包裹号进行装箱（大件可不装箱，用包裹号代替箱号）。装箱完成后，配送员发送任务至车辆调度中心，等待派车，后续的发货交接、装车、封车、发车等处理流程就和分拣中心中的相关处理流程一样了。

7. O2O 配送

在 O2O 和新零售模式下，很多包裹并不是从仓库打包发货的，而是从离用户最近的门店发出，如饿了么、美团、叮当快药等，此类配送不需要分拣中心和配送站点，只需要配送员的客户端能接单配送即可，具体流程如图 10-34 所示。当用户在指定的门店下单以后，商家接到订单开始备货，并将配送任务分配到附近的配送员（骑手）手上，分配逻辑为：基于商家发货地址匹配附近可接单的配送员，配送员的实时位置在商家可配送范围内。配送员接到任务后，前往商家处领取包裹，再按照路线将包裹派送给用户，直到本次任务中所有包裹派送完成。

① 用户在指定门店下单

② 商家备货，并通知配送员取货

③ 配送员领取任务，前往商家门店取货

④ 配送员按照用户地址送货上门

图 10-34 O2O 配送流程

10.3 基于第三方物流的配送管理系统

对于大多数企业而言，如果没有特别强烈的自营物流诉求和极其雄厚的资金实力，一般使用第三方物流就足够了。如果使用第三方物流配送，我们同样需要搭建一套基于第三方物流配送的配送管理系统，以便能将配送全链路管控起来。

10.3.1 第三方物流配送管理系统架构

使用第三方物流配送不需要自己管理车辆调度、分拣、配送，所以配送管理系统相对比较简单，主要与第三方物流服务提供商做好接口交互和运费对账即可。基于第三方物流配送的配送管理系统，在订单履约过程中主要承担三个方面的职责：一是订单发货前的物流服务提供商分配及电子面单申请；二是包裹在配送过程中的全程跟踪；三是签收后与物流服务提供商的运费对账。订单履约与配送管理系统如图 10-35 所示。

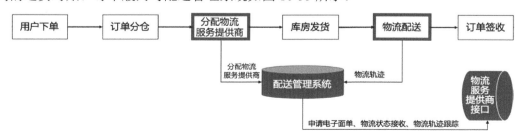

图 10-35 订单履约与配送管理系统

在配送管理系统设计方面，可以分为基础数据、配送策略、接口对接和财务结算四大功能模块，如图 10-36 所示。

图 10-36　第三方物流配送管理系统架构

① 基础数据，这是系统运行的基础，包括物流服务提供商信息、地址库资料、各物流服务提供商的面单模板、物流月结账号等，物流服务提供商信息和地址库资料若在基础数据中心已存在，就不需要单独维护了。

② 配送策略，包含配送策略配置、物流服务提供商分配策略、配送时效承诺和绩效计算策略等。

③ 与第三方物流服务提供商的接口进行对接，包含单号申请/取消、物流状态及轨迹获取、物流拦截查询等。

④ 财务结算模块，包含物流服务提供商的运费计算模板设置、配送运费及代收货款预算、物流对账等。

10.3.2　配送基础数据

在基于第三方物流配送的配送管理系统中，用到的基础数据比较少，主要有物流服务提供商信息、地址库资料、面单模板和物流月结账号等。物流服务提供商信息和地址库资料属于全公司都需要的公共数据，适合放到基础数据中心中维护和共享，这部分内容在本书第五章已经介绍过了，下面重点说明一下面单模板和物流月结账号。

1. 面单模板

在实际工作中，会有仓储、配送、门店等多个业务、多个系统需要打印面单，而打印面单需要在系统中提前按照物流服务提供商的要求设计打印模板。这是一个很精细的活儿，稍不留神就容易出现因尺寸无法匹配打印纸张而导致打印跳纸的情况，而且物流服务提供商的面单也在不断升级中，经常需要更新、调整。如果每个系统单独设计面单模板无疑是浪费的，好的设计思路是将所有需要对接和用到的面单统一放到配送管理系统中，由专门负责与物流服务提供商对接的相关人员统一负责维护，当外围系统需要打印时，相关人员从配送管理系统中调用对应的打印模板即可。

在设计面单模板时，有两种解决方案：一是直接使用物流服务提供商提供的 SDK（软件开发工具包），不需要自己设计，如顺丰的客户就可以直接在其官网下载 SDK。然而当前大部分物流服务提供商是不提供面单打印 SDK 的，所以我们还需要按照物流服务提供商提供的规范，自己设计面单模板，常用的面单设计工具有 Access、JasperReport、Style Report、杰表、润乾报表、快逸、FineReport 等。

面单规范从哪里来呢？可以通过物流服务提供商官网或商务对接获取各物流服务提供商的面单打印样式及对接说明。需要注意的是，一个物流服务提供商有多个打印模板，对应不同的业务场景，如电子面单、手写面单、代收货款面单、非代收货款面单等。图 10-37 所示为顺丰与京东的电子面单样式。

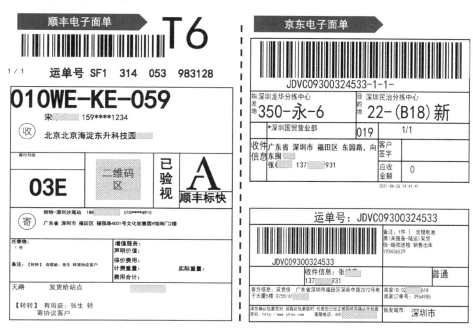

图 10-37　顺丰与京东的电子面单样式

2．物流月结账号

在签订配送协议时，每个物流服务提供商会为企业开通月结账号，并提供密钥。此账号是企业与物流服务提供商结算的唯一账号，有了月结账号以后就不需要每次寄件时都支付运费了，相关人员每个月根据物流服务提供商提供的账单对账结算即可。同时，月结账号也是企业配送管理系统从物流服务提供商申请电子面单的令牌。

月结账号基础数据主要包含物流服务提供商、月结账号、账号类型（是父账号还是子账号）、签约主体、客户编码（与物流服务提供商对接的编码，由物流服务提供商分配）、对接密钥、是否支持代收货款、支持的物流付款方式等。物流付款方式有三种（可多选）：寄方支付、收方支付、第三方支付。寄方支付就是寄件人支付物流运费，收方支付就是收件人支付物流运费，第三方支付就是除寄件人和收件人外的第三方付费。

10.3.3　物流配置与分配

由于每个第三方物流服务提供商的配送范围、时效、运费不同，企业通常会与多家物流服务提供商签订合作协议，针对不同仓库、不同地区、不同业务使用不同的物流，这就需要企业的配送管理系统中有一套健全的物流配置和物流分配策略。

首先，我们需要配置各仓库可使用的物流列表，以应对不同仓库与不同物流服务提供商签约的情况，此配置包含仓库、可用物流服务提供商列表。例如，可以单独为深圳仓和北京仓配置如表 10-5 所示的物流服务提供商。

表 10-5　仓库可用物流配置

仓　　库	可用物流服务提供商
深圳仓	京东、顺丰、圆通、中通、EMS
北京仓	顺丰、EMS

有了以上配置，便具备了分配物流服务提供商的基本条件。当用户下单以后，先在订单履约中心进行分仓，分配到合适的发货仓库后，将发货仓库、订单收件人信息、支付方式（是在线支付还是货到付款）、代收货款金额、物流付款方式（寄方支付、收方支付、第三方支付）、商品属性等信息传给配送管理系统，由配送管理系统匹配合适的物流服务提供商和电子面单，订单履约中心将电子面单和物流信息随订单下发仓库和门店，打印发货。在仓库和门店发货过程中，可能会出现一个包裹放不下所有商品需要拆分包裹的情况，或者因配送问题需要重新预约物流单号的情况，物流服务提供商可以支持仓储/门店管理系统直接调用配送管理系统接口，重新分配物流。

订单分配物流的全流程如图 10-38 所示。

图 10-38　订单分配物流

配送管理系统分配物流的逻辑可以总结为两个步骤：①分配物流服务提供商；②获取面单。

如果企业指定了物流服务提供商，则直接获取电子面单，否则先按分配策略分配物流服务提供商，然后才能获取电子面单。系统分配可以匹配到多个物流服务提供商，但各物流服务提供商应按优先级的高低进行排序。

企业需要通过与物流服务提供商签约获得的月结账号调用物流服务提供商提供的 API 接口以获取运单号和配送站点等信息。如果由于接口问题或者物流欠费等问题暂时无法获取运单号和配送站点等信息，企业可以按物流优先级更换其他物流服务提供商。企业获取电子面单后，基于面单模板生成订单的面单样式，将被下发到仓库或门店打印发货。

如果没能匹配合适的电子面单，企业可以用物流服务提供商的手写面单发货。

物流分配详细逻辑如图 10-39 所示。

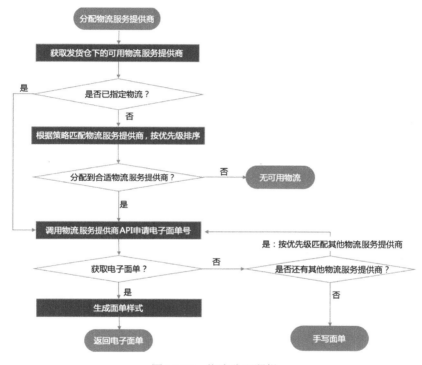

图 10-39　物流分配逻辑

关于物流服务提供商的分配，可以选择如下策略中的一种或多种组合。

① 配送范围优先原则。根据订单收件地址匹配发货仓下的物流服务提供商。物流服务提供商的覆盖范围可以提前维护到基础数据中心中，或者调用物流服务提供商提供的接口获取。

② 时效最优原则。对于有时效要求的订单，按照配送时效，优先分配时效最优的物流服务提供商。

③ 成本最优原则。同等配送条件下，优先分配配送成本最低的物流服务提供商。

④ 服务最优原则。根据物流服务提供商日常的配送时效、成本、服务评分等综合评估，为每个服务提供商做绩效评分，优先分配绩效评分高的物流服务提供商。

⑤ 服务匹配原则。根据订单的支付方式、运输方式、商品类型、物流付款方式，匹配合适的物流服务提供商，如某些物流服务提供商不支持货到付款订单的收款服务，则货到付款订单不能分配给此物流服务提供商。

⑥ 任务均衡原则。包裹过多的时候，可平均分摊给多个物流服务提供商，避免某一家物流服务提供商因单量过大而处理不及时，或者服务水平跟不上。

图 10-40 是以订单配送区域为例的物流优先级设置示例，由图中可知，深圳仓支持京东、顺丰、圆通、中通和 EMS 等物流服务提供商。其中，北京市的物流分配优先级为：京东〔1〕→顺丰〔2〕→圆通〔3〕；全国其他区域物流优先级为：顺丰〔1〕→京东〔2〕→圆通〔3〕→EMS〔4〕。由于北京市单独设置了规则，则北京市的物流分配读取北京市的规则，其他地区没有单独设置规则，则读取全国配置。

图 10-40　物流优先级设置

10.3.4　物流服务提供商 API 对接

与物流服务提供商进行 API 对接，一般是通过物流服务提供商提供的开放平台进行接口交互，如顺丰的丰桥平台、京东的宙斯平台、阿里巴巴的菜鸟平台等。此类开放平台的接入方式大同小异，主要有四步：第一步，注册开放平台登录账号；第二步，申请成为开放平台的开发者；第三步，发布一个应用，申请对接的 key 和密钥；第四步，与平台标准 API 在沙箱环境中进行联调，联调通过后正式上线运行。关于对接的细节，各开放平台都有详细的接入文档，想了解的朋友可以自行搜索。

图 10-41 是顺丰开放平台上提供的与物流对接相关的 API 接口说明，我们可以根据实际需要进行选择性对接。最常用的接口有下订单接口、订单结果查询接口、订单取消接口、路由查询接口。

接口	接口方式	描述
下订单接口	HTTP/POST	客户系统向顺丰系统下达订单，为订单分配运单号
下订单(国际件)接口	HTTP/POST	客户系统向顺丰系统下达订单，为订单分配运单号
订单结果查询接口	HTTP/POST	用于在未收到返回数据时,查询客户订单当前的处理情况
订单取消接口	HTTP/POST	客户在发货前取消订单
订单筛选接口	HTTP/POST	客户系统通过此接口向顺丰系统发送主动的筛单请求,用于判断客户的收件和派件地址是否属于顺丰的收件和派件范围
路由查询接口	HTTP/POST	客户可通过此接口查询顺丰运单路由,顺丰系统会在响应XML报文后返回当时点要求的全部路由节点信息
路由推送接口	HTTP/POST	当路由信息生产后向客户主动推送顺丰运单路由信息。推送方式为增量推送,对于同一个顺丰运单的同一个路由节点,不重复推送
子单号申请接口	HTTP/POST	客户在通过下单接口提交订单后,可从此接口获取更多的子运单号
订单状态推送接口	HTTP/POST	推送订单的揽收状态
清单运费查询接口	HTTP/POST	根据订单号或者运单号查询清单运费
路由注册接口	HTTP/POST	此功能主要是向外提供路由注册功能
仓配退货下单接口	HTTP/POST	退货下单接口根据客户需要,可提供客户系统向顺丰下订单、为订单分配运单号、筛单三种功能
仓配退货消单接口	HTTP/POST	主要完成退货消单

图 10-41　顺丰物流 API 接口示例

10.3.5　物流对账

对于以月结方式结算的企业来说，月末和物流服务提供商的对账也是一项很重要的工作，财务部门的相关人员必须保证所有的物流费用和物流服务提供商提供的账单一致，这样才能打款。

物流对账分两部分。

① 物流运费对账。物流运费对账包含包裹正向和退货逆向运输过程中，物流服务提供商需要向企业收取的费用，一般与抛重比、距离等因素有关。

② 代收货款（COD）服务费对账。货到付款的订单，由物流服务提供商代收货款后交给企业的财务部门，但企业需要支付一部分代收服务费。

物流对账的整体流程如图 10-42 所示。

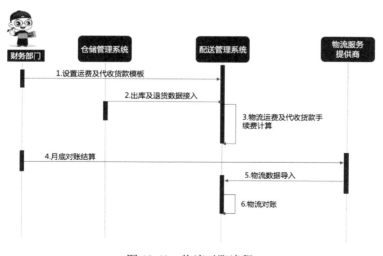

图 10-42　物流对账流程

① 财务部门的相关人员提前在配送管理系统中维护好运费和代收货款手续费的计算模板，费用计算规则由物流服务提供商提供后录入系统。

② 仓库的相关人员在发货环节测量包裹的体积和重量，并将已发货的订单和退供单中的相关数据传到配送管理系统中，配送管理系统根据运费模板可以计算每个包裹对应的物流费用和代收货款手续费。

③ 等到月末结算时，物流服务提供商提供实际的物流账单，由财务部门的相关人员导入配送管理系统，与系统预算的费用进行比对，如果有差异，则查找差异原因并重新对账，直到所有费用核对清楚为止。

1．物流运费模板设置

运费模板的设置是企业的相关人员提前将物流服务提供商的运费报价录入系统，以便包裹发货后对运费进行预算。大多数物流服务提供商的运费可以用以下公式来计算：

运费=[首重价格+（包裹重量-首重）×续重单价]×折扣率

订单重量未超过首重，以首重价格计算运费，超过首重的部分，按续重单价计算运费。

其中，首重是指最低的计费重量，无论包裹多小、多轻，都以首重价格计算运费，一般物流服务提供商首重是 1kg；续重是指超过首重部分的重量，续重单价是续重部分的单位计价；折扣率是物流服务提供商给予企业的价格优惠，在总运费基础上打折。

另外，有些物品属于泡货，如海绵、塑料、棉花制品等，其体积大重量小，计算运费时，需要将物品体积转换为重量后再计算运费，也叫体积重量。通用体积重量的计算方法为：**体积重量=长（cm）×宽（cm）×高（cm）÷6000**。物品的计费重量取实际重量和体积重量中的较大者。

在设计运费模板时，相关人员要考虑到不同城市由于距离不同、政策不同，运费也会不尽相同，所以应该支持不同物流服务提供商、不同仓库、不同时段、不同地区有不同的价格设置。运费模板的基本属性包含模板编号、模板名称、物流服务提供商、适用仓库、模板有效期、地区报价等信息。

图 10-43 是一个北京仓和河北仓的顺丰运费模板示例。

模板详情

模板编号：Y20101	模板名称：顺丰运费模板-北京仓+上海仓	物流服务提供商：顺丰
适用仓库：北京仓，河北仓	模板有效期：2021-10-01 至 2022-09-30	
备注：运费=[首重价格 +（包裹重量 - 首重）× 续重单价]× 折扣率		

模板明细

省市	首重（kg）	首重价格（元/kg）	续重（kg）	续重单价（元/kg）	运费折扣
北京市	1	12	0.5	2	0.65
河北省	1	12	0.5	2	0.65
云南省	1	20	1	6	0.65
重庆市	1	18	1	6	0.65
海南省	1	22	1	12	0.65

图 10-43　物流运费模板示例

2．代收服务费模板设置

代收货款存在资金风险，所以物流服务提供商的代收货款服务并不是免费的，会收取一定的费用，大部分物流服务提供商按照代收货款金额收取一定比例的服务费，且有最低代收服务费。

若代收服务费大于最低代收服务费，以代收服务费计算，否则以最低代收服务费计算。

同运费模板一样，代收服务费模板也应该支持不同物流服务提供商、不同仓库、不同时段、不同地区有不同价格设置。图 10-44 为顺丰代收服务费模板示例。

模板详情

模板编号：D91517	模板名称：顺丰代收模板-全国仓	物流服务提供商：顺丰

适用仓库：全部　　　　模板有效期：2021-10-01 至 2022-09-30

备注：代收服务费 = (代收金额 × 费率/最低代收服务费)

模板明细

省市	代收起步价（元）	费率（%）
北京市	5	0.95
河北省	5	0.95
云南省	5	0.95
重庆市	5	0.95
海南省	5	0.95

图 10-44　代收服务费模板示例

3．费用预算与物流对账

模板维护完成后，仓储管理系统的发货数据和拒收数据便可定期推送到配送管理系统中，配送管理系统基于仓储管理系统传入的发货信息，调取对应的费用模板，预算每一单的运费和代收服务费，其中包裹体积取包装箱的体积，包裹重量取出库时包裹称重数据。

预算数据作为与物流服务提供商对账的原始数据，待物流服务提供商提供账单以后，将账单数据导入系统，基于物流单号与预算数据进行对比，便能将双方的差异数据对比出来并逐一核实，直到双方对对账结果完全认可为止，这便是物流对账的全过程，如图 10-45 所示。

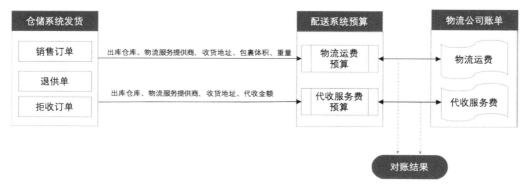

图 10-45　费用预算与对账逻辑

10.4　本章结语

配送管理系统主要是负责物流配送管理的系统，管理商品从出仓以后，到用户签收，以及逆向返回的全流程。根据物流方式，可以分为自营物流配送和第三方物流配送，自营物流需要搭建配送体系，第三方物流配送主要借助三方物流公司的配送能力。

无论是自营物流，还是第三方物流配送，都是基于包裹号进行流转，包裹从被揽收开始，到最终被用户签收，正向会经历已揽件、在途运输中、派送中、待取件和已签收 5 个节点，如果包裹被拒收，会被原路退回，会经历拒收、逆向在途、逆向派送和逆向签收 4 个逆向节点。

在自营物流模式下，需要搭建分拣中心、配送站点并利用自有配送员送货，自营物流配送管理系统的搭建需重点关注配送基础数据、车辆调度、分拣管理、配送管理等。

第三方物流配送管理系统不需要关注配送的细节，重在处理面单目标管理、物流服务提供商分配、对接物流服务提供商 API 和物流对账等。

第 11 章 满汉全席：其他供应链系统设计指南

在本书前面的章节中，我们对供应链业务、流程和系统有了全面的了解，并对核心系统设计做了较为详细的介绍，也在关键功能上提供了一些页面示例以加强理解，但供应链系统本没有标准的界限，前人的经验可以作为参考，但不能生搬硬套，我们终归要到实际工作中结合实际业务，发挥所长，搭建适合我们自己的供应链系统。

本章再对其他供应链系统核心功能进行整体介绍，不能面面俱到，只愿能打开大家对供应链的认知天窗，天地之大，未来之远，任君上下而求索。

11.1 前置战场：门店管理系统

在线上+线下同售的新零售模式下，门店不再只承担传统的线下零售职责了，而是转变为集用户拉新与留存、线下零售、线上销售等职责于一体的智能前置仓，起着非常重要的作用，所以对门店的布局，是零售商家必争之战。

从传统的线下销售到新零售模式下的线上线下同售，是零售业发展的必然趋势，随之而来的是门店布局和系统设计的悄然变化。本节我们一起来梳理一下新零售模式下的门店管理系统设计。

11.1.1 线上线下，前店后仓

在新零售供应链中，门店也同时扮演着前置仓的角色，所以前店后仓是主流的门店布局，前面是零售门店的柜台呈列和 POS 销售（POS，Point of Sale，终端销售），负责线下的零售，后面是一个小的仓库，除了存放前面门店的备货，还用来承接一部分线上订单的发货。从布局上看，因为线下零售还是主营业务，门店还是不能丢的，所以门店的面积较大，仓库的面积较小，如图 11-1 所示。

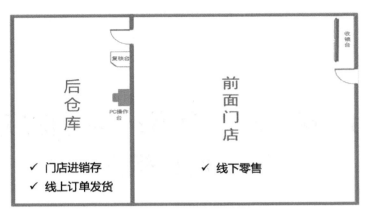

图 11-1　前店后仓布局

从系统规划方面来说，门店管理系统主要分为两部分，负责线下销售的 POS 管理功能，和负责门店整体进销存及线上订单同售的后台进销存管理系统，典型的门店管理系统架构，如图 11-2 所示。

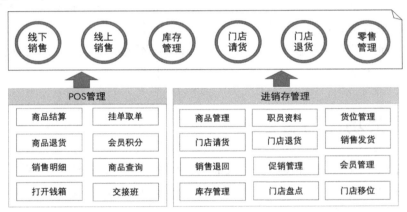

图 11-2　门店管理系统架构

POS 管理功能主要的使用者是门店营业员，用于线下客户到店购买商品的结算、退货、会员积分、钱箱管理、交接班和日常查询。进销存管理功能用于支持门店基础数据管理及商品的请货、入库、库存管理、库内管理、退货、促销、会员等业务。

在新零售体系中，门店管理系统不再是一个孤立的个体，而是整个零售网络里的一个必不可少的环节，门店和门店之间、门店和仓库之间是互通的，门店的商品、库存同仓储库存、商家库存一样，都会纳入中央库存系统，作为企业整体的库存为线上和线下提供服务，门店库存可以被线上用户下单，线下用户也能共享其他门店和仓储的库存。同时，门店还可以提供到店自提服务。

在中央库存系统中，门店的前店和后仓作为一个整体做库存管理，和仓储库存、商家库存是平行关系，门店自身的收货、发货、请货、退货导致的库存变更都应该在中央库存系统中同步，做到全渠道库存共享，如图 11-3 所示。

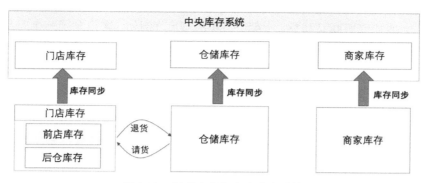

图 11-3　门店库存与中央库存系统

11.1.2　门店后台进销存管理

门店的后台管理系统需要支撑所有门店的商品进销存，以及线上、线下订单的销售，一家公司可能有多家连锁门店，在当前主流的云部署模式下，所有门店共用一套门店管理系统，但通过门店做数据层面的隔离，各门店仅查看和管理自己门店的业务数据（数据权限在稍后讲权限系统时会有详细介绍）。作为新零售业务的前置仓，门店的角色本来就是一个小型仓储，其后台入库、出库、库内作业流程等都可以参考仓储管理系统进行设计，只是功能层面可以更加简化，本节我们重点介绍门店基础数据、门店请货、门店出库、库内管理、门店促销和会员管理等系统逻辑。

1．门店基础数据

每新开一个门店，都会在基础数据中心中新增一条门店数据，同时对应增设一套新的门店系统的前后台系统权限。在每个门店下，需要单独设置该门店下的商品、职员、货位等基础数据。

① 门店商品数据。门店的商品基础数据应该来源于基础数据中心的商品主数据，如商品编码、名称、规格型号、分类数据等，这些数据应该保证全公司统一，由总部统一向下分发。但因为各地的市场和促销活动不同，所以各门店可以自行维护商品在本门店中的零售价信息，实现方式为在门店后台开放商品在每个门店中的零售价信息维护功能。商品在门店管理系统中的价格模型为同一个 SKU ID 在不同的门店中要支持不同的价格和促销折扣。

② 门店职员数据。管理每个门店下的营业员信息。同商品数据一样，不建议每个系统维护一套人员数据，如果可能的话，应该公用公司的 HR 系统或 OA 中的人员数据，以保证账号的统一性。

③ 门店货位数据。既然有仓库，有货架，就需要精细化管理，货位管理可以参考仓储管理系统中的相关功能，为货架编号、打印货位标签并粘贴。

在新零售业务里，前店后仓的库存是共享的，所以前店库存也需要在后台统一记录、管理。后仓的货位和库存通过货位管理解决了，那么前店呢？有两个思路：一是将前店的货位也贴上货位条码，做精细化管理，此方式可以精细化管理前店库存，便于相关人员对库存的精准掌握，但会增加前店商品补货、上架、售卖的难度。例如，客户拿了一个商品到收银台结账，假如此商品在两个货架上都有，收银员需要消库存，肯定不可能问用户到底在哪个货位上拿的。所以前店做精细化的前提是每个 SKU 只存在于一个货位上。第二个思路是后仓精细化，但前店做粗放式管理，在系统中将前店统一为一个大的货位来进行管理，这样无论补货、上架、售卖，都默认在此货位上操作，系统处理逻辑也可以和后仓保持一致，这种方式比较符合绝大多数门店管理诉求，但缺点是前店的库存无法精细化，找货、盘点等工作较麻烦。

2. 门店请货

门店的库存来源有两种：门店独立采购和向仓库请货。独立采购是由门店的相关人员下采购单，供应商直接送货到门店，但大多数门店面积和商品品类有限，独立采购成本比较高，所以多数企业还是采用门店请货模式。相关人员通过门店管理系统提出请货申请，审核后下发总部仓库发货。请货的系统交互流程如图 11-4 所示。

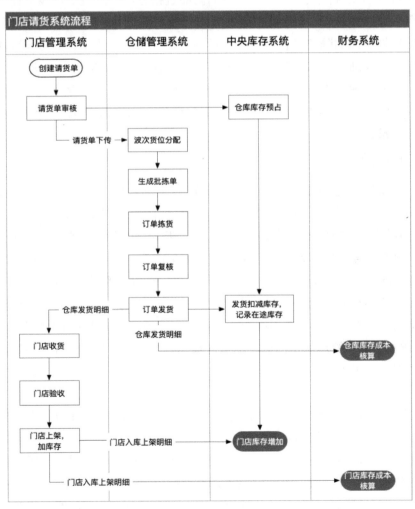

图 11-4　门店请货系统流程

请货单由门店店员填写，店长审核，可选商品范围是仓库内有可用库存的商品，建单信息包含请货仓库、SKU、数量等。请货单审核通过后，会通知仓储管理系统创建一张出库单，同时需在中央库存系统中预占目标仓的库存，以免库存又被其他渠道的出库单下单抢占了。

仓库实际发货后，扣减中央库存系统中的预占库存和实物库存，并将实际发货明细回传门店管理系统，生成门店的入库单。门店收到实物以后，提取系统中的入库单操作收货、验收和上架，加门店的实物库存并同步至中央库存系统。

在门店请货的整个流程中，有三个流转实体：门店请货单、仓库出库单和门店入库单，三者的生命周期及库存处理逻辑如图 11-5 所示。

图 11-5　门店请货的三个流转实体

在实际业务操作中，常常会存在门店计划请货的数量和仓库实际发货数量不匹配的情况，毕竟难免有库存不准确或者其他原因不能完全满足门店诉求的情况存在，所以系统设计要支持仓库缺量发货，以仓库实际出库商品数量做单据状态和库存的处理，而不能完全以请货单为准。

3．门店出库

与门店出库相关的业务有三种：门店前端 POS 出库、门店退货出库和电商订单出库。

门店 POS 出库主要针对前店的线下销售，用户结算以后，直接扣减前店对应货位上的商品库存，并同步扣减中央库存系统中的实物库存数量。在门店后台可查到每一笔销售记录，包含：销售流水号、日期、收银员、会员、销售商品、商品数量、商品零售价、实售单价、折扣、金额等信息。

门店退货出库针对需要退货给仓库的业务场景，是门店请货的逆向流程。门店退货系统流程如图 11-6 所示。

店员在门店管理系统中创建退货单，退货单中的关键信息包含退货目标仓库、退货 SKU、退货货位、退货数量等，退货单经门店店长审核通过后分配出库货位上的 SKU 库存，并按照仓储内部流程拣货、复核、发货。发货后通知仓储管理系统生成仓库入库单，待实物送达目标仓库后完成收货、验收和上架。

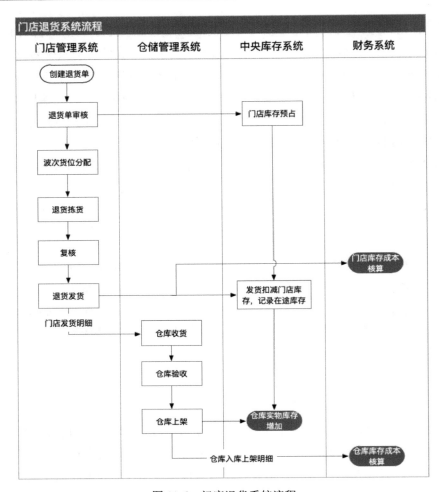

图 11-6 门店退货系统流程

门店内的电商订单出库主要针对线上订单发货，由于门店仓面积小、品种少、人员少，所以不可能承担过多的订单，一般仅作为仓库的后补，承接部分发货业务，主要包含三种情况：一是大仓缺货，而刚好门店有库存，商品需要临时从门店发出；二是本地的 O2O 配送订单，用户在前端 App 指定本门店下单；三是到店自提的订单，也是用户在前端 App 指定本门店。

在介绍中央库存系统时我们讲过，库存是需要有发货范围配置的，当门店承担自提和 O2O 配送发货时，仅限在配送范围内的用户能够看到这部分库存，而当门店承担物流配送发货时，范围就会广得多，可以覆盖全国或者部分省市，如图 11-7 所示。在基础数据中的门店配送范围设置中，O2O 配送范围和物流配送范围是两个配置范围，二者分别对应不同维度的可销售库存。

电商订单分配时，应该优先分配门店后仓库存，如果门店后仓没有库存了，但是前店还有库存，不建议直接分配前店的库存，最好先将订单挂起，发起一个从前店向后仓移库的指令，待商品从前店移到后仓以后再从后仓发货。这样做有两个好处，一是将前店销售和后仓发货业务分开，避免后仓拣货员到前店拣货，干扰了前店的销售；二是可以避免后仓和前店的库存冲突，试想一下，如果一个前店的商品刚被电商订单分配了，但此时刚好有顾客在前店拿了此商品要结算，系统处理起来就比较麻烦了，与其如此，不如让前店库存仅供门店销售，如果后仓需要前店库存，先发起移库，能移成功则移，若前店的商品已被前店顾客购买，则对后仓的电商订单做缺货异常处理。

图 11-7　门店出库范围

电商订单发货时，如果是物流配送，则和仓库出库流程一样，分配物流公司并预约物流单号，在仓内打单发货，如果是 O2O 配送，则预约本地 O2O 物流上门揽件，如果是自提订单，则给用户发送取件码（通过短信或 App 推送），用户凭取件码到店自提，自提以后订单状态直接变更为已签收。

电商订单发货后如果产生了拒收或售后退货，由售后系统生成一张退货入库单下发到门店管理系统中，用户将包裹寄回门店后，和仓储退货入库流程一样，收货、验收和上架。

4．库存管理

在库存管理方面，门店有一个和仓库不一样的地方，一般仓库都是按标准 SKU 整件进/出库，用数量来管理库存就可以了，这是标准品仓库的管理模式，但有些门店可能存在散卖的情况，如零食、干果、生鲜类商品，并不是整袋销售的。针对这种情况，提供两种解决方案：一是将散称商品按照重量拆零成更小包装的 SKU，如 1kg/袋的开心果，在仓库的 SKU 为 A，但同时新建一个 0.5kg/袋的 SKU B，在门店中，将 A 拆零为两个 B，以标准包装 B 进行售卖，对应库存处理为 A 数量减 1，B 数量加 2；二是在设计门店库存管理模块时，支持按重量计量库存，也即支持小数点存储重量。例如，开心果 A，初始入库时重量为 1kg，则记录库存为 1kg，散卖掉 0.25kg 后，则库存对应扣减 0.25kg，变为 0.75kg，此时库存数量就含有小数了。第二种库存方案较第一种方案更加灵活且贴合实际业务，但由于无法用标准品模式管理，时间长了库存的误差会变大，盘点难度会提升。

5．库内管理

在门店里，同样有日常对商品的库内管理诉求，如移位、盘点、库存冻结和解冻等，均可以参考仓储管理系统中相关功能的设计。

11.1.3　门店促销管理

门店促销是必不可少的零售手段，通过促销活动可以提升客单价和门店销售额，增加客户复购率，加快店内库存周转，降低供应链成本。门店常用促销促销手段是促销活动和发放优惠券，相关人员可在门店后台设置本店的促销活动。

1. 门店促销活动

促销的流程可分为创建促销活动、设置促销内容、促销活动生效、客户结算四个步骤。

① 创建促销活动。在门店后台创建一个促销活动，包含活动名称、活动生效时间和结束时间，活动用户（活动针对哪些客户开放，可选全部客户或部分客户）、限购数量（单个客户单个活动限购商品数量）。

② 设置促销内容。根据促销的方式，配置参与促销的商品及促销策略，如满减、满赠、折扣等，商品的范围可以是全店商品，也可以是指定的类目、品牌或指定的 SKU。

③ 促销活动生效。到达活动开始时间后，自动生效，满足促销规则的商品，在生效期间即可享受促销优惠，待促销活动结束后，再恢复原价。

④ 客户结算。客户到店购买商品，在收银时自动根据促销规则计算当前订单是否符合促销规则，若符合，则按促销价为客户结算，若不符合，则按原价结算。

门店常用的促销活动策略有满减、满赠、满折、特价、加价购、组合购、积分换购等，下面对促销策略进行简单说明。

① 满减。消费达到相关规定则享受减免一定的额度，根据满减类型，分为满额减（按下单商品金额满减）和满件减（按下单商品数量满减）两类，如每满 100 元减 10 元属于满额减，每满 3 件减 10 元属于满件减；根据满减方式，还分为固定满减和阶梯满减两类，如每满 100 元减 10 元属于固定满减，满 100 元减 10 元、满 200 元减 30 元、满 300 元减 50 元属于阶梯满减。

② 满赠。消费达到相关规定则赠送相应的赠品给客户，赠品可以是商品同款，也可以是其他赠品，如买 3 件送 1 件。和满减策略一样，满赠策略同样分为满额赠（按下单商品金额满赠）和满件赠（按下单商品件数满赠）、固定满赠和阶梯满赠。

③ 满折。消费达到相关规定可享受特定折扣，如购满 500 元享受 8 折优惠。满折策略同样可设定满额折扣、满件折扣、固定折扣和阶梯折扣规则。

④ 特价。针对特定商品做特价，无消费门槛限制，如××商品特价 50 元/件。

⑤ 加价购。消费达到一定金额后可加少部分钱换购价值更高的其他商品，如满 100 元可加 10 元换购洗发水一瓶。

⑥ 组合购。将多个有关联的单品组合成套餐一起购买，比单买某件商品的单价更低，如购买电视机 3000 元，电视底座 200 元，购买电视机+底座组合则只需要 3100 元。

图 11-8 是新建满减活动的示例，其他促销策略的设计方法类似，都是在活动有效期内根

据不同的促销规则设定不同的促销内容。在本书中，我们只介绍了单一的促销规则，还是比较容易实现的，复杂的是多个促销规则的叠加和逻辑互斥，在设计时一定要提前梳理清楚，避免一个商品触发了多个不该共存的规则，产生不必要的损失。一个基本原则是同类型的规则要互斥，不同类型的规则可以相互叠加。例如"满 100 减 10"和"满 300 减 50"属于同类型的规则，针对同一商品订单只能二选一，但"满 100 减 10"和"满 100 元可加 10 元换购"属于不同类型的规则，二者可以同时存在。

图 11-8　满减活动示例

一个完整的促销活动可以设计为未开始、活动中、已失效三种状态。

① 未开始。活动已创建，但尚未到达活动开始的时间，此状态下可以进行活动编辑、删除。

② 活动中。已到达活动开始的时间，活动变为活动中，此状态下不能编辑和删除活动，但可以手动结束或下架活动。

③ 已失效。已超过活动结束时间，活动自然失效，商家手动结束活动或下架活动。

2．门店优惠券

除促销活动外，发放优惠券也是一种常用的门店促销方式。在传统门店模式下，经常会遇到店员在街边发放纸质优惠券的情况，持纸质优惠券的客户可到店消费，可享受减免；而在新零售模式下，可以直接借助微信卡券功能和支付宝消费券发放门店优惠券，有自研能力的商家也可以在门店后台管理和发放优惠券，用户通过线上渠道领取，到线下门店消费、核销，这种方式更加方便，而且比线下纸质优惠券的规则更加灵活多变。

优惠券的系统流程可以分为制券、发券、核销三步，我们还是以门店管理系统为例进行说明。

① 制券。门店店长在门店后台设计优惠券模板，包含优惠券名称、优惠券类型、优惠券有效期、发放总量和适用商品等信息。其中优惠券类型分为满减券（满××元减××元）和折扣券（满××元享××折）；优惠券有效期可以分为固定时段有效（在系统中设置好生效时间和失效时间，过期作废）和领取后有效天数（从领取时间开始算，××天内有效）；发放总量是控制优惠券的总数量，用以控制运营成本，领取量超过总数后就不能再领取了；适用商品是优惠券的使用对象，商品的范围可以是全店商品，也可以是指定的类目、品牌或指定的SKU。图 11-9 为新建优惠券模板示例。

图 11-9　新建优惠券模板示例

② 发券。选择制作好的优惠券，将其发放给目标客户。发券前需要创建一个优惠券活动，在活动中选择发券方式、发放时间、发放对象和需要发放的优惠券及发放数量。其中发放方式分为主动发送至客户账户中和客户手动领取两种，主动发放优惠券是直接将优惠券发放到指定的客户账户中，需要设置系统发放的时间，客户手动领取则是商家将优惠券显示到前端，需要客户手动点击"领取"才能生效，需设置优惠券有效期的开始和结束的时间；发放对象是筛选本次发放的目标客户群，也可手动导入客户名单；需要发放的优惠券是从优惠券列表中筛选有效且余量大于 0 的优惠券，可以支持一次性发放多个；发放数量控制本次发放的优惠券总数量，如果是客户手动领取，还需要设置每人每张券的限领数量。图 11-10 是一个发券

的活动设置示例。

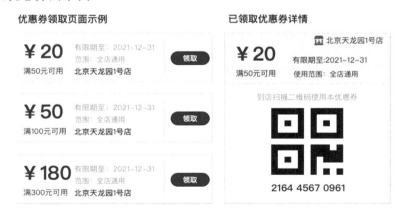

图 11-10 新建优惠券发券活动示例

发券活动设置好以后，客户便能在有效期内领取到优惠券了，已领取的优惠券可以在客户的优惠券卡包中直接查看，系统会将优惠券与客户 ID 进行绑定，生成当前客户账号下的券码。门店优惠券由于在结算时需要出示给收银员，所以需要在客户端设置一个已领取优惠券的二维码，支持结算时扫码核销，这是与电商线上优惠券略微不同的地方。图 11-11 是客户在线上领取门店优惠券的示例。

图 11-11 客户在线上领取优惠券示例

③ 核销。优惠券核销就是客户使用优惠券进行结算，系统完成优惠券的兑换、结算和处理的过程。客户到门店购物结算时出示优惠券二维码，收银员或客户自助扫描二维码完成金额抵扣和优惠券核销，已核销的优惠券代表客户已经使用过了，不能进行二次使用，除非客户在有效期内退货后，优惠券原路退回。

根据优惠券的生命周期，可以设计 3 个状态：未使用、已使用和已过期。未使用是指用户已领取优惠券，优惠券尚未使用且尚未过期的状态；已使用是指用户正常使用优惠券结算后的状态，已使用的优惠券如果被退回后，还可以重新变为未使用状态；已过期是指优惠券过期且尚未使用的状态。

已使用的优惠券算有效核销，已过期的优惠券算无效核销。优惠券状态和核销状态如图 11-12 所示。

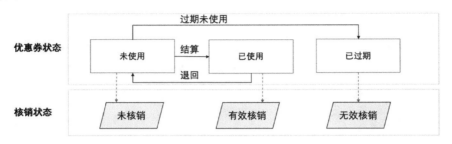

图 11-12　优惠券状态和核销状态

关于促销活动和优惠券的使用范围和使用方式，线上电商和线下门店大同小异，而且线上的花样更多、更复杂，这一类的参考资料和书籍有很多，感兴趣的朋友可以找来深入研究并学习，推荐刘志远老师的《电商产品经理宝典》，书中对这部分内容有非常详细的介绍。

除了以上促销活动和优惠券，门店日常还可以做一些朋友圈积赞打折、玩游戏送礼品、抽奖等互动优惠活动，提升门店人气，这些优惠活动可以在门店前端 POS 结算时由收银员直接让利，不需要进行门店后台配置。

11.1.4　门店会员管理

提供门店会员服务是门店用来增加用户黏性的有效手段，会员可以享受比普通用户更优惠的折扣和参与专属活动，如商品会员特价、会员积分兑换礼品、会员免费服务等。在新零售模式下，会员信息应该是线上线下共享的，基于客户注册的手机号和身份证号码作为客户在平台的唯一会员标识，会员能在线上或者线下任意一家实体门店享受打折、促销、积分和储值等多项服务。

会员在消费和使用平台的过程中，商家可以根据会员的消费间隔、消费频次和消费金额建立会员等级和成长体系，可以为不同等级的会员设置不同的门槛和使其享有不同的权益，这样就能够更好地管理会员了。会员成长体系可以参考经典的 RFM 模型。

有些门店需要实体卡片，则基于会员基础数据绑定一张实体卡。门店后台提供会员开卡、充值、补卡与换卡、会员卡挂失与解挂、会员积分兑换等功能。

1. 会员卡开通

如果客户已经在平台进行了注册，会员卡的开通在系统中就是客户 ID 绑定实体卡号的过程。如果商家没有线上功能，则在门店后台进行会员信息录入并绑定卡号，会员基本信息包含姓名、性别、身份证信息、手机号、会员状态（有效/无效）、会员等级（V1/V2/V3……）、会员卡号、开通门店、充值余额、会员积分等信息。实体卡可以是提前制作好的带条码或者带磁感应的卡片，每张卡片对应一个唯一的卡号，开通时和会员绑定，也可以是开通时由系统生成卡号，再通过发卡器印制卡片。发卡的原理比较简单，就是将卡号写进卡片内的过程，如果是储值卡，需要对卡片进行加密，不能被其他读卡机器复制。

　　会员卡包含卡号、卡片状态、卡片类型（积分卡/打折扣/储值卡等）、卡片有效期等属性。卡片有 5 种状态：未激活、已激活、已冻结、已过期和已注销，如图 11-13 所示。未激活是卡片的原始状态，尚未绑定客户；已激活是卡片已绑定客户或已解冻的状态，可正常刷卡使用；已冻结是卡片被人工冻结后的状态；已过期是卡片已超过有效期的无效状态；已注销是卡片被注销的状态。在以上卡片状态中，只有已激活的状态才是卡片正常可用的状态，在其他状态下，卡片均不可用。

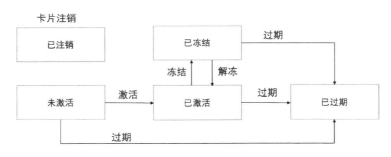

图 11-13　会员卡状态

　　会员卡激活以后，便能正常储值、消费和积分了。使用会员卡结算时，特定商品可以享受会员价，系统实现方式有两种。常规做法是设置一个针对会员的促销活动，将商品设置为会员特价。还有一种简单的实现方式：在门店商品上增加"会员折扣"字段，针对会员单独设置会员价格，在结算时，会员就提取会员价格做结算，不过这种方式的扩展性较差，如果会员分等级，不同等级设定的价格不同，价格体系就要跟着会员等级做调整了。

2．会员储值

　　具备储值功能的会员卡，可由客户通过前端链接自助充值，或者由门店店员在门店后台代为充值，每个会员在系统中有一个余额账户，充值就是向会员余额账户中加相应的金额。和库存的加减一样，余额的变更一定要有清晰的流水记录，方便追溯。

　　有些门店有充值送金额的活动，例如充 300 元送 200 元，在系统设计时，我们不能直接将余额增加 500 元，这样就不好与实收金额进行对账了，合理的实现方式是将其分为两条记录，一条是 300 元的充值记录，另一条是 200 元的赠送记录。如果 200 元的赠送金额有使用限制、效期等特殊逻辑，那么在系统里还应该设计一个赠送金额的字段，用来单独存储赠送的金额，此时客户可用余额=账户余额+赠送金额。

3．补卡与换卡

如果会员卡遗失、损坏或过期，客户可以在门店后台进行补卡或换卡。补卡是用原卡号重新发一张新的卡片，卡号不变，但原卡应做消磁处理，不再可用。换卡则是用会员信息关联一张新卡，卡号发生变更，并将旧卡的信息转移到新卡中，替换后将旧卡注销。

4．会员卡挂失与解挂

如果会员卡丢失了，客户可以在门店后台进行挂失和解挂，客户提供相关身份验证信息后，由店员操作挂失，挂失成功后，将卡片状态置为"已冻结"，解挂则将卡片状态恢复为"已激活"。

挂失和解挂都应该记录详细的操作日志，以便事后追溯。

5．会员积分体系设计

门店会员积分可以刺激客户消费，消费可以获得积分（也可通过其他途径获取），用于在结算时抵现或兑换礼品。

会员积分体系的设计可以分为三层，如图 11-14 所示。最底层是会员的积分池，这里管理着会员的当前积分及加减积分的基本逻辑；中间层是积分的设计规则，包含获得积分的策略和扣减积分的策略，最上层是业务层，跟随积分相关的业务进行灵活调整。最底层是基础层，不涉及任何业务属性，一般不轻易调整，中间层是策略层，只有业务策略调整时才会变动，最上层是业务接入层，可以随着运营活动灵活增减。

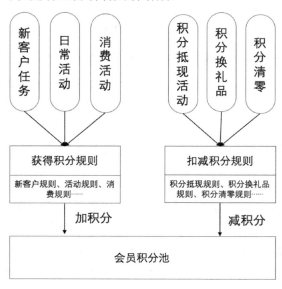

图 11-14　会员积分体系设计

在门店管理系统中，需要提前设置好涉及积分加减的业务和策略，方能实现积分的正常加减业务逻辑。

（1）加积分策略

① 新客户任务。当客户成为新会员时，默认赠送××积分；首次分享、购物、评论等，通过线上功能赠送××积分。

② 日常活动。日常参与店铺开展的活动，持有效凭证在线上或门店后台增加相应的积分，如邀请好友加入会员等。

③ 消费获积分。设置购物消费××元，奖励 1 积分规则。由于购物金额有多有少，可以额外设置获得积分的消费门槛，以及单件商品获得积分的上限，以免有失公允。另外，线上消费和线下消费的积分规则可能不一样，在门店后台可只设置本门店的积分规则。

（2）减积分策略

① 积分抵现。设置每××积分抵扣 1 元。有时为了平衡客户使用积分和正常支付的比例，可以额外增加一些积分抵现的门槛，如单次消费最多使用××积分、积分大于××分才允许使用积分支付等。

② 积分换礼品。在门店后台设置可以支持积分兑换的商品 SKU 范围及兑换积分数量，并提供会员积分兑换的系统功能，在兑换页面，录入 SKU 及数量并扣减相应积分。

③ 积分清零。设置清零规则，主要有三种：一是永不清零；二是定期清零，如 2 月 1 日获得的积分，次年 1 月 31 日自动清零，2 月 2 日获得的积分，次年 2 月 1 日清零，以此类推；三是自然年清零，如每年 12 月 31 日清除上一年获得的所有积分。

11.1.5　前店 POS 收银系统

前店销售主要依赖 POS 收银系统，常规的收银流程是客户拿着商品到收银台结账时，收银员询问客户是否为会员，将客户提供的会员卡或手机号录入 POS 系统可享受会员价结算和会员积分，然后用扫码枪逐一扫描商品条码，当所有商品扫描完成后会算出结算总金额，客户可以选择现金、银联卡、支付宝、微信、储值卡等多种支付方式完成支付，最后，收银员将商品和打印的购物小票一同交接给用户。

本节我们重点介绍门店 POS 收银系统的常用功能设计，包含 POS 收银、门店退货退款、交接班、挂账与取账、开钱箱等。POS 系统以收银功能为主，其他辅助功能都在主页中呈列，通过快捷键的方式进行快速切换。图 11-15 是某超市的 POS 收银主页面，每个常用功能都可以通过快捷键直接唤出。

1．POS 收银

POS 收银就是对客户购买的商品进行结账，这是 POS 系统中最核心的功能。POS 结账比较依赖商品条码，每个 SKU 都需要有唯一的条码，才能保证扫描的时候能对应到系统中唯一的 SKU 及售卖价格，否则就只能人工匹配了，效率极低且容易出错。完整的收银结算流程如下。

① 收银员在收银页面录入会员卡号或会员手机号，系统将当前结算与该会员的会员卡关联。

② 收银员扫描商品条码，POS系统根据商品条码匹配门店后台对应的SKU及当前SKU在本门店中的零售价，如果当前SKU有正在进行中的促销活动，或者是会员特价（促销活动和会员特价依赖于门店后台促销管理功能），则取优惠后的单价作为结算价。如果扫描某条码多次，系统做商品数量累加。

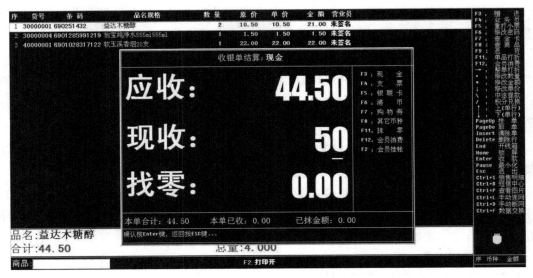

图 11-15　超市 POS 收银示例

在特殊情况下，即便没有促销活动，收银员也可以在POS系统中直接对单品或者整单设置折扣或满减优惠，以应对譬如门店临时开设的集赞打折、部分单品抢购等活动，操作方式为收银员在结算前通过单品折扣或整单折扣功能对本单商品单独设置折扣或特价。

有些线下门店卖食品、生鲜等散称类商品，此类商品没有标准的国标条码，但在结算前会先用条码秤称重，打印秤码，标准秤码信息中会带有商品编码、价格、重量等信息，在结算的时候，收银员扫描条码即能从中解析出SKU、重量和对应的价格。

电子秤的条码，并不是随意生成的，而是分为13位和18位两种国标规则。

13位称重商品的条码的组成为：{标识位（2位）+PLU码（5位）+金额或重量（5位）+检验位（1位）}或 {标识位（1位）+PLU码（6位）+金额或重量（5位）+检验位（1位）}。

18位称重商品的条码的组成为：{标识位（2位）+PLU码（5位）+金额（5位）+重量（5位）+检验位（1位）}或{标识位（1位）+PLU码（6位）+金额（5位）+重量（5位）+检验位（1位）}。

其中PLU即可设置为商品SKU编码，金额为称重商品总金额，重量为称重商品总重量，校验位是由前面条码位数计算得出的一位校验位数。

③ 所有待结算商品扫描完成后，点击【收款】快捷键，POS系统根据本单中的商品明细

判断是否满足满减、满赠、满折等促销活动的相应规则，如果有满足，则基于促销活动算出最终的应收金额展示给收银员和客户。如果商品信息有误，还可以返回，修改后重新提交。

在设计商品优惠功能时，需考虑优惠是针对整单的，还是针对单内部分商品的，将优惠金额按照比例分摊到每个单品上，算出每个商品的实付单价和金额，这样可以算出每个商品的收入，也可以按照实付金额进行售后退款。如果是整单优惠，则按每个商品的金额占比进行分摊，如果是单品优惠，则只分摊对应的单品，例如有一张满 100-50 元优惠券，单内有 3 个 SKU A（应付 50 元）、B（应付 30 元）、C（应付 20 元）共同使用了此券，则按金额比例分摊后，A、B、C 实付金额分别为 25 元、15 元、10 元。

④ 收银员根据客户选择的支付方式（微信、支付宝、银联卡、储值卡、现金、优惠券等）选择相应的收银工具完成收银。若客户用微信或支付宝进行支付，收银员则在 POS 机上录入金额后扫描客户提供的二维码；若客户用银联卡或储值卡进行支付，收银员则用 POS 机刷卡支付；若客户使用现金进行支付，收银员则在收银页面中录入现金金额，系统自动计算找零金额，并弹开钱箱便于收银员存钱和找零；若客户使用优惠券，收银员先扫描用户提供的优惠券二维码进行核销后，再收取剩余金额。

⑤ 支付成功后，POS 系统扣减 SKU 在前店的库存，并打印购物小票，本单结算完成，单号为系统生成的结算流水号。在传统门店中，后台库存处理一般是在做日清的时候将前店销售数据统一入账再进行扣减，但在新零售线上线下同售业务模式下，为了避免库存滞后引发超卖，建议线下售卖后就及时扣减门店库存并同步至中央库存系统。针对标准 SKU，按出库数量扣减库存，但称重类的非标准品 SKU，应该按重量进行扣减。

对于有批号和效期管理的门店商品，库存问题是个老大难，为了快速出库，很多 POS 系统是由系统默认匹配最老的批号做库存扣减，这就会出现系统批号和实物批号对不上的情况，从而把过期商品售出。如果想准确管理批号，这里有一个建议：前店尽量只存放一个批号的商品，这样系统就可以自动扣减此批号库存，如果出现了两个批号，在结算时弹出批号让店员按照实际出库批号选择后再入账。

2. 门店退货

门店已经出库的商品可能因为质量问题、价格问题或者客户自身问题需要退货退款，门店退货退款的系统处理流程如下。

① 客户请求退货时需提供购物小票或发票，带包装的商品，其原包装必须完好，门店店员核实无误后，在 POS 系统中通过快捷键进入退货页面，根据商品或出库流水号找到原始出库订单，并在订单明细中录入需退货商品数量，退货数量不能超过实际购买数量。

② 门店店员选择退货原因后提交退货申请，系统根据实付单价将退货商品金额生成一张财务退款单，将金额按照客户购买商品时的支付方式原路退回，如果是现金支付，则弹出钱箱，由店员退还现金。

注意：在退款时只能以实付单价（即优惠后的单价）退款，而不是以商品零售价退款。

退款时除了退回相应的金额，如果客户使用了优惠券，优惠券也应该退回客户账号中，但如果只是部分商品退货，优惠券一般就不退回了。

退货以后，商品需重新入库并加门店实物库存（可人工操作入库，也可系统自动记录库存到前店大货位），并同步至中央库存系统。

图 11-16 为 POS 系统退货退款的操作示例。

商品退货

门店：北京天龙园1号店　　　　收银员：木笔　　　　流水号：2021120100221

出库时间：2021-12-01 15:03:12　　　　支付方式：支付宝-850元

序号	商品名称	规格	条码	零售价（元）	实付单价（元）	购买数量	退货数量	退款金额小计
1	葡记 每日蔬菜薄饼干	1000g/袋	8254151	30	30	5	1	30
2	YOTIME 曲奇饼干礼盒	580g/盒	4322455	140	140	5	1	140

退货条目数：2　　　　退货总数量：2　　　　应退金额：170 元　　　　退款方式：支付宝-170 元

选择退货原因：买错了

*退货提交后，现金支付需在门店退款，其它支付退款金额会原路返回用户账户

[提交退货（F1）]　　[返回（ESC）]

图 11-16　POS 系统退货退款示例

3. 交接班

收银员下班之前必须交班，将当日销售的总额、销售明细与钱箱内的现金清点无误后提交到后台，以方便下一位收银员接手。交接逻辑为将未提交的销售单数量、金额等信息提交到后台生成一条交接记录，如图 11-17 所示。收银员可以多次交接，生成多条记录，各条记录汇总起来便是当日本店员的销售总额。

图 11-17　门店交接班示例

4．挂账与取账

POS 系统每次只能结算一张订单，当由于某些原因需要临时暂停当前交易并先结算下一单时，就需要将当前正在结算的交易临时挂起来，这就是挂账。挂账的系统处理是将当前正在结算的所有商品缓存，并在当前流水号上加上"挂起"标记，并记录挂起人、挂起时间。如果挂起的订单长时间不处理，应予以删除。

挂账操作示例如图 11-18 所示。

图 11-18　挂账操作示例

与挂账对应的是取账，当需要将已挂起的单据继续结算时，便可以使用取账功能将挂起的商品明细重新提取到结算页面，如图 11-19 所示。取账以后，当前单据便从挂账列表中删除，恢复为正常单据了。

取账

| 取账 (F1) | | 删除 (DEL) | | 返回 (ESC) | |

挂账流水 (选中上方行，可在下方列表查看商品明细)

选择	流水号	挂账时间	营业员	商品数量	应收金额	备注
●	2021120100221	2021-12-01 10:00:00	木笔	5	100	还有其它商品
○	2021120100118	2021-12-01 09:15:03	木笔	4	218	

商品明细

序号	流水号	商品名称	规格	条码	零售价 (元)	数量
1	2021120100221	葡记 每日蔬菜薄饼干	1000g/袋	8254151	30	5
2	2021120100221	YOTIME 曲奇饼干礼盒	580g/盒	4322455	140	5

图 11-19　取账操作示例

5．POS 收银箱

一般 POS 系统都会配置一个收银钱箱，用来管理收银员收取的现金，为保证资金安全，除钥匙外，POS 钱箱只能在需要现金或找零，以及在 POS 系统中发送特定指令才能打开。

POS 系统打开收银箱的原理比较简单，如图 11-20 所示。收银箱背面有接口线，与硬件相连，硬件可以是小票打印机，也可以是钱箱驱动卡或工控机，当现金收款或交接清点需要开箱时，由 POS 系统发送开箱请求，调用硬件系统驱动开箱的命令代码，由硬件向收银箱发送一个脉冲信号，收银箱便打开了。

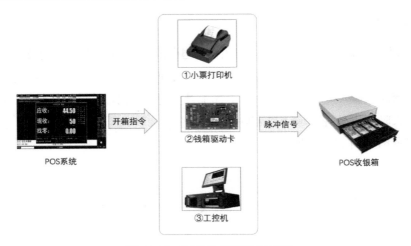

图 11-20　POS 收银箱开箱原理

6. 自助结算

当结算人数过多时，收银台排队经常会成为影响客户购物体验的事，于是物美、永旺、便利蜂等商超率先使用客户自助结算通道，其操作流程比收银台更加便捷，客户可独自在自助收银机器上扫描商品条码下单结算，付款完成后会自动打印购物小票，如果需要发票，还可以直接扫描小票上的二维码自助开具电子发票，完全释放了超市人力，这也是供应链中通过流程优化达到降本增效目标的典型案例。

图 11-21 是永旺超市的自助收银流程。

图 11-21　永旺超市自助收银流程

11.2　上下同欲：供应商管理系统

在本书前面的章节中我们经常提到供应链讲究上下游协同，协同可以让上下游企业优势互补、资源共享、风险共担，实现整体降本增效的目标。在与上游供应商协同的过程中，供应商管理系统无疑起着至关重要的作用，因为这个系统可以让很多原本线下协同的工作线上化，更加快捷。

供应商管理系统（Supplier Relationship Management，SRM），是企业开放给供应商使用的一套协同系统，旨在通过系统开放，流程互通，建立企业与供应商之间更加深度的合作关系，实现协同共赢。

SRM 的核心系统功能包含基础数据协同、采购协同和退供协同，如图 11-22 所示。下面我们对这些功能一一进行介绍。

图 11-22　SRM 核心系统功能

11.2.1　信息协同

与供应商的信息协同主要包含信息同步、供应商基础信息维护、商品提报、供应商库存查询等。

1．信息同步

信息同步功能主要用于展示企业相关的一些新闻政策、活动公告、系统通知等公告信息，以及系统待办、工单咨询等，一般显示在系统首页，方便供应商第一时间查看。

公告信息一般在内容管理系统（Content Management System，CMS）或者采购管理系统中进行编辑标题、图片和内容后发布，并选择公告对象（全部供应商可见还是部分供应商可见），并在后台控制内容的上架和下架。信息发布以后，具备查看权限的供应商登录 SRM 系统便能进行查看。

工单咨询功能可以与企业内部的工单系统或采购管理系统打通，方便企业相关人员针对一些线上的采购、商品等问题及时与供应商进行沟通。

2．供应商基础信息维护

为了保证采购安全，避免采购到三无产品，采购供应商和商品的引入通常需要有较为严格的审批流程，特别在食品、医药等行业中，企业需要收集很多的供应商资料，如法人授权委托书、营业执照、税务登记证、经营/医疗许可证、组织机构代码证、医疗器械许可证、保健食品许可证、质量保证协议、GMP/GSP证书、精神和麻醉许可证、医疗机构许可证等，证件不全的企业是不允许执行采购的，但如果所有的证件信息全部由采购人员一一找供应商提供后再录入基础数据中心，效率会比较低，这时如果有SRM系统，便可以将供应商信息的维护和证件上传功能交给供应商来维护，采购人员只需要执行信息的审核工作即可，工作效率至少可以提升10倍以上。

另外，供应商经常会有变更地址、变更联系方式、证件过期更换等诉求，也可以通过SRM及时更新。

3．商品提报

和供应商基础信息维护一样，如果有新商品需要引入，除了采购部在基础数据中心维护，也可以将商品基础信息交由供应商提报。另外如果供应商有新品想要主动加入企业的采购目录，也可以在SRM中做提报申请。

4．供应商库存查询

为了更好地体现供应链协同，可以让供应商在SRM系统中查看自己的商品在企业内部各仓的库存和历史销量信息。因为供应商处于供应链的上游，往往很难接触到一线真实的交易数据，只能通过销量预测来做计划，但预测总是不准的，这便导致了牛鞭效应，如果能及时获取下游企业提供的终端零售数据，这将是莫大的财富，需求预测、生产计划、销售计划、生产加工都将有更准确的数据支撑，使用得当，能极大地降低供应成本并反哺于零售企业，这便是供应链协同的魅力。

11.2.2　采购协同

SRM系统最核心的功能是采购协同，从采购询价，到采购下单，供应商送货，再到商品入库后的采购结算，都可以通过SRM系统进行过程管理。

1．询价报价

询价报价功能是供应商对采购发起的询价反馈报价的过程。供应商询价报价流程如图11-23所示。

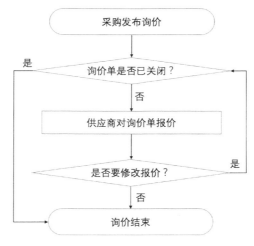

图 11-23　供应商询价报价流程

询价单分为公共询价和指定供应商询价两种类型，公共询价即所有相关供应商都可以看到并为询价单下的商品逐一进行报价，指定供应商询价则是由采购人员指定特定的供应商进行报价，即只有这些供应商能够看到询价单信息。

询价单会设置一个有效期，在有效期内，供应商可以对询价单进行多次报价，直到询价单过期关闭或者人工关闭。询价结束后，采购人员会基于各供应商的报价进行比价并寻找最合适的供应商实施采购。

2．合同管理

采购人员与供应商确定采购事宜后，可以在线签订电子合同。具体做法为：采购人员维护好合同模板和合同细则，并通过 SRM 推送给供应商，供应商可以查看合同细则，并在线签署。线下签署的合同，也可将 PDF 版合同上传到系统中，并设置合同的有效期，当合同快到期时，系统做预警提示。

3．采购订单确认

采购人员创建采购订单以后，可将采购订单信息下发 SRM 系统，由供应商回告商品送货数量、确认采购单价和送货时间，确认以后，再将采购订单下发仓库，如图 11-24 所示。

确认功能的好处有二：一是可以由供应商对采购订单做二次确认，避免后续在财务方面出错，二是如果供应商不能满足采购需求，也能及时告知，采购人员可以调整采购计划，不至于措手不及。

在设计确认功能时，需要支持分批送货，送货时间需要按商品进行设置，如果某商品不能满足数量要求或不能按时送货，供应商需要回告原因。

供应商收到采购订单后，便开始生产、备货。在送货之前，可以通过 SRM 系统在线预约送货时间，根据仓库的收货能力安排送货。在线预约的内容比较多，我们将在下一节中详细介绍。

图 11-24　采购订单确认示例

4．采购对账与结算

采购单入库以后，财务系统会生成应付账款，在结算前，财务部门的相关人员需要对已收商品明细、发票和采购明细进行对账，确保账实相符。当然，对账是双方面的，供应商也可以在 SRM 系统中对收货商品明细进行对账，核实系统中每张采购单下的 SKU 的采购单价、折扣、实收数量是否有误，如果有差异，可以在线提报，由采购人员核实、调整。

除对账功能外，针对采购单的财务结算进度、打款进度，也可以通过 SRM 在线展示给供应商，让信息更透明。

11.2.3　预约送货

每个仓库的场地面积、收货能力是有限的，如果所有的供应商都在同一时刻送货，会造成拥堵、候时太长，因此供应商在送货之前需要先与仓库预约送货时间，按照预约时间有序送货。预约的流程可以单独设计成一个预约系统供企业内部或者供应商登录使用，也可以放到 SRM 系统中开放给供应商进行在线预约。

预约送货的流程如图 11-25 所示，由供应商在 SRM 系统中预约送货时段，货物送到仓库后进行到货登记并安排验收，到货和验收完成的状态可以同步到 SRM 系统中供供应商查看。

1．预约基础配置

仓库每天的收货能力是有限的，在供应商预约前，采购部门或仓储部门的相关人员需要先在系统后台维护好仓库的收货能力，此能力便是每日可收货的最大件数，如果预约的送货量超过收货能力，当天就不能再预约了。

收货能力配置要素包含仓库、每日收货能力（件）、配置有效期（此配置在有效期内有效），在有些综合品类仓中，还需要为每个品类单独分配配额，保证各个品类的收货均衡，各配额合计收货能力不能大于仓库收货能力。如图 11-26 所示，华北 1 仓在 2021 年的收货能力为

10000 件，分配给各品类的配额分别为 3C 3000 件、服装 3000 件、日百 3000 件、其他品类 1000 件。

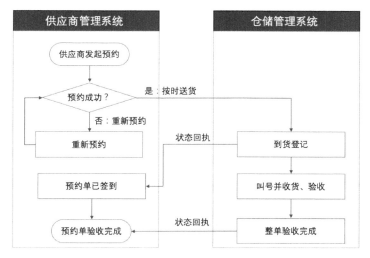

图 11-25　预约送货流程

仓库编号	仓库名称	城市	收货能力配额（件）	预约配额分配（件）		有效期
HB-001	华北1仓	北京	10000	☑3C: 3000	☑服装: 3000	2021/01/01~2021/12/31
				☑日百: 3000	☑其它: 1000	
HB-002	华北2仓	天津	10000	☑3C: 3000	☑服装: 3000	2021/01/01~2021/12/31
				☑日百: 3000	☑其它: 1000	

图 11-26　仓库收货能力配置示例

除了收货能力，还需要提前定义好每个仓库可预约时间（如 09:00—18:00）、预约开放时间段（供应商只能在开放时段内登录系统进行预约）、供应商可预约天数（可预约未来××天）等基础配置。

2．预约送货

供应商在送货前，在系统中对需要送货的采购单预约送货时间和送货数量，预约流程为供应商先在需要送货的采购单明细下填写本次需要预约送货的数量（如果商品有批号管理，还可以让供应商在预约时填写批号信息随预约单下传到仓储管理系统中，这样可以减少仓库管理人员收货录入的工作量），各明细数量合计起来便是此采购单中本次预约数量，然后将相同送货仓库下需要一起送货的多张采购单一并预约送货时间。

图 11-27 为供应商预约送货的操作示例。

可预约的送货时段和预约天数是各仓库在基础配置中提前设定好的，供应商在预约开放时段内登录 SRM 系统进行预约，一般可预约当天及以后××天的××时段。预约成功的前提是本次预约的商品数量小于预约时段下剩余的收货能力，如图 11-28 所示，本次预约 3 张采购单合计数量500，故可预约剩余收货能力大于500的任意时段，图中除了星期一的08:00—10:00及周日全天不支持预约，其他时间都可以预约。

图 11-27　采购单预约送货示例

预约送货时间

预约仓库：华北1仓　　　预约采购单数：3　　　预约商品总数：500　　　预约送货品类：服装

日期	星期	剩余量/收货能力	08:00—10:00	10:00—12:00	12:00—14:00	14:00—16:00	16:00—18:00
2021-12-13	星期一	4000/10000	已约：2000 可约：0	已约：1000 可约：1000	已约：1000 可约：1000	已约：1000 可约：1000	已约：1000 可约：1000
2021-12-14	星期二	5000/10000	已约：1000 可约：1000	已约：1000 可约：1000	已约：1000 可约：1000	已约：1000 可约：1000	已约：1000 可约：1000
2021-12-15	星期三	5000/10000	已约：1000 可约：1000	已约：1000 可约：1000	已约：1000 可约：1000	已约：1000 可约：1000	已约：1000 可约：1000
2021-12-16	星期四	5000/10000	已约：1000 可约：1000	已约：1000 可约：1000	已约：1000 可约：1000	已约：1000 可约：1000	已约：1000 可约：1000
2021-12-17	星期五	5000/10000	已约：1000 可约：1000	已约：1000 可约：1000	已约：1000 可约：1000	已约：1000 可约：1000	已约：1000 可约：1000
2021-12-18	星期六	5000/10000	已约：1000 可约：1000	已约：1000 可约：1000	已约：1000 可约：1000	已约：1000 可约：1000	已约：1000 可约：1000
2021-12-19	星期日	0/0	—	—	—	—	—

图 11-28　预约送货时间

　　当然，以上只是最简单的预约送货策略，实际上我们不能保证仓库在每个时段的收货件数和系统设定的收货件数一模一样，也不能保证供应商的预约送货量与每个时段的收货量完全吻合，所以更多的时候需要考虑的是动态收货能力，即只要当前预约时段的剩余量+后续时段剩余可预约量≥预约数量，即允许预约。怎么理解呢？举个例子。

　　某仓库周二服装类商品的各时段剩余可预约量如表11-1所示。

表 11-1　某仓库各时段可预约送货量

时段	08:00—10:00	10:00—12:00	12:00—14:00	14:00—16:00	16:00—18:00
可约量（件）	100	100	100	100	100

某供应商 A 需要送货 400 件，如果按照以上简单算法，则没有一个时段能够预约了，实际上仓库还有 500 的剩余可预约量。于是我们调整一下预约送货策略，只要预约时段剩余量+后续时段剩余可预约量≥预约数量，即允许预约，那么供应商 A 就可以预约 08:00—10:00、10:00—12:00 两个时段了，12:00—14:00、14:00—16:00、16:00—18:00 三个时段向后累加剩余可预约小于 400，则不能预约，这样就解决了仓库容积浪费的问题。

当然这种算法也不完美，如果只要前面时段有少量空余就可以预约，后来预约的供应商即便需要送大量的货也可以预约前面的时段，如供应商 A 预约了 08:00—10:00，那么实际收货完成一定会超过 10:00，从而拖慢了原本预约 10:00—12:00 的供应商 B，对供应商 B 是不公平的（大家可以思考更合适的预约送货策略，供应链管理的乐趣就在于不断地发现问题，解决问题）。

预约之后，系统会将已预约的所有采购明细生成一张预约单，对应一个预约单号，此单号是供应商送货到仓库后签到和叫号的依据，一张预约单可以对应多张采购单，每张采购单也可以预约多次，生成多张预约单，但多次预约的商品总数量不得超过采购数量。在送货前，系统要支持随时对已预约的预约单进行修改、重新预约。

在介绍仓储管理系统时，我们讲到，根据预约单的操作节点我们可以将预约单状态设计为待审核、预约成功、已签到、验收完成、驳回、已取消。预约单生成以后，由仓库的相关人员进行审核，审核通过了才算预约成功，否则可以对此预约单进行驳回或者取消。供应商送货到仓库签到和整单完验后，相关人员可以将收货状态回传到供应商管理系统中，方便供应商查看收货详情。

3. 紧急预约

为了应对突发情况，还可以为某些特定情况的采购单设定紧急预约功能，紧急预约功能可以不设预约时段和预约数量限制，随时可预约成功，但只能针对有特殊权限的客户开放，用于临时性操作。

11.2.4　退供协同

在退供应商流程方面，供应商管理系统可以提供供应商退供申请、退供预约和退供签收等协同功能。

1. 退供申请

针对一些物权还归供应商所有的商品，或者供应商管理库存（VMI），以及供应商需要自主召回商品的情况，供应商可以在供应商管理系统中发起商品的退供申请，退供申请包含运输方式（上门自提还是仓库发物流）、收货人信息、退货商品、退货数量等。退供申请单生成以后，由采购部门的相关人员审核同意后方能下发仓库进行拣货出库，仓库发货后，将出库信息回传至供应商管理系统方便供应商查看，出库信息包含实际发货的商品、数量及发货物流等。

根据退供的节点，退供申请状态可以设计为创建、待发货（审核通过）、驳回（采购驳回）、已发货（仓库已发货状态）、确认收货（供应商确认收货）。

2. 退货预约

如果退供的商品需要供应商自提，或者委派三方物流前来提货，同预约送货一样，供应商管理系统可以提供预约取货的功能，根据仓库每日的退货能力在线预约取货日期及时段，预约逻辑可以参考送货预约流程。

3. 退货签收

退货商品送达供应商处以后，供应商核实无误后在线确认收货，对退供申请进行完结。如果有差异，可以在线反馈差异，交由仓库的相关人员进行核实处理。

11.3　超级增援：商家发货系统

零售企业发展到一定阶段以后，如果自身商品品类和库存无法完全满足客户需求时，必然会引进外部商家进行商品供应和发货，这是供应链协同的必然趋势。如何让商家库存能迅速地接入平台、快速地承接订单并发货，在为平台供应商品的同时为商家增收，便需要商家发货系统出场了。

商家发货系统，现在主流的简称是 POP（Plan of Open Platform），取自京东的商家系统命名，主要与自营业务相区分，由商家操作此系统进行商品运营和发货。在系统流程方面，订单在订单履约中心中匹配到发货仓库后，如果是某个商家的商品，会下发到商家系统操作发货。

说明一下，虽然发货商家和供应商都是为平台提供商品供应，但二者有着本质的区别，供应商属于企业的供应链上游，与企业是购销关系，商品采购以后物权便属于企业，进入企业的仓库进行存放，而发货商家相当于企业的一个外部仓库，帮平台代发货，商品物权属于商家，根据商家与企业约定的合作方式，以金额提成或固定成本核算的方式与企业进行结算。

11.3.1　两种商家发货模式

根据合作方式的不同，商家发货的模式有两种，如图 11-29 所示。第一种是开店模式，商家在平台上以独立店铺运营自家商品业务，下单后由商家自主发货，现在主流电商如天猫、京东都是这种模式；第二种是合作代发模式，商品运营的主导权还是平台，商家作为平台发货货源的补充，当需要商家发货时，便将订单下发商家系统进行代发。

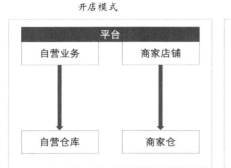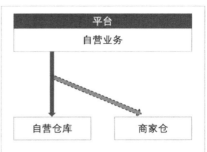

图 11-29　两种商家发货模式

由于业务形态的不同，两种商家发货模式存在较大的差异。

在平台的展现形式上，开店模式的商家以独立店铺的方式呈现，代发模式的商家则没有店铺属性，对外呈现的只有平台。

在商品管理形态上，开店模式的商品完全由商家自行发布、自行定价，即便和自营业务是同一个实物商品，SKU ID 也会生成多个，可以认为和自营是完全独立的，互不干扰；代发模式则是走平台自营商品发布和定价规则，商家只充当发货仓库的角色，所以商家的商品 SKU 编码和定价都与平台保持一致。

在发货形态上，在开店模式下客户下单便由商家发货，而在代发模式下，商家则承担着自营业务后补仓库的角色，只有满足发货条件的订单才会从订单履约中心下发商家发货系统进行发货。

在结算方式上，开店模式是商家根据平台规则给平台交佣金（如抽佣 1%），而代发模式则是平台根据商品的发货量为商家结算费用（如每销售 1 件结算 10 元）。

11.3.2　商家发货系统架构

开店模式的商家的供应链进销存业务是完全独立的，由商家自主负责，和企业内部的供应链几乎没有交集，我们重点讲讲代发模式的商家发货系统设计，因为它是企业内部供应链体系中很重要的一环：商家仓布局。

在电商新零售供应链体系中，中央库存系统中有三种库存，分别是企业自营入仓的仓储库存、新零售的门店库存和合作商家的商家库存，这三种库存合起来为销售平台提供库存供给，当产生订单以后，在订单履约中心进行库存的调度，如果从自营仓发货，就将订单下发到仓储管理系统中，如果是门店发货，则将订单下发到门店管理系统中，如果是商家发货，则将订单下发到商家发货系统中。由此可见，商家发货系统在供应链中同仓储管理系统和门店管理系统一样，承担着承接订单发货和库存供给两方面的职责。

　　商家发货系统之于整个供应链的定位，如图 11-30 所示。

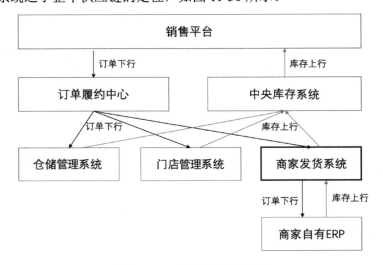

图 11-30　商家发货系统定位

　　商家发货系统的使用方是为平台提供库存供给的合作商家，有的商家有自己的 ERP 系统，可以通过平台开放的 API 接口与商家 ERP 系统互通，实现功能和数据层面的共享。

　　商家发货系统分为管理端和商家端两个子系统，管理端主要提供给企业内部，用于管理所有商家，商家端是为每个商家开设一个商家账号，供商家登录，处理商品、订单和库存。商家发货系统的核心功能如图 11-31 所示。

图 11-31　商家发货系统核心功能

　　若要实现商家代发业务，大体流程如图 11-32 所示。先由管理员在管理端添加商家基础信息，为商家开设商家端账号，然后为商家设置其代发货的商品目录及配送范围。商家有了账号以后便可以登录商家端，为代发商品设置库存，商品库存会同步到中央库存系统中供用户下单。用户下单以后，订单履约中心根据订单收货地址和库存进行分仓，如果判定为商家发货，则将订单下发至商家端，提醒商家拣货、发货，商家在商家发货系统中完成打印面单、拣货、打包、发货。

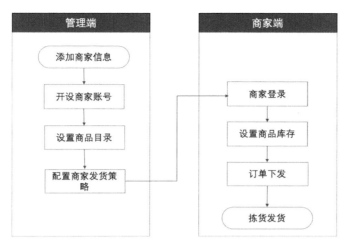

图 11-32　商家代发货全流程

11.3.3　管理端设计说明

商家管理端主要用于管理商家基础信息、商家代发商品设置、商家物流策略、商家结算等，属于后台系统，主要使用方是企业内部的采购、运营等部门，在实现方式上可以独立，也可以放至采购管理系统、运营系统中，还是那句话，功能放在哪里并不重要，重要的是能满足业务诉求。

1．商家基础信息管理

业务启动之初，采购部门或运营部门的相关人员会先和商家谈合作意向，确定合作后，在管理端维护商家基础信息并为商家创建账号。商家基础信息可以参考供应商基础信息设置。

① 基本信息：商家编码、商家名称、企业法人、联系人、联系电话、商家发货地址（省、市、区、详细地址）、经营范围（3C、数码、酒水、服装等，可以取商品的一级类目）、营业三证附件（营业执照，税务登记证，企业组织机构代码证）、统一社会信用代码、营业期限等。

② 财务信息：企业名称、开户行、开户城市、开户名、银行账号、税号、结算方式（月结/季度结/年结）、账期等。

基本信息维护完成后，为商家创建商家端的登录账号，登录方式一般支持账号密码、手机号、短信验证码等。

如果商家违规，或者紧急情况下无法进行发货，相关人员可以在管理端对此商家进行停用，已停用的商家，其下所有库存均被冻结，不再作为可用库存进行分仓预占，这样就可以通过商家状态有效控制商家订单分配。

2．商家代发商品设置

商家能够代发的商品目录应该是由平台指定的，一般为平台无法采购的、价格更有优势的或平台缺货的商品，并且每个商家的代发商品目录应该不同，所以相关人员需要在管理端为每个商家配置其可以发货的 SKU 目录，只有加入目录的商品，商家才能够在商家端中维护商品的库存信息。商品设置包含添加、删除、启用、停用功能等。如果需要临时对某商家的 SKU 进行限制，可以使用停用功能，若恢复正常，则启用。

3. 商家物流策略设置

商家物流策略为商家配置其所支持的配送范围，为订单分仓提供策略支撑。配送策略设置分为三部分。

① 配送方式。支持物流配送或者自提，如果合作的是商家仓库，一般只支持物流配送，如果是门店，则还可以支持用户到店自提业务。支持物流配送的商家，继续设置物流配送范围，只有在配送范围内的订单，才会被分配到该商家发货；支持自提的商家门店，用户在用户端利用 LBS（Location Based Serivices，基于位置的服务）能够定位到此门店，下单后可以直接到店自提，或者直接到店购买。

② 支持配送的物流公司。如果是平台承担物流运费，基于成本考虑，可以为商家配置其支持的物流公司，以便在线预约物流，只能使用商家支持的物流公司发货。

③ 基于商品的配送设置。在某些场景下，个别商品的配送范围与商家的配送范围不一致，需要单独配置商品维度的配送范围。

图 11-33 是某商家的物流策略配置示例。

图 11-33　商家物流策略配置示例

物流策略配置以后，满足策略规则的订单便会被分配给指定的商家，由商家完成履约。订单分配规则总结如下。

① 订单在订单履约中心的分仓环节中，基于中央库存系统中的可用库存匹配满足库存的仓库或门店，包含自营仓、门店和商家仓。

② 物流配送订单，从满足条件的仓库、门店列表中根据订单收货地址继续匹配在配送范围内的仓库，此时如果商家仓不在配送范围内，就不会被分配到。如果有多个仓都能满足配送条件，则再根据距离优先、包裹数量最少、成本优先等策略排序后获取最优仓库，如果匹配到商家仓，则将订单推送至商家发货系统。

在做商家配送范围匹配时，优先匹配商品单独设置的配送范围，如果没有，再匹配商家的配送范围。

③ 自提订单，用户在下单时就已经指定门店了，如果该店是商家门店，订单在订单履约中心分仓预占后直接下发商家端。

4．商家结算管理

同采购入库后需要与供应商结算一样，订单交易产生以后，平台也需要与代发货商家结算。要实现商家结算，管理端需要提供两个功能：商家结算规则设置和结算对账功能。

（1）商家结算规则设置

结算规则是合同中与商家约定的结算规则，双方以此规则对发货商品进行结算。常用的结算规则如下。

① 按固定金额结算。例如，每销售一盒，平台支付商家××元。

② 按金额比例结算。按商品的销售金额，设置结算比例，如每盒按销售价提成 10%。

结算规则可以设置到商家维度，其下所有商品均参考此规则，也可以设置到商品维度，针对每个商品，设置单独的结算规则，还可以二者结合，如果有商品维度的规则就按商品维度的规则结算，否则就以商家维度的规则结算。

（2）结算对账

配置了结算规则后，每到结算日，系统便能自动将已发货且未退回的商家订单基于结算规则计算出需要支付给商家的金额，生成对账单推送到商家端，以便商家对账确认，对账单信息包含：商家名称、统计时间段、SKU、销售数量、结算金额（根据结算规则计算所得的金额）等。

商家在商家端查看并确认对账单，如果有差异，可以反馈差异，总部修改对账单后继续对账，直到双方均认可对账结果为止，最终确认的结算金额及结算明细信息由管理端推送到财务系统中，生成财务结算单，财务会计审核通过后将账款打入商家指定银行卡内。

对账单状态可以设计为新对账单、待商家确认、商家已确认、待财务付款、已打款 5 个状态，状态变更如图 11-34 所示。

图 11-34　对账单状态设计

除以上核心功能外，管理端还可以扩展新闻政策、活动公告、系统通知等公告管理功能，用以和商家端信息同步。

11.3.4　商家端设计说明

商家端的使用对象是代发货商家，代发货商家使用管理端开设的商家账号登录后处理商品、订单、退货退款及结算对账等业务。不同于管理端可以查看和管理所有商家的数据，商家端需要设定数据权限，每个商家只能看到自己名下的商品及订单等数据。

1．商品管理

商家可以登录商家端管理平台分配给自己的商品，包含查看商品信息、设置商品库存等。

① 查看商品。在商家端可以查看自己的商品目录、商品的配送范围、当前的可用库存、启用/停用状态等。

② 设置商品库存。商家可以在在商家端设置商品的实物库存，设置的库存会同步到中央库存系统中，作为平台的可用库存提供给各渠道售卖。商家设置库存时修改的是中央库存系统中的实物库存数量，直接覆盖，不需要加减。

在设计设置商品库存功能时，有个设计细节需要说明：修改后的库存数量必须大于等于被订单占用的库存数量，因为需要预留部分库存用作订单发货处理，如果实物库存数量小于已占用库存数量，订单发货就会因为库存不足而无法正常流转。如图 11-35 所示，商家在设置和修改 A 商品的库存时，因为已经被订单占用 30，故修改的库存数量只能大于等于 30。

图 11-35　商家端设置库存

爱动脑筋的朋友可能会问：虽然有订单占用，但当前仓库确实没有实物库存了，只能修改为 0，该如何处理？

遇到这种情况，说明商家的库存出现了账实不符的情况（手工设置库存难免出现这种情况），建议先将已下发的订单驳回，由相关人员重新指派给其他仓库发货，这样本商家仓被占用的库存就释放了，再由商家修改为 0 即可，一旦库存设置为 0 了，订单再分仓时就不会分配此商家了。

2. 订单管理

商家发货系统最核心的功能就是管理商家的订单。展示给商家端的订单信息包含订单号、下单时间、支付方式（在线支付/货到付款/到店支付）、订单状态、物流方式（物流配送/自提）、收货人信息（姓名、电话、地址等，如果是自提，还可以生成提货码）、待发货的 SKU 及发货数量等。

订单管理包含确认订单、驳回订单、打单发货、确认发货、取消订单等，如图 11-36 所示。

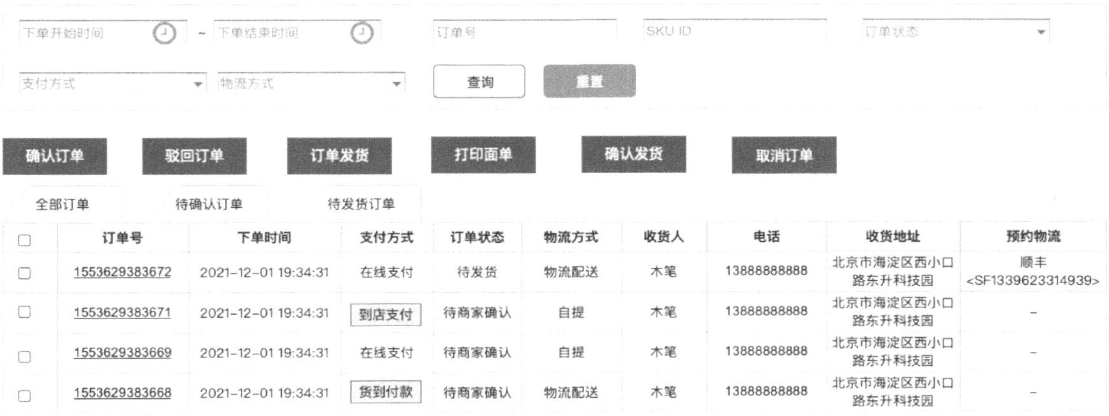

	订单号	下单时间	支付方式	订单状态	物流方式	收货人	电话	收货地址	预约物流
☐	1553629383672	2021-12-01 19:34:31	在线支付	待发货	物流配送	木笔	13888888888	北京市海淀区西小口路东升科技园	顺丰 <SF1339623314939>
☐	1553629383671	2021-12-01 19:34:31	到店支付	待商家确认	自提	木笔	13888888888	北京市海淀区西小口路东升科技园	-
☐	1553629383669	2021-12-01 19:34:31	在线支付	待商家确认	自提	木笔	13888888888	北京市海淀区西小口路东升科技园	-
☐	1553629383668	2021-12-01 19:34:31	货到付款	待商家确认	物流配送	木笔	13888888888	北京市海淀区西小口路东升科技园	-

图 11-36　商家订单管理示例

① 确认订单。订单下发至商家端以后，先让商家确认订单可发货。让商家确认订单可发货的原因有两个：一是提醒商家及时回告，以免订单超时，如果确认了代表商家接受此单的发货任务。二是因为商家设置的库存并不能保证其真实性，确认订单可以让商家核实是否能正常履约，若不能，相关人员可及时将订单拉回并指派其他仓库。

② 驳回订单。如果商家因为自身原因或库存原因无法对订单进行发货，可以操作驳回，将驳回原因回告相关人员，由相关人员再指派其他仓库发货。如果商家无法正常发货，应提示商家及时修改商品库存或商品状态，以免将其他订单再分配到该商家。

另外，如果商家长时间不确认或者驳回订单，如超过 24 小时，为避免订单超时，系统需要增加一个撤回机制，将已下发的订单撤回，然后由相关人员或系统再指派其他仓库发货，撤回的订单，在商家端显示为“已撤回”。针对经常超时撤回的商家，比较影响用户体验，应该从运营层面给予其一定的处罚措施。

③ 打单发货。已经确认的订单，商家就可以开始拣货、发货了，商家端提供拣货清单打

印、物流预约和面单打印功能。拣货清单上包含订单信息、SKU、发货数量等，为节省纸张，拣货清单可以与购物清单一起设计，拣完货以后再用作购物清单提供给用户，一举两得。物流预约功能可以复用配送管理系统中的预约物流单号和物流面单功能，商家可以在线预约支持配送的物流，预约成功后自动打印面单。

④ 确认发货。拣货和打单发货以后，商家还需要操作最后一步：确认发货，即商家已完成了此订单的发货操作。如果是预约物流，商家需要在此环节回填物流公司和物流单号；如果是用户上门自提，在确认发货环节核实用户身份后，将订单状态直接变更为已签收；如果是到店支付订单，支付完成后，还需要在此环节录入用户的实际支付明细，以便后续与平台进行对账结算，系统要支持多种方式混合支付，如支付宝××元，微信××元，现金××元，如图 11-37 所示。

图 11-37　确认发货示例

⑤ 取消订单。订单在确认发货前，支持用户取消，已取消的订单，状态变为"已取消"，释放中央库存系统中的订单预占库存，商家在确认发货时，系统给予拦截提醒，由商家将预出库的商品还货入库。

为避免在系统发货和实物发出的间隔期内订单被取消并退款的情况发生，除了系统拦截提醒，还要从流程上加以约束，即先确认发货，再将包裹交接给快递员或用户。

根据订单的操作节点，商家端的订单状态可以设计为图 11-38 所示的样子。

3. 退货退款管理

不管是自营仓，还是商家代发货仓，给用户的服务体验应该是一致的，当用户在前端发起退款时，不能因为自营仓系统健全而退得快，而商家仓系统不够完善而退得慢。

根据用户发起退款的时机，退款可以分为售前退款和售后退款，售前退款对应的系统流程为取消订单，此时商品还未出库，如果取消订单成功可自动退款，售后退款对应的系统流程为退货并退款，因为商品已出库，用户需要先将商品退回（如果物流在途尚未签收，需要用户拒收后将商品退回），商家收到商品并核实无误后，在系统中确认退货后再操作退款，退款方式一般按用户支付方式原路返回。如果是货到付款或到店支付的订单，需要判断用户是否已付款，商家只针对已经支付过的订单进行退款。

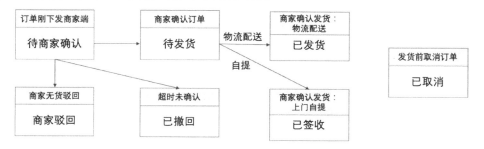

图 11-38　商家端订单状态设计

退货退款流程如图 11-39 所示。

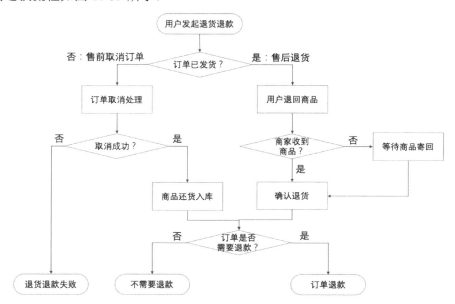

图 11-39　商家退货退款流程

根据订单的支付方式和退款时机，系统提供不同的退货退款逻辑，如表 11-2 所示。

表 11-2　商家退款退货处理逻辑

退货退款类型	在线支付订单	货到付款/到店支付订单
发货前仅退款	订单取消成功后退款	只取消订单，无须退款
发货后退货退款	商家收到退货后再退款	• 拒收订单（未支付）：只退货，不退款 • 签收后（已支付）：商家收到退货后再退款

在系统功能方面，商家端提供退货确认功能，支持对订单中的部分或全部商品操作退回，

商品退回后，系统标记当前商品为退回状态，如果需要退款，则按照收到商品的实付金额通知财务系统退款。

注意：一定要确保用户申请退款的商品和商家收到的商品一致后才能退款，如果不一致，需要核实清楚后，以实际收货商品进行退款。

4．结算管理

商家发货以后，平台会按照合同约定，根据约定的结算方式定期生成对账单，并将其推送至商家端，商家对系统生成的结算金额进行确认，如果有差异，可以在商家端对差异明细进行标记，然后将对账结果推送管理端供采购部门或运营部门查看（见图 11-40），双方就差异部分进行核实确认，然后修改对账单，直到双方对所有明细的结算金额达成一致。采购部门或运营部门的相关人员从管理端将最终确认的对账单推送到财务系统中，生成财务结算单，财务会计审核通过后将账款打入商家指定的银行卡内，商家端可以查看财务结算进度和打款进度。

对账单号：DZ202112031　　　　　结算周期：2021/11/01 ~ 2021/11/30　　　　　系统结算金额（元）：5000

□	序号	SKU ID	商品名称	规格	销售总数量(不含退货)	销售总金额(元)	结算方式	结算金额(元)	对账结论	对账操作
□	1	926405	正胃胶囊	0.35g*48粒	1000	20,000	按金额比例: 5%	1000	无差异	确认无误 标记差异
□	2	896452	雪山青宝胶囊	0.34g*36粒/盒	1000	20,000	按金额比例: 5%	1000	有差异: 1500	确认无误 标记差异
□	3	889400	复方氨酚烷胺胶囊	10粒/盒	1000	20,000	按金额比例: 5%	1000	无差异	确认无误 标记差异
□	4	882841	盐酸地芬尼多片	25mg*24片*5板	1000	20,000	按金额比例: 5%	1000	无差异	确认无误 标记差异
□	5	926920	肠炎宁糖浆	10ml*6支	1000	20,000	按金额比例: 5%	1000	无差异	确认无误 标记差异

导出对账明细　　批量确认　　*点击SKU ID可以查看对账详情，所有明细确认后，点击下方【提交】按钮生效

提交对账结果　　　　返回

标记差异
请录入您计算的结算金额 _____
备注 _____
标记差异　关闭

图 11-40　商家对账单示例

11.3.5　接口开放

很多商家都有自己的进销存系统，用于库存管理，在做代发货业务时，他们更倾向于通过系统对接的方式，将商品、订单信息打通，以免操作商家端发货以后，还要再到自己的系统里重复操作一次出库。针对这种情况，我们就需要使用接口开放，将商家的信息开放给商家的系统做对接。有了接口以后，商家就不需要操作商家端了，只需要将订单拉取到自己的进销存系统中进行操作，然后将操作结果同步到商家端，变更状态即可。

接口开放的实际操作可繁可简，简单的方式是将商家端需要用到的功能做成接口功能提供给商家的系统调用，但这样的交互方式安全性较低，特别是将核心的系统功能对外开放，容易遭到攻击，从而影响到内部系统的稳定性，所以大平台一般都会使用复杂而安全的方式对外开放接口：它们会搭建接口开放平台，将接口服务通过开发平台对外公布，所有需要调用企业内部接口的外部软件都需要先在开放平台注册成为开发者，经过平台认证并授权通过后才能调用接口，开发平台会对调用次数和调用频率进行监控和控制。图 11-41 为接口开放平台系统架构图，关于接口开放平台的搭建可以参考京东的宙斯平台、阿里巴巴的服务开放平台等，相关内容不属于供应链的系统范畴，本书中就不详述了，感兴趣的朋友可以去网上找相关学习资料进行学习。

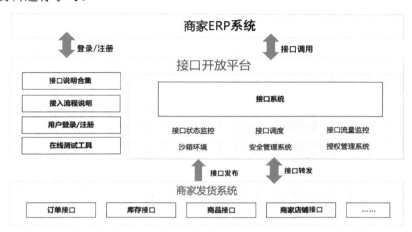

图 11-41 OPEN API 开放平台系统架构图

无论以上哪种对接方式，如果要实现完整的系统交互，商家发货系统都需要开放包含但不限于如表 11-3 中的这些接口供商家 ERP 系统调用。

表 11-3 商家发货 API 开放

序 号	接 口	说 明
1	商品查询	查询商家的商品目录
2	设置商品库存	供商家更新商品库存
3	商家基本信息查询	查询商家的基本信息，包含账号、名称、发货物流、配送方式等
4	订单查询	查询商家的订单，包含订单列表和订单详情
5	订单确认	商家确认订单或驳回订单
6	预约物流	通过订单信息预约物流单号
7	订单发货	商家确认发货并回传物流信息、收款明细
8	订单取消	将订单取消的消息传给商家
9	订单撤回	通知撤回消息给商家
10	商品退货	退货商品确认
11	对账单查询	查询商家的对账单，包含对账单列表和对账单详情
12	对账单确认	确认对账单或反馈差异

11.4　坚实后盾：售后系统

　　订单的签收并不是供应链的完结，正如本书最开始介绍的供应链一样，以始为终、以终为始，因果循环，如果终端用户对商品的质量、服务产生分歧和纠纷时，就产生了订单新的流程：售后服务，而订单签收是售后服务流程的起点。很多企业在前期发展阶段为了冲业绩而忽略了售后服务，这是大错特错的，销售固然重要，但良好的售后服务才是企业的坚实后盾，只有迅速而有效地解决客户的售后问题，让用户免除后顾之忧，才能为企业筑造口碑和服务的护城墙，这堵墙坚而不破，成为比销售更稳固的壁垒。

　　售后服务流程对应的供应链系统是售后系统（Aftermarket Systems，AMS），最常用的售后服务流程包含退款、退货、换货和补寄，本节我们来了解一下这些流程的系统设计。

11.4.1　售后全景图

　　退款、退货和换货的业务流程和系统交互流程，在本书第三章和第四章中我们已经详细地介绍过了，下面重点介绍售后服务在供应链中的业务场景和系统面貌。

　　售后服务发起的方式可以是用户从用户端或官方网站发起售后申请，也可以是客服人员从售后系统中发起售后申请，售后场景分为退货退款、换货和补寄，根据发起售后的订单的状态和订单付款方式的不同，系统处理逻辑也不尽相同，主要分为订单发货前的售前处理和发货后的售后处理。售后场景处理如图 11-42 所示。

发起方式		用户发起	客服发起
序号	**订单时机**	**系统处理**	
		货到付款订单	在线支付订单
一、退货退款			
1	订单已提交未支付(售前)	取消订单	取消订单
2	订单已支付未发货(售前)	取消订单	①取消订单 ②退款
3	订单已发货或已签收(售后)	退货	①退货 ②退款
二、换货			
4	订单已支付未发货(售前)	①原商品取消订单 ②新商品生成新发货单	
5	订单已发货或已签收(售后)	①原商品订单退货 ②新商品生成新发货单	
三、补寄			
6	订单已发货或已签收(售后)	补寄商品生成新发货单	

图 11-42　售后场景处理

　　在以上与售后相关的场景中，用户基于原订单发起售后申请，在售后系统中生成售后单，并以售后单串联各供应链系统完成售后流程。涉及的系统主要有售后系统、仓储管理系统（或门店管理系统）、订单履约中心和财务系统，在各个系统中的单据流转形态如图 11-43 所示。

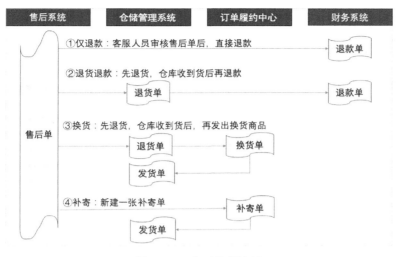

图 11-43　售后单据流转

① 仅退款：用户发起售后申请后，在售后系统中生成售后单，客服人员审核后，会生成财务系统的退款单，财务人员基于退款单完成退款。

② 退货退款：相比仅退款的业务，多了退货的环节，客服人员审核售后单后，需先生成仓储管理系统的退货单，待仓库收到用户的退货并基于退货单核验无误后，再生成财务系统的退款单进行退款。

③ 换货。换货相比退货退款业务，不需要退款，但需要在订单履约中心中生成一张类型为换货的出库单，并下达仓储管理系统完成换货订单的出库履约。

④ 补寄：用户发起售后申请后，一般由客服人员手动建单，在订单履约中心中生成一张类型为补寄的出库单并下发仓储管理系统发货。

一张订单可以多次发起售后，生成多张售后单，操作多次换货和补寄，但不能被多次退款。

11.4.2　无实物退款

当用户没有收到实物时，可以申请仅退款，而不需要退货，仅退款的场景主要有以下几种。

① 仓库还没有发货时，用户申请了退款，此场景属于售前退款，系统处理上需要将尚未发货的订单取消，然后执行退款，如果已经发货了，则申请退款失败。

② 仓库已发货，但由于物流原因，用户未收到实物，申请退款，经客服人员核实后，为用户退款。此场景下因为实物丢失，但用户无责，处理完用户退款后，客服人员还需要与仓库、物流公司进行核实，处理实物的赔偿。

③ 用户已收到实物，因商品质量等问题发起售后申请，但退货的物流成本已经大于商品本身的价值，如过期商品、生鲜、低价值商品等，经与客服人员协商后，仅退款而不需要退货了。

从用户发起退款申请开始到售后完成，会经历客服人员审核、财务人员审核，财务人员打款三个环节，如果客服人员驳回退货申请，允许用户发起仲裁，仲裁成功后仍可以继续退款。售后单的状态设计如图 11-44 所示。

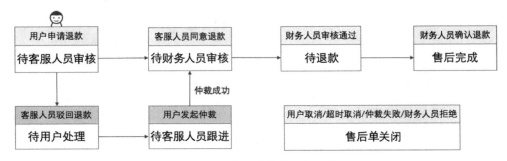

图 11-44　售后单状态—仅退款

售后单状态详细说明如表 11-4 所示。

表 11-4　售后单状态说明—仅退款

售后状态	说明
待客服人员审核	用户提交退款申请后，等待客服人员处理的状态
待财务人员审核	客服人员审核售后单，同意退款，并生成退款单供财务人员审核
待用户处理	如果客服人员驳回了退款申请，需要用户核实，用户可以取消本次售后，或者发起仲裁
待客服人员跟进	如果用户对驳回结果不满意，发起了仲裁，需要指派客服专员跟进处理，仲裁成功后，继续完成退款
待退款	财务人员审核退款单，同意退款的状态
售后完成	财务人员根据退款单完成打款，并退回订单中的促销优惠券、积分等，本售后单完结
售后单关闭	当发生如下情况时，会触发售后单关闭：①用户主动取消本次售后；②售后单超时未处理，自动关闭；③用户仲裁失败；④财务人员拒绝退款申请

为提升退款效率，大部分的订单退款都可以设置为系统自动完成客服和财务工作，特殊情况下由人工介入。

退款分为全退和半退，订单签收前的取消和拒收引起的退款，都是整单退货（全退）。而签收以后的退货，经常由于部分商品问题，所以会存在部分退货（半退），在退款时，需要按照用户实际支付的金额进行退款，如果用户在订单下单时使用了优惠券、抵扣金、积分等，也需要退回用户的账户中。

整单退款的处理流程比较简单，按订单实付总金额退款，同时将未过期的优惠券、积分等原路退回用户账户。部分退款情况下的退款处理流程相对复杂，总结下来有两种处理结果。

① 若无组合优惠信息，按商品实付金额退款，未过期优惠券原路返回。

② 若使用了组合优惠信息（如整单满减券），有两种主流处理方式。

方案 A：优惠按照商品金额比例分摊，按照分摊后的实付金额退款。

方案 B：退款时需考虑剩余商品是否仍然达到了优惠门槛，重算优惠后退款。

为了加强理解，我们举例说明。

方案 A：优惠按照商品金额比例分摊，按照分摊后的实付金额退款。

老王购买了商品 A、B、C 各 1 个，共同使用了满 150 减 20 的优惠券，按比例分摊后的实付金额如下。

商　品	金额（元）	优　惠	优惠分摊（元）	分摊后实付（元）
A	100		10	90
B	60	满 150 减 20	6	54
C	40		4	46

如上，如果老王退商品 A，则退款 90 元；退商品 B，则退款 54 元；退商品 C，则退款 46 元。

此规则简单易实现，但存在凑单刷优惠券的风险，存在用户为了凑单使用优惠券，签收后又将其他不需要的 SKU 退货的情况，如果老王同时退了 B 和 C，则用 90 元购买到了原价 100 元的商品 A，对平台是不利的。一般规避方案为：①用户主动退货导致的退货运费由用户承担；②针对恶意刷优惠券退货的行为，将用户做降级处理、或加入黑名单。

方案 B：退款时重新计算优惠，若剩余 SKU 仍达到了优惠门槛，则按原价退款；否则扣除优惠后再退款，若扣退款金额尚不够优惠金额，则不能单独退此商品。

CASE 1：老王购买商品 A、B、C 各 1 个，使用了满 150 减 20 的优惠券，实付金额如下。

商　品	金额（元）	总金额合计（元）	优　惠	实付金额（元）
A	100			
B	60	200	满 150 减 20	180
C	40			

① 若老王退商品 C，则剩余商品 A 和商品 B，原金额合计 160 元，仍然满足优惠条件，故商品 C 退原价，退款 40 元；

② 若老王退商品 B，则剩余商品 A 和商品 C，原金额合计 140 元，不再满足优惠条件，需扣除优惠的 20 元，退款金额=60-20=40 元。

CASE 2：老王购买商品 A、B 各 1 个，使用了满 100 减 50 的优惠券，实付金额如下。

商　品	金额（元）	总金额合计（元）	优　惠	实付金额（元）
A	60			
B	40	100	满 100 减 50	50

① 若退商品 A，剩余商品 B（原金额为 40 元），不再满足优惠条件，需扣除优惠，可退款金额=60-50=10 元

② 若退商品 B，则剩余商品 A（原金额为 60 元），不再满足优惠条件，需扣除优惠，但因商品 B 的原金额（40 元）小于已优惠金额（50 元），故不允许单独退商品 B。

此规则可避免用户刷优惠券的情况，但规则较复杂，解释成本和系统实现成本较大。

两种退款算法各有利弊，方案 A 简单、清晰明了，方案 B 严谨、相对复杂，在业务量不大时可以采用方案 A，当退款业务量很大时，就需要考虑方案 B 了。

11.4.3　退货退款

用户收到实物以后又发起了售后申请，在退款之前需要先将商品退回平台，待仓库收到货并验收核实无误后，再行退款。

从用户发起退款申请到售后完成，主要经历客服人员审核、用户退货、仓库收货、财务人员审核、财务人员打款五个环节，售后单的状态设计如图 11-45 所示。

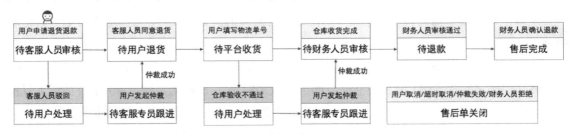

图 11-45　售后单状态–退货退款

退货退款比仅退款业务多了用户退货和仓库收货两个环节，客服人员同意退货以后，用户需按照系统提示将商品寄回售后仓库，待仓库验收完成后再触发财务人员审核，如果仓库验收时发现实收商品与退货单的明细不符，或者商品不再满足退货条件，需将验收不通过的结论返给售后系统，展示到用户侧供用户处理，若用户对结果不满意，同样可以发起仲裁，由客服专员跟进，仲裁成功则继续退款，仲裁失败则关闭售后单。

11.4.4　售后换货

售后换货主要发生于用户对所购买的商品不满意，但不希望退款，而是希望更换其他商品的情况下，其处理逻辑为：将原商品做退回处理，仓库收货完成后，由客服人员在售后系统中协助创建换货单，或者用户在用户端中自主选择换货商品并提交订单（如果是用户自主选择，需要控制仓库收到退货商品后才能在用户端显示换货功能），换货单会生成换新商品的发货单，走正常履约流程将商品发货给用户，用户签收后完成本次售后。此业务下的售后单状态设计如图 11-46 所示。

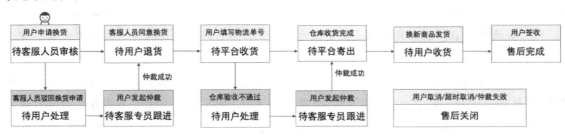

图 11-46　售后单状态—售后换货

在现实业务中，换同等价格的原 SKU 的情况居多，如果存在换其他价格的商品，这时则需要客服人员处理差价，多退少补。

在提供质保服务的售后场景中，虽然换货订单产生了新的履约单，但质保服务期还应该以原订单计算。例如：

2021 年 1 月 1 日，张小北买了一台手机，平台质保期 1 年，到 2021 年 12 月 31 日截止，在 6 月 2 日产生了换货，换了一台新手机，但新手机的质保仍然到 2021 年 12 月 31 日，不应该从 6 月 2 日再重新开始算。

11.4.5 售后补寄

补寄流程主要发生于平台错发或漏发商品的情况下。用户发起售后申请后，客服人员核实情况属实，为用户新建一张出库类型为补寄的发货单，仓库走正常履约流程将补寄商品拣货、打单并发货给用户。补寄单与普通订单格式和流程一样，不同点在于下单人是客服人员而不是用户，且订单金额为 0 元。

11.5 千人千面：统一权限系统

我们在设计系统的时候，为了让不同的人拥有不同的查询和操作权限，就少不了权限控制，在很早的时候，每做一套系统，都需要设计一套权限，尽管技术小哥信誓旦旦地说代码是可以复制的，但无疑也是一种浪费，并且在每个系统中管理一套用户账号体系，对于需要操作多系统的人员来说，就需要记多套系统的账号、密码和多个系统链接，无疑是痛苦而低效的，特别在供应链这种多方紧密相关的系统中尤为明显，我们希望把系统设计得尽量服务化、解耦化，但业务方更希望我们把系统设计得尽量集中化、统一化。于是，可以独立管理多套系统权限的统一权限系统就此诞生，基于权限的统一，可以在多套供应链系统独立设计的同时，对业务方呈现出一套系统的效果，下面让我们一起来看看。

11.5.1 统一登录，权限共享

统一权限系统不再隶属于任何一个系统，而是以一个独立的系统存在，并在这个系统下集中管理外围各系统的用户、角色、系统功能、数据组织和权限控制，统一对外围系统提供权限服务。

权限系统架构如图 11-47 所示，我们可以将其功能抽象成三层结构。底层是权限的基础数据，包含用户、系统、角色、系统功能、数据等；中间层是基于基础数据设计各类权限配置，包含人员-角色、角色-功能、角色-数据；上层是对外提供的统一登录和权限控制服务。

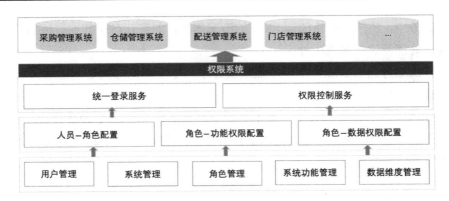

图 11-47　权限系统架构

权限系统的建设目标有两个：统一登录和权限共享。

① 统一登录。基于底层用户账号、密码的统一，为各系统提供统一的登录入口，用户只需要登录一次，即可访问所有具备权限的系统而不需要重新登录了，这也是当前比较流行的单点登录（SingleSignOn，SSO）的原理，图 11-48 是基于企业微信的单点登录示例，无论从哪个系统登录，都会跳转到此页面，登录成功后再进入对应系统。

图 11-48　企业微信登录示例

如果再向前一步，我们不仅可以实现账号的统一登录，还可以将所有的系统收拢到一个统一登录平台中，从权限系统中获取当前用户具备权限的所有系统，点击系统入口就可以直接加载系统菜单，这样对于用户来说，多个底层独立的系统就能够在一套系统内进行展示和操作了。图 11-49 是一个统一登录平台的示例。

② 权限共享。由权限系统统一管理外部系统的权限设置，不再在每个系统中独立开发一套权限功能，当外部系统需要获取权限时，从权限系统中获取相应配置即可。

图 11-49　统一登录平台示例

图 11-50 是统一登录和权限共享的系统原理。

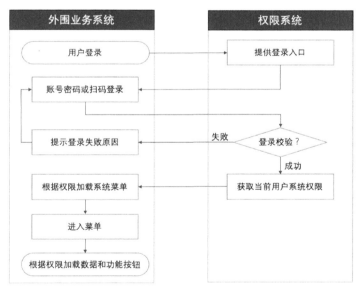

图 11-50　统一登录和权限共享的系统原理

11.5.2　功能权限与数据权限

系统的权限分为功能权限和数据权限两部分。功能权限是指当前用户能够看到和操作哪些菜单、按钮和字段，数据权限是指在具备功能权限的前提下，用户进入页面后能够查看和操作哪些数据。

（1）功能权限

功能权限又分为页面权限、操作权限和字段权限。

① 页面权限。用户登录系统后能够看到的页面，每个页面对应一个系统菜单，如果用户配置了对应的系统菜单，就能访问此页面。

② 操作权限。用户进入页面后能够看到和操作的功能按钮。操作权限的控制有两种方式。一种是前端显示有按钮，但在操作时根据后台的权限校验判断当前用户是否具备操作权限，如果不具备，则报错提示。第二种则由前端控制按钮的显示，所见即所得，不具备权限的用户，就看不到按钮。很明显，第二种方式比第一种方式的体验更好，当然实现成本也会高一些。

③ 字段权限。有些页面上的某些关键字段需要单独控制是否可见、是否有可编辑的权限，这就需要对字段单独设置字段权限了，具备相应权限的用户才可以看到或编辑此字段。

（2）数据权限

数据权限用来保证数据的隐私性，并不是所有人都需要看到全量的数据。对于某些页面，即便是同一个菜单，因为角色不同，看到的数据也需要不同。数据权限需要配置对应的数据维度，可以是仓库、站点、岗位、部门、地区等维度中的一个或多个维度的组合，在采购管理系统中使用岗位做数据维度比较多，而仓储管理系统中，使用岗位和仓库做数据维度比较多，如上海仓的员工只能看到上海仓的数据，但上海仓的仓库总监能够看到与本仓库相关的所有数据，而普通员工只能看到自己对应权限内的数据。

不管是功能权限，还是数据权限，在实现上原理是一样的，用户在登录业务系统以后，由业务系统获取当前用户的 ID 信息，从权限系统中读取该用户在此系统下的权限配置，并加载对应的菜单、按钮、字段和数据。

11.5.3　RBAC 权限模型

在权限系统中，最主流的就是 RBAC 模型（Role-Based Access Control，基于角色的访问控制）了，此模型是 20 世纪 90 年代研究出来的一种权限模型，其核心思想是在为用户绑定系统权限时，不直接设置到权限，而是将角色与权限挂钩，用户再对应到角色，获取该角色下的所有权限。这样做的好处是针对具备相同权限的用户，不需要每个人都绑定一次功能权限和数据权限，而只需要明确角色即可，因为每个角色已经提前设置好相应的系统权限了，如果需要批量调整所有人的权限，只需要调整角色配置的权限即可，极大地减轻了相关人员权限配置的工作量。

要在权限系统中实现 RBAC 模型，涉及用户、系统、角色和权限 4 项基础数据。

① 用户：即登录系统的人的基础信息。用户信息可以与企业 OA、HR 等系统共用，以免多次添加，如果需要使用企业微信等三方账号登录，还需要绑定企业微信账号。

② 系统：外部系统在权限系统中的身份信息，每个共用权限的系统都需要先在权限系统

中登记一个唯一系统编码，并将此系统下的功能菜单配置好，在用户登录系统请求权限时，通过此系统编码+用户账号从权限系统中获取当前用户配置的系统权限。

③ 角色：在每个系统下设定的操作角色，对应一批具备相同权限的用户组。每个角色会绑定相应的功能权限和数据权限，并关联多个用户，这样每个用户都具备了当前角色下的所有权限。根据需要，可以将功能权限和数据权限设定到同一角色内，或者设定不同的角色。

④ 权限：每个系统下设立的菜单、按钮、字段和数据维度，这些都需要作为基础数据提前维护到权限系统中对应的系统下。

用户、系统、角色和权限的关系如图 11-51 所示，用户数据是各系统公用的，每个系统下可以单独设定角色并绑定功能和数据权限，每个角色可以绑定多个功能权限（如多个菜单）和数据权限（如多个仓库），每个用户在每个系统下可以绑定多个角色，各角色的功能和数据权限取并集，即当前用户的系统权限。

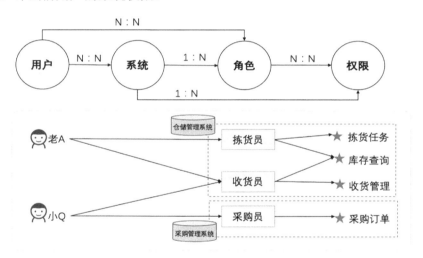

图 11-51　RBAC 权限模型

在图 11-51 中，用户老 A 只有仓储管理系统的权限，在仓储管理系统下有拣货员和收货员两个角色，具备拣货任务、库存查询和收货管理三个系统菜单权限。小 Q 被设置了仓储管理系统和采购管理系统两个系统权限，在仓储管理系统中是收货员的角色，具备库存查询和收货管理两个菜单权限，在采购管理系统中是采购人员的角色，具备生成采购订单的权限。

以上便是 RBAC 的基本模型，也叫 RBAC0。RBAC0 已经能满足大部分权限管理要求了，但随着业务的多样化，逐渐演化出角色分层模型 RBAC1、角色限制模型 RBAC2 和角色统一模型 RBAC3，在 RBAC0 的基础上增加了更多对于角色的扩展。网上的相关资料有很多，感兴趣的朋友可以深入了解。

11.5.4　权限系统实现

了解了功能权限、数据权限和 RBAC 模型，也就了解了统一权限系统的精髓，系统实现也就比较简单了，权限系统主要包含权限基础数据、权限设置和权限服务 3 大功能。

1. 权限基础数据

权限系统用到的基础数据主要有用户、系统、角色、系统功能和数据权限等。

① 用户管理：管理登录用户的基本信息，包含登录账号、姓名、登录密码、性别、电话、邮箱、图像、身份证信息、状态（有效/无效）等属性，如果能够与企业 OA 或 HR 系统打通，则在权限系统中只需要存储账号和姓名等最基本信息即可。

② 系统管理：管理所有使用权限系统的外围业务系统，包含系统编号、系统名称、系统图标、系统链接、状态（有效/无效）等。

③ 角色管理：管理每个系统下的角色，包含角色编号、角色名称、所属系统、角色分类（功能角色/数据角色）、状态（有效/无效）等。我们的设计思路是将角色归属到每个系统下，还有一种设计思路是将角色从系统中剥离出来作为公共数据，各系统可以共用角色信息，这样相同的角色就不需要在每个系统中都维护一次了，但系统和角色之间的关系就不那么一目了然了，两种方式各有利弊。

④ 系统功能：管理每个系统下的菜单、操作按钮和关键字段等，包含功能名称、功能编码、链接、类型（菜单/操作按钮）、状态（有效/无效）等。菜单隶属于系统、按钮功能和字段隶属于菜单，以树形样式展示，如图 11-52 所示。如果页面中有关键字段需要单独控制权限，可以在对应菜单下添加关键字段，以便在分配权限时为角色分配字段权限。

图 11-52　系统功能维护示例

⑤ 数据权限维度：管理各系统中用到的数据隔离的维度及基础数据，如仓储管理系统按仓库维度做数据隔离，则维护所有仓库的数据，采购管理系统按部门维度做数据隔离，则维护所有部门的采购数据等。

2. 权限设置

权限设置包含角色绑定功能权限、角色绑定数据权限、用户绑定角色三个功能。

① 功能权限设置：将角色与系统功能进行绑定，绑定以后，该角色便具备了当前系统下勾选的菜单、按钮和字段权限，字段权限取自菜单下维护的关键字段，有隐藏、只读和编辑三种权限可配。用户如果绑定了该角色，便能继承该角色下所有的权限，图 11-53 是功能权限设置示例。

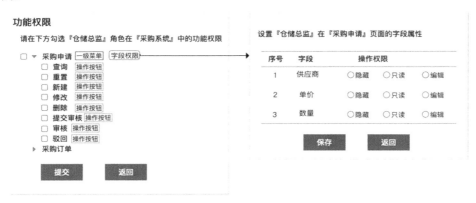

图 11-53　功能权限设置示例

② 数据权限设置：将角色与数据维度进行绑定，绑定以后，角色便具备了系统下的数据权限。数据权限和功能权限可以共用一套角色，也可以分开，进行不同的角色控制，从灵活性角度考虑，建议分开。因为不同系统对数据权限的要求不同，权限系统中应能兼容多个数据维度可选，图 11-54 是按仓库作为数据维度的示例，「仓储总监」角色在仓储管理系统下可以设置全部仓库或者部分仓库的数据查看权限。

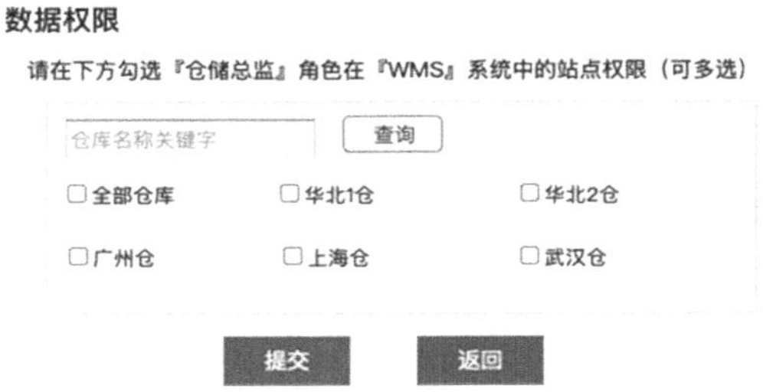

数据权限

请在下方勾选『仓储总监』角色在『WMS』系统中的站点权限（可多选）

[仓库名称关键字]　[查询]

☐ 全部仓库　　　☐ 华北1仓　　　☐ 华北2仓

☐ 广州仓　　　☐ 上海仓　　　☐ 武汉仓

[提交]　　[返回]

图 11-54　数据权限设置示例

③ 用户绑定角色：权限设置的最后一步便是将用户与已经设置好的功能权限和数据权限进行绑定，如图 11-55 所示。其实现逻辑为：用户选择需要设置权限的系统，进入该系统的权限设置页，依次绑定功能角色和数据角色。一个用户可以绑定多个系统下面的多个功能角色和数据角色，多个角色的内容取并集便是当前用户的系统权限。

图 11-55　用户绑定角色示例

3．权限服务

权限维护完了，并不是自己用，而是要为外围业务系统提供服务支撑，包含用户基础数据服务、登录验证服务和权限服务。

① 用户基础数据服务：有了统一权限系统，业务系统不再需要单独维护用户信息了，需要时可以直接从权限系统获取用户详细信息。

② 登录验证服务：作为用户账号和密码的集中管理系统，应该由权限系统提供唯一的登录校验出口，为用户登录提供验证服务。

③ 权限服务：用户成功登录外部系统后，由权限系统提供用户的功能权限和数据权限服务，供外部系统加载和校验。

11.6　本章结语

在新零售业务中，线上线下同步销售，门店的布局和定位也在悄然改变，从传统的线下销售转变为集用户拉新与留存、线下零售、线上销售等职责于一体的智能前置仓，在典型的前店后仓模式下，门店管理系统的设计分为前后两端，前店使用 POS 收银系统做线下销售，后仓使用门店后台系统管理商品的进销存及线上订单发货，同时使用后台系统支持门店促销、门店会员管理等日常工作。

供应商管理是供应链协同的重要体现，通过供应商管理系统可以让很多采购和供应商管理协同的工作线上化，一个典型的供应商管理系统包含企业与供应链之间的信息协同、采购协同、退供协同等，通过供应商管理系统让供应商参与到企业的供应链流程中来，建立企业与供应商之间深度的合作。

零售企业发展到一定阶段以后，如果自身商品品类和库存无法完全满足用户需求时，必然会引进外部商家提供商品供应和发货，这是供应链协同的必然趋势，通过商家发货系统就能够很轻易地实现这一目标。商家发货系统包含管理端和商家端，管理端用于内部采购部门管理代发货商家基本信息、代发商品信息、商家物流策略、商家结算等，商家端开放给商家使用，供商家日常处理商品、订单、退货退款及结算对账等业务。如果商家有自己的进销存系统，也可以通过开放接口将商家端功能开放给商家，实现双方系统之间的协同互通。

销售固然重要，但良好的售后服务才是企业的坚实后盾，如果终端用户对商品的质量、服务产生分歧和纠纷时，就产生了订单的逆向流程：售后。售后系统专门用于客服人员处理订单的售后流程，包含退款、退货、换货和补寄等。售后系统也不是孤立存在的，而是与财务系统、订单履约中心、仓储管理系统等多个供应链系统联动，共同为售后业务服务。

最后，为了解决系统设计上的服务化、解耦化与业务方要求的集中化、统一化的矛盾，我们需要一套能够同时管理多套系统权限的统一权限系统来管理各个系统的功能权限和数据权限，为各系统提供统一登录和权限共享服务，当前最主流的权限框架是 RBAC 模型，通过角色与权限挂钩，用户再对应到角色，这是 RBAC0 的基本思想，随着业务的多样化，逐渐演化出角色分层模型 RBAC1、角色限制模型 RBAC2 和角色统一模型 RBAC3，在 RBAC0 的基础上增加了更多对于角色的扩展。

至此，本书中所有的系统设计都讲完了，文字是死的，但传达的思想是灵活的，功能的实现一定要伴随着业务的发展而来，在实际工作中，多关注业务本身和 B 端系统的底层设计能力沉淀，有利于我们更好地开展工作。

第 12 章　整装待发：供应链项目养成记

如果你了解了供应链的业务和流程，也掌握了供应链的系统设计思路，那么你一定是一名合格的理论型供应链产品经理了，但纯理论并不能保证项目成功，我们还需要经历无数次的项目实战，在项目现场去感受、去受挫、去反思，才能一步步成为理论和实际兼具的实战型供应链人，这些宝贵的成长历程也将成为我们受用一生的财富和建立自身影响力的壁垒。

作为本书的最后一个章节，木笔想带你去见识一下供应链项目的实操现场，让你感受一个成功的供应链项目所要经历的完整历程，而在整个历程里，我们要意识到系统功能是项目中很重要的一部分，但并非其全部。

现在带上你的理论所学，我们出发了……

12.1　供应链项目实施整体流程

"供应链项目就是软件开发，只要了解软件开发项目管理就够了，网上文章一大堆，何必要听你啰嗦一大章？"，有此疑问的朋友并不为过，因为大部分的供应链项目确实只需要实现软件功能即可，但我想说的是，像仓储、配送、门店这类有实体支撑的一线操作类项目，系统实现只是一部分，还需要与基建、硬件、现场运营等一起协同，才能完成整体项目，这一类的项目管理无论从周期、项目成员，还是难度上都比软件工程要大得多，这才是木笔想带你见识的。

根据项目的生命周期，我们可以把供应链项目的整体流程分为规划立项、项目建设、上线实施、项目收尾四个阶段，每个阶段又可以细分为多个环节。

话不多说，先上图，一个兼具建筑基建、硬件设备和系统软件的供应链项目流程如图 12-1 所示。

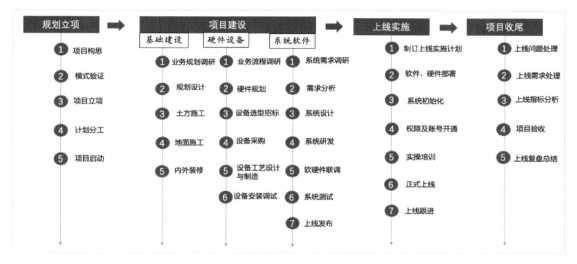

图 12-1　供应链项目实施整体流程

阶段一：规划立项。这个阶段处于项目的初期，是从点子到项目落地的过程，一般是老板在新的战略方向上冒出的想法，或者高层在开战略会议时讨论出的规划，还可能是某个员工提出的一个金点子，经过验证以后可行，于是开始立项落地。规划立项可以分为项目构思、模式验证、项目立项、计划分工和项目启动 5 个环节。

阶段二：项目建设。在供应链项目中，并非只有软件，还会涉及基建、硬件设备生产和系统软件三个方向同时建设的情况，项目启动以后，三个方向的负责人各自领命并分工协作，由项目经理统一管控整体进度和项目质量。

首先，如果新建一个物流园区，先做基建，需要先根据业务规划设计园区整体布局，然后设计物流中心内部布局、进而开始施工、打地基、地面主体建设、内外装修，整体上分为业务规划调研、规划设计、土方施工、地面施工、内外装修 5 个环节。

另外，如果新建的物流中心内需要配置自动化设备来支持业务，如增加拣货机器人、传送带、分拣机等，就需要做设备规划和采购，然后让供应商根据我们的需求生产，设备生产完以后，还需要供应商派人到现场安装、调试，并与系统软件进行联调。设备建设整体上分为业务流程调研、硬件规划、设备选型招标、设备采购、设备工艺设计与制造、设备安装调试 6 个环节。

最后，才是我们熟悉的系统软件部分，我们需要根据业务的规划，如楼层规划、设备规划、流程规划进行系统的需求调研、分析，然后进行系统研发。系统建设整体上分为系统需求调研、需求分析、系统设计、系统研发、软硬件联调、系统测试、上线发布 7 个环节。

以上三个方向并不是强依赖关系，也并非全部必须。如果项目启动时已经有园区和物流中心，就不需要进行基建了，如果不需要硬件设备支持，就不需要硬件设备建设，同时，如果系统功能是现成的，也不需要做系统开发了。

从项目流程上看，三个方向在前期可以并行，后期只能串行。通常基础建设的时间最长，所以一般最先开始，可以同步进行设备的采购制造和系统开发，基建完成以后，水电都通了，才能进行设备安装调试，设备调试以后，再和系统进行联调。所有软件、硬件的流程都测试通过后，才具备上线发布条件。

阶段三：上线实施。基建、硬件和系统的建设工作都完成以后，就到了见识庐山真面目的时候了，也就是项目正式上线使用阶段，我们需要为上线做一些准备工作，包含系统层面的和运营层面的，上线实施阶段包括上线实施计划，软件、硬件部署，系统初始化，权限及账号开通，实操培训，正式上线和上线跟进 7 个环节。

阶段四：项目收尾。项目上线成功以后，就到了上线收尾阶段，随着系统和流程的逐渐稳定，项目也随之收尾，从上线到项目结项，还需要进行上线问题处理、上线需求处理、上线指标分析、项目验收、上线复盘总结 5 项工作。针对大型项目，对项目过程进行复盘，总结项目过程中的优点和缺点是非常有必要的，这是后续同类型项目非常宝贵的经验。

无论有没有基础建设和硬件设备，任何一个供应链项目，都会经历以上四个阶段，而能将所有项目阶段、项目成员串在一起的灵魂人物是项目经理，在只有系统类的项目中，常常由产品经理兼职项目经理，在跨周期、跨部门，基建和软件、硬件兼具的大型供应链项目建设过程中，项目经理对项目的管控是非常关键的，任何一方失控都会导致项目延期或者失败，所以找个优秀的专职项目经理是非常必要的，在此类项目中，产品经理专心做好系统设计就是对整个项目最大的贡献。

12.2　规划立项：从点子到项目

任何一个项目的启动都意味着时间、成本、人力的投入，除非老板挥金如土只为自娱自乐，否则项目的启动一定是具备项目背景和战略意义的，这个战略往往从一个点子开始，就像一粒种子一样，慢慢生根发芽，最终破土而出，形成项目，然后成立项目组，在这一过程中，会经历项目构思、模式验证、项目立项、计划分工和项目启动会 5 个环节。

1. 项目构思

项目在立项前，一般会有一个构思期，供应链项目的构思分为主动构思和被动构思，主动构思来源于老板的一个想法、企业内部孵化的金点子、业务的扩展需要、公司新的战略方向等，如因为业务的增长，原先的一个物流中心产能跟不上了，所以相关人员考虑再建一个物流中心，这便是一个构思；被动构思来源于其他方面的推动、不得不做的项目，如国家要求企业必须上传电子监管码（药品的唯一溯源条码），所以 A 仓库考虑增加一套支持条码采集和上传的软件系统和硬件设备。

项目构思阶段参与人主要是企业高层管理人员、业务负责人，产出的是一个尚未确定的想法。

2．模式验证

构思有了以后，若想项目落地，还需要进行细化，如通过头脑风暴、专家讨论等方式把各方面因素都罗列出来，形成完整的方案，然后进行模式验证，根据验证的结论来决策项目是否需要进一步实施。推荐几种验证方法：德尔菲法、数据建模法、MVP 实验法、A/B 测试法。

① 德尔菲法：汇总公司内外部专家的意见进行综合评估分析，得出一致结论。

② 数据建模：通过历史数据构建数据模型，对新的构思进行验证，以判断方案是否可行。例如，A 公司想在东北地区新建一个物流中心，但通过历史数据建模分析后发现东北地区的交易订单量和交易总额并不足以支撑起新的物流中心，于是放弃了此项目。

③ MVP 实验法：MVP（Minimum Viable Product，最小可行产品），以最低的成本启动项目进行验证。例如，A 公司想尝试线下新零售业务，担心前期投入过大无法回本，便在线下租了一个小门面，通过手工加 Excel 管理的方式开展线下业务，经过一段时间的运行后，通过数据分析发现线下销售效果良好，于是正式启动新零售项目。

④ A/B 测试法：当有多种方案而无法决策时，如果投入成本不高，可以同时针对不同的场景分配不同的方案进行试验，再基于运行结果进行分析决策。例如，A 公司一直使用 S 物流，最近想控制成本，将其换成 J 物流，但又担心切换以后影响了时效和口碑，于是使用 A/B 测试法，随机将订单分配给两个物流公司进行测试，经过一个月的数据对比，发现相差并不大，于是将物流服务提供商换成 J 物流。

模式验证阶段的参与人员一般是业务发起方的模式验证成员，产出验证方案和验证的结果。

3．项目立项

模式验证通过以后，高层管理人员基于验证结果同意实施项目，接着项目就正式立项了，项目立项代表项目正式成立，由高层管理人员和项目负责人召集初始核心项目成员召开立项会，在立项会上需明确如下事宜。

① 明确项目负责人，并指定项目经理协助项目负责人统筹项目，项目负责人负责方案落地，项目经理负责项目管理。采购类项目一般由采购部门的相关人员负责，物流类项目一般由物流部门负责。

② 确认项目范围。由项目负责人传达项目的背景，明确项目的范围和期望达到的目标，以及项目的成本预算、项目的周期等，这是项目经理管控项目的依据。

③ 确定项目组的核心成员。根据项目涉及的相关职责方确定责任部门和责任人，这些人将作为项目组的核心成员推动项目落地。

4．计划分工

项目立项以后，项目负责人需要对项目范围进一步拆解，出具整体的项目方案，明确需要参与项目的各个部门及各部门的职责，并与各责任方逐一确认。随后，项目经理会基于项目方案召集各责任方继续拆解各自的工作职责和计划，最后形成一份完整的项目里程碑计划，因为需求尚不明确，该计划只需要梳理出各方的里程碑节点即可，图 12-2 是一个涉及基础建设、硬件和系统三方的项目大计划示例，在项目运营过程中，有些环节有先后依赖性，有些环节可以并行，相关人员制订计划时要充分考虑到资源利用率的最大化，考验其项目管理水平的时候到了。

■XX物流中心 建设整体计划表（2021年5月1日—2022年12月5日）

项目里程碑	开始时间	结束时间	2021年 6月	7月	8月	9月	10月	11月	12月	2022年 1月	2月	3月	4月	5月	6月	7月	8月	9月	10月	11月	12月
一、基础建设工程																				
规划设计、前期准备工作	2021/5/11	2021/8/31																			
物流中心钢混平台包地勘工程	2021/9/1	2021/11/3																			
物流中心钢混平台人工挖孔桩工程	2021/11/15	2021/12/15																			
物流中心库房基础加强工程	2021/11/20	2021/12/31																			
物流中心库房钢结构工程	2022/1/1	2022/4/1																			
物流中心库房土建工程	2022/1/1	2022/4/1																			
物流中心库房水电安装工程	2022/3/15	2022/4/30																			
物流中心库房消防、暖通安装工程	2022/4/1	2022/5/15																			
物流中心库房外装工程	2022/4/1	2022/5/1																			
物流中心总平工程	2022/4/1	2022/6/30																			
二、物流设备																					
整体规划、设备选型	2021/5/11	2021/6/30																			
设备招标	2021/7/1	2021/9/1																			
合同签署、设备细化设计、制造	2021/9/2	2022/4/1																			
设备安装、调试	2022/4/1	2022/7/31																			
WMS系统联接调试	2022/8/1	2022/9/30																			
模拟试运行	2022/10/1	2022/11/30																			
三、信息系统																					
需求调研与需求分析	2021/5/11	2021/7/15																			
系统设计、开发	2021/7/16	2021/10/31																			
系统集成测试	2021/11/1	2022/3/31																			
物流中心人员培训	2022/4/1	2022/7/31																			
设备联调测试	2022/8/1	2022/9/30																			
模拟试运行	2022/11/1	2022/11/30																			
物流中心搬迁及上线	2022/11/15	2022/12/5																			

图 12-2　供应链项目里程碑计划示例

5．项目启动

所有准备工作完成以后，我们还需要一场具有仪式感的项目启动会，就像行军前的誓师大会一样，通过项目启动会增强所有项目组成员的参与感，并使其理解项目的背景、意义和目标。上下同欲者胜，一个具有一致目标的项目组已经成功大半了。

项目启动会由项目经理组织全体项目组成员召开，会议产出如下内容。

① 宣布项目启动，明确项目名称及代号。一个好的项目代号能够让人耳目一新，如果项目代号能与项目背景结合起来，可能会成为经典。列举几个木笔认为很好的项目代号，211（京东物流配送履约代号，简单好记）、亚洲一号（京东全自动化物流中心，一听就很大）、青龙（配送项目代号，配送车队从配送中心驶出，犹如苍龙出海，是不是很形象）、仓海（仓储开放系统代号，如大海般浩荡的仓储布局）、天衣（两个公司的系统融合项目，象征天衣无缝）、魔方（配置后台，像魔方一样灵活多变）、钢铁侠（智能仓储物流中心，钢铁加身，无往不前）等。

② 明确项目背景、意义和目标。由业务负责人（最好是高层管理人员）进行整体介绍，明确项目背景、项目意义和战略目标，并对项目组成员提出期望和鼓励。木笔曾经做过一个战略级项目，很难，但当董事长在启动会上强调如果按时完成，奖励 100 万元奖金时，现场阵阵欢呼，气氛瞬间到达顶点，重赏之下，项目组成员加班赶工、无怨无悔，项目居然提前完成并上线。

③ 项目范围及计划。由项目经理介绍各方确认后的项目范围及项目的里程碑计划，让各方知晓关键工作和关键节点，并将项目的里程碑计划进一步拆分。例如，软件设计，需要拆解到需求分析、系统设计、开发完成、联调、测试的每一个阶段的开始和完成日期和责任人。

④ 项目各方向负责人、项目成员及其联系方式。同步每个方向的项目成员信息，方便项目成员之间的沟通。

⑤ 项目管理机制。项目经理强调项目纪律、项目要求、沟通汇报方式、需求变更要求等。例如，建立项目组微信群、每天下午开会汇报项目进度及风险、如需请假，需报项目经理审批并做好交接、需求变更需同步大群等。

项目启动以后，项目经理便成了项目的主心骨，带领着项目成员按照既定目标前行。总结一下规划立项阶段各环节的核心工作、参与人员与产出如表 12-1 所示。

表 12-1　项目规划立项核心工作

项 目 环 节	核 心 工 作	参 与 人	产 出
项目构思	项目构思	高层管理人员、业务负责人	未验证的点子
模式验证	验证构思是否可执行	模式验证成员	验证方案和验证结果
项目立项	正式成立项目，召开立项会	高层管理人员、项目负责人、项目经理	确认项目范围、项目负责人、项目经理
计划分工	将项目范围拆解到责任方，各方产出里程碑计划	项目负责人、项目经理、项目各方负责人	项目里程碑计划
项目启动	召开项目启动会，宣布项目正式启动	项目组全体成员	项目代号、项目目标、项目范围及计划、项目成员、项目管理机制

12.3　项目建设：基础建设、设备、系统三驾齐驱

最复杂的供应链项目是基础建设、设备和系统都是从 0 到 1 建设，项目经理不仅要保证每个方向都能如期完成，还要保证三方能完美衔接，才能最终交付一份满意的答卷，下面我们以物流中心的建设为例，简单介绍一下这三个方面的项目建设历程。

12.3.1　基础设施建设

物流中心从一片荒地开始动土，到最终形成具备室内施工和办公条件的园区，这个过程就是基础设施建设，细分为业务规划调研、规划设计、土方施工、地面施工、内外装修 5 个环节。

1. 业务规划调研

软件规划不合理还可以做系统重构，物流中心一旦规划失误，就要把建筑推倒重来，这损失可就大了，所以在基础建设动工前要做好充分的业务调研和分析，再开始进行规划设计。

基础建设的业务规划调研主要是为了更好地规划园区并进行物流中心内部规划，可以从如下几个方面展开。

① 物流中心用途及基础建设预算。物流中心的用途决定了园区整体规划和分布，如园区内部只需要建设物流中心，还是需要搭配辅助作业区域（车库、变电室、锅炉房、维修车间等）及生活行政区域（办公区、停车场、宿舍、休闲娱乐区域等），基础建设预算可以用来指导物流中心场地的选择、规划的作业设备、作业流程及水电消防规划等。

② 物流中心周边区域。物流中心周边决定了物流中心的建设朝向、出入口、物流流向等。调研内容包含物流中心的地理位置、占地面积、自然条件（北方多干燥，要注意防火；南方多潮湿，要注意防潮；靠近机场，则不能太高）、交通条件（周围主干道、道路出入口、交通枢纽等）、周边设施（是否靠近小区、学校、工业污染区域等）。

③ 当前业务及未来规划。基于订单、库存、商品的当前分布和业务未来规划可以作为物流中心内部各库区布局的依据，包含客户分布、日均入库商品数量、出库订单量、出库时效、出库商品数量、在库库存件数、峰值出库订单量、峰值出库商品数量、整件与拆零商品占比、业务经营范围、商品存储属性分布（常温商品、冷藏、冷冻、生鲜、高值、易碎品等）。

2．规划设计

规划设计工作由规划设计部门或设计院完成，如果物流中心尚未确定位置和网点数量，那么规划设计部门或设计院需要先基于业务形态和未来规划做战略层面的规划，如全国物流中心网点的分布、物流网点的分层等。待战略规划确定后，再规划物流中心的选址，继而对园区做整体规划并进行物流中心的内部规划。

（1）物流中心选址规划

物流中心的选址要遵循交通便利、运费最低、时效最优原则，常用的选址模型有数值分析法、重心法、奎汉-哈姆勃兹（Kuehn-Hamburger）模型、模糊评价法等，感兴趣的朋友可以深入研究。

（2）整体规划

整体规划是对园区内的建筑做整体规划和划分。相关人员首先根据调研结论确定园区应该具备的功能，再根据设备设施、物流动向、容积率等因素及园区规划的原则分别规划物流中心出入口、辅助作业区域、生活行政区域及交通干道等的占地面积和朝向、形状，形成园区总平面规划设计图。

整体规划必须与政府的统一规划相符，不能盲目规划，如果不相符，则可能会被判定为违建，所以相关人员最好与当地设计院进行对接，一起出具合规的整体规划方案。

（3）内部规划

整体规划完成后，再进行各个区域的内部空间规划，物流中心内部空间布局包含收货区域、存储区域、分拣区域、理货区域、物料区域、自动化设备区域、管理办公室、走道等，其规划思路为：①根据道路分布决定出入口位置和物流流向，一般为 L 刑、S 型、U 型，目的是使相关人员尽量少走弯路，使其效率最大化；②规划各区域的位置，位置分布应该符合物流流向；③基于业务规划的收发货均值能力和峰值能力及库存数量规划各区域的空间大小和物流动线，规划空间要能满足未来几年内业务量的增长；④进行各区域作业流程关联性检查。

除空间规划外，内部规划还包含无线网点、有线网点、电话网点、水电开关的规划设计等。规划工作并不是一蹴而就的，需要经过初设、细设、终设，以及与设计院的相关人员多次进行沟通、合规性审核通过后方能定稿，最终形成完整的整体规划图、内部规划图、施工图、平面设计图。

3．土方施工

规划方案定稿后，企业需要办理规划用地许可证、临时用地许可证和进行地界勘察等合规手续，然后开始土建招标，确认施工单位后进入土方施工阶段，完成场地平整、挖土、打桩、降水井、基础结构施工、水电预埋、土方回填等地基建设。

4．地面施工

地基夯实以后，再进行园区地面建筑施工，先搭设外架，再进行园区内部物流中心和其他建筑的主体建设、然后砌体、抹灰、水电、保温、刷漆和贴砖、安装电梯等。待所有工程都完成后，再拆除外架。

5．内外装修

地面建筑主体施工完成后，就可以内外装修了，包含屋面外墙工程、水电安装、防水、消防、地坪地砖、吊顶等，最后再配置办公用品、桌椅、电脑、电话、打印机、网络设备等，通风一段时间，待空气质量达到进场标准了，相关人员便可以进场安装设备设施并进行项目实施了。

基础设计建设过程的核心工作及产出如表 12-2 所示。

表 12-2　基础设施建设过程的核心工作及产出

项 目 环 节	核 心 工 作	参 与 人	产 出
业务规划调研	调研基础建设预算、业务预期、周边设施等	规划设计部门	业务调研报告
规划设计	园区整体布局和物流中心内部规划设计	规划设计部门、设计院	整体规划图、内部规划图、施工图、平面设计图
土方施工	基于施工图纸动土施工，完成地基工程	基础建设负责人、施工队	地基施工完成
地面施工	完成上部建筑的钢结构和楼层主体施工	基础建设负责人、施工队	地面建筑完成
内外装修	完成建筑的内外部装修，水电消防等的布置，满足进场办公条件	基础建设负责人、施工队	内外装修交付

12.3.2　硬件设备建设

在仓储、配送的过程中使用硬件设备可以极大地提升作业效率和准确率，尤其是自动化设备，可以 24 小时黑灯作业，降低人力成本。安装自动化设备也不是某个人一拍脑门就决定的，需要和仓库布局、业务形态、业务规划等紧密结合，硬件设备的建设包含业务流程调研、硬件规划、设备选型招标、设备采购、设备工艺设计与制造、设备安装调试 6 个环节。

1．业务流程调研

在确定使用哪种设备之前，我们同样要做好充分的调研，以免设备上线后无法满足业务需求关于设备的调研，包含但不限于以下方面。

① 设备投入预算。预算是前提，有多大锅下多少米，不同的预算额度影响着硬件的投入。例如，如果投入上千万元，可以安装全自动化设备，如果投入上百万元，可能只能使用半自动化设备，如果投入十万元，就只能购买最普通的设备。

② 设备的用途。如果用于运输方面，则需要传送设备，如果用于存储方面，则需要存储设备，同时要与业务流程结合起来，调研清楚哪些环节需要用到相关设备。

③ 设备的运行环境。不同运行环境对设备的安装和要求不一样，如常温、阴凉、冷藏、液体、危险品等，以及仓库的面积、物流流向等。

④ 业务流程及规划。设备是用于辅助业务流程的，所以业务调研最关键，在规划设备前，相关人员要了解当前业务有哪些痛点、业务出入库的业务形态、订单均值、峰值、业务未来规划等。

2．硬件规划

物流中心的硬件设备非常多，包含输入/输出设备、存储设备、作业设备、周转容器、运输设备等，在规划硬件时要结合业务流程调研结果挑选最贴合业务需求的设备，通常遵循以下原则。

① 适用性原则。硬件必须适用于现场作业，并与业务流程、现场布局完美结合。例如，规划传送带，需要与物流流向保持一致，出入口设计需要与人行通道相结合，宽度要与物流中心内的商品体积相适合，传递的效率要能满足业务均值和峰值的要求等。

② 可扩展性原则。设备规划要着眼眼前，但能支持业务扩展，既能满足当前业务，也可以支持未来业务增长后的扩展。

③ 可靠和安全原则。硬件设备必须性能稳定，技术成熟，且安全第一。

④ 经济性原则。要考虑预算，在预算范围内选择性价比最高的设备。

3．设备选型招标

硬件设备确定以后，就需要选择合适的设备规格和寻找合适的设备供应商了，招标流程为：设备采购部门编写设备招标标书，通过官网公开招标或向指定的设备供应商发送招标邀请函。各供应商收到招标通知后，根据招标要求编写投标文件，并按约定时间前来投标，双方就业务需求、设备方案、价格预算进行多次沟通确认，最终确定最合适的供应商，发送中标通知。

4．设备采购

设备采购部门的相关人员与中标的设备供应商签订采购合同，约定设备的规格、要求、价格、技术参数和交付时间等，然后在企业内部走完采购审批流程，财务部门的相关人员根据采购流程预付部分款项给供应商。

5．设备工艺设计与制造

设备供应商针对业务需求对设备进行细化，设计详细的设备参数、样式并出具设备设计图稿，确认无误后投入生产。

6．设备安装调试

物流中心建设符合进场条件后，设备供应商会将生产制造好的设备送至项目现场安装调试，保证设备能顺利通电并正常运转，此调试过程只是对硬件的质量、性能进行调试，并不代表可以交付了，只有与软件系统进行联调后，信息流能够正常交互，且能够满足各种业务场景，设备才算真正可用。

硬件设备建设的核心环节及产出如表 12-3 所示。

表 12-3　硬件设备建设核心工作

项 目 环 节	核 心 工 作	参 与 人	产 出
业务流程调研	调研流程相关的硬件支持需求	规划设计部门	业务调研报告
硬件规划	基于业务流程和硬件预算，规划符合业务现状的硬件设备	规划设计部门、业务运营部门	硬件设备及预算清单
设备选型招标	挑选符合条件的设备，并召集供应商进行设备招标	设备采购部门	招标结论,确定符合条件的供应商列表
设备采购	确定合适的设备供应商，签订合同，实施设备采购	设备采购部门	采购合同、财务部门付款
设备工艺设计与制造	设备供应商对设备进行细化设计和生产制造	设备供应商	硬件设备交付
设备安装调试	设备供应商派相关人员到项目现场对设备进行安装调试	设备供应商	设备安装调试完成,达到运行标准

12.3.3　系统软件建设

项目建设的最后一个建设工程就是各位产品经理最熟悉的系统建设了，系统建设整体上分为系统需求调研、需求分析、系统设计、系统研发、软件与硬件联调、系统测试、上线发布7 个环节。

1. 系统需求调研

基础建设、硬件和系统的规划都需要对业务进行调研,三者有相同的地方,如都需要关注业务的均值、峰值、业务范围、未来规划,但也有各自偏重的调研内容。供应链系统的调研由产品经理负责,可以通过电话、面谈和实地调研等方式完成,调研方向包含但不限于以下方面。

① 当前业务流程。不同的业务流程对应的系统功能是不一样的,调研时要重点确认作业流程、作业模式、有哪些操作节点、操作岗位、各操作节点的作用和产出、有没有设备支持、有哪些痛点、打印单据及样式、出入库均值与峰值、以及各流程的异常处理、逆向处理等,总之和流程相关的内容调研得越细越好。

② 上下游系统交互流程。除了本系统功能,还需要调研上下游系统功能,以及设备功能,弄清楚各系统之间的交互流程、交互方式(接口、消息)和交互细节(核心字段)。

③ 业务规划和期望。分别和高层管理人员、中层管理人员和基层业务人员沟通业务的发展目标,以及对新系统的建设要求。

调研完成后,需产出系统调研结果,对于不清楚的地方,还可以进行二次调研,直到对所有细节都了解清楚为止。

(关于系统的调研内容和调研方法,木笔在公众号里写过一篇《WMS 项目实施,该如何调研?》,感兴趣的朋友可以关注"供应链产品笔记"公众号,搜索查阅。)

2. 需求分析

需求分析是将业务需求转换为系统可实现的功能的过程,基于调研的结果,我们需要规划系统的产品规划图,以及对应的系统功能模块,再将其细化为可以落地实现的系统功能清单,并对功能清单进行优先级排序,按照版本进行迭代,产出当前版本必须实现的系统需求说明书,并将未实现的需求放进需求池中,做好需求管理。

在需求分析的过程中,产品经理要有甄别真伪需求的能力,并对需求进行取舍,对于不合理的需求要大胆说不,在兼顾业务满足的同时,还需要保证系统的结构完整性及技术实现的难度,该坚持时坚持,该让步时让步(所以当产品经理并不只是动动嘴、写写文档这么简单)。

需求文档产出以后,相关人员需要组织需求评审会与业务、研发等相关部门的人员一起对系统逻辑和功能进行评审,评审通过以后才能正式提交给研发人员。

3. 系统设计

针对较为复杂的大型系统项目,研发部门在接到需求后不能直接进入系统开发流程,而应该先由架构师对系统需求进行架构设计,设计完成后再进行系统开发。

系统设计分为总体设计和详细设计,总体设计包含明确系统的功能目标与性能目标、系统架构图、选用的技术框架、开发语言、数据库、系统设计与折中等,总体设计评审通过后再进行详细设计,详细设计包含系统数据库表设计、接口细节设计、功能交互流程细节设计等。

除以上系统总体设计和详细设计外，系统设计还包含 UI 设计师对系统交互的 UI 设计，以及测试工程师在测试前的测试方案设计，以上设计都需要产出设计文档并召集产品经理、研发人员、测试人员和 UI 设计人员一起评审。总之，开发前期的设计准备工作做得越充分，开发过程中变更功能的风险就越小。

4. 系统研发

设计工作完成后，进入正式的系统研发阶段，这也是研发人员最享受的时刻了，一行行的代码生产出来，对应的是一个个系统功能的实现。研发工作分为前端开发和后台开发，前端开发偏重页面交互，后台开发偏重底层逻辑和算法实现，前端和后台通过接口的方式交互。

5. 软件与硬件联调

软件功能开发完成后，还需要与上下游系统进行联调，联调分为内部各功能模块之间联调、前台与后端联调、软件与硬件之间联调和上下游系统之间联调，所有的功能都自测通过后，便可以提测了，项目进入系统测试阶段。

在一些流程严谨的公司中，在提测前还有个冒烟测试环节，研发人员需要针对测试人员抽取的核心测试功能点进行自测，达到测试预期以后方能提测。

6. 系统测试

正式开始系统测试前，测试人员需要先针对需求进行测试用例编写，并召集项目组成员进行用例评审，评审通过后再按照测试用例对系统功能一一核对，将测试出的 bug 提交研发人员修改，然后复测，直到所有功能都符合测试预期为止。

除了保证系统功能正常，还需要保证系统的稳定性、安全性和可靠性，根据测试的偏重点不同，分为功能测试、性能测试、安全测试、压力测试等。

在测试过程中，为提升效率，测试人员可以借助自动化测试工具来辅助测试，如 Selenium、JMeter、Loadrunner，有开发能力的测试人员还可以基于 Pytest、Robot 等测试框架自行编写测试脚本辅助测试。

7. 上线发布

测试完成后，系统便具备了上线条件，但此时不能直接上线，因为测试环境和线上的生产环境是有很大的区别的，所以需要先将程序发布到预发布环境中，然后在预发布环境下进行功能验证。预发布环境和生产环境的区别：预发布环境中的程序是最新的程序，但没有真实的线上业务，其他功能代码和生产环境中的一致。

预发布环境验证通过以后，才能在生产环境中发布，一个全新的供应链系统即便在生产环境中发布了，还不能算真正的上线，需要等到上下游系统、软硬件、现场实施工作都准备到位以后，才能真正接入业务。

供应链系统软件建设的核心环节及产出如表 12-4 所示。

表 12-4　系统软件建设核心工作

项 目 环 节	核 心 工 作	参 与 人	产　　出
系统需求调研	调研系统相关的流程、策略、业务规划、硬件投入	产品经理	系统需求调研报告
需求分析	基于调研结论做需求细化，设计系统功能	产品经理	需求说明书、功能清单、系统原型
系统设计	对需求进行系统化拆解，完成架构设计、UI 设计和测试方案设计	架构师、UI 设计人员、测试人员	架构设计文档、详细设计文档、UI 设计方案、测试方案
系统研发	基于系统设计完成软硬件系统程序研发	研发人员	可运行的系统程序
软硬件联调	软件与硬件进行交互联调	研发人员、硬件工程师	能够正常交互的软件、硬件系统
系统测试	测试软硬件系统功能	测试人员	测试用例、测试结论
上线发布	将已完成的程序发布到预发布服务器上	运维工程师	上线发布完成

12.4　上线实施：识得庐山真面目

无论项目做得好与坏，到上线当天都需要亮剑。在供应链的项目里，因为涉及线下物理区域规划、流程运营、一线操作、硬件设备，所以上线前的实施流程也比纯系统软件要复杂得多，任何一方准备不充分，都有可能导致上线失败。上线实施过程主要由实施工程师主导，当然也可以由产品经理、研发人员和测试人员主导，由上线项目组、业务方运营和业务负责人一起推进，整体包含上线实施计划、软硬件部署、系统初始化、权限及账号开通、实操培训、正式上线和上线跟进 7 个环节。

1. 制订上线实施计划

在上线前，项目经理通常会召集项目组成员制订一个上线实施详细计划，把所有上线过程中需要完成的任务全部罗列出来，责任到人，精确到小时级。图 12-3 是一个仓储管理系统上线实施的计划示例。

计划做完以后，项目经理应该召集项目组全体成员召开一个上线动员会，动员会有两个作用：一是同步上线计划及各方责任，让所有人都清楚自己和他人的工作职责；二是增加上线的仪式感和使命感，对于准备了很久的大项目，这种使命感很有必要，可以极大地鼓舞士气。启动会后，各负责人便分头行动，按照实施计划一项一项地跟进、处理待办工作，直到所有上线准备工作全部完成为止。

上线前，系统应该封版，除非发现了特别致命的漏洞或 bug，否则不能再对程序进行任何修改，以免影响系统上线。如果必须修改，则应该由项目经理或者研发负责人审批。

序号	开始时间	结束时间	工作内容	工作要求	负责人	参与人员	状态	备注
1	9月22日 09:00	9月24日 22:00	仓库盘点	整件和散件分开，整件库只允许存放整件 无大包装的商品全部转移至零货库 盘点结果需在9月24日下班前录入时空系统。损溢部分处理完毕	甘草	仓库全体人员	已完成	9.24日22点前提供一版已盘库存，项目组用以校验。核桃仁现场值班支持
2	9月22日 09:00	9月23日 18:00	仓库人员权限及菜单梳理	确保所有操作用户都登录过系统验证过账号权限 确保所有岗位菜单安排妥当	甘草	各业务主管	已完成	
3	9月22日 10:00	9月22日 24:00	WMS正式环境准备	备份测试库数据，导入正式库 保留人员、权限、菜单等基础基础数据 序号归零 业务数据、日志等非公共基础的数据清理	龙眼	龙眼	已完成	
4	9月22日 13:00	9月22日 24:00	WMS正式环境切换数据校验清单准备	基础数据校验脚本 程序、JOB、worker检查清单 接口检查清单 现场环境检查清单 风险应急方案	木笔	项目组全体成员	已完成	
5	9月22日 14:00	9月23日 12:00	WMS正式环境接收时空基础数据	接口配置 商品、供应商资料下传 业务单据切下下传	龙眼	龙眼、花生	已完成	
6	9月22日 09:00	9月24日 22:00	作业数据清理	采购入库、门店请货、销售退回，购进退出、盘点作业必须在9月24日22点前全部在时空中作业完毕 电商出库、电商销售退回作业必须在9月24日22点前在管易系统中作业完毕	天麻、甘草	仓库全体人员	已完成	
......	......	......	......		......	......	......	
15	9月25日 01:00	9月25日 03:00	WMS货位限定生成	根据库存情况，生成商品在WMS中的整件库和零货库货位限定 导入后数据校验	龙眼	木笔	未开始	
16	9月25日 02:00	9月25日 05:00	验证	在官网、三方平台下单10个进行全流程验证	木笔	全体人员	未开始	需客服帮忙协助验证订单下传

图 12-3　上线实施计划示例

2．软件、硬件部署

正式切换到生产环境前，项目组成员需要按岗位、按楼层对所有的硬件和软件进行一次集中部署和检查，保证正式切换后每个岗位都能直接开始作业，软件和硬件的部署包含以下内容。

① 服务器的安装及部署：所有软件、硬件的服务器（软件、PDA、自动化设备等），无论是本地机房，还是云端服务器，都要配置正式的环境，包括操作系统、系统程序、数据库、网络、容灾备份等。在部署程序时，有一个先后顺序：先下游系统、再上游系统，先硬件，后软件。

② 硬件配置及驱动安装：所有的硬件设备在上线前都要检查一遍，保证硬件的正常使用，并安装最新的驱动程序，包含 PC、PDA、打印机、扫描枪、摄像头等。

③ 部署系统：一线操作岗位的电脑和操作设备，需配置为生产环境，并保证电源、网络可用。

④ 设备设施检查：货架、容器、堆垛等设备设施都要保证完好无损，并按照系统规则打印并粘贴正式的编码。

图 12-4 是一个 PDA 的检查清单示例。

序号	岗位	PDA台数	电量充足	PDA程序正常安装	PDA网络正常	PDA编号标签粘贴	检查时间	检查人
1	收货组	3	✓	✓	✓	✓	2021/12/31 13:00	木笔
2	验收组	2	✓	✓	✓	✓	2021/12/31 13:00	木笔
3	上架组	3	✓	✓	✓	✓	2021/12/31 13:00	木笔
4	拣货组	5	✓	✓	✓	✓	2021/12/31 13:00	木笔
5	盘点组	2	✗ （一把电量不足）	✓	✓	✓	2021/12/31 13:00	木笔

图 12-4　PDA 检查清单示例

3．系统初始化

程序部署以后，接下来就是对系统进行初始化配置，系统的初始化配置包含以下内容。

① 基础数据初始化。基础数据是供应链系统运行的底层支撑，根据各系统的设计，初始化的基础数据包含商品资料、物流中心资料、库区货位资料、供应商资料、组织结构等，数据量大的基础数据通过 Excel 或程序导入，简单的基础数据可登录系统直接维护。

② 系统参数初始化。针对每个物流中心、每个业务的一些个性化需求，配置不同的系统参数，这也是系统运行的前提。例如，有的仓库有自动化设备，有的仓库只有 PDA 设备，这就要根据不同的业务诉求配置不同的系统参数，这些参数一旦配置了，除非模式发生变化，不会轻易调整。

③ 存量数据导入。针对一些已经有历史数据的系统，需要将存量的业务记录、库存数据、人员信息等迁移到新系统中，保证新旧系统信息的完整性。

系统数据初始化以后，针对关键信息，最好再对编写脚本进行一次"二次校验"，避免数据初始化出错，主要包含非空数据的校验、相互冲突的数据校验、多个表中数据不一致的校验等，图 12-5 为通过 SQL 校验商品基础数据的示例。

序号	重点事项	检查内容	检查脚本
1	商品编号	不允许有重复 不允许为空值	1.SELECT sku_no,count(sku_id) FROM goods_info group by sku_no having count(sku_id) >1; 2.select * from goods_info where sku_id is null or sku_id=';
2	商品规格	不允许为空值	select * From goods_info where specs is null or specs="
3	生产厂家	不允许为空值	select * From goods_info where manufacturer is null or manufacturer="
4	包装数量	不允许为空值 必须是0~9的数字 不能有空格和其他字符	select packing_cnt,nvl2(translate(packing_cnt,'\1234567890','\'),'N','Y') from goods_info
5	……	……	……

图 12-5　商品初始化数据校验示例

4．权限及账号开通

系统部署完成以后，负责现场运营的相关人员便可以登录权限系统为一线操作员工开通系统登录账号，并按照岗位角色为账号分配系统功能权限和数据权限。功能权限包含页面权限、操作权限和字段权限，数据权限根据每个系统的数据规则进行设置，可以按角色设置、按仓库设置、按业务设置等。

为了准确地记录每个人的操作记录，以便可追溯，最好为每位操作员开通独立账号，账号不要公用。

5．实操培训

供应链项目的用户方通常是一线操作员工，在新系统正式切换前，现场运营人员和实施工程师需要对一线操作员工进行实操培训，让各岗位操作员熟练掌握各环节的操作流程，包含系统操作培训、硬件操作培训和异常流程处理培训。很多时候，我们会给一线操作员一份系统操作手册，但这样的培训效果往往非常差，面对硬生生的文档，没几个人会真正用心地学习，最好的方式是在系统切换前下发一些测试单，让操作员在真实环境中参与测试，感受实操。

6. 正式上线

所有准备工作做完后，就可以正式进行系统上线了，系统正式上线的意思是接入真实的业务到新系统中，让新系统接受真实业务的考验，而不单是之前的模拟测试了。

为降低上线风险，相关人员可以采用爬坡切换的方式，前期新旧系统并行运行，业务慢慢向新系统迁移，逐步过渡到新系统中。切换系统时有两个需要重点关注的点：①如果旧系统中还有未处理完的单据，抑或是在切换过程中下发的单据，应该继续在旧系统中处理完；②任何项目上线都存在失败的风险，相关人员应该提前考虑风险预案，万一上线失败，能及时切换旧系统。

7. 上线跟进

新项目上线后，通常会存在与原流程不一样的地方，加上一线操作员对新系统的适应需要一个过程，项目组成员需要驻场一段时间对项目进行上线跟进，一方面对一线操作员进行辅导，另一方面能及时发现操作方面存在的问题和系统问题并及时处理。

在项目上线跟进过程中，必然会出现很多待优化的需求和待解决的问题，为了统一管理，通常需要建立一线员工反馈的需求和问题的对接通道，从现场收集，统一汇总后进行处理。图 12-6 是一个简单的仓储管理系统上线问题登记表示例，用以上线期间一线操作员填写后汇总。

仓储管理系统上线问题登记表			
日期		登记人/岗位	
问题描述（要求描述为：【入库】模块、【上架确认】页面，点击【上架确认】报错，报错内容：××××）			

图 12-6　上线问题登记表示例

上线实施过程中的核心环节及产出如表 12-5 所示。

表 12-5　上线实施核心工作

项 目 环 节	核 心 工 作	参 与 人	产 出
制订上线实施计划	详细罗列上线的步骤和核心工作	项目经理	上线实施计划、上线动员会
软硬件部署	将系统软件、硬件部署到正式运行环境中	实施工程师、运维工程师	软件、硬件部署完成

项 目 环 节	核 心 工 作	参 与 人	产 出
系统初始化	系统运行相关的基础数据、历史数据、基础配置等初始化	实施工程师	初始化完成
权限及账号开通	为系统使用用户开通正式环境的系统账号和系统权限	现场运营人员	权限及账号开通
实操培训	对一线实操员进行系统操作培训	现场运营人员、实施工程师	操作手册、系统实操
正式上线	系统正式上线运行，接入真实业务	实施工程师	新系统正式线上运行
上线跟进	各方向负责人现场跟进上线情况，及时处理现场问题	实施工程师、现场运营人员	紧急需求及问题清单及处理结论

12.5 项目收尾：过往为序，未来可期

项目的成功上线意味着新系统运行与维护的开始，同时也意味着本项目到了收尾阶段，我们的职业生涯何其短暂，有的人一辈子都未必有机会经历一次兼具基础建设、硬件和软件的超大型供应链项目，更多的人经历一两次就很幸运了，所以我们有必要对项目经历进行总结、复盘，把宝贵的经验运用到下一个项目中去。项目收尾阶段主要有五项工作：上线问题处理、紧急需求处理、上线指标分析、项目验收、上线复盘总结。

1. 上线问题处理

系统上线平稳后，项目组会逐步将基础建设、硬件和软件系统移交给业务方，并分批撤离项目现场，这就需要建立上线后的问题定位、反馈和处理机制，对上线后的问题进行分级处理，常用做法是项目组整理出项目过程中常见的问题及处理方式，将其留给现场运营人员，日常问题交由业务方的现场运营人员自行解决，紧急、疑难问题可以由项目组提供远程支持。

2. 上线需求处理

针对系统上线后的需求，建立上线需求的对接通道，由产品经理进行对接，紧急需求及时研发、上线，非紧急需求可以按照版本迭代的方式定期研发上线，如每半个月更新一个版本。

像仓库、配送中心这些多网点、多业务的供应链项目，由于各个网点都有自己的需求，如果统一由产品经理进行对接，其精力必然不够，会顾此失彼，合理做法是由各仓的现场运营人员负责一线的需求收集和整理，再将其汇总到总部运营部门，由总部运营部门的相关人员统一与产品经理进行对接。

3. 上线指标分析

做项目不是做福利，特别是大型供应链项目，有投入必然需要有产出，作为产品经理和

运营人员，我们应该养成系统上线后及时对业务指标进行监控和分析的习惯，评估项目的投入产出比是否与预期相符，如果达不到预期，要从中分析原因并予以优化，和业务方一起将项目向良性的方向牵引，决不能不闻不问，这是不负责任的行为。

关于供应链里的常用指标，木笔整理过一篇《@你关注的供应链常用指标，整理完了》，感兴趣的朋友可以关注"供应链产品笔记"公众号，搜索查阅。

4．项目验收

大型项目在交付业务方之前，都有项目验收环节，相关人员验收通过并签字确认，项目组才能正式离场，如果该项目有尾款未支付，也会在验收通过后再走尾款付款流程。验收流程由项目经理发起，项目组和业务方一起整理验收清单，由业务方逐一检查验收并签字，如果某些环节验收不通过，需要及时解决。

供应链项目的验收可以分阶段实施。基础建设类项目一般在水电装修完成后达到进场标准即可安排验收，验收项目包含工程竣工验收证明书、地基及基础建设质量、主体工程、水电、暖通规划等，需要各负责主体方一起确认签字；硬件项目和软件项目需上线运行稳定并达到业务预期后再进行验收，验收项目包含硬件的质量、性能、系统流程和系统功能等。

5．上线复盘总结

项目的成功上线代表着我们过去的心血终于得以交付，但我们有必要对项目做一个复盘总结，并对项目做结项验收。复盘总结会一般由项目经理组织核心项目组成员召开（不需要大领导参加），可以以比较轻松的茶话会的形式召开，包含如下议程。

① 回顾整个项目历程。从项目启动，到各个里程碑节点，到最后的系统上线，有心的项目经理会在各个节点都拍摄一些照片和视频，重点分享一些难忘瞬间。

② 分享项目上线后对业务带来的价值，以及上线后的数据指标与业务预期的差异，并分析原因，此项需要产品经理和运营人员配合完成。

③ 向业务方收集上线后的满意度调查情况，并将满意度结果同步项目组。

④ 组织每一位核心项目成员对项目过程中的好坏优劣进行复盘，可以从计划执行、目标完成、资源、需求变更、团队合作等多个方面展开，最终形成复盘结论。

复盘总结不是目的，而是为了总结经验，吸取教训，以求项目越做越好。

上线收尾阶段的核心环节及产出如表 12-6 所示。

表 12-6　项目收尾核心工作

项 目 环 节	核 心 工 作	参 与 人	产 出
上线问题处理	建立问题定位及处理机制,对线上问题分级处理	实施工程师、现场运营人员	问题定位及处理机制
上线需求处理	建立上线需求对接通道，处理需求	实施工程师、产品经理	需求对接与处理机制
上线指标分析	对业务指标进行分析监控,评估投入产出比和项目价值	项目经理、产品经理、实施工程师	指标分析数据

项 目 环 节	核 心 工 作	参 与 人	产 出
项目验收	将项目正式交付业务方,由业务方进行验收	项目经理、业务负责人	项目验收交付文档
复盘总结	项目复盘,总结系统上线过程中的经验	项目经理、核心项目组成员	项目复盘总结

12.6　本章结语

　　想要成为实战型的供应链人,我们需要有三懂:懂业务、懂系统、懂实施,一个大型的供应链项目实施包含基础建设、硬件和软件。在这一类项目中,系统软件过程只是整个项目中的一部分,我们有必要了解整个供应链项目的实施历程。

　　无论是哪种供应链项目,都会经历规划立项、项目建设、上线实施、项目收尾四个阶段,每个阶段又可以细分为多个环节。

　　规划立项是从点子到项目落地的过程,一个点子的产生,到最终形成项目,会经历项目构思、模式验证、项目立项、计划分工和项目启动会 5 个环节。

　　根据项目的范围,项目建设可以分为基础建设、设备建设和系统建设三个方向,项目经理不仅要使每个方向能如期完成,还要保证三方能完美衔接,才能最终交付一份满意的项目答卷。

　　供应链项目实施涉及线下物理区域运营、流程运营、一线操作员培训、硬件设备部署等,上线前的实施流程也比纯系统软件要复杂得多,任何一方准备不充分,都有可能导致上线失败。项目实施包含上线实施计划、软硬件部署、系统初始化、权限及账号开通、实操培训、正式上线和上线跟进 7 个环节。

　　过往皆为序,未来诚可期,项目的成功上线意味着新系统运营和维护的开始,同时也意味着本项目到了收尾阶段,做好项目收尾是对自己过往的交代,也会为未来的项目提供宝贵的经验,项目收尾阶段要完成上线问题处理、上线需求处理、上线指标分析、项目验收、复盘总结 5 项工作。

后　记

在写书的过程中，将之前的做过的项目和资料又重新梳理了一遍，仿佛又回到了那些披星戴月的日子。从出校门时的懵懂迷茫，到如今的逐渐成熟，十年如一梦，但我对供应链这片领域的喜爱和探索的初心却从未改变，这一刻，感觉自己仍是少年。

曾经的我很无知却不自知，毫无方向地上蹿下跳，终于在一次次的磨砺中闯入了供应链领域，迷茫地顺着光的方向摸索前行，在泥泞和坎坷中慢慢成长，现在有了一些沉淀以后愈发觉得天地之大、自身之小，未来的道路宽广却没有尽头，感觉自己更加无知了，这也许是这个时代的常态吧，幸运的是一路上都有认识的和不认识的新老朋友一同前行，欢歌笑语，相信这样的群体一定会比当年的我们更加年轻勇敢、慷慨激昂，在即将腾飞的供应链领域中绽放更加绚丽的光彩。

我们出生在了一个好的年代，信息通畅、不问出身，通过互联网能接触到任何我们想了解的领域，加之自己的努力，就足以改变自己的生活现状，何其幸运。这种幸运也是本书成稿的有力保障，在写作过程中我参考了网上许多宝贵的资料，在庆幸的同时也倍感压力，生怕自己的不专业给了朋友们错误的引导，如果书中有表述欠妥的地方，请一定告诉我，我会及时修正，在此真诚地感谢大家！

写书的过程是痛苦的，对我的脑力、精力和体力都是极大的考验，在无数个凌晨，早晚洗漱之余，吃饭的间隙，出差的飞机上、高铁上，飞驰的出租车上，地铁里，家里的客厅，酒店的床头，孩子的培训班里，接种疫苗的等候区……每一点碎片化的时间都被充分利用，只为那一字字的辛酸，对我个人而言，这绝对是生命里一段很难忘的经历，因为我不确定未来是否还有机会和勇气再出第二本书。过程纵然艰辛，但回忆依旧清甜，回想这一年，笔耕不辍，在此刻闪烁的台灯下，我仿佛看到了一抹星火正成燎原之势蔓延，那是我尚未燃尽的青春。

最后想说的是，书中的文字是僵硬而有限的，总有一天会过期，但成长和交流的空间是灵活和无限的，就像供应链本身一样，需要连接和协同才能发挥更大价值，为了彼此不再迷路，欢迎朋友们关注我的公众号：供应链产品笔记，让我们一起面对随着科技大爆炸奔袭而来的下一个供应链十年……

反侵权盗版声明